普通高等学校公共基础课精品教材系列

U0738891

新编大学体育与健康

COLLEGE PHYSICAL
EDUCATION AND HEALTH

陆长青 胡兆蕊 许 新 主编

ZHEJIANG UNIVERSITY PRESS
浙江大学出版社
·杭州·

图书在版编目（CIP）数据

新编大学体育与健康 / 陆长青, 胡兆蕊, 许新主编.
-- 杭州：浙江大学出版社, 2023.9（2025.8重印）
ISBN 978-7-308-24147-2

Ⅰ.①新… Ⅱ.①陆… ②胡… ③许… Ⅲ.①体育—
高等学校—教材②健康教育—高等学校—教材 Ⅳ.
①G807.4②G647.9

中国国家版本馆CIP数据核字(2023)第163823号

新编大学体育与健康

XINBIAN DAXUE TIYU YU JIANKANG

陆长青　胡兆蕊　许　新　主　编

策划编辑	柯华杰	
责任编辑	黄兆宁	
责任校对	葛　娟	
封面设计	林智广告	
出版发行	浙江大学出版社	
	（杭州市天目山路148号　邮政编码310007）	
	（网址：http://www.zjupress.com）	
排　　版	杭州林智广告有限公司	
印　　刷	杭州高腾印务有限公司	
开　　本	787mm×1092mm　1/16	
印　　张	19.25	
字　　数	456千	
版 印 次	2023年9月第1版　2025年8月第3次印刷	
书　　号	ISBN 978-7-308-24147-2	
定　　价	59.80元	

新编大学体育与健康

主　　编：陆长青　胡兆蕊　许　新

副主编：董伟家　李迪玲　陈丰羽

　　　　吴美霖　乔桂芬　彭　成

　　　　李　清　蔡小林

编　　委：方　舜　胡烈刚　袁张梦盈

　　　　余纪良　王其斌　郑倩文

　　　　范　贝　浦豪达　曹文俊

体育承载着国家强盛、民族振兴的梦想。体育强则中国强，国运兴则体育兴。

党的二十大报告中提出促进群众体育和竞技体育全面发展，加快建设体育强国，以及"科教兴国""坚持教育优先发展""办好人民满意的教育""加强青少年体育工作"等方针，更是为新时期做好体育工作指明了方向。

高等学校体育是国民体育的基础之一，是我国实施素质教育的重要组成部分。它对培养有理想、有道德、有文化、有纪律的社会主义建设人才，增强民族体质，建设社会主义精神文明等都有重大的意义。

高等学校体育作为学校体育的重要组成部分，在培养高素质人才中所起的作用是其他教育形式所无法替代的。

根据《中华人民共和国体育法》《学校体育工作条例》《国家体育锻炼标准施行办法》以及教育部对高校体育工作的有关规定，我们组织相关专业老师针对普通高校学生编写本书。

本书在每章起始部分设计了体育课程思政点，在章节末设置了思考题；全书包括体育理论篇（第一章到第三章）和体育实践篇（第四章至第十八章）两部分内容。体育理论篇对体育基础理论、体育锻炼、运动损伤等相关内容进行了阐述；体育实践篇对球类、搏击类、形体类等常见运动项目做了详细介绍，使学生在了解基本理论的基础上，能科学地进行体育锻炼，提高运动能力，掌握常见运动创伤的处置方法。

本教材由浙江理工大学科技与艺术学院体育教研部（军训工作部）组织编写，全书由乔桂芬、李清、蔡小林、范贝核稿，陆长青统稿。

本教材得到了许多高校同行的指导和帮助，也得到了学院领导的大力支持，在此一并表示衷心的感谢。由于本书编写人员水平有限，书中错误难免，恳请专家和同行们批评指正。

编　者

2023 年 3 月

目　录

CONTENTS

体育理论篇

SPORTS THEORY

第一章 绪 论

欲文明其精神，先自野蛮其体魄；苟野蛮其体魄矣，则文明之精神随之。

——毛泽东

体育（physical education，缩写PE或P.E.）是一种复杂的社会文化现象。它是以身体与智力活动为基本手段，根据人体生长发育、技能形成和机能提高等规律，促进全面发育、提高身体素质与全面教育水平、增强体质与提高运动能力、改善生活方式与提高生活质量的一种有意识、有目的、有组织的社会活动。随着国际交往的扩大，体育事业发展的规模和水平已是衡量一个国家、社会发展进步的一项主要标志，也成为国家间外交及文化交流的重要手段。本章将从体育的起源讲起，论述体育的本质，阐述体育的功能，分析体育在高校中的作用及实施途径，为我们理性认识体育提供帮助。

【本章思政点】

公元前884年，古希腊持续爆发战争，农业歉收。希腊平民非常渴望和平。因此，伊利斯城邦国王联系了其他几个城邦国王，达成了定期在奥林匹亚举行运动会的协议，并规定在运动会年实行"神圣休战"，期限是三个月。在此期间，任何国家都不得发动战争。即使在战争中，双方也必须放下武器，准备去奥林匹亚参加运动会。

奥林匹克运动是人类社会的一个罕见的杰作，它将体育运动的多种功能发挥得淋漓尽致，影响力远远超出了体育的范畴，在当代世界的政治、经济、哲学、文化、艺术和新闻媒介等诸多方面产生了一系列不容忽视的影响，奥林匹克运动不仅构成了现代社会所特有的体育文化景观，以其特有的文化魅力愉悦人们的身心，更以其强烈的人文精神催人奋进。

第一节 体育的概念与分类

一、体育的起源

中国现代所用的"体育"一词，于1897年由日本传入我国，经历了从"体操"到"体育"的演进过程。虽然在古代社会并没有出现"体育"这一概念，但我们依然可以在人类社会生活实践中找到"体育活动"的影子。在古希腊的哲学家，如苏格拉底、柏拉图、亚里士多德等的著作中都有很多关于体育的论述。古希腊时期关于体育的基本术语有竞技（athletics）、训练（training）、体操（gymnastics）等。中国古代体育最早与人类生产实践息息相关，中国古代与体育有关的术语主要有"养生""尚武""游息""角力""讲武"等。

二、体育的概念

目前普遍认为：体育（或称为体育运动）是通过有规则的身体运动改造人的"自身自然"的社会实践活动。体育的基本表现形式是人的有规则的身体运动，其基本任务是对人自身的改造，其作用对象是参与者的"自身自然"。

体育的含义有狭义和广义之分。狭义的体育即身体教育，是指通过身体活动，增强体质，传授锻炼身体的知识、技能、技术，培养道德和意志品质的有目的、有计划的教育过程。它是教育的组成部分，是培养全面发展的人的一个重要方面。

广义的体育，亦称体育运动，是指以身体练习为基本手段，以增强体质、促进人的全面发展、丰富社会文化生活和促进精神文明建设为目的的一种有意识、有组织的社会活动。它是社会总文化的一部分，其发展受特定社会的政治和经济的制约，也为特定社会的政治和经济服务。

三、体育的分类

按照体育的目的、对象和社会施予的影响不同，广义体育可分为以下三个方面：学校体育、大众体育和竞技体育。

（一）学校体育

学校体育又称狭义体育，是指以在校学生为参与主体的体育活动，主要通过培养学生的体育兴趣、态度、习惯、知识和能力来增强学生的身体素质，培养学生的道德和意志品质，促进学生的身心健康。学校体育是教育的重要组成部分，是具有较强计划性、目的性、组织性的体育教育活动过程。

学校体育的目的是完善人类的自身发展，使学生具有良好体质，能掌握体育锻炼相关知识、技能，并终身受用。学校体育的主要形式是体育教学和校内体育活动，具有很强的规范性。

（二）大众体育

大众体育又称群众体育或社会体育，是指普通民众自愿参加的，以强身、健体、娱乐、休闲、社交等为目的，一般不追求达到高水平的运动成绩，内容广泛、形式多样的体育活动。它有以下特征。

第一，参与对象的广泛性。大众体育以全体社会成员为对象，无论年龄、性别、爱好、职业的人，都可以在其中找到自己的位置。

第二，活动时间的业余性。作为业余文化活动的内容之一，伴随着民众生活水平的提高和闲暇时间的增多，社会体育发展迅猛。

第三，活动内容的娱乐性。大众体育的活动内容以群众喜闻乐见为前提，在自在、自愿的基础上进行选择，是非功利的体育活动。娱乐性质的活动在其中占主要地位。

第四，参与目的的多样性。由于主体或需要的不同，大众体育活动可以满足健身、健美、康复、休闲娱乐、社会交往、陶冶情操等多种需要。

第五，组织形式的灵活性。由于大众体育是主体自愿参加，具有自发性和松散性特征；参与者人数多、范围广、素质水平差异较大，组织管理难度较大。

（三）竞技体育

竞技体育是指在全面发展身体，最大限度地挖掘和发挥人（个人或群体）在体力、心理、智力等方面的潜力的基础上，以攀登运动技术高峰和创造优异运动成绩为主要目的的一种运动活动过程。竞技体育是一种制度化、体系化的竞争性体育活动，以打败竞争对手来获取有形或无形的价值利益为目标，在正式组织起来的体育群体的成员或代表之间进行，强调通过竞赛来显示体力和智力，在对参加者的职责和位置做出明确界定的正式规则所设立的限度之内进行。它有以下特征。

第一，充分调动和发挥运动员的体力、智力、心理等方面的潜力。

第二，激烈的对抗性和竞赛性。

第三，参加者有充沛的体力和高超的技艺。

第四，按照统一的规则竞赛，具有国际性，成绩具有公认性。

第五，娱乐性。当今世界所开展的竞技运动项目是社会历史的产物。远在公元前700多年的古希腊时代，就出现了赛跑、投掷、角力等项目，发展至今已有数百种之多。普遍开展的项目有田径、体操、篮球、排球、足球、乒乓球、羽毛球、举重、游泳、自行车等。各国、各地区还有自己特殊的民族传统项目，如中华武术，东南亚地区的藤球、卡巴迪等。其发展与国家、地区的政治、经济、文化教育、科学技术密切相关。

第六，观赏性。随着社会的不断发展，竞技体育已经发展得越来越成熟、越来越规范，而随着各种运动的不断普及，喜爱和观看竞技运动的人也逐渐增多，这让不同的运动都能长盛不衰，呈现百花齐放的局面。

第七，具有一定的教育意义，如普及全民健身，发掘更多的体育人才，培养青少年的兴趣。

学校体育、大众体育和竞技体育，三者既有一定的联系，又有一定的区别。它们都是以身体练习为基本手段，都是身体直接参与活动；它们都要求全面地发展身体，提高身体机能。三者在实践过程中，都有教育和教学的因素，都要学习一定的体育知识，掌握一定的体育技术技能。但是，学校体育的侧重点是教育，大众体育的主要目的是休闲娱乐、强身健体，竞技体育的侧重点是训练和比赛。

【思考题】

1.请阐述体育的概念。

2.按照体育的目的、对象和影响不同，可以把体育分为哪几类？各有什么特征？

第二节　体育的产生与发展

一、体育的产生

体育作为人类的一种社会活动，是在人们的社会生产和生活中产生并发展起来的。体育产生的原因比较复杂，一直是体育界研究的一个重要方面。

从总体上来看，体育的产生因素是多元的，不是一元的。历史唯物主义认为，劳动创造了世界，创造了人的本身，同样，劳动也是体育产生和发展的最重要的源泉。除了生产劳动对体育的起源起了决定性的作用以外，原始社会的教育、宗教祭祀、部落间的冲突和战争、休闲娱乐和防治疾病等活动与体育的产生也有着紧密的联系。

（一）生产劳动

原始社会的生活条件非常严酷，生产工具也十分简陋。原始人的生产劳动主要是靠攀爬和徒步去采集野果，靠游泳和投掷锐器捕鱼，靠围追、猎杀对付虎、豹、熊等凶猛的动物。原始人的这些活动，其根本的目的是生产。

因此，严格意义上这些活动都只能称为生产和劳动。但原始人在这些生产劳动中，运用并逐渐发展了自己的走、跑、跳、投、攀登、爬越等基本活动技能，改造了自己的身体器官，发展了自己的体力和智力。而走、跑、跳、投、攀登、爬越等动作既是生产劳动技能，又是现代体育运动的基础；各运动项目的技术动作，都是从这些基础的动作发展而来的。

所以，人类早期的生产劳动中含有体育的因素，劳动技能的发展促进了体育的产生，劳动是体育产生的重要源泉。

（二）教育

原始人在长期的生产和生活实践中，自然知识和社会经验不断积累，劳动技能日趋多样化、复杂化。这些变化导致部落对原始人个体提出了更高的要求，个体必须经过学习、培训才能学会制造较为有效的劳动工具，使用较为有效的劳动方法。这样在氏族里，就由一些有经验的人（大多数为年长者）对年轻一代实施专门教育，传授劳动技能并进行身体训练，从而产生了人类最初的教育。

受生产力发展水平的制约，原始社会对年轻一代进行教育的主要内容是生产劳动技能的传授，而走、跑、跳、投、攀登、跨越等基本活动能力又是构成原始社会劳动技能最基本的因素，因此，可以说萌芽状态的体育是原始教育的主要内容，原始教育的产生和发展促进了体育的发展。

（三）竞技与军事训练

原始社会末期，出现了部落之间为争夺生存空间和生活资料而进行的战争。为了赢得战争胜利，以军事斗争为目的的身体训练受到重视。"武技"是中国古代体育活动的重要组成部分。作为华夏民族的一项传统活动，它是在原始人的战斗中随着实战的需要而逐渐产生的。而且，古代军事战争中的射击、射箭、赛马、格斗等一些技能，如今也都直接或间接地演变成了竞技体育的比赛项目。

这种出于军事的需要而进行的特殊体育锻炼，对体育的发展起到积极的促进作用。

（四）娱乐活动

原始社会娱乐的主要形式是舞蹈，它和体育有很多共同特点，比如都是身体的活动，都有健身的作用。

用现代观点来看，某些健身性的舞蹈本身就是体育的内容。原始人为了表达狩猎成功的喜悦、对自然的崇拜、对祖先的敬仰以及抒发各种内心的情感，往往在酋长的率领下，进行集体舞蹈。这种舞蹈既是一种娱乐，又是一种对身体的训练。

原始的娱乐活动大多包含了体育的因素，客观上促进了体育运动的发展。

（五）宗教祭祀活动

原始社会的人类认识能力低下，对大自然的变化和自身的生老病死还不能做出科学解释，以为这些都是由神灵主宰的。原始人为了表达对神灵的崇敬，祈求风调雨顺、五谷丰登，便按照自身的性格特点、好恶和想象设计了种类繁多的仪式活动来取悦神灵，其活动的主要内容是大负荷、高激情的舞蹈以及其他一些文娱活动，如赛跑、角力等。

总之，在各种祭祀活动中都存在大量的身体活动，人类的身体活动能力在这些活动中得到了提高。古代奥林匹克运动会正是由古希腊的祭祀活动逐渐发展而来的。

（六）防治疾病等保健养生活动

随着社会的发展，人类对自然、自身的认识不断地深化，经验得到积累，也逐渐意识到身体活动可以起到保健养生的作用。

原始社会末期已经出现了用于强身祛病的"消肿舞"。据《吕氏春秋》记载："昔陶唐氏之始，阴多滞伏而湛积，水道壅塞，不行其原，民气郁阏而滞著，筋骨瑟缩不达，故作为舞以宣导文。"这段话的意思是说在尧舜初期，气候不好，阴雨连绵，水道中的积水排泄不出去。人们心情忧愁，肢体由于活动少而发硬，逐渐萎缩，人们运用舞蹈这种身体活动来强健筋骨，改善情绪。

二、体育的发展

（一）古代体育的发展

古代东方各民族大多生活在大河流域。如：古埃及，地处尼罗河下游；古巴比伦，地处两河（幼发拉底河与底格里斯河）流域；印度河与恒河流域是古代印度文明的发祥地。由于生活环境较为稳定，东方民族形成了清静淡泊、自然调和、神形统一的民族特点，因此，体育活动往往偏重保健与养生。这一时期，印度的瑜伽术、埃及的保健术、中国的气功和武术，都已产生并有了一定的发展。

西方文明的发祥地是古希腊，古希腊是典型的海洋国家，海运便利、商业发达。城邦间经济文化的交融和频繁的战争，使得古希腊的体育快速发展，其中斯巴达和雅典最具代表性。

从 19 世纪初开始，近代体育开始从欧洲传播到世界各地。这种传播大致有以下几类情况：第一类是以欧洲移民为主要媒介，如美洲和澳大利亚的近代体育就是这样发展起来的；第二类是通过改革走上资本主义道路的国家，如俄国和日本等，一般是在教育改革的同时，积极地推行近代体育，同时对传统体育进行适当的改造；第三类是在那些殖民地、半殖民地的国家中，近代体育的传播通常是帝国主义文化侵略的一部分，近代体育的形成往往伴随着新旧文化的长期斗争，并和这些国家的民族解放斗争交织在一起。

（二）近代体育的发展

从 1871 年普法战争结束到 1945 年第二次世界大战结束，世界经历了一个前所未有的剧烈变动时代。19 世纪后期，近代工业革命进入了大机器生产时代，自由资本主义逐渐向垄断资本主义过渡。以英国为代表的帝国主义列强凭借先进生产力带来的强大政治、经济、文化和军事优势，完成了对世界市场的占领与瓜分。与此同时，马克思主义成为无产阶级革命的旗帜。20世纪上半叶，资本主义的危机进一步加剧，先后爆发了两次世界大战，并诞生了以苏联为代表的一批社会主义国家。在此背景下，近代体育的发展经历了一个重要的转折时期。历时几个世纪发展的德国体操体系的主流地位逐渐被英国户外竞技体系所取代。在伟大的体育活动家顾拜旦及其战友们的努力下，首届现代奥运会于1896年在希腊举行，这一事件成为现代体育的划时代事件与里程碑，推动世界体育进入了一个新的阶段。

19世纪70年代初，兴起于英国的竞技运动逐渐传播到欧洲各国，至19世纪末又由欧洲传播至全世界。到20世纪上半叶，竞技体育已取代了传统体操的地位和影响，演变成为世界体育发展的主流。

19世纪末20世纪初，随着竞技体育在全世界的传播，各类世界性运动组织应运而生。1881年，第一个国际单项体育组织——国际体操联合会成立。这是体育发展史上第一个国际性的体育组织。此后，各种单项运动国际体育组织如雨后春笋般建立起来。其中较重要的有：国际橄榄球协会（1890）、国际赛艇联合会（1892）、国际滑冰联合会（1892）、国际奥委会（1894）、国际自行车联合会（1900）、国际足球联合会（1904）等。

近代体育在中国的发展是十分缓慢的。从1840年的鸦片战争到1949年新中国成立以前是中国社会大动荡的时期，中国由一个封建统治的国家变成了半封建、半殖民地的国家。体育运动只是极少数人消遣娱乐的手段，广大民众体质普遍较弱。一些社会团体和人士，虽然热心于提倡体育运动，有的提出"体育救国"，有的提倡发展武术以振奋民心，但都受到各种条件的限制，很难发挥作用。中国在很长一段时间内，除学校中有体育课的安排外，整个体育事业处于发展十分缓慢的状态，仅先后参加了第十届、第十一届、第十四届奥运会，但没有一项进入决赛，基本上在预赛中就被淘汰。

辛亥革命时期，中国的先进知识分子对现代体育思想的发展做出了重要的贡献。1917年，毛泽东以"二十八画生"的笔名，在《新青年》上发表了《体育之研究》的论文。文章针对当时中华民族体质衰弱的状况，正确地解释了体育的含义，阐述了体育与智育、德育的辩证关系和体育的目的、意义、作用、方法。文章指出："体育者，人类自其养身之道，使身体平均发达，而有规则次序之可言者也。""体育一道，配德育与智育，而德智皆寄于体。无体是无德智也。""体者，为知识之载而为道德之寓者也。其载知识也如车，其寓道德也如舍。体者，载知识之车而寓道德之舍也。"文章还深刻指出："体育之效，至于强筋骨，因而增知识，因而调感情，因而强意志。筋骨者，吾人之身；知识、感情、意志者，吾人之心。身心皆适，是谓俱泰，故夫体育非他，养乎吾生、乐乎吾心而已。"毛泽东的这篇体育论文，至今仍然具有现实的指导意义。

（三）现当代体育发展

20世纪50年代以来，我国体育发展进入了一个新的阶段。无论是群众性的身体锻炼活动、学校体育，还是以提高运动技术水平为主的竞技运动，都有了长足的进展。

在物质文明和科学技术飞速发展的现代社会，体育越来越成为全社会的需要、人民生活的需要。在物质生活越来越丰富的同时，人们必然要求有更多、更丰富的精神文化生活，包括体育娱乐活动等。世界上工业发达国家为人们参加体育锻炼准备了优越的物质条件。另外，生产和生活中的自动化、电气化程度越来越高，人们的体力活动越来越少，其结果就出现了现代社会的"文明病"，如心血管系统疾病、肥胖症等。在某些生产部门，越来越细的劳动分工使得某些工种的劳动强度越来越大，造成身体局部的过度负担和疲劳，进而出现了各种"职业病"。对这类疾病最积极有效的防治办法就是体育锻炼。随着人们对高品质生活的追求，体育已成为贯穿人们一生的生活内容，有终身化的趋势。追求少年儿童的健康聪颖、中青年的精力充沛和老年的健康长寿，已成为世界潮流。自行车运动热、长跑热、健美运动热此起彼伏，家庭和个人用于体育方面的支出在稳步上升。另外，妇女体育运动事业的突飞猛进也成为现代体育的一大亮点。

学校体育是体育事业的基础。学校体育活动的开展使青少年身心健康发展，并掌握一定的基本运动技能和运动知识，同时培养了他们体育锻炼的兴趣和习惯。学校体育也是发现、培养和输送竞技人才的基地。世界上许多国家都提高了体育在整个教育中的地位，如增加体育课时等。在大多数工业发达国家，中小学体育课一般为每周3学时，有的达5学时。有的国家不仅规定体育为必修课，而且还规定体育不及格者不能升学或毕业。日本1961年制定的《振兴体育法》，主要内容是加强学校体育，从增强青少年的体质来提高国民的整体健康水平，实施以来卓有成效。在美国，中学体育是培养奥运会选手和职业选手的初级阶段。新中国成立以来，我国把学校体育当作增强人民体质、提高运动技术水平的战略任务来对待。广大的第三世界国家也重视发展学校体育。

现代竞技体育向国际化和高水平发展的趋势越来越显著。国际体育竞赛吸引着千千万万的群众，它所产生的影响是多方面的，因此受到了各国的重视。随着竞技项目的不断增加，参加的国家、地区和人数也越来越多，从而促进了运动技术水平的迅速提高。1896年开始的近代奥林匹克运动会，第一届只有9个大项，13个国家和地区的285名运动员参加比赛，到了2004年第32届夏季奥林匹克运动会，共设33个大项、339个小项，205个国家和地区的约11000名运动员参加了比赛。除奥运会外，还有各大洲的综合运动会，世界大学生、中学生运动会和各个项目的世界锦标赛或世界杯赛，以及名目繁多的大奖赛、邀请赛等。国际运动竞赛也愈来愈激烈，要取得优胜绝不是轻而易举的事。另外，职业化和商业化对现代竞技体育带来的影响也越来越明显。1984年，洛杉矶奥运会开创了民间集资办奥运的先河，使现代体育商业化进入了一个崭新的阶段。有条件地允许职业运动员参加奥运会是对体育的业余原则的挑战。职业化和商业化的程度进一步提高将成为未来竞技体育运动发展的趋势之一。

随着20世纪科学和技术的发展，体育在应用现代科学的成果方面，最突出的是计算机技术、激光、光学、电子学、无线电遥控和空间技术等。教练员可以利用计算机制订科学的训练计划，包括每天最佳的训练量和训练强度。计算机还可以根据某一运动员的各种数据预测出他在未来某一比赛中可能达到的成绩。使用激光可以测量投掷标枪、跳远、三级跳远等项目的距离。录像机、高速摄影机可以用来分析运动员的技术动作。心率、心电、肌电的遥测，对于了解运动员在训练过程中的生理变化，掌握适当的运动量有着十分重要的作用。空间技术在体育上的应用，给全世界的体育爱好者带来了福音。世界各地举行的体育比赛实况，都能通过通信卫星传播到全世界。在场地器材方面，如塑胶全天候跑道、人工草皮、玻璃钢竿、皮质游泳衣等的应用，对运动员技术水平的提高都有明显的促进作用。

【思考题】

1. 中国古代体育的产生涉及哪几个方面？
2. 近代中国体育发展的进程呈现什么样的特点？
3. 当代体育发展的特点是什么？
4. 21 世纪中国体育发展的重点任务是什么？

第三节　体育的功能

体育能在人类社会中存在并持续不断地发展，同时得到不同民族和地区人们的喜爱和广泛认同，不仅越来越有活力，而且其影响力和作用也越来越大，这充分说明其对人类社会有着重要的功能和作用。目前体育主要功能可分为以下几种：体育的教育功能、体育的健身功能、体育的娱乐功能、体育的政治功能、体育的经济功能、体育的文化功能和体育的科技功能。

一、体育的教育功能

教育是人类文明发展的杠杆。教育功能是体育最早和最基本的功能。因此，世界各国的历代统治者都把体育作为教育的重要组成部分予以重视，直到今天也不例外。现在的体育教育已不仅具备促进身体发育，增强人民体质的功能，更着眼于培养人们终身体育的习惯，以提高人类生活的质量，适应现代社会的需要。在传授关于人体健康的科学知识和教导人们遵守社会规范，发展人际交往，促进人的个体社会化方面，体育的教育功能同样得到了体现。我国学者根据自然主义体育思想认为，体育就是为教育服务的，不要为体育而体育，为锻炼而锻炼，而要努力发挥体育在教育上的效能，以达到教育的目的。

同时，学校体育特别要注意以下两点。

（一）学校体育的生活化

体育是学生学校生活的一部分，生活化体育不应仅偏重技能的训练，而应注重体育理念、态度和习惯的养成。这样即使学生离开学校，也还有爱好体育的习惯。而发展学生的基本运动能力，则是应对激烈竞争和复杂的工作与生活环境的需要，即在针对学生现在需要的同时，也要考虑到学生将来的需要。学校体育生活化就是要使体育为生活服务。

（二）学校体育的自然性

学校体育的自然性就是摒弃形式化和反对非自然性的东西。从学生的心理生理需要出发，尊重学生的兴趣，提倡个性自由发展。学生通过掌握体育的动作技能，实现体育休闲目标和获得身体自然活动的能力。

二、体育的健身功能

体育运动能使大脑和神经系统得到锻炼，从而提高神经工作过程的强度、均衡性、灵活性，增强神经细胞工作的耐久力。体育锻炼能提高循环系统的功能。人体通过循环系统的活动，向全身几百亿细胞供给血液。血液把呼吸系统摄取的氧气和消化系统摄取的丰富营养物质源源不断地输送给人体各种器官和各组织系统，使之维持生命的活力。体育锻炼能提高呼吸系统的功能。一般人安静时一分钟肺通气量约为 4.2 升，剧烈运动时每分钟肺通气量可高达 120 升，这说明体育锻炼能大大促进人体的呼吸功能，不断提高人体的供氧能力。体育锻炼能增强人体运动系统的功能。骨架和肌肉对人体起着支撑和保护作用，不仅为内脏器官，如心、肺、肝、肾以及脑、脊髓等的生长发育提供了可能，而且能保护这些器官使之不易受到外界的损伤。骨、软骨、关节、骨骼肌是人体运动器官，骨的质量，关节连接的牢固性、灵活性，肌肉收缩力量的大小和持续时间的长短等，在很大程度上决定人体的运动能力。体育锻炼能提高身体对外界环境的适应能力。一年四季坚持体育锻炼，能提高体温调节机能，提高对各种疾病的抵抗能力。

三、体育的娱乐功能

体育活动既可以自娱，也可被观赏。人们的生理、心理需要在运动参与过程中得到满足，所以，体育能起到丰富人们文化生活、满足人们的精神需要的作用。

无论是从人的生理、心理，还是社会化的需要等方面看，娱乐都是人们精神生活的重要内容。而愉悦身心、陶冶情操，则是体育本质功能的又一体现。

体育以其动作的高难度、造型的艺术化、形式的多样化、竞赛的激烈性和比赛结果的不确定性，以及适应性强、社会化广的特点，往往能给予参与者和观赏者一种强烈的感情刺激和情感体验。

四、体育的政治功能

体育作为一项在全世界具有广泛影响的社会文化活动，在当今社会中与政治有着密切的关系，在处理国际关系和民族关系方面，具有独特的功能。

（一）影响国家的形象

影响一个国家国际声望的因素有很多，其中竞技比赛，特别是奥运会等大型国际竞赛的胜负直接关系到国家的名誉。

（二）增强民族自尊心和自豪感

体育比赛的结果具有不确定性，胜负悬念引人关注，加之重大比赛的胜负与它们所代表的国家名誉相联系，因此，大型体育比赛已成为各国人民瞩目的社会活动，可以抒发爱国情感，振奋民族精神，鼓舞国民士气，弘扬国家威风。这种巨大的精神力量和凝聚效应，对于急需获得国际社会认可的新兴国家尤其重要。

（三）社会感情的调节手段

体育具有健身性和娱乐性，具有广泛的社会需求。当今，人们工作生活节奏加快，心理压力增大，利用体育来调节身心、协调人际情感是很必要的。

（四）军事训练手段

体育训练可以强身，在提高士兵的身体素质、锻炼他们的意志品质方面具有重要的作用。尽管未来战争科技含量大大提高，技术装备在制胜因素中的地位也明显提高，但是要想取得最终胜利，归根结底是要靠人。离开高素质的参战人员，是不可能取得战争的最终胜利的。

（五）外交的场合机遇

比赛具有双边性和交际性。在国际比赛中，运动员往往被视作国家的代表，通过与他国选手的接触，展示自身诉求，可以加深与他国人民的友谊。同时还应看到，竞技比赛至少在形式上具有非政治性，可以使任何国家，甚至是政治上有隔阂，乃至敌对国家的运动员走到一起，同场竞技。与此同时，双方的官员也要进行必要的接触。因此，在特定情况下，为打破外交僵局，以比赛为契机进行外交接触，可能会取得人们意想不到的重大的外交突破。

五、体育的经济功能

（一）提高劳动能力

劳动生产力的提高是社会经济发展的主要标志。体育看似不能产生直接经济效益，但它可以提高生产效率，促进社会生产力的发展。人是生产力中具有决定性的因素，体育能增强人类的身体素质，提高人类基本活动能力，从而大大提高劳动能力。

（二）体育本身所产生的经济收入

通过大型比赛，当地政府能获取可观的经济收入，如出售体育比赛的电视转播权，一次重大比赛的电视转播权的金额可高达几亿美元。此外，还可通过出售门票、发售体育彩票、发行纪念币、打广告等增加收入。重大国际比赛能促进第三产业的发展，从而带动国民经济的发展。

（三）体育外延所产生的经济收入

在人们的商品意识日趋增强的今天，各种冠以"杯赛"名目的体育竞赛活动，表面上是体育项目的激烈竞争，背后则是商家的广告大战。随着人们对体育需求的不断增长，体育产业和体育商品经济已经成为一个新兴产业部门和经济领域。

目前，在经济发达的国家，体育产业不论在规模还是范围方面，都在迅猛扩张，除体育器材、装具外，还包括体育旅游、体育表演、体育建筑及其他体育经营。尤其是洲际以上的大型体育比赛，可以给一个国家或地区的娱乐、餐饮、交通、旅游等行业带来极大的经济效益。

此外，大型体育竞赛还能给社会创造数量可观的就业机会。不仅在政治上提高了国际影响和威望，而且是推动城市建设，发展经济，促进诸如建筑、生物检测等行业的科学发展，乃至振兴整个地区经济的难得的契机。

六、体育的文化功能

体育作为一种社会文化现象，本身就蕴涵着丰富的文化内涵。体育文化有着悠久的历史渊源，古代人们举行的各种祭祀礼仪活动往往以体育的方式（如古代奥运会的产生）来表现。

体育的文化特征体现在鲜明的象征性、浓郁的艺术性及丰富的内涵上。例如奥运会的五环标志，象征着五大洲的团结，圣火象征着文明之光，代表着生命、热情和朝气。每届奥运会的会徽及吉祥物也都有着丰富的寓意和象征性意义。

体育运动不仅是一种身体运动，而且是一种文化形态。体育运动中顽强拼搏、勇于进取的精神，公平竞争的精神，团结友谊的精神，爱国主义和国际主义的精神，都是体育文化在人们精神领域里的高度体现。体育本身所具有的表演性和娱乐性，它所得到的广泛参与和关注，都使体育不再仅仅是体育本身，而成为一种社会文化现象，承载着一定的文化功能。现代体育的仪式化、庆典化，更增添了体育的文化色彩。

现代体育的这种文化功能，促进了不同文化之间的相互交流与相互理解，有利于各国人民之间的友谊与和平，毫无疑问值得发扬光大。

七、体育的科技功能

"科技是第一生产力"，体育运动的发展正是得益于人类科学技术的进步，从而逐渐形成了一个庞大的体育科学体系。

正是因为有了"人体解剖""运动医学""运动保健学""运动生物力学""运动生物化学"等自然科学的成果，现代体育的发展才得以实现。正是因为有了"体育社会学""体育管理学""体育经济学""体育统计学""运动心理学""体育史学"和"体育行为学"等社会科学的论证，体育的行为和精神才能得到社会的认同，才能得以发扬光大。

体育的发展得益于科学技术的进步，又反过来为科学技术的发展提供了更加广阔的实验场和市场。各种新型材料以及电子技术在体育领域里的应用，使体育的器材设施更加科学先进，让竞技体育一次次地打破了"极限"的预言。

当前各国的体育界又把注意力转向了信息科学、生物遗传工程、分子生物学、激光技术、生物物理等高新技术的发展上，期待着它们能更好地促进人类体育的发展。

【思考题】
体育主要有哪些功能？主要表现在哪些方面？

第四节 高校体育教育

一、高校体育的目的

根据我国的教育方针和教育要面向现代化、面向世界、面向未来的要求，高等学校体育的目的是：以身体练习为基本手段，培养学生的体育意识，增强学生的体育能力，促进学生养成自觉锻炼身体的习惯，使之成为身心健康的社会主义现代化事业的建设者和接班人。

它主要包括学生的身体培养目的和心理个性塑造目的。高校体育是学校教育的重要组成部分，其目的应与学校教育的总目的相一致。另外，高校体育又是体育的一个重要方面，它又应该充分体现体育的属性，即要以运动和身体练习为基本手段，提高人的潜能，增强体质，增进身心健康，促使大学生全面发展。

所以，高校体育的目的就是以运动和身体练习为基本手段，对大学生身体进行科学的培育，在提高人的生物潜能和心理潜能的过程中，达到身心健康、全面发展的教育总目的。

二、高校体育的目标

高等学校体育是整个国家教育的一部分，党的教育方针指出：教育必须为社会主义现代化服务，必须同生产劳动相结合，培养德、智、体全面发展的建设者和接班人。依据社会发展对人才培养的要求，高等学校作为为社会培养高级专门人才的基地，必须将素质教育贯穿其中。

高校体育的总体目标是：以育人为宗旨，引导和教育大学生主动、积极地锻炼身体，掌握现代体育科学的基本知识、技能、技术和锻炼身体的方法；有效增强体质，促进身心和谐发展；建立正确的体育意识和观念；提高体育文化素养；获得独立从事体育锻炼的基本能力；培养终身体育的兴趣和习惯，为自身的全面发展打下良好的基础。

高等学校体育承担着提高人才身体、心理素质的重任，其目标是否符合社会发展需要，直接关系到高等学校能否为社会培养出合格的人才。同时还要不断创造条件提高少数具有竞技运动才能学生的运动技术水平，为国家培养和输送优秀体育人才。

三、高校体育的任务

（一）增强学生体质，促进学生身心健康

全面锻炼学生身体，促进学生身体形态结构、生理机能和心理的发展，增强对自然环境的适应能力，增进学生身心健康，增强体质，这是高等学校体育的首要任务，也是高等学校体育的出发点和归宿。

大学生正处在青春期，其身体的生长发育日趋完善和稳定，生理机能和适应能力均发展到较高水平，性发育成熟。这一时期是生命活动最旺盛的阶段，也是身心发展的关键时期。

在这个时期，应通过体育教育，促使大学生安排合理的作息制度，参加丰富的校园文化活动，重视营养卫生，积极参加体育活动，科学地进行体育锻炼，以有效地促进大学生身心正常发育，提高身体素质和基本活动能力，提高健康水平和对环境的适应能力，增强对疾病的抵抗能力。

（二）促使学生掌握体育的基本知识、基本技术和基本技能

使学生掌握体育和卫生保健的基本知识、基本技术和基本技能，学会锻炼身体的科学方法，养成经常锻炼身体的习惯，这也是高等学校体育的一项重要任务，是体育中的智育任务，它关系到从事体育运动的科学性问题。

通过体育基本知识以及科学锻炼身体方法的传授，可以在人的培养方面起到这样的作

用：其一，使学生获得体育方面的资源，让他们在进行体育锻炼、体育娱乐、体育欣赏时获得知识、技术和方法上的保证；其二，使学生明确体育的价值含义，树立正确的体育观念；其三，通过体育知识、技术的学习，开拓、启迪学生的思维，以便在当代大量交叉学科的发展中，对其专业的发展能起到一定的迁移作用。

（三）培养学生勇敢、顽强和克服困难等意志品质

体育活动有自己的道德规范。如每项体育运动都有它完整的规则，凡参加者都必须严格地遵守这些规则。同时，高等学校的体育教学、课余体育活动和运动竞赛，都是有目的、有组织地进行的，既是集体活动的过程，也是思想品德教育的过程。通过这些活动，可以培养学生自觉遵守纪律、热爱集体、团结友爱、互相协作等道德品质。体育活动的过程，实际上既是一个克服困难、磨炼意志的过程，又是一个培养人的性格、坚定人的信念、陶冶人的情操的过程。

（四）培养学生审美和创造美的能力

体育与美，自古以来就紧密相连。运动是力与智慧的结合，身体练习是意念与形体的统一。

人可以用自身的"造型"来表达对客观世界的认识，通过"造型"达到其增强体质的效果。在运动及身体练习中，学生通过各种运动，来表现"造型"的艺术美。美的心灵、美的情操都是通过美的举止、美的造型来表现的。

因此，高等学校体育应十分注意培养学生高尚的情操，使"外在美"与"内在美"很好地统一起来。

（五）培养高水平的运动员，提高运动技术水平

高等学校应在广泛开展群众性体育活动的基础上，对部分有一定专项运动才能的大学生进行有计划的课余运动训练。按照教育和体育的自身规律，充分利用高等学校的有利条件和大学生在体能和智能上的优势，重视大学生的生理、心理特征，坚持有效的科学训练，不断提高运动技术水平。

这样，既可为高校培养体育骨干，又能进一步推动高等学校体育活动的开展。既能丰富校园文化生活，又可为国家培养竞技运动的后备人才。

我们应该充分发挥高等学校在师资、器材、设施和多学科交叉方面的优势，充分认识大学生的心理、生理特征和体力、智力优势，把部分有运动天赋和运动才能的大学生培养成为高水平的运动员，这是时代赋予高等学校的新的使命。

四、高校体育教育的作用

高等学校体育是国民体育的基础之一，是我国实施素质教育的重要组成部分。它对培养有理想、有道德、有文化、有纪律的社会主义建设人才，增强民族体质，建设社会主义精神文明等都有重要的意义。

高等学校体育作为体育的重要组成部分，在培养高素质人才中所起的作用是其他教育形式所无法替代的。随着现代社会的高速发展，高等学校体育的社会地位也在不断提高。根据我国目前的体育教育制度，高等学校体育是学生接受学校体育教育的最后阶段。

因此，高等学校体育既是高等学校教育的重要组成部分，也是学校体育与社会体育的连接点，是国民体育的重要基础。它不仅对实现高等教育目标，培养全面发展的高素质人才有着重要作用，而且对丰富和发展群众体育、实现全民健身战略计划也有着举足轻重的带动和指导作用。

（一）促进大学生身心全面发展

高等教育时期是青年学生处于完成身体生长发育、形成正确的人生观、世界观，健全人格的重要时期；也是青年学生学习专业基础知识，掌握为社会服务所需技能的重要时期。

在青年学生的成长过程中，发挥体育的各项功能，对促进青年学生身体正常发育，使其心理与生理、体能与智能协调发展，体质增强，运动能力提高，勇敢、顽强、坚毅的思想品质形成，集体主义和积极向上的精神培养与自身完善等方面，有着积极的作用，是其他教育所不能替代的。

（二）培养学生体育能力与习惯，奠定终身体育的基础

根据大学生适应能力强、灵活性相对较高、抽象思维能力强、综合分析能力突出等特点，加之大学生求知和独立从事体育锻炼的欲望强烈，传授体育知识的渠道变得更加畅通。他们接受和理解知识的水平高于中学时代，因而为比较系统地掌握体育的基本知识、技能和科学锻炼身体的方法，提高体育文化素养和体育审美能力，培养良好的锻炼习惯等创造了有利条件，为终身体育奠定了基础。

（三）高校体育是培养学生品德及完善个性的重要手段

在各种体育活动中，结合大学生的特点进行思想品德教育，往往能收到事半功倍的成效。各种不同的运动项目，有的要求快速，有的要求耐久，有的动作惊险，有的练习复杂，需要集体的配合协助等。因此，体育锻炼有助于培养勇敢顽强、机智果断、团结协作等优良品质和道德风尚。体育竞赛不仅能培养争创一流、奋勇拼搏的竞争精神，还有助于树立责任感和集体荣誉感，并能充实课余生活，给人带来精神上的舒畅和情感上的欢愉。

学校体育对于美育教育也有很好的促进作用，它以自己丰富的内容和独特的形式，加深学生对形体美、动作美、仪表美、心灵美的认识，培养学生对美的感受、鉴赏、表现和创造能力。

学校体育丰富多彩、形式多样的内容，可以创造健康、文明、和谐的校园课余文化生活，吸引青年学生积极参与，从而使校园生活充满健康的活力与生机，提高学生的审美情趣，培养正确的审美观，抵制不良思想意识的侵蚀和精神污染。

（四）高校体育对促进我国体育现代化具有巨大的作用

大学生在校期间通过体育教育和体育活动，能陶冶情操，养成良好、健康的生活习惯，对增强民族体质有着深远的影响。同时，结合高校多学科综合研究的优势和学生智力高、接受能力强、创新意识强等特点，高校高水平运动队的运动技术水平已得到实质性的提高，这必将为促进我国竞技水平的发展增添新的活力。

国家提出的《全民健身计划》的重点对象是青少年，高等学校作为青年学生学校生活的最后阶段，既是实施全民健身计划的主战场，同时又是直接向社会输送青年人才的最高层次的学校。

此外，高校体育还可以凭借良好的教育氛围和物质条件，提高部分有竞技天赋的学生的运动技术水平，为国家培养优秀的运动后备人才发挥积极的作用。这些都对实现体育强国的目标具有重大的意义。

（五）促进基本职业技能与劳动技能的提高

大学生通过体育锻炼，特别是通过体育教育所获得的多种多样的运动技能和由此发展起来的各项身体素质，对自身掌握基本职业技能和基本劳动技能都有积极的作用。

由于学校的专业性质不同，进行体育教育的内容也都有所不同。例如，对土木工程、地质勘探、测绘测量等专业的学生来讲，参加支撑、攀登、跳跃、远足、游泳、潜水及自我保护或救护等基本职业技能的训练是必不可少的；对于医学专业的学生来说，多参加球类运动对提高其手指、手腕的灵活性是非常有益的；对于经济管理等专业学生来讲，积极参加体育锻炼对尽快缓解疲劳、提高工作效率也有特殊的功效。

五、高校体育教育的基本途径

高等学校体育的目的是通过高校体育的各种组织形式来达到的，国家规定了为社会主义现代化事业培养德、智、体全面发展的建设者和接班人的培育目标，但是，高等教育和高校体育的目的必须通过多种多样的组织形式为其提供具体途径，并实施相应的教学计划才能达到。

学校体育主要有以下几种基本组织形式：体育课程、课外体育活动、课余运动训练和课外体育竞赛。

（一）体育课程

体育课程是我国高等学校教学计划的重要组成部分，是高校体育教育的中心环节，也是高校体育教育的最基本组织形式。它为高校体育达到目的提供了具体途径。

新中国成立以来，我国高校均设置了体育课程，国务院批准颁发的《学校体育工作条例》明确规定："普通高等学校的一、二年级必须开设体育课程。对三年级以上的学生开设体育选修课程。"这一法规为加强高校体育课程建设提供了人、财、物、时间、信息等方面的重要保证，有力地推动了我国高校体育课程建设。

通过体育课程这种特殊的组织形式，学生逐步树立正确的体育观念，了解体育的基本知识，掌握锻炼身体的基本技能，形成较强的体育意识，增强自身的体育能力，培养自觉参加身体锻炼的习惯，接受潜移默化的品德教育，增强审美和创造美的能力，深刻领会体育教育与成才的内在联系，从生存、发展、享受等不同层次上去理解体育给自身和国家、民族带来的好处。同时，学以致用，充分理解体育课程目标与高校体育目标的一致性，把握参与体育课程学习的良好时机，努力完成体育课程的各项任务，自觉地使体育与运动融入自己的生活，为成才和奉献打下坚实的身体基础。

（二）课外体育活动

课外体育活动是高校体育课程的延续和补充。《学校体育工作条例》规定："普通高等学校除安排有体育课外，每天应当组织学生开展各种课外体育活动。"根据学校的实际情况和传统特点，因人、因时、因地制宜地开展多种形式的课外体育活动，对巩固和提高体育课的教学效果，增强大学生体质，提高文化学习效率，丰富校园生活，增强集体凝聚力，促进精神文明建设等方面都会起到良好的促进作用。课外体育活动主要有以下一些形式。

1. 早操

早操是大学生作息制度中的重要组成部分，也是构建科学、文明、健康生活方式的基本因素。大学生坚持早操，是保持合理的生活作息制度，养成良好生活习惯的有效措施。早操可以提高学生大脑皮质的兴奋度，使其以良好的身心状态投入一天的学习生活，有利于提高学习效率。开展早操，对形成良好的校风、班风、学风，促进校园精神文明建设也有重要意义。根据场地条件和具体情况，早操可以采取集中做操或分散锻炼的形式。分散锻炼可以根据个人的兴趣爱好，每天坚持 20 ～ 30 分钟的活动，一般选择慢跑、健身跑、太极拳等锻炼内容，运动量不宜过大。

2. 课后体育活动

课后体育活动，是指学生利用课余时间进行的体育活动。在校大学生的课后体育活动要保证每周不少于两次；活动方式可以是个体，也可以是群体；内容可以是开展体育比赛、健身娱乐性活动和一般性身体锻炼活动。

（三）课余运动训练

大学课余运动训练是指学校利用课余时间，对部分身体素质较好并有某项运动专长的学生进行系统训练的一种专门教育过程。它是高校体育的一种主要组织形式，是实现学校体育目标的一项重要措施，也是普及体育运动的一个重要的中间环节。它一方面肩负着提高运动技术水平、创造优异成绩、参与校际和国际交往、为校为国争光的光荣使命；另一方面又承担着指导、促进高校体育运动蓬勃开展的艰巨任务。

我国各高校在广泛开展群众性体育活动的基础上，普遍建立了深受本校师生喜爱的传统运动项目的校代表队，不少高校都取得了令人满意的效果。

（四）课外体育竞赛

《学校体育工作条例》规定："学校体育竞赛应贯彻小型多样、单项分散、基层为主、勤俭节约的原则。每年至少举行一次以田径项目为主的全校性运动会。"高校体育竞赛活动不仅可以检验学校体育工作，而且可以宣传体育，推动群众体育活动的开展。

体育竞赛可以吸引学生参加到体育活动中来，丰富课余生活。体育竞赛的竞争性和对抗性，培养了学生集体主义精神，锻炼了学生的意志品质，发展了学生的社交能力，达到了育人的目的。

体育竞赛能够展现一个学校的风采，提高学校的声誉，促进校际交流，丰富学校的精神文化生活。一年一度的校田径运动会把各个高等学校的体育教育推到了本年度的高潮。通过体育竞赛，我们还能够检验体育教学和运动训练的效果，顺利完成高校体育的任务。

【思考题】

1.高校体育的目的是什么？

2.实施高校体育教育的基本途径是什么？

3.阐述在大学校园生活中体育对你的影响有哪些？

第二章 体育锻炼的科学基础与方法

> 身体教育和知识教育之间必须保持平衡，体育应造就体格健壮的勇士，并且使健全的精神寓于健全的体格。

> ——柏拉图

体育锻炼要根据锻炼者的体质状况和本人要求，因人而异，才可能达到预期的目的。要想取得事半功倍的锻炼效果，必须掌握一些基本的体育锻炼的科学理论与方法。本章主要介绍体育锻炼的科学理论，包括体育锻炼的能量供应理论、体育锻炼的超量恢复理论、体育锻炼的最大摄氧量理论、运动负荷有效价值阈的理论、运动技能形成的理论，以及体育锻炼对人体的影响。另外，还介绍了体育锻炼的基本原则和体育锻炼的基本内容与方法等，作为大学生进行体育锻炼时的理论指导。

【本章思政点】

体育锻炼的原则有很多，但是最基本、最重要的是两个字："坚持"。4次出征奥运会的32岁老将巩立姣收获自己的首枚奥运金牌，"不老军神"吕小军在37岁夺得奥运金牌，中国短道速滑运动员范可新坚持训练，改变自己"贫血体质"成为奥运冠军等，每一位奥运冠军无一不体现出他们对梦想的坚持。哲学家车尔尼雪夫斯基说："只有毅力才会使我们胜利，而毅力的来源又在于毫不动摇，坚决采取为达到胜利所需要的手段。"

在体育锻炼中，"坚持"始终是第一原则，能够克服惰性、坚持锻炼的人，在生活中遇到困难时也一定会勇敢克服困难，走出困境。当代大学生应该建立健康的生活方式，养成规律的运动习惯，克服懒惰的天性，成为朝气蓬勃的中国新一代青年。

第一节 体育锻炼的科学基础

一、体育锻炼的科学理论

人体是由各器官、系统组成的有机体，通过体育锻炼来增强体质，其中就包含了很多科学规律，例如体育锻炼的科学定量化就和锻炼效果密切相关，不同性别、体质、年龄的人，其锻炼内容、方法、生理心理负荷强度等均有不同的科学要求。

（一）体育锻炼的能量供应理论

能量代谢是指物质代谢过程中所伴随的能量释放、储存、转移与利用的过程。食物中的糖类、蛋白质、脂肪既是建造机体结构、实现自我更新的原料，又是机体内能量的来源。运动时能量供应有其一定的生理规律，认识这些规律对正确选择体育锻炼内容、方法及提高成绩有一定帮助。

1. 磷酸原系统（ATP-CP系统）

磷酸原系统，通常是指三磷酸腺苷（简称ATP）和磷酸肌酸（简称CP）组成的系统，由于二者的化学结构都属于高能磷酸化合物，故称为磷酸原系统。CP是储存在肌细胞内的一种高能磷化物。当ATP分解放能后，CP立刻分解放能以补充ATP的再合成，由于这一过程十分迅速，不需要氧气也不会产生乳酸，因此，生理学上将它与ATP一道合称为非乳酸系统。

生理学研究证明，全身肌肉中ATP-CP系统的供能能力仅能持续8秒左右。这一系统供能能力的强弱，主要和绝对速度有关，如果要提高50米、100米等短距离跑的绝对速度，就要发展磷酸原系统的供能能力。发展这一系统供能能力最好的训练方法是采用持续10秒以内的全速跑，重复进行练习，中间间歇休息30秒以上。如果间歇时间短于30秒，则由于磷酸原系统恢复不足，会产生乳酸积累。

2. 乳酸能供能系统

当人体肌肉快速运动时间持续较长后（超过8～10秒），磷酸原系统供能能力已不能及时供ATP补充，于是身体动用肌糖原进行无氧酵解供能。这一系统供能时不需要氧，但会产生乳酸积累，故称为乳酸能系统。机体产生的乳酸在氧供应充足时，一部分继续氧化释放能量，另一部分合成肝糖原。乳酸是一种强酸，在体内积聚过多时，会产生酸中毒，使机体工作能力下降，故乳酸能系统有供能能力，但持续时间也不长（33秒左右）。

中距离跑主要需要速度耐力，100米、200米跑的后程及不少球类运动也需要速度耐力。要提高速度耐力，就要发展乳酸能系统的供能能力。最适宜的手段是全速（或接近全速）跑30～60秒，间歇休息2～3分钟。这种训练方式能使血乳酸达到最高水平，能锻炼和提高对高血乳酸的耐受能力，提高乳酸能系统的供能能力。

3. 有氧供能系统

在氧供应充足的条件下，机体利用糖和脂肪氧化分解成二氧化碳和水，释放大量能量来合成ATP，这种有氧氧化供能过程称为有氧供能系统。其中糖有氧氧化产生的能量为糖酵解的13倍，故其维持的工作时间较长。

虽然磷酸原系统和乳酸能系统在运动中提供了大量能量，但归根结底，ATP、CP的合成，糖酵解产物乳酸的消除，都是通过有氧氧化来实现的。所以，肌肉活动能量的最终来源还是糖和脂肪的有氧氧化，而糖和脂肪又来自食物。

人体的有氧供能能力和心肺功能有关，是耐力素质的基础，要提高这一供能能力，主要宜采用较长时间的中等或较低强度的匀速跑或较长段落的中速间歇训练等方法。

人从事任何一种运动时，由于很少仅由一种供能系统供能，大多数情况下是上述3种供能系统均参与供能，只不过由于不同的运动方式，3种供能系统所占的比例各不相同。如100米跑，主要以磷酸原系统及乳酸能系统供能为主；长跑则主要由有氧供能系统供能；400米跑等练习以乳酸能系统供能为主；1500米跑则对3种供能系统均有较高要求。因此，在体育锻炼中应根据自己的特点，以及希望发展哪一种系统的供能能力，而恰当选择手段与方法。

（二）体育锻炼的超量恢复理论

新陈代谢是有机体生命活动的基本特征之一，是通过同化作用和异化作用的对立、统一进行的。体育锻炼是对机体新陈代谢过程的一种刺激，它能引起组织系统发生兴奋，加剧物质代谢和能量转换，造成代谢的不平衡。人在进行体育锻炼时，体内新陈代谢比平时大为加强，能量消耗增加，以不断满足运动时能量的需要。运动后身体的能量物质不仅可以恢复到原有水平，而且还会超过原有水平，这种现象叫"超量恢复"。能量物质的恢复过程大致可分为 3 个阶段：第一阶段是运动当中，恢复过程就已经开始，这时机体一边进行锻炼，消耗能量，一边补充和恢复能量物质。由于消耗大于补充，能量物质的储量逐渐下降。第二阶段是运动结束后，此时能量物质消耗已逐渐减少，而恢复过程却不断增强，锻炼中消耗掉的能量物质不断得到补充，直至恢复到锻炼前的原水平。第三阶段是超量恢复阶段，能量物质恢复到原水平后并未停止，而是继续恢复补充，在这一段时间里，能量物质的恢复可超过原有储备的水平，比锻炼前能量物质的储量还要多。但是，过一段时间后，能量物质的储备又会回到原来水平。如果经常坚持体育锻炼，不断增强能量物质的恢复过程，超量恢复便能达到更高的程度，体质也就不断得到增强（见图 2-1）。

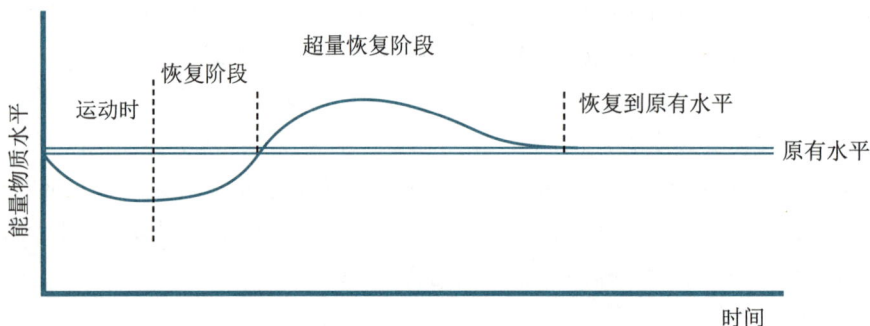

图 2-1　超量恢复示意

"超量恢复"出现的早晚与运动量的大小、疲劳程度以及营养供给有关。在身体锻炼时，运用人体超量恢复的规律来指导身体锻炼，要根据各自的身体条件、年龄和锻炼基础合理地安排运动量和锻炼持续时间，应当既能引起机体超量恢复，又不超过机体适应的界限。

（三）体育锻炼的最大摄氧量理论

人体所需的能量通过体内糖、脂肪和蛋白质的分解来获得。而这些营养物质需要氧化才能分解释放出能量。人体不断消耗吸进的氧气来氧化营养物质（糖、脂肪、蛋白质），所释放出的能量供给各器官活动的需要。所以，人体有氧能力的提高，在某种程度上就是摄氧量的提高。摄氧量也叫吸氧量或耗氧量，是指人体吸进体内并被组织细胞实际消耗利用的氧量。安静时，人体每分钟的摄氧量为 0.25 ～ 0.30 升。与安静时每分钟的需氧量相比，运动时的摄氧量随着运动强度的加大而增加。从事剧烈运动时，因受到循环、呼吸系统等机能的限制，每分钟摄氧量增加到一定限度就不再增加，即达到摄氧量最高水平，故称为最大摄氧量，即运动时每分钟能够摄入并被身体利用的氧的最大数量。一般成年人最大摄氧量为每分钟 2 ～ 3 升，而运动员可达 4 ～ 5 升，优秀的耐力运动员可达 6 ～ 7 升。因此，要提高最大摄氧量，参加体育锻炼者应注意以下几点。

第一，最大摄氧量通过锻炼通常只能提高 5% ～ 25%，其他 95% ～ 75% 主要是受遗传因素的影响，但个别人通过锻炼则或可提高 25% 以上。力量锻炼不能提高最大摄氧量，研究实验表明，采用中等负荷的循环力量练习，每组重复 10 ～ 15 次，组间休息 15 ～ 30 秒，最大摄氧量变化很小或没有变化。

第二，最大摄氧量的提高与锻炼次数有关。实验证明，每周要保持 3 次的锻炼频率才有效果，如果每周少于 2 次锻炼，最大摄氧量的变化不显著。短期的锻炼不能提高人体的有氧适应能力，至少需要 10 周，甚至 20 周才能有效。对成年人来说，每周锻炼不应少于 2 次，每次不应少于 10 分钟，否则，不能起到保持和提高健康水平的作用。

第三，要想改进身体的组成，使去脂体重（净体重）的比例增大，每周的锻炼也不能少于 3 次，每次至少持续 20 分钟，消耗的热量每次应接近 300 千卡。如果每周锻炼 4 次，则每次消耗热量应接近 200 千卡。

第四，提高最大摄氧量的最低阈值，应为"最大心率储备"的 60% 左右（50% 的最大摄氧量）。最大心率储备是指最大心率与安静时的心率差，再加上安静时的 1/2 的心率。对年轻人来说，相当于心率达到 130 ～ 150 次/分的水平，老年人此值可低至 110 ～ 120 次/分。

第五，最初练习跑步，若每周 3 次以上，每次超过 30 分钟，则有可能引起足膝的损伤，为此可选用不同的项目交替进行练习。持续锻炼是保持良好锻炼效果的重要因素。如果停止锻炼 2 周，工作能力就会显著下降，停止锻炼 4 ～ 12 周，已提高的心脏、呼吸健康水平可下降 50%。停止锻炼 10 周～ 8 个月后，健康状况就会回到锻炼前的水平。

第六，最近研究表明，年龄不是耐力锻炼的障碍，中老年人最大摄氧量的变化与年轻人相似，只是年龄大的人需要更长的时间，才能适应锻炼。

（四）运动负荷有效价值阈的理论

1. 运动负荷

所谓运动负荷，就是人体在运动活动中所承受的生理刺激。按其对人体产生刺激的性质，运动负荷又可相应地分为负荷强度和负荷量两个方面。这种划分的意义在于：一方面便于我们了解、认识并研究运动负荷，而更重要的是便于安排和调节运动负荷。在实际运用中，负荷量和负荷强度彼此互为存在的条件，即没有一定强度的量和没有一定量的强度，都是没有意义的。另一方面，负荷量与负荷强度之间又存在着明显的反比关系，即提高负荷的强度，则要相应减少负荷的量；增加负荷的量，则要相应降低负荷的强度。大负荷强度和大负荷量的练习（如用很快的速度跑相当长的一段距离）有机体承受不了，而小负荷强度和小负荷量的练习（如用慢速跑一段很短的距离）又难以获得起码的练习效果。在运动实践中，安排和调节运动负荷，一般是通过调节影响负荷量和负荷强度的各个因素来实现的。

2. 运动负荷的有效价值阈

无论是便于用百分比确定负荷强度的练习（如走、跑、游、举重等），还是很难用百分比确定负荷强度的练习（如球类、体操、武术、游戏等），我们都可以根据运动负荷价值阈理论，来把握体育锻炼的效果。运动负荷价值阈，是按一定的心率区间来确定运动负荷的一种计量标准。尽管因为有个体差异性的存在而不可能确定一个运动负荷价值阈的绝对标准，但由于具有正常健康水平的人之间差异并不明显，因此，以"一定的心率区间来确定运动负荷"的运动负荷价值阈理论，仍具有普遍的指导意义。体育锻炼的目的在于有效地增强体质，应以有氧代谢为主。据国内外有关研究成果表明：处于科学体育锻炼有效价值范围的心率为 120～140 次/分。当心率在 110 次/分以下时，机体的血压、血液成分、尿蛋白和心电图等，都没有明显的变化，锻炼身体的价值不大；心率在 130 次/分的运动负荷时，每搏输出量接近或达到一般人的最佳状态，锻炼身体的效果明显；心率在 150 次/分的运动负荷时，每搏输出量开始出现了缓慢的下降；心率增加到 160～170 次/分，虽无不良的异常反应，但未能呈现出更好的健康迹象。因此，从事体育锻炼的健康人的负荷的有效价值范围应保持在 120～140 次/分的心率。心率在此范围内波动的时间，应占一次锻炼总时间的 2/3 为宜。

以上标准是科学锻炼的经验总结。在你选择体育锻炼时，还必须加强自我监督，以运动后舒适、不影响正常的学习和生活为准。

（五）运动技能形成的理论

1. 运动技能及运动技能的生理本质

运动技能是指人体在运动中学习、掌握和有效完成专门运动动作的能力。运动技能的形成，会促进身体素质的发展，身体素质提高了，也会进一步促进运动技能的提升，所以运动技能和身体素质之间是相互影响、相互促进的。从生理本质来看，运动技能是复杂的、连锁的、本体感受性的运动条件反射。

由于运动技能是复杂的运动条件反射，所以参与运动技能形成的中枢不是一个而是多个，其中既有运动中枢，又有支配内脏活动的中枢，还有与视、听、皮肤感觉等有关的中枢参与。由于运动技能是连锁的运动条件反射，所以运动技能基本上都是成套动作，反射活动不是单一的，而是成串的，前一个动作的结束，成为后一个动作开始的刺激信号，这样动作之间的关系就像锁链一样。由于运动技能又是本体感受性的运动条件反射，所以在形成运动技能的过程中，本体感受器将感受变化的刺激信号转化为神经冲动传入大脑皮质躯体运动中枢，再由运动中枢发放神经冲动传至肌肉，使肌肉的收缩和放松更加准确、更加协调，本体感受器在运动技能的形成过程中起着相当重要的作用。

在运动技能形成之后，各种感觉刺激会引起大脑皮质有关中枢有规律、有顺序、有严格时间间隔地交替产生兴奋和抑制，并按一定形式和格局形成一个系统，大脑皮质的这种机能系统称为运动动力定型。运动动力定型建立之后，可使肌肉收缩和放松更加有规律、有顺序、有严格时间间隔地进行。所以运动技能的形成，实际上也是建立运动动力定型的过程。

2. 运动技能形成的过程

运动技能的形成实质上是在大脑皮质建立运动条件反射的过程，或者说是在大脑皮质建立暂时性神经联系的过程。运动技能形成的过程，可人为地划分为 4 个相互联系的过程。

（1）泛化过程。在形成运动技能的初期，由于体内外的刺激会通过感受器传入大脑皮质的相应中枢并使相应中枢兴奋，加上此时大脑皮质内抑制过程尚未建立，所以大脑皮质的兴奋和抑制过程都呈扩散状态。因此，将形成运动技能的初期阶段称为泛化阶段。由于大脑皮质的兴奋和抑制处于广泛扩散状态，所以运动动作不协调、不准确，并出现多余和错误动作，动作完成很费力。泛化过程一般出现在学习新动作的开始阶段，所以此阶段的教学和训练，应特别注意动作的主要环节，不要过于抓动作细节。应用正确的示范和简练的讲解，使学生建立起正确的动作概念。

（2）分化过程。随着运动技能的逐步改进，运动技能的形成过程就由泛化过程进入分化过程。分化过程中大脑皮质的兴奋和抑制过程不论在时间和空间上，均日趋集中和完善。由于在分化过程内抑制过程不断完善，多余动作和动作不协调现象消失，错误动作得到了纠正，能顺利连贯地完成成套技术动作。分化过程虽初步建立了运动动力定型，但运动技能还不巩固，所以在较强的新异刺激出现时，已建立起的内抑制过程易遭到破坏，又会出现多余动作和动作的不协调现象。分化过程要特别注意对动作细节的严格要求，并让学生多体会和思考动作的细节，使分化抑制得到进一步发展。

（3）巩固过程。分化过程之后就进入巩固过程。巩固过程的特点是大脑皮质的兴奋和抑制过程不论在空间和时间上都更加集中，动作也更加精确、省力、协调，动作细节完成得更加准确，甚至某些动作环节在无意识情况下也能完成。在环境条件发生变化时动作不易遭到破坏，运动动力定型更加巩固，巩固过程中的内脏器官的机能活动与肌肉活动配合得也很协调和完善。巩固过程中的运动动力定型虽然已比较巩固，但如果长期不进行练习，那么已形成的运动技能还会消退，而且越是难度大的、复杂性高的动作技能，越容易消退。所以运动技能达到巩固阶段后，也应经常从事练习，以进一步提高技术水平，使运动动作达到自动化程度。

（4）自动化过程。在无意识情况下能自如地完成某些动作，称为动作自动化。篮球运动员在比赛中不需考虑如何传球和运球，只要考虑如何配合战胜对方就行了；走路、骑自行车不必考虑如何迈步及如何持把和踏动自行车前进：这些都是动作自动化现象。动作达到自动化阶段后，虽然无意识情况下可完成某些动作，然而动作的完成仍然要在大脑皮质参与下才能实现。

二、体育锻炼对人体的影响

人体由神经系统、循环系统、呼吸系统、运动系统、消化系统、排泄系统、生殖系统、内分泌和感觉器官等组成。体育锻炼需要通过人体各器官、系统的协调配合才能完成，同时，适当的体育锻炼又可以对各器官、系统的活动产生良好的影响。

（一）体育锻炼对人体心血管系统的影响

1. 心脏运动性肥大

经常参加体育锻炼的人，其心肌壁增厚，心肌力增强，心脏体积和容积增大。所以，运动员的心脏体积和容积较一般人大，这种现象称为"心脏运动性肥大"。

一般人与经常参加体育锻炼者的心脏数据对比如下：一般人的心脏重量为300克，经常参加体育锻炼者的心脏重量为 400 ～ 450 克；一般人的心脏容积为 700 ～ 780 毫升，经常参加体育锻炼者的心脏容积为 1000 ～ 1025 毫升。

心脏运动性肥大与病理性心脏增大在功能上有极显著的区别。病理性心脏增大是扩张松弛，收缩时射血能力差，心力储备低，心肌纤维内 ATP 活性下降，不能承受哪怕是轻微的运动负荷。而运动性肥大的心脏外形丰实，收缩力强，心力储备高，其重量不会超过 500 克。因此，心脏运动性肥大是对长时间运动负荷的良好适应。

2. 窦性心动徐缓

一般人安静时的心跳为每分钟 70 ～ 80 次，经常参加体育锻炼的人安静时的心跳为每分钟 50 ～ 60 次，优秀运动员为每分钟 30 ～ 40 次。由于运动员心脏的每搏输出量较大，较低的心跳频率就能满足全身代谢需要。如一般人心脏的每搏输出量为 60 毫升，则每分钟要跳 75 次；而经常参加体育锻炼的人，每搏输出量为 90 毫升，心脏每分钟只要搏 50 次就能满足需要。假如优秀运动员的心跳每分钟比一般人少 10 次，那么一天心脏就能少跳 14400 次，这就大大减轻了心脏负担，使心脏得到了更多的休息。

3. 心脏工作的"节省化"

进行轻度运动时，在运动量相同的情况下，经常参加体育锻炼的人，心跳频率和血压变化幅度比一般人小，不易疲劳，而且恢复较快。而一般人就需要较大幅度地提高心跳频率才能应对，这样就使心脏休息时间缩短，既容易疲劳，恢复时间也较长。究其原因是经常参加体育锻炼的人，心脏收缩能力强，每搏输出量大，只要稍增加心跳频率就能满足需要。由于体育锻炼使心血管保持较好的弹性，心脏具备了承担紧张工作的潜在能力，一旦需要，就可以承担高强度的工作。与此同时，经常锻炼的强有力的心脏，进行轻度运动或工作时，在负荷相同的条件下，心脏和血压的变化却又小于一般人，这叫心脏工作"节省化"现象，是身体锻炼给机体带来的好处。

4. 血管弹性增加

体育锻炼可以增加血管壁的弹性，这对老年人来说是十分有益的。老年人随着年龄的增加，血管壁弹性逐渐下降，因而可诱发老年性高血压等疾病。老年人通过体育锻炼，可增加血管壁的弹性，以预防或缓解老年性高血压症状。

（二）体育锻炼对人体血液成分的影响

1. 体育锻炼对增加红细胞数量具有良好的作用

体育锻炼对增加红细胞数量具有良好的作用，主要表现在可使红细胞偏低的人的红细胞数量增加。但人体内的红细胞数量并不是越多越好，红细胞数量过多，会增加血液的黏滞性，加重心脏负担，对机体也是不利的。而体育锻炼可使红细胞数量偏少的人的红细胞数量回升，但不会使红细胞数量过多。

2. 体育锻炼对白细胞数量和免疫功能的影响

机体是否具备较强的抗病能力，主要与白细胞数量及免疫蛋白含量有关。研究证实，合理的体育锻炼可以增加白细胞的数量，提升功能，特别是可以增加白细胞中具有重要作用的淋巴细胞的数量，这对于提高机体预防疾病的能力是至关重要的。体育锻炼还可以提高人体内的免疫球蛋白水平，亦可有效地提高机体抗病、防病的能力。

（三）体育锻炼对人体呼吸系统的影响

1. 呼吸肌得到锻炼

呼吸肌主要由膈肌、肋间肌以及腹壁的肌肉组成。在深呼吸时，肩部、背部的肌肉也起辅助的作用。经常参加体育锻炼的人，呼吸肌较强，胸围较大。而由于呼吸肌发达，他们的呼吸功能也得以提升。呼吸的深度与胸廓的变化有关，呼吸肌发达，胸围显著增加，如一般人的胸围呼吸差只有 5 ～ 8 厘米，而经常参加体育锻炼的人，呼吸慢而深，胸围呼吸差可达到 9 ～ 16 厘米。

2. 肺活量增大

一般人的肺活量只有 3000 ～ 4000 毫升，而经常参加体育锻炼的人，肺活量能达到 5000 毫升。不经常运动的人，呼吸肌不发达，肺活量小，有一部分肺泡没有参加呼吸，形成"死角"。而经常参加体育锻炼的人，肺活量大。由于肺脏能扩张到最大限度，空气无处不到，"死角"也就会消除，这样的肺脏就能保持健康。根据瑞典学者安德森等人的研究，在青春期接受游泳训练的女孩，肺总容量较一般女孩增加 12%，肺活量增加 13.4%，最大吸氧量增加 10.2%。

3. 呼吸深度加大

从呼吸频率看，由于深度不同，呼吸的频率也不同。一般人的呼吸短而急促，每分钟 17 ～ 19 次，这样呼吸肌易疲劳且工作不能长久。经常参加体育锻炼的人，呼吸深且缓慢，每分钟 8 ～ 12 次，由于吸进的氧气多，就能使呼吸肌有较长的时间休息。在紧张而剧烈的运动时，肌肉工作大量需氧，一般人靠增加呼吸频率来增加氧气的供应，因此，运动时常气喘吁吁。而运动员由于呼吸系统机能好，呼吸慢而且深，因此在同等条件下，只要呼吸频率稍稍加强，就可以满足气体交换的需要。

（四）体育锻炼对人体神经系统的影响

体育锻炼还能使神经系统得到锻炼，提高神经细胞的反应性和灵活性，使神经细胞获得更充足的能量物质和氧气供应，从而使神经系统在紧张的工作过程中获得充分的能量物质保证。研究表明，当脑细胞工作时，大脑耗氧量占全身耗氧量的 20% ～ 25%。体育锻炼能使大脑的兴奋与抑制过程合理交替，避免神经系统过度紧张，从而消除疲劳，使头脑清醒，思维敏捷。

随着神经系统机能的改善，有机体内各器官、系统，尤其是运动系统的控制和调节能力也可得到不断提高。经常参加体育锻炼的人，由于神经系统的兴奋度和灵活度提高，各种动作协调，不必要的多余动作就会消失，对外界刺激反应就会更快、更准确；同时能够有效地节省体力和减少体能的消耗，迅速而又精准地完成各种动作。

（五）体育锻炼对人体运动系统的影响

1. 体育锻炼对骨骼的良好影响

人体长期从事体育锻炼，可以改善骨组织的血液循环，加强骨细胞的新陈代谢，使骨径增粗，骨质增厚，骨质的排列规则、整齐，并对骨形态结构有良好影响，表现在骨骼的抗折、抗弯、抗压缩等方面的能力的提高。研究证明，体育锻炼对预防骨质疏松有明显效果。

人们从事体育锻炼的项目不同，对人体各部分骨骼的影响也不同。经常从事以下肢活动为主的项目，如跑、跳等，对下肢骨骼的影响较大；而从事以上肢活动为主的项目，如举重、投掷等，对上肢骨骼的影响较大。体育锻炼的效果并不是永久的，当体育锻炼停止后，对骨骼的影响作用也会逐渐消失，因此，体育锻炼应经常化。同时，体育锻炼的项目要多样化，以免造成骨骼的畸形发展。

2. 体育锻炼对关节的影响

科学、系统地进行体育锻炼，既可以提高关节的稳定性，又可以增加关节的灵活性和运动幅度。体育锻炼可以增加关节面软骨的厚度，并可使关节周围的肌肉发达、力量增强、关节囊和韧带增厚，因而可使关节的稳固性加强，使关节能承受较大的负荷。在增强关节稳固性的同时，由于关节囊、韧带和关节周围肌肉的弹性和伸展性提高，关节的运动幅度和灵活性也大大增加。

3. 体育锻炼对肌肉的影响

（1）肌肉体积增加。体育锻炼可使肌纤维变粗，体积增大，弹性增加，肌肉活动的能力和耐力相应提高。经常锻炼者肌肉比较发达。一般人肌肉只占体重的40%左右，而经常参加体育锻炼的人可达50%。

（2）肌肉力量增加。体育锻炼可以增加肌肉力量这一点已被大量实验所证实，而且体育锻炼增加肌肉力量的效果也是非常明显的，数周的力量练习就会引起肌肉力量的明显增加。体育锻炼有助于肌力增强，据有关学者报道，15～16岁的运动员右手平均握力达42公斤，而同年龄非运动员的少年右手平均握力为34公斤。

（3）肌肉弹性增加。有良好体育锻炼习惯的人，在运动时经常从事一些牵拉性练习，可使肌肉的弹性增加，这样可以避免人体在日常活动和体育锻炼过程中由于肌肉的剧烈收缩而造成的各种运动损伤。

（六）体育锻炼对人体消化系统的影响

经常参加体育活动，对胃肠及其消化腺功能有极为良好的作用。它可使胃容量增加、排空时间缩短，使胃肠蠕动加强，促使消化液分泌增多，食欲增加，从而提高消化吸收能力。

【思考题】

1. 详细论述体育锻炼的供能系统。
2. 体育锻炼对人体有哪些积极影响？

第二节　体育锻炼的科学方法

一、体育锻炼的基本原则

体育锻炼原则是体育锻炼中客观规律的反映，是人们在长期体育锻炼过程中寻求最佳锻炼效果的经验总结，是从事体育锻炼所必须遵循的基本要求和指导原理。

（一）自觉性原则

自觉性原则是指参加体育锻炼者对行为目标的追求所采取的一种自觉主动的行为。体育锻炼是人们认识自我、完善自我的一种有目的、有意识的健身活动。人体的发展，身体素质的提高都是一个长期积累的过程。毛泽东在《体育之研究》中提出："坚实在于锻炼，锻炼在于自觉，欲图体育之有效，非动其主观，促其对体育之自觉不可。"由此可以看出，体育锻炼是一个自我锻炼、自我完善，也是自我养成良好习惯的过程。要提高参加体育锻炼的自觉性和积极性，就要求锻炼者必须有明确的目的，确信锻炼的价值和作用，并以此作为自己行为的动力，长期不懈地坚持下去，最终获得良好的锻炼效果。

（二）经常性原则

体育锻炼是一种长期的、经常的行为，必须持之以恒。人体结构和功能的变化是逐渐积累、逐渐提高和逐渐完善的过程，只有坚持经常性的体育锻炼，才能巩固和扩大这些变化。

体育锻炼对人体的影响遵循"用进废退"学说和"超量恢复"原理。当进行一次身体练习时，刺激使机体新陈代谢的异化作用加强，在恢复阶段，被消耗的能量物质得到补充，同化作用加强，从而加快机体内部新物质的合成，使机体内部物质得到补充、增加和积累，形成"超量恢复"，让人体机能水平达到一个新的高度。但是，在"超量恢复"阶段，若不施加新的刺激，这种由锻炼所产生的良性反应，就会随时间的推移而逐渐消退，直至恢复到运动前原有的机能水平。因此，只有在"超量恢复"的基础上，不断对机体施加良性刺激，才能使"超量恢复"得到量的积累，从而使人体体质逐渐增强。这就是体育锻炼要坚持的原因。另外，各种运动技术的掌握和运动技能的形成，也是在不断强化运动条件反射的基础上建立的，若长期停止锻炼，这种已经形成的条件反射也会因得不到强化而逐渐消退。因此，从事体育锻炼，应制订出能够实现自我体育锻炼目标的长期计划并严格执行。

（三）渐进性原则

渐进性原则是指在进行体育锻炼时，必须遵循人体生理机能活动的规律，科学地安排锻炼内容、方法、负荷、难度等，逐步提高锻炼水平。其实，体育锻炼的过程就是人体对内外环境变化适应的过程，是一个较缓慢的由量变到质变的过程。正是由于人体各器官的机能是一个逐步发展的过程，所以，不能急于求成，必须逐步提高才能获得良好的锻炼效果，才能避免运动损伤和运动疾患的发生。

1. 学习动作要由易到难、由简到繁、由慢到快、逐步掌握

在体育锻炼过程中，运动量的安排应由小到大，逐步增加。因为运动量的大小不同，引起机体机能的反应程度也不同。刚开始参加体育锻炼时，强度要小，时间要短，待机体在各方面适应后再逐渐加大运动量。只有这样，才能以逐渐形成的条件反射为基础，建立起较复杂的新的条件反射，动作技能才能掌握得更快、更好，运动器官和其他系统才能逐步适应动作的要求。应按照"提高—适应—再提高—再适应"的规律，使人体机能和能量物质的储备达到更高水平，从而不断地增强体质。

2. 每次锻炼也要循序渐进

在参加体育锻炼时，从相对安静状态进入较剧烈的运动状态，机体不可能一开始就发挥出最强的工作能力，要有一个动员、适应的过程。因此，体育锻炼之前要做适应性的准备活动，并把强度大、动作复杂的练习放在充分的准备活动之后。

（四）全面性原则

全面性原则是指体育锻炼应从人的整体出发，使人的身心得到全面和谐的发展。人体是由各个局部组成的有机整体。各个组织、器官、系统之间相互关联、相互制约。只有认真贯彻全面发展的原则，才能使人体达到相对的完善和完美。

在从事体育锻炼时，既应着眼于有效地改善身体形态、机能和心理素质，不断地增强适应环境和抵抗疾病的能力，达到形与神的和谐统一，也要注意将身体形态和内脏器官的锻炼紧密结合，达到身体形态锻炼和内脏器官锻炼的内外统一，还要根据自己的年龄特征，有效地提高身体素质。在体育锻炼中，坚持全面性原则应做到以下几点。

第一，锻炼形式、手段要多样化，全面提高身体机能。

第二，锻炼项目多样化，全面提高身体素质，防止身体发展的偏颇和畸形。

第三，锻炼条件勤变化，提高人体的适应能力。人体对外界环境的适应能力，是判断人体健康状况、体质的主要标志之一。因此，在进行体育锻炼时，应注意加强人体对外界环境适应能力的锻炼。

（五）区别性原则

区别性原则是指体育锻炼的内容、方法的选择、运动负荷的制定，应从个人身心状况实际出发，因人而异，区别对待。人体的生理结构和发展规律虽然基本相同，但由于年龄、性别、身体功能、基本活动能力以及心理等方面都存在个体差异，对体育的认识不尽一致，其可塑性也不相同。因此，应从个人的实际出发，制订符合个人特点的锻炼计划，才能达到身心发展的目的。

（六）适量性原则

适量性原则是指体育锻炼者的身体能够承受的适当的心理和生理负荷。运动可使身体产生一定的疲劳，但这种疲劳必须是适宜的，必须是人体能够承受并通过积极恢复产生"超量恢复"的现象才行。运动负荷安排得是否恰当合理，直接影响到锻炼的效果好坏，负荷过大或过小都不会对人体产生良好的刺激。适量性主要受运动量和强度的影响，运动量是指完成练习的数量、次数、组数、时间、距离和重量等。运动强度是指完成练习所用的力量的大小和机体的紧张程度。人体在不同时期内，生理机能都有相应的负荷极限，锻炼时的运动负荷应控制在极限范围之内。

通常采用基础脉搏测量法来控制运动量的大小，即在每天早晨起床前测量自己的一分钟脉搏，如果晨脉已恢复到和前一天一样，说明身体反应正常；如果次日晨脉每分钟比往常多 5 次以上，而且持续 3 天以上，并伴有身体不适感，则表明身体没有恢复正常，应适当减小运动量。

二、体育锻炼的基本内容与方法

体育锻炼的内容、方法非常丰富多彩，大学生可根据自身的目的、爱好、条件和要求来选择合理的运动项目、适宜的锻炼途径和方法。只要能够达到促进身心健康、增强体质的目的，可不拘形式。

（一）发展身体基本运动能力的内容与方法

人类的基本活动能力包括走、跑、跳、投、攀登、爬越、悬垂、支撑、负重等，常用以发展人类基本活动能力的内容与方法有散步、跑步、体操、球类等。

1. 散步

散步是一种简单易行、活动量容易掌握又可使全身都得到活动的健身方法。

（1）普通散步法。多用于保健，一般为慢速散步，每小时 3～4 公里，每分钟 60～90 步，每次散步 30～60 分钟。

（2）快速散步法。一般用于增强心肺功能和减轻体重。要求每小时 5～7 公里，每分钟 90～120 步，每次进行 30～60 分钟，最高心率控制在 120 次 / 分以下。

（3）定量散步法，又称医疗步行。适用于心血管系统慢性病或肥胖症患者。可在平地或坡地进行，如在 3～5° 斜坡路面上散步 15 分钟，接着在平地散步 15 分钟。

（4）摆臂步行法。适用于患有呼吸系统慢性病者。步行时两臂用力前后摆动，可增加肩带和胸廓活动。

2. 跑步

跑步是一种深受欢迎、锻炼价值较高的健身方法。可根据不同年龄、性别等具体情况，选择适当的方法进行锻炼。

（1）走、跑结合法。根据不同的体质情况确定距离，逐步增加跑速和跑距。运动负荷应控制在自我感觉不疲劳，第二天脉搏可恢复到平时状态的程度。

（2）全程耐力跑。可采取一定距离的跑或持续一定时间的跑两种方法进行。除此以外，还可采用越野跑、自然地形跑、原地跑、登山跑等各种形式的跑步锻炼。

3. 体操

体操能有效地改善和提高中枢神经系统和各器官、系统的机能，对发展力量和提高健康水平有很大作用。体操的锻炼方法很多，有单杠、双杠、高低杠、技巧、山羊、跳箱（马）、平衡木、吊环等。体操项目在练习时有一定的危险性，所以一定要注意安全，加强保护与帮助，防止伤害事故发生。

4. 球类

球类运动包括篮球、排球、足球、乒乓球、羽毛球、网球、棒球、垒球等，是深受学生喜爱并对全面锻炼身体有良好影响的体育运动项目。经常参加球类项目的锻炼，能增强身体素质，提高内脏功能，全面增强体质。球类项目的运动负荷可以根据个体特征进行调整。因此，不同性别、年龄和身体状况的人都可以参加。

（二）塑造形体健美的内容与方法

自古以来，男性的粗犷强壮和女性的柔美曲线就是人们不断追求的形体健美的目标，每个人都希望自己身体匀称、协调、健美。以塑造形体健美为目标的体育锻炼，可以使人的形体在与生俱有的基础上进行美化改观。

1. 形体塑造

（1）形体姿态训练。站立、就座、行走等形体姿态的训练，可使大学生在举止中呈现出良好的气质和美好的仪态，形成富有个性、韵味的美感。

（2）形体柔韧性训练。柔韧性是形体美的关键所在，尤其对女性而言更为重要。它主要是锻炼者通过对身体各关节运动幅度的练习，以及拉长韧带、增加肌肉弹性和力量的练习来获得。

2. 健美运动

健美运动是通过健美操、韵律操、形体操等各种徒手练习或利用哑铃、杠铃、单双杠、拉力器等各种器械，运用专门的动作方式和方法进行锻炼，以发达肌肉、健美体魄、改善体型和陶冶情操的一种运动方式。其中健美操和街舞深受大学生喜爱。它在改善人体心血管系统的有氧代谢能力、提高身体的协调性、培养良好的艺术素养、愉悦身心和美体修型等方面都有很好的作用。

3. 体育舞蹈

体育舞蹈又称"国际标准交谊舞"，是以男女为伴的一种步行式双人舞的体育项目。体育舞蹈既具有体育的教育性、锻炼性、竞技性，又具有舞蹈的自娱性和他娱性，它融体育、社交、娱乐和艺术于一体，被称为室内的有氧运动和形体语言。经常参加练习，有助于健康，特别有利于体能的增长和形体的改善。

（三）实用健身养生的内容与方法

1. 体育游戏

中国民间流传的体育游戏名目繁多，它们能够有效地促进人体身心健康，提高基本活动能力，达到健身的目的。适合大学生身心特点，被广大大学生所喜爱的体育游戏有拔河、跳绳、扔沙袋、放风筝、踢毽子、荡秋千等。

2. 武术

武术在我国几千年的文化发展史上，经过无数人的研讨和锤炼，已经具备了独树一帜的特点和作用。它讲究形神兼备，注意动静结合，追求内外合一，既能增强体质，还能培养勇敢、机智和敏捷等优良品质。武术运动量可大可小，不受场地、器材、气候条件等的限制，因此不同年龄、性别和体质的人均可参加。

中国传统体育包含了许多科学的健身方法，例如传统中国武术中比较有代表性的导引、五禽戏、太极拳、太极推手、八段锦、大雁功和各种保健功等。大力倡导中国传统健身方法，有助于提高人民健康的水平，促进人的全面发展。

体育强国建设与全民健身战略是相辅相成的，应促进二者融合发展，优化群众参与体育的内容和基础，强化全人群的体育健身意识。习近平总书记多次强调，"体育是提高人民健康水平的重要途径，是满足人民群众对美好生活向往、促进人的全面发展的重要手段"①,"加快建设体育强国,就要坚持以人民为中心的思想,把人民作为发展体育事业的主体,把满足人民健身需求、促进人的全面发展作为体育工作的出发点和落脚点,落实全民健身国家战略,不断提高人民健康水平"②。要将体育全方位融入人民群众的日常生活,不断普及科学健身知识和健身方法,推动全民健身生活化,充分调动人民群众参与体育的积极性、主动性、创造性,广泛开展人民群众喜闻乐见的全民健身运动,引导群众树立"我运动、我健康、我快乐"的新理念,形成全民健身热潮,全面提升全民幸福感、获得感。

【思考题】

体育锻炼应遵循哪些原则?

① 习近平主持召开教育文化卫生体育领域专家代表座谈会并发表重要讲话满足人民健身需求 促进人的全面发展[EB/OL]. (2020-09-22)[2023-07-07]. https://www.gov.cn/xinwen/2020-09/22/content_5546100.htm.
② 杨昊,李昌禹,易舒冉,李龙伊.满足人民健身需求 促进人的全面发展[EB/OL]. (2022-03-24)[2023-07-07]. http://health.people.com.cn/n1/2022/0324/c14739-32382813.html.

第三章 运动与健康

身体的健康因静止不动而破坏，因运动练习而长期保持。

——苏格拉底

生命在于运动，只有合理、科学的运动才能促进人体的健康。通过本章内容的学习，我们要掌握身体锻炼的方法及运动的知识和规律，以促进平时有效的锻炼。

党的十八大以来，以习近平同志为核心的党中央坚持以人民为中心，将全民健身上升为国家战略，推动全民健身和全民健康深度融合，以全民健身促进全民健康，加快推进体育强国建设，形成了以"健康中国战略"为顶层设计，以《"健康中国 2030"规划纲要》为行动纲领，以"健康中国行动"为推进抓手的国民健康促进体系，努力全方位、全周期地保障人民健康。

【本章思政点】

中国首位在世界极限运动会中夺金的运动员谷爱凌在谈到"美"的定义时说："美不是瘦，美是有力量，美是做到这么多不同的事情。"在奥运会、全运会赛场上，运动健儿们展现的力量之美、速度之美、青春之美，令人赏心悦目、赞叹不已。健壮有力的身躯、深沉内敛的眼神、杀伐凌厉的动作都是经过难以想象的艰苦磨砺后得到的结果，这才是真正的健康之美。运动员在赛场上的成功不仅在于奖牌，还在于他们用健康、自然的青春形象，刷新了时下不少人的审美观，破除了某些人的"身材焦虑""容貌焦虑"，激励更多人追求健康之美、自然之美。

再多元的文化，也总有自己的骨骼；再开放的世界，也总有自己的脊梁。健康审美观，既与民族血脉相连，也与文明进程有关。树立正确的审美观，是对中华民族文化的自信，是对中国传统文化的传承和发扬。

第一节 运动与健康的关系

一、健康的定义

世界卫生组织关于健康的定义是："健康乃是一种在身体上、精神上的完美状态以及良好的适应能力，而不仅仅是没有疾病和衰弱的状态。"它包括身体健康、心理健康以及良好的社会适应能力。只有这三个方面保持良好和谐的状态，才能说明一个人是真正健康的。

二、健康的标准

世界卫生组织于 1948 年在其宪章中所提到的健康的 10 条标准为：

第一，精力充沛，能从容不迫地应对日常生活和工作的压力而不感到过分紧张。

第二，处事乐观，态度积极，乐于承担责任，事无巨细不挑剔。

第三，善于休息，睡眠良好。

第四，应变能力强，能适应环境的各种变化。

第五，能够抵抗一般性感冒和传染病。

第六，体重得当，身材匀称，站立时头、肩、臂位置协调。

第七，眼睛明亮，反应敏锐，眼睑不发炎。

第八，牙齿清洁，无空洞，无痛感；齿龈颜色正常，不出血。

第九，头发有光泽，无头皮屑。

第十，肌肉、皮肤富有弹性，走路轻松有力。

三、身体锻炼的功能

运动与健康两者之间的联系非常密切。经常锻炼身体，有以下好处。

第一，可以增强心肺功能，使心脏收缩力增强，心脏搏出的血量增多，心脏跳动的次数减少。

第二，可以增大肺活量，使肺泡与肺毛细血管血液之间的气体交换加快，从而加速二氧化碳的排出。

第三，可以降低血液中的胆固醇含量，升高血液中的高密度脂蛋白胆固醇含量。这种物质能够清除血管中沉积的脂肪和胆固醇，从而起到预防动脉硬化，减少冠心病、高血压、脑卒中等疾病发生的作用，延缓心血管系统的衰老。

第四，可以改善神经系统的功能，增强记忆力，提高机体反应的灵活性，使人保持充沛的精神，提高生理自理能力和工作效率。

第五，可以增强人体的免疫力，增强机体对寒冷、高温等不良环境因素的适应能力，提高机体对各种疾病的抵抗力。

第六，可以改善人体的消化功能，增加胃肠道供血，促进胃肠蠕动，促进各种消化液的分泌，加速各种营养物质的消化、吸收和利用。

第七，可以增强肌肉、韧带和骨骼的力量，防止肌肉萎缩、关节僵硬和骨质疏松，从而保持健壮的体魄，保持肌肉、皮肤的弹性以及全身运动的灵活性。

从以上内容可知，适当的运动锻炼和体力劳动能够促进人体新陈代谢，改善人体生理功能，提高精力，改善情绪，增进健康。进入新时代，我们更要树立大卫生、大健康的观念，要倡导健康文明的生活方式，将全民健身和全民健康深度融合的理念进行到底。党的二十大报告强调，要广泛开展全民健身活动，加强青少年体育工作，促进群众体育和竞技体育全面发展，加快建设体育强国，切实增强人民群众的幸福感、获得感。

【思考题】

1.健康的定义是什么？

2.请阐述运动与健康的关系。

3.体育锻炼的功能有哪些？

第二节　运动损伤与运动性疾病

体育锻炼时必须预防运动损伤的发生，才能达到增进身体健康、增强体质的效果。

一、运动损伤

（一）运动损伤的概念和分类

由体育运动造成的人体组织或器官在结构上的破坏或在生理上的紊乱，称为运动损伤。

运动损伤按时间可分为新伤和旧伤，按病程可分为急性损伤和慢性损伤，按性质可分为开放性损伤和闭合性损伤。认识运动损伤的分类是处理损伤的前提，也是诊治的依据。

（二）运动损伤发生的原因

1. 潜在因素

人体结构存在的缺陷是潜在的致伤因素。如肩关节由肱骨头和肩胛骨的关节盂构成，由于肱骨头大，肩胛盂小，所以关节活动灵活但稳定性差，加上肌力不足，韧带弹性差，就容易造成肩关节损伤。

2. 直接因素

直接因素包括主观因素与客观因素两个方面。

（1）主观因素包括：① 参加者在思想上对运动损伤的可能性和预防运动损伤的重要性认识不足；② 对自我保护等安全措施未予重视；③ 体质弱、身体素质差、力量小、速度慢、耐力不足、柔韧性差、反应迟钝；④ 技术水平低、动作不熟练、大脑皮质运动中枢的兴奋和抑制扩散，造成肌肉紧张，产生多余动作，致使动作僵硬、不协调和不正确；⑤ 动作不符合身体的结构和特点或者违反了运动时的力学原理；⑥ 运动时心情不愉快，操之过急；⑦ 未充分考虑带伤、带病、伤病初愈等原因，运动负荷安排不当；⑨ 不做准备活动或准备活动不充分、神经系统和各部组织器官不能充分动员起来等等。

（2）客观因素包括：① 组织教法不周密、不合理；② 不从实际出发，违反锻炼的原则；③ 保护和帮助缺乏或不及时、不正确；④ 场地器材设备不完善，场地不平，光线不足，器材设备不合要求，器械不牢固，运动鞋服不适宜或携带校徽、小刀等易伤人物品；⑤ 动作粗野，违反规则；⑥ 气温过高、过低，风雨、冰雪天气等。

（三）运动损伤的预防

要坚持以预防为主，并在锻炼过程中切实做好以下的工作。

第一，加强体育意识、道德观念、遵守规则的教育。

第二，认真检查场地、器材、设备和衣着。

第三，克服运动损伤发生的恐惧心理。

第四，要根据年龄、性别、身体素质、技术水平、训练水平等实际情况，合理安排运动负荷。

第五，要根据气候、内容、时间以及锻炼原则，充分做好准备活动和整理活动。

第六，要加强身体的全面锻炼，提高身体素质，使身体各个器官、系统的机能都得到发展。

第七，要加强保护和帮助，以防事故的发生。

第八，要加强自我医务监督，有伤病或尚未痊愈的人要在医生指导下参加体育活动。

（四）常见的运动损伤与处理方法

1. 开放性软组织损伤与处理方法

（1）开放性软组织损伤。开放性软组织损伤是局部皮肤或黏膜破裂的机械性损伤。常见的有擦伤、撕裂伤和刺伤。这些损伤均有伤口与外界相通，并有出血或组织液渗出，容易引起感染。

① 擦伤，是伤势最轻，也是最常见的一种。擦伤是皮肤被粗糙物件摩擦所致，例如运动中摔倒，体表与地面相互摩擦。发生皮肤擦伤，伤处有擦痕，并有小出血点和组织液渗出。

② 撕裂伤，是由钝器打击所引起的皮肤和软组织裂开的损伤，以头、面部为多见。例如：在器械体操中，头部碰撞器械而破裂；打篮球时眉弓被对方肘后鹰咀碰撞而造成眉际皮肤破裂等。撕裂伤的伤口边缘不整齐，周围组织被破坏，引起出血和肿胀。

③ 刺伤，是由细长尖锐的器物刺入体内所致。例如，被运动场上的钉子或跑、跳鞋的钉子、标枪与器械上的木刺刺入体内。

（2）处理方法。开放性软组织损伤发生时，都有不同程度的外出血，因此首先要及时止血，而后处理伤口，以预防感染。小面积皮肤轻度擦伤，可用生理盐水或冷开水冲洗伤口，并经双氧水消毒后，以红汞或龙胆紫液和抗生素涂抹，无须包扎。但脸部擦伤，则不宜涂抹龙胆紫液。关节处擦伤，不宜采用暴露治疗法，否则容易引起皮肤干裂而影响关节活动。损伤波及关节时，可在伤口上搽抹磺胺软膏或抗生素软膏，并用消毒敷料敷盖并包扎。大面积的皮肤擦伤，伤处嵌入煤渣、泥屑时，应去医院就诊，由医生处理。

2. 闭合性软组织损伤与处理方法

（1）闭合性软组织损伤。闭合性软组织损伤是局部皮肤和黏膜完整的机械性损伤。较多见的有挫伤、拉伤和扭伤。常见的损伤部位有肌肉、肌腱、筋膜、韧带、滑囊和关节囊等。这些损伤无裂口与外界相通，损伤时的出血积聚在组织内。

① 挫伤，是由于钝力（打击、挤压、碰撞、摔倒）直接作用于人体，使局部软组织受伤。例如，在运动中互相冲撞、被踢打或与器械撞击，均可造成挫伤。

② 拉伤，是由于外力的作用，使肌肉、肌腱、筋膜和韧带过度牵拉而引起的损伤。例如，在跨栏时，摆动腿过栏，原动肌（大腿前群肌）猛烈收缩，而对抗肌（大腿后群肌）不能及时放松或伸展，以致被迫拉长而发生大腿后肌群的拉伤。又如做压腿、劈叉等练习时，也会因肌肉拉长范围超过原来的伸展程度而致伤。

③ 扭伤，是因动作不慎，例如别扭、拧转、挤压等，使关节发生超常范围的活动，造成关节囊、韧带、肌腱的损伤。常见的有踝关节、膝关节和肘关节扭伤。此外，在体操、举重练习中，也常发生急性腰扭伤。

闭合性软组织损伤发生后，伤部均有不同程度的疼痛、肿胀，皮肤发绀，皮下淤血，活动受限。急性损伤的疼痛部位明显，慢性损伤的疼痛部位多不固定，并时轻时重，多为酸胀痛。肿胀是由组织出血和渗出液所致，局部有隆起或波动感。损伤部位的功能活动一般不会完全丧失，但其活动能力受到限制，同时由于受伤组织发生炎症反应，会产生一种灼热感，也可能有肌肉痉挛或肌肉紧张，摸之发硬。如属断裂损伤，在断裂处可摸到凹陷或一端异常膨大。

（2）处理方法。具体包括：

① 止血防肿。损伤后均发生内出血，出血越多，血肿越严重，恢复过程也就越慢，且易形成组织粘连，影响以后功能的恢复。所以损伤后应尽快止血防肿，一般可用冷敷、加压包扎、抬高伤肢等方法。冷敷可用冰水、冰袋或冷水毛巾裹住伤部或用氯乙烷喷射表面，使局部组织降温和血管收缩，以达到止血的目的。切不可用热水冲淋伤部，以免伤部周围毛细血管扩张而增加出血。严重时应及时就医。

② 活血祛瘀，消肿止痛。一般在 24～48 小时后，出血停止，这时可以拆除包扎，进行热敷、按摩、理疗等，以促进伤部的血液循环，解除肌肉痉挛，加速血肿和渗出液的吸收，减轻疼痛和肿胀，以达到活血祛瘀、消肿止痛的目的。

③ 功能锻炼。功能锻炼可以促使受伤肢体较快地康复。功能锻炼能改善受伤肢体的血液循环和代谢，预防损伤组织的粘连与萎缩，加速愈合。进行功能锻炼时，其活动的幅度、强度和数量应逐渐增加。忌用暴力，以免造成再次损伤。

3. 骨折与处理方法

（1）骨折。骨的完整性和连续性中断，称为骨折，骨折常在直接或间接的暴力作用下发生。根据骨折处是否与外界相通，可分为闭合性骨折和开放性骨折；根据骨折的程度和形态不同，可分为不完全性骨折和完全性骨折。在体育运动中，骨折是较为严重的损伤事故。骨折以闭合性骨折为多，开放性骨折较少，尤以四肢长骨完全性骨折多见。外力的过度牵拉和暴力打击，都可能发生骨折。例如：在运动中突然跌倒，用手掌撑地时，可能发生前臂骨远端骨折；在跌倒时膝部跪地时，可能发生髌骨骨折；在投掷动作不正确时，用力过猛，可能发生上臂骨骨折；在踢足球时小腿被踢，可能发生胫骨骨折等。

（2）处理方法。具体包括：

① 不要急于搬动病人。

② 开放性骨折或发生出血时，应马上进行止血、消毒和包扎，避免病菌侵入骨髓引起骨髓炎。

③ 用夹板，或就地取材如木棍、竹片、树枝、手杖、报纸等做成的夹板进行固定。

④ 固定物不要接触伤处，应该用棉花或布料等柔软物品垫在中间，避免进一步压迫，摩擦伤处。

⑤ 颈、脊椎或腰部骨折时，要让伤者平卧于硬板上，再在其颈部或其他受伤部位用软布或毛巾绑扎固定，同时要固定好头部。

⑥ 以上几项工作完成后，即可小心地将病人送往医院的急症科或骨伤科进行治疗。运送的原则是迅速、平稳。运送途中注意观察伤者的全身情况及伤口出血情况。

4. 关节脱位与处理方法

（1）关节脱位。关节脱位（又称脱臼）即组成关节的各骨之间的关节面彼此失去正常的对合关系。在体育运动中，因外力作用使关节正常解剖位置发生改变，属外伤性关节脱位。上肢关节脱位比下肢关节脱位常见，且以肩、肘关节脱位为多见。其原因是上肢关节结构较下肢关节薄弱。例如在篮球、足球比赛中腾空争夺球互相发生碰撞，身体失去平衡而使肩部着地、肱骨头突然遭到暴力直接撞击，使关节脱位。摔倒后，上臂外展，手或肘部着地，外力通过传导引起肘关节和肩关节脱位。关节脱位一般都会引起关节囊和韧带损伤。关节脱位后有疼痛或压痛、肿胀、畸形，关节功能丧失。严重者可合并血管、神经受伤或骨折，甚至发生休克。

（2）处理方法。发生外伤性关节脱位后，首先是止痛抗休克。要让伤员安静躺下，注意保暖，并观察其变化。如出现休克，应及时采取抢救措施（与骨折同），然后固定脱位关节以制动。固定时要注意保持脱位关节的位置，使之不得转动，更不能随意使用整复手法。做简易处理后，从速护送医院进行整复与治疗。

5. 脑震荡与处理方法

（1）脑震荡。脑震荡指大脑神经细胞和神经纤维受到强烈的外力震荡所引起的意识和机能暂时性的障碍，不久即可恢复，这是最轻度的脑损伤。例如投掷、足球、篮球或体操练习中，常由头部受到硬物打击或头部与地面、器械等碰撞所致。

脑震荡发生后，受伤者立即会出现一时性意识丧失或精神恍惚，肌肉松弛，呼吸表浅，脉搏稍缓，瞳孔稍大但对称，神经反射减弱或消失。这些情况发生的时间长短不一，短则数秒钟，长者数分钟到半小时。昏迷时间越长，伤势越重。意识清醒后，伤员对于受伤的情景记忆遗忘，并有不同程度的头痛、头晕、耳鸣、恶心、呕吐等症状。

（2）处理方法。对轻微者，要立即让其安静平卧，严禁牵扯、随意移动位置，头部两侧要用衣服填塞，以免左右摇晃，同时注意头部冷敷，身体保暖。对昏迷者可掐其人中、合谷穴，使其复苏。对呼吸发生障碍者，可以进行人工呼吸。若昏迷超过七分钟，两侧瞳孔大小不一，鼻、口、耳出血，伤员清醒后剧烈头痛、呕吐，或再度昏迷者，应立即送医院抢救。

（五）运动损伤的急救

运动损伤的急救指对突然意外发生的运动损伤做初步的、临时性的紧急处理，其目的在于保护伤员的生命安全，防止伤情加重、减轻疼痛、预防并发症，为进一步治疗创造条件。急救处理时要沉着冷静、胆大心细，有条不紊地进行。简易救治方法有以下几种。

1. 止血法

运动损伤一般都有出血现象。及时止血是运动损伤急救处理的一个重要步骤。出血可分为外出血和内出血，其中外出血又有动脉出血、静脉出血和毛细血管出血之分。动脉出血，是血液从血管近心端喷射出来，血色鲜红。静脉出血，是血液从血管远心端缓慢流出，血色暗红。毛细血管出血，是血液从整个伤口呈点状渗出。不同的出血，要采取不同的止血法。止血法很多，有抬高伤肢、指压、加压包扎、上止血带和冷敷法等。这里主要介绍指压止血法。

指压止血有直接和间接两种。用手指直接压迫出血部位是直接指压止血法，由于手指直接接触伤口，容易引起感染，只有在不得已的情况下才采用。间接指压止血法则是用手指压迫出血动脉近心端阻断血流，以达到止血的目的。此法操作简便、实用、效果好。但两者都是临时性的紧急措施，不适宜长时间止血，也不便于搬运伤员。为有利于急救工作，现对几个部位的间接指压止血法做如下简介。

上肢指压止血法：受伤臂稍外展，用两手大拇指重叠在上臂上部三分之一内侧搏动处，将肱动脉压肱骨即可止血。这种方法适用于前臂、肘和上臂下段动脉出血。手指、手掌出血可用两拇指压迫尺、桡动脉。

下肢指压止血法：用两手拇指重叠在伤侧腿的大腿根部内侧搏动处，将股动脉压向耻骨即可止血。这种方法适用于大、小腿出血。足部出血，可在胫骨下端前方压迫胫动脉和胫后动脉止血。

肩部指压止血法：用拇指指腹压在锁骨上窝内三分之一处，将锁骨下动脉压向第一肋骨即可止血。这种方法适用于肩部、腋窝和上臂大出血。

2. 冷敷法

这是一种降低局部皮肤和皮下组织温度的方法。此法可使局部血管收缩，从而减轻局部充血，降低局部组织的温度，抑制神经的感觉。它有止血、止痛、退热的作用，可防止急性扭伤后局部肿胀，炎症后期可抑制发炎、化脓和防止感染扩散。冷敷法的操作是将浸透冷水的毛巾拧至半干，敷盖于患部，3～5分钟更换一次。也可把冰块、冰水置于热水袋或塑料袋内，敷盖于患部，每次敷20～30分钟。气温不很冷时，若肢体部位有闭合性急性损伤，可将其浸泡在冰水中，或用冷水冲淋，有条件的还可用氯乙烷（表皮冷冻麻醉药）喷局部，以达到降温作用。

3. 热敷法

这是利用热的效应使皮肤和皮下组织温度升高的方法。热敷能使局部血管扩张，改善血液和淋巴循环，提高组织代谢水平，有利于受伤组织的再生和修复。它有消炎退肿、促进炎症退化、减轻疼痛的作用。一般在软组织损伤24～48小时后进行热敷较好，过早热敷易使毛细血管扩张，引起充血加重。热敷可用浸透热水的毛巾拧至半干，敷盖于患部，无热感时就更换。每天1～2次，每次30分钟左右。也可用热水袋装50～65摄氏度的热水进行热敷，还可将炒热的砂土或盐装入布袋进行局部热敷。热敷时温度要合适，以患者能接受为度，切勿烫伤皮肤。

4. 按摩法

按摩是运用专门手法作用于人体某一部位或穴位，以提高人体机能、消除疲劳和预防运动损伤的一种方法。

按摩能改善神经系统的调节机能，不同的手法对神经系统的作用也不同。小强度、长时间的按摩有镇静作用，大强度、短时间的按摩能提高兴奋性。按摩时，因血管扩张和静脉血回流加速，从而减轻了心脏负担。按摩能促进淋巴循环，对消除局部肿胀有良好的作用。按摩可使肌肉内毛细血管开放增多，局部的血液供给加快，营养改善，因而能预防病变肢体的萎缩。在大强度运动后局部肌肉酸痛时进行按摩，可促进代谢产物（如乳酸）消散，使肌肉放松，酸痛减轻或消除。冬季，运动前皮肤发凉，肌肉和关节僵硬时，除做准备活动外，可以有选择地做局部按摩，促使皮肤血管扩张，血液循环加快，提高局部皮肤的温度。经常进行按摩，能使韧带的柔韧性增强，关节腔的滑液增多，关节的活动范围增大，从而预防运动损伤和提高活动能力。

按摩疗法，大致有如下两种：一种是主动按摩，又叫自我按摩，是自己按摩自己的一种保健方法；另一种是被动按摩，是由医生掌握的用于患者的医疗法，也就是本教材所介绍的按摩疗法。按摩的手法很多，但归纳起来，常用手法可分如下 8 种：按、摩、推、拿、揉、捏、颤、打等。应该知道，上述 8 种手法，不是单纯孤立地使用，常常是几种手法相互配合进行的。

（1）按法。利用指尖或指掌，在患者身体适当部位，有节奏地一起一落按下，叫作按法。通常有单手按法、双手按法。临床上，在两肋下或腹部，通常用单手按法或双手按法。背部或肌肉丰厚的地方，还可使用单手加压按法。也就是左手在下，右手轻轻用力压在左手指背上的一种方法；也可以右手在下，左手压在右手指背上。

（2）摩法。摩，就是抚摩的意思。用手指或手掌在患者身体的适当部位，给以轻柔的抚摩，叫作摩法。摩法多配合按法和推法，有常用于上肢和肩端的单手摩法和常用于胸部的双手摩法。

（3）推法。向前用力推动，叫推法。临床常用的，有单手或双手两种推法。因为推与摩不能分开，推包含摩，所以，推和摩常配合一起用。像两臂、两腿肌肉丰厚处，多用推摩。推摩也可用手指，多用左手握住患者腕部，右手的拇指和食指捏住患者一个手指进行推摩，或者只用右手拇指在患者手指上推摩。推摩的手法是多样的。把两手集中在一起，使拇指对拇指、食指对食指，两手集中一起往前推动，叫作双手集中推摩法。

（4）拿法。用手把适当部位的皮肤，稍微用力拿起来，叫作拿法。临床常用的有在腿部或肌肉丰厚处的单手拿法。如果患者因情绪紧张、恼怒，突然发生胸闷，出现类似昏厥的情况，可在锁骨上方肩背相连的地方，用单手拿法，把肌肉抓起来放下，放下再抓起，以每秒钟拿两下的速度，连拿 20 次，稍作休息，再连拿 20 次，则胸中通畅，气息自渐调和。

（5）揉法。医生用手贴着患者皮肤，作轻微的旋转活动的揉拿，叫作揉法。揉法分单手揉和双手揉。像太阳穴等面积小的地方，可用手指揉法，对于背部面积大的部位，可用手掌揉法。还有单手加压揉法，比如揉小腿处，左手按在患者腿肚处，右手则加压在左手背上，进行单手加压揉法。肌肉丰厚的小腿肚上，则可使用双手揉法。揉法具有消瘀去积、调和血行的作用，对于局部痛点，使用揉法十分合适。

（6）捏法。在适当部位，利用手指把皮肤和肌肉从骨面上捏起来，叫作捏法。捏法和拿法，有某些类似之处，但是拿法要用手的全力，捏法则着重在手指上。拿法用力要重些，捏法用力要轻些。捏法是按摩中常用的基本手法，它常常与揉法配合进行。捏法，实际包括了指尖的挤压作用，由于捏法轻微挤压肌肉，能使皮肤、肌腱活动能力加强，改善血液和淋巴循环。浅浅捏来，可去风寒，可化瘀血；深深捏来，可以缓解肌腱和关节囊内部及周围因风寒湿而引起的肌肉和关节的疼痛。常用的有单手捏法和双手捏法。

（7）颤法。这是一种因震颤而抖动的按摩手法，动作迅速而短促、均匀。要求每秒钟颤动 10 次左右为宜，也就是一分钟达到 600 次左右为宜。颤法与"动"是分不开的，所以又叫它颤动手法。将大拇指垂直地点在患者痛点，全腕用力颤动，带动拇指产生震颤性的抖动,叫单指颤动法。用拇指与食指,或食指与中指,放在患者疼痛处或眉头等处,利用腕力进行颤动,叫双指颤动法。

(8)打法。打法又叫叩击法。临床上多配合在按摩手法后来进行。当然,必要时也可单独使用打法。打法的手劲要轻重适度,柔软而灵活。手法合适,能给患者以轻松感。打法主要用的是双手。常用手法有侧掌切击法、平掌拍击法、横拳叩击法和竖拳叩击法等。

①侧掌切击法:把两手掌侧立,大拇指朝上,小指朝下,指与指间要分开 1 厘米许,手掌落下时,手指合拢,抬手时又略有分开,一起一落,两手交替进行。

②平掌拍击法:两手掌平放在肌肉上,一先一后有节奏地拍打。

③横拳叩击法:两手握拳,手背朝上,两手拇指相对,握拳要松,指与掌间略留空隙。两拳交替横叩。此法常用于肌肉丰厚处,如腰腿部及肩部。

④竖拳叩击法:两手握拳,取竖立姿势,大拇指在上,小拇指在下,两拳相对。握拳同样要松,指与掌间要留出空隙。本法常用于背腰部。

应该记住,无论使用哪种打法,最初第一下都不能使大劲,应当软中有硬、刚柔相济,而后逐渐转强。两手掌落下时,既要有力,又要有弹性,使患者感觉舒服。叩打时间一般是 1～2 分钟或 3 分钟即可。极个别情况下,可根据病情延长或缩短一些时间。这种手法,既可在按摩后配合进行,也可同按摩手法交替进行。

二、运动性疾病

体育运动由直接原因而引起的疾病或症状称为运动性疾病。根据高校体育的实际情况,常见的有以下几种。

(一)肌肉痉挛

运动中,有时肌肉会不自主地强直收缩(痉挛性收缩),被称为肌肉痉挛,俗称"抽筋"。最易发生痉挛的肌肉为小腿腓肠肌和足底的屈拇肌及屈指肌。

1. 原因

寒冷的刺激,大量排汗,肌肉收缩失调或受损伤,过快的连续收缩等均为诱因。

2. 症状

局部肌肉变硬、疼痛难忍,指或趾不自主地屈曲,难以伸直,一时不易缓解。

3. 处理

发生肌肉痉挛时要沉着冷静,不可慌乱失措,可牵拉、屈曲、蹬伸患部。要离开寒冷的环境,热敷患处,还可配合局部按摩,加强局部的血液循环,如果还无改善,就应到医院检查治疗。

4. 预防

加强锻炼,提高适应力,做好充分的准备活动。冬季运动时要注意保暖,下水游泳前先淋擦全身,水温低时不在水中停留太长时间,更不能停止活动。

(二)腹痛

剧烈运动引起的一时性腹部疼痛,称为运动性腹痛。随着运动停止,症状可以逐渐缓解或消失。

1. 原因

首先，准备活动不充分，内脏器官的生理机能不能适应剧烈活动的需要。其次，残留在肠道中的粪便和食物因运动而振动，刺激邻近的脏器。最后，运动时呼吸节奏调节不匀。

2. 症状

腹部局部疼痛。

3. 处理

轻者可用自己的大拇指按揉疼痛部位，适当调节呼吸，减缓运动速度，一般可消除。疼痛加剧者，应立即停止运动，口服十滴水，揉按内关、足三里、大肠俞等穴位，若仍有疼痛加剧现象应立即送医院治疗。

4. 预防

运动要讲科学性，运动前要做好充分的准备活动，运动中合理安排运动负荷，注意呼吸节律。运动前应进食易于消化的食物，食量不应太大，少饮水，运动前 3 小时内不宜进食。失水过多应及时补充水和盐。

（三）运动性昏厥

脑部突然供血不足而发生短时间的一时性意识丧失，称为运动性昏厥，又名重力性休克。

1. 原因

下肢活动量大时，血液大量积聚在下肢，使回心血量减少，大脑暂时性供血不足；下蹲过久骤然站立；精神过度紧张或身体有病等。

2. 症状

昏厥前患者感到全身软弱，头昏眼花；昏厥后，面色苍白，手足遍体冷汗，心率快，血压下降，脉搏微弱，呼吸缓慢，瞳孔缩小。

3. 处理

将患者身体平卧，头稍低，下肢高抬，一般经短暂休息，意识可恢复。按摩小腿，向心推挤和揉捏，针刺或按人中穴。有呕吐者，头应侧偏。呼吸停止者应进行人工呼吸。

4. 预防

有昏厥前兆时，应立即停止运动，搀扶着走一段路可能会使症状消失；剧烈运动后不应立即停止活动，而应继续慢走或慢跑加深呼吸。

（四）运动性低血糖

运动后，血液中血糖下降，称为运动性低血糖。

1. 原因

在饥饿情况下运动，或从事体育活动时间较长。

2. 症状

轻者感觉饥饿、疲乏、头晕、心悸、面色苍白、出冷汗。重者意识不清，语言含糊，四肢发抖，烦躁，脉快且弱，呼吸急促以至晕厥。

3. 处理

轻者喝些糖水，保暖休息，短时便会恢复。重者若已昏迷，先按人中、百合、涌泉、合谷等穴位，随即送往医院输液治疗。

4. 预防

不要在饥饿状态下从事体育活动。做长时间的运动项目时应在途中补充些含糖、盐的饮料。有轻度症状出现时，应停止活动，迅速进食。身体不适或病后未愈者，应避免剧烈运动。

（五）运动性中暑

长时间在高温中或在烈日照射下从事运动而产生的急性病，称为运动性中暑，这也是夏季运动的常见病。

1. 原因

日光暴晒，通风不良，气温太高。

2. 症状

皮肤发热、潮红、干燥，并出现意识不清、精神错乱，严重时出现癫痫、抽搐和昏迷。

3. 处理

通气换气，到阴凉处休息，轻者喝些冷开水，或服些十滴水、人丹等药物，中暑现象就会消失。严重者，宜平卧身体，头部稍高，冷敷前额，刺激人中、合谷穴或送医院治疗。

4. 预防

夏季运动时，应穿浅色服装，负荷不宜太大，时间不宜太长，场地要注意通风和降温。

【思考题】

1. 常见的运动损伤有哪几种？分别应如何处理？
2. 简述运动性低血糖的原因、症状和处理方法。
3. 简述运动性中暑的症状和处理方法。

第三节　运动的自我医务监督

体育运动参加者采用简单的医学和保健手段检查自己的健康状况和身体机能，称为自我医务监督。

一、自我医务监督的意义

运动前、中、后进行自我医务监督，有助于调整锻炼计划，选择适宜的锻炼内容和科学的方法，合理地安排运动负荷。自我医务监督材料是评定锻炼效果的重要依据之一，对预防运动性伤病、增强体质、提高运动成绩具有重要意义。

二、自我医务监督的内容

自我医务监督的内容包括主观感觉和客观自身检查两方面，每次锻炼后可写自我监督日记或填写自我监督记录表（见表 3–1）。

表 3–1　自我监督记录表

主观感觉	一般感觉	良好	一般	不佳	
	睡眠	良好	一般	不佳	小时
	食欲	良好	正常	减退	
	运动心情	想锻炼	不想锻炼	厌锻炼	
	排汗情况	一般	量多	有盐迹	盗汗
客观检查	晨脉（次/分）	规律	不规律		
	体重（千克）				
	运动成绩				
	其他				

（一）主观感觉

1. 一般感觉

正常的感觉是精神饱满，心情愉快，锻炼积极性高，锻炼后稍有疲劳和肌肉酸累感，休息后很快恢复。如果运动后感到身体乏力、疲倦、头晕、容易激动等，都属异常现象。可用"良好""一般""不佳"等简要字词填入自我监督记录表中。

2. 睡眠

运动后会产生一定程度的疲劳，而足够的睡眠能消除疲劳。根据运动后的睡眠情况，在自我监督表中，填写"良好""一般""不佳"等字样和睡眠的持续时间。

3. 食欲

由于运动消耗能量较多，所以食欲往往较好。但有时由于运动负荷过大、健康状况不佳，食欲也会减退。在自我监督表中可填写食欲"良好""正常""减退"等。

4. 运动心情

经常锻炼者一般是心情愉快、体力充沛，渴望并乐意参加锻炼的人。如果对锻炼不感兴趣，表示冷淡、厌倦，就在自我监督记录表中填写"想锻炼""不想锻炼""厌锻炼"等字样。

5. 排汗情况

锻炼时排汗量的多少，与运动负荷、训练水平、饮水量、气温、湿度、衣着多少以及神经系统的状态因素有关。锻炼时，由于能量代谢水平较高，产热增多，所以排汗成了散热的一种方式。在自我监督表中可记录汗量"一般""量多""有盐迹"以及"盗汗"等。

（二）客观自身检查

1. 晨脉

经常从事运动的人，安静时的脉搏一般较缓慢。测量早晨脉搏时，一般记录 10 秒钟的脉搏数值，但需要求其稳定值，即连续两次测量的数值应一样，否则应重测。也可测量30 秒的数值，然后计算出每分钟的数值，并记录下来。

2. 体重

初参加锻炼时体重可能会减轻，但不久就会回升。如体重持续下降，应注意是否有某种消耗性疾病和过度疲劳。一次大的运动负荷锻炼，体重可能暂时下降，但短时内即可恢复正常。进行自我监督时，每周可测量体重 1～2 次，应在同一时间内进行（最好在早晨）。

3. 运动成绩

正确的锻炼方式可不断提高运动成绩；若不遵守科学的锻炼原则，运动负荷过大，处于过度疲劳状态，运动成绩则会明显下降。平时测验或比赛的成绩，都应填入自我监督表中。

4. 其他

根据设备条件，可进行肺活量、握力、臂力等的测定。肺活量的变化可以说明呼吸功能的强弱。呼吸功能良好时，肺活量增加；反之，肺活量可能下降。握力、臂力的大小与身体健康状况有关。无测力仪器时，可做引体向上、俯卧撑、举杠（哑）铃等代替测试。

三、体育运动的暂时禁忌证

参加体育运动要讲究科学性，遵循体育运动的原则和方法，安排自己能承受的运动负荷，讲究卫生。如遇下列情况，应暂时停止参加体育运动。

第一，有体温升高的急性疾患，例如咽喉炎、伤风、感冒等。

第二，化脓性疾病。

第三，创伤未愈之前。

第四，急性或慢性心脏病、肾脏病，肠、胃、肝脏等器官的疾病。

第五，过度疲劳、过度训练。

第六，女子月经过多或痛经等。

【思考题】

详述在运动中如何进行自我医务监督。

第四节　运动处方

一、运动处方的定义

运动处方的定义最早是由美国生理学家卡波维奇在 20 世纪 50 年代提出的。运动处方是根据锻炼者的实际情况，用处方的形式，规定运动的内容、运动的强度、每次运动持续时间、运动频率以及锻炼的注意事项等。

制定运动处方前须询问其病史和锻炼史（有无禁忌证），并进行医学检查，查明健康状况，特别是心脏功能、运动器官功能，进行体力测定。再根据检查结果制订出运动处方，并对处方的执行作具体指导。经过一段时间锻炼后，再次检查，并将结果作为评定运动效果的依据，再调整运动处方。

二、运动处方的内容

运动处方的内容包括运动项目、运动强度、持续时间、次数及注意事项等。

运动项目可以根据每个人不同的喜好以及所要达到的目的而选择。

运动强度是制订和执行运动处方的关键，对运动效果和人体运动安全有直接的影响。为获得最佳锻炼效果，运动强度应能使摄氧量达到一定水平，并不断增强。一般来说：正常的青少年和体质好的人可进行大强度（和中、小强度相结合）的锻炼；中老年和体弱者，或心脏功能较差者可进行小强度锻炼。运动强度是否适宜可通过测心率来判断，例如，同一个人，运动时心率越高，则说明其运动强度越大。测定心率最易行的方法是测定脉搏的次数。心率与年龄、体力、锻炼项目、气候等因素有关，每个人的差别较大，应因人而异、区别对待。为求简便起见，可按下列公式计算。

运动时最高心率（次/分）=200-年龄；运动时最佳心率（次/分）=180-年龄。

运动的持续时间根据每个人不同的实际情况而设定，不能强求统一。

要坚持每天有规律地运动、保持运动频率。运动一般可以隔天进行一次，每周3次。随着体力增加，可以增加次数，也可以不增加次数而增加每次的强度。运动负荷大小，间隔时间长短，都应从实际出发，因人而异。

三、制订运动处方的基本原则

（一）科学性原则

科学性原则即所设计的运动处方必须符合人体的生理和心理特点，运动处方中的运动时间和运动强度要符合处方对象的身体特点及健身重点、要求。

（二）区别对待原则

要根据每个人的具体情况，制订符合个人身体客观条件的运动处方，切忌千篇一律。

（三）趣味性原则

兴趣是锻炼的原动力，运动处方中选择搭配的运动内容要有趣、多样，切忌制订枯燥的训练式运动处方。

（四）调整性原则

运动处方使用一段时间后，要根据锻炼者适应的情况和体质状况进行及时调整。

（五）有效性原则

运动处方中运动强度和运动量的安排要保证对机体进行有效刺激，要科学、合理地安排各项内容。

四、运动处方的实施

在运动处方的实施过程中，应注意每一次练习课的安排、运动量的监控及医务监督。

（一）练习课的安排

在运动处方的实施过程中，每一次练习课都应包括三个部分，即准备活动部分、基本部分和整理活动部分。

准备活动部分的主要作用是：使身体逐渐从安静状态进入工作（运动）状态，逐渐适应运动强度较大的训练部分的运动，避免出现心血管、呼吸等内脏器官系统突然承受较大运动负荷而引起的意外，避免肌肉、韧带、关节等运动器官的损伤。

在运动处方的实施中，准备活动部分常采用运动强度较小的有氧运动和伸展性体操，如步行、慢跑、徒手操、太极拳等。准备活动部分的时间，可根据不同的锻炼阶段有所变化。在开始锻炼的早期阶段，准备活动的时间可为 10～15 分钟；在锻炼的中后期，准备活动的时间可减少为 5～10 分钟。

运动处方的基本部分是运动处方的主要内容，是达到康复或健身目的的主要途径。运动处方基本部分的运动内容、运动强度、运动时间等，应按照具体运动处方的规定实施。

每一次按运动处方进行锻炼后，都应安排一定内容和时间的整理活动。整理活动的主要作用是，避免出现因突然停止运动而引起的心血管系统、呼吸系统、植物性神经系统的症状，如头晕、恶心、"重力性休克"等。常用的整理活动有散步、放松体操、自我按摩等。整理活动的时间一般为 5 分钟左右。

（二）锻炼中对运动强度的监控

在运动处方的实施过程中，应注意对运动强度的监控。一般常采用的方法有：自觉疲劳分级（RPE）、靶心率等。即先按适宜的心率范围进行运动，然后在运动中结合自觉疲劳分级来掌握运动强度。

在运动处方的实施过程中，一般的健康人应进行自我监督；对治疗性运动处方的实施，应进行医务监督。

【思考题】

1.运动处方的定义是什么？基本原则有哪些？

2.利用所学知识，制订一个符合自己实际的运动处方。

体育实践篇

SPORTS PRACTICE

第四章　足　球

直到遇到足球，我的人生才彻底改变，我还记得我第一个足球的样子，在我心里，它就像一颗糖果。

——梅西

足球，有"世界第一运动"的美誉，是全球体育界最具影响力的单项体育运动之一。足球运动具有整体性强、对抗激烈、多变等特点。足球技术多姿多彩，战术变幻莫测，胜负难以捉摸，场上双方队员斗智斗勇、攻守交错，比赛精彩纷呈，让所有的人为之倾心。

【本章思政点】

自2006年中国夺得第十五届亚洲杯冠军之后，中国女足一度陷入低迷状态。2022亚洲杯上半场，中国女足0∶2处于劣势，中国女足教练水庆霞对运动员说道："今天大家都通过电视机看中国女足比赛，希望看到的是中国女足那种拼搏的样子，所以，我们还有45分钟。都忘记上半场比赛，相信我们一定可以，一定可以打回来！"同时她在技战术上做了人员调整。下半场时大家积极进攻、防守、转换，也把应有的激情都发挥了出来。最后，经过不懈努力，中国女足取得了3∶2逆转，拿下了这个阔别16年的亚洲杯冠军。

足球运动在广大人民心中有巨大的影响力，大家之所以喜欢把中国女足队员称为铿锵玫瑰，是因为她们在关键时候能够表现出团结协作、勇于拼搏、永不言弃的精神。

第一节　足球运动概述

一、足球运动起源

根据有关史料的记载，在公元前475—221年的战国时代，我国就有了古代足球运动。我国古代足球，被称为"蹴鞠"或"蹋鞠"。"蹴"和"蹋"都是踢的意思；"鞠"指的是在中间填满毛发一类有弹性的东西的球。在各个历史朝代，"蹴鞠"还有其他的一些名称。如战国时期和两汉时称"蹴鞠"，唐宋时期称"蹴球""筑球""白打"，明清时期也称作"蹴圆"。但是在古代，"蹴鞠"的称呼比较普遍。

在亚洲足联举办的各会员国协会和秘书长学习班上，国际足联主席布拉特在所做的报告《国际足球发展史》中说，"足球发源于中国，由于战争而传入西方"。2005年，在国际足联成立百年庆典的闭幕式中，中国山东临淄被正式宣布为世界足球起源地。

二、现代足球运动的发展

现代足球起源于英格兰，这与英格兰最早开始工业革命息息相关。1857年，英国成立了第一个足球俱乐部——谢菲尔德足球俱乐部。1863年10月26日，英国11个足球俱乐部的代表在伦敦举行会议，成立了第一个足球运动组织——英格兰足球协会。因此，国际上都把 1863 年 10 月 26 日作为现代足球运动的诞生日，并且认为现今足球运动起源于英格兰。会上修改了剑桥大学规则，制定了全国统一的比赛规则，这是现代世界足球史上第一部较为统一的足球竞赛规则，具有重大的历史意义。英格兰足球协会于 1872 年开始举办优胜杯赛，从而使现代足球运动在全国流行。

1900 年第二届夏季奥林匹克运动会将足球列入正式比赛项目。1904 年 5 月 21 日，国际足球联合会（简称国际足联，英文缩写为 FIFA）在法国巴黎正式成立，法国、瑞士、瑞典、比利时、西班牙、丹麦、荷兰等 7 个国家的代表和代理人在有关文件上签字。1904 年 5 月 23 日，国际足联召开了第一届全体代表大会，法国的罗伯特·盖林被推选为第一任主席。国际足联是目前较大的国际单项体育组织之一，是世界足球运动的最高权力机构，总部设在瑞士苏黎世。现任主席为瑞士人詹尼·因凡蒂诺。

国际足联世界杯，简称"世界杯"，是由全世界国家级别球队参与，象征足球界最高荣誉，并具有最大知名度和影响力的足球赛事。世界杯每 4 年举办一次，任何国际足联会员国（地区）都可以派出代表队报名参加这项赛事。

根据 FIFA 统计，2018 年俄罗斯世界杯共有 35.72 亿人观看，约占全球总人数的 47%。从商业价值来看，世界杯的商业价值超过 300 亿美元，远高于其他体育赛事。而在 2022 年的卡塔尔世界杯上，卡塔尔《海湾时报》报道，在世界杯期间，共有超过 340 万球迷前往现场观看比赛，上座率排到了历史第三位。

三、中国足球运动的发展

20 世纪初，现代足球由欧洲传入我国。改革开放以来，随着经济的发展、物质条件的改善，我国的对外合作、文化交流愈加频繁，世界杯、五大联赛等国际知名赛事走进中国球迷视野。到了移动互联网时代，球迷参与赛事的方式更追求线上化、便利化。新冠疫情对足球赛事产生较大影响，球迷参与赛事的方式也加速向线上转移，球迷参与足球赛事的形式更加丰富多元。

中国国家男子足球队（国足）始建于 1924 年，于 1931 年加入国际足联。从 1976 年起参加亚洲杯足球赛，于 1984 年和 2004 年两度获得亚洲杯亚军。

2001 年，中国队首次跻身世界杯决赛圈。2005 年，中国赢得了 2005 年东亚足球锦标赛的男子组冠军和澳门东亚运动会的男子足球项目金牌。在 2010 年 2 月 10 日的东亚四强赛上，中国 3:0 完胜韩国，打破 32 年"逢韩不胜"的魔咒。2010 年 2 月 14 日，第四届东亚锦标赛在日本东京国立霞丘竞技场鸣金收兵。经过三轮共六场比赛的激烈争夺，最终中国队以两胜一平且"零失球"的不败战绩，夺得了该届赛事的冠军。

2017 年 9 月 5 日，在 2018 世预赛亚洲区 12 强赛 A 组末轮的对决中，国足客场 2:1 逆转战胜卡塔尔，最终积分排名第 5，未能进入世界杯决赛圈。2022 年 2 月 6 日，中国女足在 2022 印度女足亚洲杯决赛中以 3:2 击败韩国队，时隔 16 年再夺女足亚洲杯冠军。

【思考题】

　　1.古代足球起源是哪个国家？

　　2.第一次世界杯足球赛是哪一年举办的？

　　3.现代足球诞生在哪个国家？

第二节　足球运动实践

一、场地与器材

（一）足球场地

具体如图4-1所示。

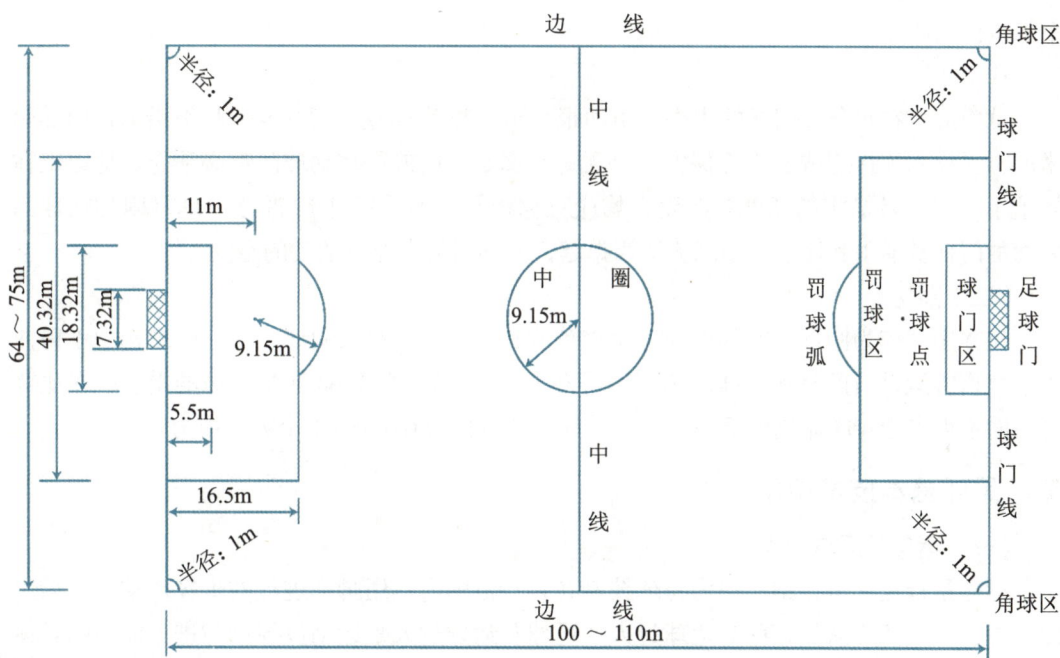

图4-1　足球场地示意

1.场地面积

比赛场地应为长方形，其长度不得多于120米或少于90米，宽度不得多于90米或少于45米（国际比赛的场地长度为105米，宽度为68米）。在任何情况下，长度必须超过宽度。

2.画线

比赛场地应按照平面图划出清晰的线条，线宽不得超过12厘米。较长的两条线叫边线，较短的叫球门线。场地中间画一条横穿球场的线，叫中线。场地中央应当做一个明显的标记，并以此点为圆心，以9.15米为半径，画一个圆圈，叫中圈。场地每个角上应各竖一面不低于1.50米高的平顶旗杆，上系小旗一面。

3. 球门区

在比赛场地两端距球门柱内侧 5.50 米处的球门线上，向场内各画一条长 5.50 米与球门线垂直的线，一端与球门线相接，另一端画一条连接线与球门线平行，这三条线与球门线范围内的区域叫球门区。

4. 罚球区

在比赛场地两端距球门柱内侧 16.50 米处的球门线上，向场内各画一条长 16.50 米与球门线垂直的线，一端与球门线相接，另一端画一条连接线与球门线平行，这三条线与球门线范围内的地区叫罚球区，在两球门线中点垂直向场内量 11 米处各做一个清晰的标记，叫罚球点。以罚球点为圆心，以 9.15 米为半径，在罚球区外画一段弧线，叫罚球弧。

5. 角球区

以边线和球门线交叉点为圆心，以 1 米为半径，向场内各画一段四分之一的圆弧，这个弧内区域叫角球区。

6. 球门

球门应设在每条球门线的中央，由两根相距 7.32 米的直立门柱与一根下沿离地面 2.44 米的水平横木连接组成，为确保安全，无论是固定球门或可移动球门都必须稳定地固定在场地上。门柱及横木的宽度与厚度，均应对称相等，不得超过 12 厘米。球网附加在球门后面的门柱及横木和地上。球网应适当撑起，使守门员有充分活动的空间。

（二）器材

比赛用球应为圆形，它的外壳应用皮革或其他许可的材料制成，在它的结构中不得使用可能伤害运动员的材料。球的圆周不得多于 71 厘米或少于 68 厘米。球的重量，在比赛开始时不得多于 453 克或少于 396 克。充气后其压力为 0.6 ～ 1.1 个大气压力。

二、足球基本技术动作

（一）运球及运球过人

运球是指运动员在跑动中为将球控制在自身范围内，用脚部进行的推拨球动作。采用此类方法突破防守队员，称为运球过人。运球及运球过人是运动员控球与进攻能力的具体表现形式，熟练掌握与合理运用运球及运球突破技术，对调控比赛节奏、丰富战术变化、破解密集防守、创造射门机会都具有实际的意义。

1. 运球

（1）运球动作分析。运球技术包括跑动与触球两方面要素，跑动与触球动作的协调转换和有序交替，便构成运球的动作过程。在运球过程中，撑、蹬、摆、送动作是有序的统一体，因此整个动作要协调连贯，并重点解决好运球脚的前摆触球环节，这是掌握和提高运球技术的关键。

一个运球动作要经历以下三个阶段：

① 支撑脚踏地蹬送：蹬送的作用是推动人体重心前移，维持身体相对平衡，保证运球脚顺利完成触球动作。

② 运球脚前摆触球：在支撑脚蹬送的同时，运球脚前摆触球给球以推动力，触球动作

包括触球部位、触球时间、触球力量、触球方向等要素。

③ 运球脚踏地支撑：触球后运球脚应顺势落地支撑，并随即过渡为蹬送动作，以保证重心移动的连续性，使人体与球的运动保持高度的密切和协调。

（2）运球动作方法。具体如下：

① 脚背外侧运球：直线运球时，自然跑动，步幅偏小，上体稍前倾，两臂协调摆动。运球脚屈膝提起前摆，脚趾稍内转斜下指，摆至球体上方时，用脚背外侧推拨球的后中部，重心随球跟进。曲线运球时，触球作用力方向应偏离球心，使球呈弧线运行。变向运球时，应根据变向角度的大小，调整支撑脚的位置、触球部位及运球脚用力方向，以保证蹬摆用力与推拨触球动作协调一致。

② 脚背正面运球：自然跑动，步幅稍小，上体稍前倾，两臂协调摆动，运球腿屈膝提起前摆，脚背绷紧，脚跟提起，脚趾下指，用脚背正面推拨球后自然落步。

③ 脚内侧运球：支撑脚在球的侧前落位，膝微屈，上体稍前倾侧向球，随重心前移运球脚膝外转，用脚内侧部位推运球前进。

2. 运球过人

（1）运球过人动作分析。运球过人是在运控球的基础上，根据临场需要，准确判断和把握对手的防守站位和重心变化情况，利用速度、方向或动作变化，获得时间和空间位置优势，从而突破防守的一种技术手段。运球过人从动作过程可大体分为三个阶段。

① 逼近调动阶段：当运球逼近对手时，重心应下降，步幅要收小，触球要轻，在控制与保护好球的同时，利用各种假动作诱使对手上当，使对手在忙乱中出现防守错误或漏洞。

② 运球超越阶段：在相持情况下，运球队员应通过有效的假动作迷惑对手，以期创造出有利于突破的时间差和位置差，并不失时机地迅速突破。

③ 跟进保护阶段：在进行突破动作的同时，身体重心应积极向球侧倾移，以保证超越后身体重心能随球跟进，有利于加速拉大与对手的距离。

（2）运球过人动作方法。运球过人从动作方法上可大致分为强行突破、假动作突破、变向突破、变速突破和人球分离突破几类。

① 强行突破，指利用速度优势，以突然快速的推拨球和爆发式的起动，加速超越防守队员的动作方法。实施强行突破时，通常要求防守队员身后有较大的纵深距离，从而使速度优势能够得到充分发挥。

② 假动作突破，指运动员利用各种虚晃动作迷惑对手，如假射、假传、假停等，使其不知所措或贸然盲动失去重心，并乘机突破的动作方法。实施假动作突破时，要真真假假，真假结合，假动作要逼真，其动作要快捷，在控好球的同时，能够有效调动对手，利用其重心移位进行突破。

③ 变向突破，指队员利用灵活的步法和娴熟的运球技术，不断改变球路，使对手防守重心出现移位，并利用出现的位置差乘机突破的动作方法。

④ 变速突破，指队员通过速度的变化，打乱对手的速度节奏，并利用产生的时间差乘机突破的动作方法。实施变速突破时，节奏变化要鲜明，做到骤停疾起，要充分利用攻方

的先决优势去支配和调动对方，真正做到你快我慢、你停我走，使对手无从适应。

⑤人球分离突破，指运球队员在对手站位过死或重心移动过猛时，突然推球从其胯下或体侧超过，自己却迅速从另一侧超越对手实现突破的动作方法。

（二）踢球

1. 踢球动作分析

踢球技术可从不同角度分为多种动作方法。但不论哪一种踢球技术，其完整的动作过程都包括助跑、支撑、摆腿、击球和随前动作这五个技术环节。

（1）助跑。助跑是指运动员踢球前的几步跑动。根据跑动与击球目标的方位关系，助跑可分为直线助跑和斜线助跑。助跑的作用：一是使队员在踢球前获得一定的初动能，通过动能传递，增加摆腿击球的力量和速度；二是调整人、球、目标三者的对应关系，通过步幅和角度的调整，保证支撑脚能够进行合理的选位。

（2）支撑。支撑动作贯穿于整个踢球过程，它包含支撑脚的选位、落位方法，脚的指向和关节支撑等因素。支撑的主要作用是维持身体在踢球过程中的平衡，保证踢球腿充分地踢摆发力。

（3）摆腿。摆腿是指踢球腿击球前的摆动过程，它是踢球的主要力量来源。摆腿按动作顺序分为后摆与前摆两个阶段：后摆是为增大前摆幅度和速度创造条件；前摆则是将助跑与后摆所储备的能量以及自身的能量集中作用于球体，使球获得足够的力量。

（4）击球。击球是踢球技术的重要环节，是决定出球质量的关键要素，它包含击球部位、击球时间、击球动作等技术细节。足球比赛中常见的击球方法有以下几种。

①摆击。摆击动作是以髋关节为轴，大腿带动小腿的大摆幅踢法。击球后有明显的随摆动作，出球力量大，速度快，适用于中远距离的传球和射门。

②弹击。弹击动作是以膝关节为轴，利用小腿的加速前摆击球，击球动作短促快捷，适用于踢地滚球或反弹球。

③抽击。抽击动作是在摆腿击球刹那，大腿积极上提，小腿前摆停滞并顺势上拉，使球产生强烈的前旋，击出的球前冲力较大，适用于抽射凌空球或弹起的高球。

④推击。推击动作类似弹击，踢球腿无明显的后摆，前摆推送动作明显，作用时间长，出球平稳准确，但力量较小，适用于近短距离的传球、射门。

⑤敲击。敲击动作后摆小，前摆短快，击球后有明显的停滞或后撤动作，出球平直，速度快，适用于近距离的直接传射。

（5）随前动作。随前动作是指踢球腿击球后的随球摆动过程。这种随前摆动，对尚未达到最高速的球起进一步加速的作用，同时有助于控制出球方向的稳定，脚与球分离后顺势前摆着地。

2. 踢球动作方法

踢球动作按触击球时脚的部位可分为脚内侧踢球、脚背正面踢球、脚背内侧踢球、脚背外侧踢球、脚尖踢球和脚跟踢球几种方法。

（1）脚内侧踢球。直线助跑，支撑脚踏在球侧约15厘米处，膝微屈，脚趾指向出球方向。踢球腿以髋关节为轴由后向前摆动，膝踝外展，脚尖稍翘，以脚内侧部位对准来球，当膝关节接近球体上方时，小腿加速前摆，击球刹那，脚跟前顶，脚型固定，用脚内侧部位击球的后中部。

（2）脚背正面踢球。直线助跑，支撑脚踏在球侧约15厘米处，脚趾指向出球方向，膝微屈，眼睛注视球。在支撑脚前跨的同时，踢球腿大腿顺势后摆，小腿后屈。前摆时，大腿以髋关节为轴带动小腿前摆，当膝关节摆近球体上方时，小腿加速前摆，脚背绷直，脚趾扣紧，以脚背正面击球的后中部。击球后，踢球腿顺势前摆落地。

（3）脚背内侧踢球。斜线助跑，助跑方向与出球方向约成45°，支撑脚踏在球侧后方约25厘米处，膝微屈，脚趾指向出球方向，重心稍倾向支撑脚一侧。在支撑脚踏地的同时，踢球腿以髋关节为轴，大腿带动小腿由外后向前内略呈弧线摆动，膝踝关节稍外旋，当膝关节摆至接近球的内侧上方时，小腿加速前摆。击球时，膝向前顶送，脚背绷直，脚趾扣紧斜下指，以脚背内侧击球的后中下部，击球后踢球腿顺势前摆着地。

（4）脚背外侧踢球。脚背外侧踢球的动作方法类似脚背正面踢球，只是摆踢时，脚面绷直，脚趾向内扣紧斜下指，用脚背外侧击球的后中部，击球后，踢球腿顺势前摆着地。

（三）接球

1. 接球动作分析

接球是将运动状态的球控制住的一个过程。一个完整的接球动作应包括以下几个环节。

（1）判断选位。接球前，运动员首先要准确地判断来球的路线、落点、速度、性质等，并注意观察邻近对手的情况，在此基础上及时合理地移动选位，占据有利的接球位置。

（2）支撑。稳固的支撑是接好球的保证。接球时支撑腿的膝关节应适度弯曲，身体重心略降，以加强支撑的稳定性。而支撑脚的选位则应根据接球的方法和目的来确定。

（3）触球动作。接球的根本问题是如何削弱来球的冲力。削弱来球冲力通常可采用缓冲或改变来球运行路线的方法。比赛中常见的接球方式有以下几种。

① 迎撤。迎撤是指以接球部位向前迎球，触球刹那向回引撤以缓冲来球力量的动作方法。

② 压推。压推是压和推合二为一的连贯动作，多用于接反弹球。在找好落点和选好支撑位置的基础上，接球部位呈一种适宜的角度对准球的反弹点，在球落地刹那，开始迎着球的反弹方向下压，随即与推合成一个动作，其作用力与球的反弹力形成的合力方向，将使球变向运行并逐渐减速。

③ 切挡。切挡是指通过下切动作加快球的上旋速度，增大地面的摩擦阻力，使来球力量得到削弱，并利用接球部位挡住球路，从而达到控球目的。

④ 拨转。拨转是指拨球与转体连贯合一的动作方法。接球时，支撑脚的选位要利于蹬转，通过身体转动带动拨转，拨球时，身体重心应向拨球方向移动，接球脚拨球后要积极落地，并迅速过渡为支撑起动，保证重心随球快速移动。

⑤ 收挺。收挺动作多用于接空中球。收指身体或接球部位的后缩动作，具有引撤缓冲动作的功效。挺指身体或接球部位呈一定的角度主动迎球顶送的动作，其作用是通过向上

改变来球方向以达到控球目的。

（4）接球后跟进。接球后身体重心随球快速移动是迅速控球或进行衔接动作的技术关键。接球动作开始时，重心具有瞬时的稳定性，重心位置落在支撑脚上，以保证接球动作的稳定性。但随动作的发展，应有意识地将重心向接球方向转移，接球运作完成后，重心应在球运行的方向上加速移动，从而使身体运动方向与球的运行方向相一致，保证身体能尽快地移动到控制球或支配球的位置上。

2. 接球动作方法

接球按触球部位可分为脚部接球、胸部接球、腿部接球、腹部接球和头部接球几类。

（1）脚部接球。脚部接球的动作方法最多、运用最广，是接球技术的最基本内容。

① 脚内侧接球。接地滚球时，身体正对来球，判断来球的速度和方向，选好支撑脚位置，膝关节微屈。接球脚根据来球的状态相应提起，膝、踝关节旋外，脚趾稍翘，用脚内侧对准来球，触球刹那，接球部位做相应的引撤或变向接球动作，将球控制在所需要的位置上。接空中球时，接球腿要屈膝提起，可根据需要采用引撤或切挡动作，并在球落地时随即将球控制住。

② 脚背正面接球。身体正对来球，判断来球路线和速度，支撑脚稳固支撑，接球腿屈膝提起，以脚背正面迎球，触球刹那，接球脚引撤下放，膝、踝关节相应放松，以增强缓冲效果。用脚背正面向体前或体侧前接球时，接球脚脚跟稍提，触球刹那踝关节适度紧张，通过触球面角度的调整，控制出球方向。欲将球接至身后时，接球脚脚尖要勾翘，踝关节适度紧张，接球刹那引撤速度要快，身体随之转动，用脚背顺势将球引至身后。

③ 脚掌接球。判断来球路线或落点，选好接球位置并稳固支撑，接球腿屈膝提起，脚尖微翘，使脚掌与地面形成一定的仰角，球临近或落地刹那，接球腿有控制地下放，用脚前掌部位触压球的后中部，将球控在脚下。采用脚掌接球时，为便于完成下一动作，通常在脚掌触压球后连带一个拉引或推送动作，使球处在需要的位置上。若要将球接向身后，多用拉引动作。欲将球控在体前或体侧则可用推送的方法，做这些动作时重心要随之移动。

（2）胸部接球。可分为以下两类。

挺胸式接球，适用于接有一定弧度的高球。接球时，身体正对来球，两腿自然开立，膝微屈，两臂在体侧自然抬起，上体稍后仰与来球形成一定的角度。触球刹那，胸部主动挺送，使球触胸后向前上方弹起落于体前。

缩胸式接球适用于接齐胸的平直球。缩胸接球与挺胸接球的动作差异在于触球刹那，靠迅速收腹、缩胸，缓冲来球力量，使球直接落于体前。

（四）头顶球

头顶球是指运动员有目的地用额部将球击向预定目标的动作方法。

1. 头顶球动作分析

头顶球是一个自下而上全身协调发力的动作过程，完成这一动作过程应包括以下几个方面。

（1）判断与选位。判断与选位是完成顶球动作的前提，可直接影响顶击球的时间、力量和方向。合理的选位应以准确的判断为依据。

（2）蹬地与身体摆动。蹬地是顶球的起始用力阶段。身体摆动是顶球的主要力量来源。摆动的效果主要取决于腰腹部肌肉的力量与动作协调性。

（3）击球动作。击球是顶球技术的关键环节，决定顶球的质量和效果。该技术环节又包含击球时机、击球部位和击球刹那颈部发力等细节。

（4）击球后身体的控制。顶球后身体姿势的控制会直接影响下一步的行动。因此在冲顶、跳顶、争顶或鱼跃顶球后，既要注意落地缓冲和保护动作，又应注意控制身体姿势，调整身体重心，加快动作转换。

2. 头顶球动作方法

头顶球技术按顶球部位可分为前额正面顶球和前额侧面顶球。

（1）前额正面顶球。原地顶球时，身体正对来球，两腿自然开立，膝微屈，两眼注视来球。随球临近，上体稍后仰，展腹挺胸，两臂自然张开，下颌收紧，身体自下而上地蹬地、收腹、摆体、顶送发力，当头摆至身体垂直部位时，用前额正面顶击球的后中部。

跳起顶球时，要选好起跳位置，掌握好起跳时机，起跳脚积极蹬跳发力，手臂协调向上提摆，以增强起跳力量。起跳后，展腹挺胸，形成背弓，两眼始终注视来球。跳至最高点时，快速收腹摆体，下颌收紧，前额积极迎球顶送发力，顶球后屈膝缓冲落地。

（2）前额侧面顶球。原地顶球时，身体稍侧对来球，两脚前后开立，出球侧支撑腿在前，身体侧后微屈，重心落在后腿上，两臂自然张开，眼睛注视来球。顶球时，后脚向出球方向猛力蹬伸，身体随之向出球方向转动侧摆，同时颈部侧甩发力，用前额侧部将球击出。

跳起顶球动作类似前额正面的跳顶，只是在起跳上升阶段，上体应向出球的相反方向回旋转体。当重心升至最高点时，上体向出球侧加速转动，摆体侧甩，可利用脚的侧下蹬加快侧摆速度，用额侧部将球顶出。

（五）抢、断球

1. 抢、断球动作分析

抢、断球包含抢球和断球两种技术成分，但从其动作过程分析，都是由判断选位、上步抢断、衔接动作等环节所构成。

（1）判断选位。准确判断是进行有效抢断的前提，是移动选位的依据。

抢球时，守方要对攻方的动作意图、动作时机、动作变化、控球距离等情况进行分析判断，并据此选择和调整自己的防守站位。一般来说，抢球的站位应是在对手与本方球门线中点的连线上。当对手背对球门时，可采用贴身紧逼以防其转身。若对手已转对球门方向，则应本着"以堵为主，堵中放边"的原则选位，并伺机抢球。

断球时，守方应准确判断攻方的出球意图、出球时间、出球方向以及传、接队员的位置关系等，选择或调整自己的防守位置。一般情况下，应选在对手与本方球门线中点构成的联线上偏向有球一侧，与对手保持的距离应是向前有利断截、向后有利封堵的距离。距球近时要逼紧，距球远时可松动。在牢牢控制对手的基础上，创造和把握住断球机会。

（2）上步抢断。上步抢断包含抢断时机和抢断动作的成分。在个人防守中，防守要具有攻击性，只要有把握，就要积极抢前断截对方的球，从而在气势上给对方造成压力。而在对手控稳球时，则应注意在封堵过程中找机会抢断，切忌盲目扑抢。无论采用哪种抢断球动作，都应符合突然、迅猛、准确、可靠的技术要求，要使对方出乎意料或反应不及。抢断球时，支撑腿要积极后蹬，促进异侧脚跨步抢断，加速重心前移，争取抢先触球，抢断动作要"硬朗"，以加大抢断球的动作力度，在对抗中占据主动。

（3）衔接动作。抢断球除在危急情势下具有破坏的性质，多数情况下是为了获得球和控制球。抢断球动作的结束，应是控球动作的开始。因此，在进行抢或断球时就应考虑后继的动作。一旦抢断成功，重心能向球的方向快速移动到位，保证抢、断、控球动作的连贯性。

2. 抢、断球动作方法

（1）断球。断球的动作方法，从比赛意义上讲是运动员根据防守和进攻的双重需要，合理地选用接球、踢球、顶球和铲球等技术方法。如果需直接将球处理或破坏掉，就可选用踢球、顶球或铲球动作来实现，若是为了将球控在脚下，则可选用合理的接球动作来达到目的。动作的关键是判断准、起动快、连接紧。

（2）抢球。具体包括：

① 正面抢球。在逼近控球队员时，防守队员应控制好身体重心，两膝弯曲，上体略前倾，并注意观察对手的脚下动作，在对手触球的刹那，支撑脚前跨将球接住。如双方的脚同时触球，控球队员则应顺势向上做提拉动作，将球从对方脚背上带出。

② 侧面抢球（合理冲撞）。当与运球队员成平行位时，重心略降，身体向对手倾靠，手臂贴紧身体。在对手近侧脚离地刹那，用肩以下、肘以上的部位猛力冲撞对手的相应部位，使其重心失去控制，乘机伸脚将球控在脚下。

③ 侧后抢球。侧后抢球多是在对手突破情境下进行的回追反抢，由于位置上的劣势，须靠抢前动作争取主动，通常采用倒地铲球的动作方法。

（3）动作方法。具体包括：

① 同侧脚铲球。在对手触拨球的刹那，异侧脚猛力蹬跨，同侧脚顺势以外侧沿地面对球滑出，用脚背或脚尖将球铲出，随后小腿及大腿外侧，臀部依次着地缓冲，并顺势翻转起身。

② 异侧脚铲球。掌握好铲球时机，用同侧脚后蹬发力成跨步，异侧脚顺势以外侧沿地面对球滑出，用脚底部将球铲出。也可用小腿挡住来球，将球卡在两腿之间再夺过来控制住，铲球后顺势翻转起身。

（六）守门员技术

守门员技术是指守门员防守球门安全和发动进攻时所采用的动作方法的总称。

1. 守门员技术分析

守门员技术属于一种位置技术，是守门员位置各种技术的综合体，包含多种技术要素，但就其防守行动过程可大致分成以下几个阶段。

（1）观察判断。观察是守门员防守的第一步，守门员的观察视野既要开阔，纵观全局，了解攻防队员的位置关系和动态变化，又要有所侧重，以球的发展为主线。在观察的基础上，通过思维加工进行判断，从球的发展判断对方的进攻指向，从对手跑位判断其进攻意图。从球的运行状态，判断其路线、性能、速度和落点，从而为防守做好积极的心理准备。

（2）移动选位。守门员的防守移动主要有平移侧滑步和侧前交叉步两种。侧滑步移动相对平稳，便于连接双脚起跳动作，但移动速度较慢；交叉步移动的速度较快，便于连接单脚踏跳动作，多用于扑远侧球或出去防守前的移动。

守门员的选位，是指通过有目的地移动来调整自己与球和球门的位置关系。从站位角度上，应选在球与球门线中点的连线上；从站位距离上，向前应能最大限度地封堵射门角度，向后则能有效地防止对方的吊射。

（3）准备姿势。准备姿势指守门员采取防守行动前的身体姿态。其动作是两脚平行开立，上体略前倾，两腿自然屈蹲，脚跟稍提，重心落在前脚掌上，两臂在体前自然屈伸，掌心向下，手指张开，眼睛注视来球，使身体处于"一触即发"的最佳状态。

（4）防守应答。防守应答是指守门员对来球做出的应答性反应，包括心理反应和应答动作两个方面。其中反应的准确性和敏捷性直接影响应答动作的完成，而应答动作的速度和准确性则直接影响防守动作的效果。

守门员的应答行动可大致分为出击防守和门区防守两类。出击防守通常是对一些传中球，或突破队员的单刀球所采取的应答行动。其技术要求是：判断要准确，动作要果断，时机要恰当。门区防守主要是对射门球所做出的应答行动。其技术要求是：判断准确，反应敏捷，动作及时到位。

2.守门员动作方法

（1）接球。接球是守门员技术的重点，是守门员必须熟练掌握的基本能力。接球从手形上可分为下手接球和上手接球两类。

①下手接球。身体正对来球，当球临近时，根据来球高度做好相应的接球姿势。接球时，两臂尽量前伸迎球，掌心向上，手指张开似簸箕状，当手指触球的刹那，屈臂夹肘收球缓冲，并顺势屈腕、压胸将球抱牢于胸前。

②上手接球。原地接球时，身体正对来球，当球临近时，两臂举起迎球，控制好接球手型。当球临近时，根据来球高度做好相应的接球姿势。接球时，两臂要充分伸展迎球，手型相对稳定，角度合理，掌心要空，当手指触球刹那，手臂做引撤动作以削弱来球冲力，腕关节保持功能性紧张，十指用力将球接牢。

跳起接球时，应选好起跳点，掌握好起跳时机，保持身体在空中的平衡，跳至最高点时，伸臂展体将球接住，并顺势收于胸前。落地时，注意屈膝缓冲。

（2）扑球。扑球是守门员技术的难点。它是守门员在重心无法移动到位情况下，利用倒地加速重心向球侧移动的一种救球方式。这种动作方法，分为倒地侧扑和跃起侧扑（鱼跃扑球）两种。

①倒地侧扑。做好准备姿势，两眼注视来球，精力集中。扑球时，异侧脚内侧侧蹬发力，同侧脚屈膝迎球跨出，上体顺势压扑以加速重心的前移倒地，双臂同时迎出接球，腕关节稍内扣，用手掌挡压控球。触球后屈臂收球于胸前，并快速抱球起身，侧倒过程按小

腿、大腿、臀部、肩和手臂外侧顺序缓冲着地。

扑脚下球时，重心降低出击迎球，在对手起脚射门的刹那，快速倒地侧扑封堵球路，将球接住或挡出，随即做屈膝团身动作进行自我保护。

② 跃起侧扑。扑地滚球时，重心降低，身体向球侧倾移。同侧脚侧上步，用脚掌外侧蹬地发力，使身体呈水平状腾空，两手同时快速迎球，身体展开。接球手形成球窝状，靠压腕和手指用力将球控制住。落地时，两手按球，随即屈肘，以前臂、肩部、上体侧面和下肢依次着地，注意屈膝团身护球，并顺势抱球起身。

扑平高球时，当身体重心倾移至踏跳脚时，用脚外侧发力猛蹬，使身体向球跃起腾空。手臂伸出迎球，身体充分伸展，并以球窝状手型发力将球接稳，随重心落降，开始落地缓冲，动作方法同扑地滚球。

（3）托、击球。托、击球是守门员接扑球技术在应急情况下的应变运用。常和出击接高球与跃起扑球动作联系在一起。

① 托球。托球时，近球侧手臂伸出迎球。触球刹那，手腕后仰，用掌跟部顶推发力，将球向侧或向上托出。

② 击球。单拳击球时，在起跳上升阶段，击球手臂位于肩侧，屈肘握拳，体稍侧转。至最高点时，身体快速回转，以肘带肩挥拳，用拳面将球击出。

双拳击球时，起跳上升阶段，双臂于胸前屈肘握拳，两拳靠拢，拳心相对，至最高点时，双拳同时迎球冲出击球。

（4）发球。发球是守门员组织发动进攻的技术手段。发动进攻的基本要求是：能快则快，不能快则缓，以快为主，保证稳妥。守门员的发球包括踢发球和抛掷发球两类。

① 踢发球。踢发球常用的方法有踢定位球、踢高抛球和踢反弹球。踢发球的力量大，距离远，方法灵活多变，适用于各种发球的需要，其动作方法见踢球动作要领。

② 抛掷球。低手掷球时，两脚前后开立，两膝弯曲，掷球臂后撤引球，身体随之侧转，重心移至后脚。掷球时，利用后脚蹬地、转体、送臂和甩腕拨球的连贯发力将球掷向目标。

肩上掷球时，两脚前后开立，膝弯曲单臂屈肘持球于肩上。掷球时，持球臂后摆引球，身体随之侧转，重心移至后脚，利用后脚蹬地、转体、挥臂和甩腕拨球的连贯发力将球掷向目标。

勾抛掷球时，身体侧对出球方向，两脚前后开立，持球臂屈肘后引，身体随之侧转，腰部扭紧，重心移至后脚。掷球时，后脚发力蹬地，并快速转体，持球臂顺势由后经体侧向上呈弧线形抢摆，摆至肩上方时，甩腕拨球，将球掷向目标。

三、足球基本战术

（一）进攻战术

进攻战术是指在比赛中，为了战胜对手所采取的个人进攻行动和集体配合方法。

1. 进攻战术原则

在比赛中，当本队获得球的瞬间，进攻就开始了。进攻应遵循宽度、渗透、灵活、应变等原则。

（1）宽度。当攻方获得球的同时，除了距球最近的两三名队员适当拉开接应之外，其他队员应尽快充分利用场地的宽度，将守方的防线尽量拉开，使其个体防守面积增大，相互保护、补位困难，从而为进攻创造更多的时间和空间，在局部区域形成以多打少的有利局面，这样更容易突破对方防线。

（2）渗透。在横向拉开、左右扯动的基础上，要从外线转入内线。突破防线的关键在于纵向的渗透，要善于抓住时机，快速起动，敢于向防守的身后空当突破、传球、切入。直接面对球门，才能给防守造成破门的威胁。

（3）灵活。防守是被动行为，进攻是主动行为。场上情况千变万化，绝对一样的片段几乎没有。刻板、教条的战术打法在比赛中很难奏效，灵活的原则要求攻方通过积极主动、机动灵活的有球和无球活动，不断改变进攻的节奏、方向、位置、区域、距离、高度等，使防守顾此失彼，防不胜防。

（4）应变。进攻到最关键的时刻，特别是射门的一刹那，往往都是在很短时间、很小空间、激烈对抗中完成的。应变的原则要求在射门的瞬间，在几十个因素和可能性中，在最短的时间内随机应变地筛选出最佳行为、动作，从而破门得分。这一原则对运动员的技战术能力，思维、反应速度，比赛经验和足球悟性提出较高的要求。

2. 个人进攻战术

个人进攻战术是指在比赛中，为了战胜对手采取的符合整体进攻目的的个人行动。

个人进攻战术是构成局部和整体进攻战术的环节。个人进攻战术的行动水平直接影响着局部和整体进攻战术的质量。个人进攻战术包括传球、射门、运球突破和摆脱跑位。

（1）传球。传球是整体战术配合的基础，是组织进攻、变换战术、迅速逼近对方球门、创造射门机会的主要战术方法。传球是比赛中运用最多、最重要的技战术手段。运动员接球后80%是将球传给同伴，20%是射门和运球。传球的水平代表着一个运动员和一支队伍的整体能力，传球成功率往往决定着比赛的结果。

传球在比赛中的表现形式是多种多样的，按接触球方式可分为直接传和间接传。按传球距离可分为短传（15米以内）、中传（15～25米）和长传（25米以上）。按传球高度可分为地滚球、低球（膝部以下）、平直球（膝以上、头以下）和高球（头以上）。按传球方向可分为直传、斜传、横传和回传。按传球目标可分为向同伴脚下传和向空当传。按旋转可分为上旋球、下旋球、侧旋球和混合旋球。

（2）射门。射门是一切进攻战术配合的最终目的，也是进攻得分的唯一手段，是进攻战术最重要、最困难、最振奋人心的环节。在现代足球比赛中，要想在对方严密防守和紧逼拼抢的情况下有效地完成射门，必须有强烈的射门欲望，善于抓住射门时机，选择合理的射门方法。射门突然，快速有力，出球准确，才能将球攻入对方球门。

（3）运球突破。运球突破是极为重要、极有威胁的个人进攻战术，是突破防守体系，创造以多打少的重要方法，也是制造更好的射门和传球机会的有效手段。比赛中控球队员在下列情况可采用运球突破战术行动。

第一，控球队员在没有射门、传球可能时，可运球突破对手，创造射门、传球的机会。

第二，在攻守转换过程中，控球队员在进攻三区内，面对最后一名防守队员，而且防守队员身后又有较大空当时，应大胆运球突破其防守而射门。

第三，控球队员在对手贴身紧逼，失去射、传角度时，应运球突破其逼抢，并使其后撤松动防守。

第四，对方采用制造越位战术，又没有传球可能时，应采用反越位战术，果断运球突破直接攻门。

（4）跑位。跑位是指在比赛中队员在无球的情况下，通过有意识跑动，为自己或同伴创造进攻机会的行动。跑位是整体进攻战术的基础，是进攻队员为了获得球的准备行动，也是拉开对方防线，为自己和同伴创造获得球的时间和空间的重要手段。为了使很少的有球活动能高质量地完成，必须通过积极、快速、多变的无球活动来摆脱防守，争取控制、支配球的时间、空间。敏锐的观察、明确的目的、合理的时机和多变的行动是跑位的主要战术内容。跑位需要高度的整体配合意志支配下的多名队员协同行动。相互理解，配合默契，保持合理的进攻队形，才能取得最佳效果。正确的跑位可达到摆脱、接应、拉开、切入、插上、套边、包抄、扯动和牵制的目的。

3. 局部进攻战术

局部进攻战术是指进攻中两个或几个队员之间的配合方法。它是集体配合的基础。基本配合形式有：传切配合、交叉掩护配合和二过一配合。

（1）传切配合。传切配合是指控球队员将球传给切入的进攻队员的配合方法，是局部进攻战术中运用最多的方法。传切配合的形式有局部传切和转移长传切入。

① 局部传切配合。按传切的线路可分为直传斜切、斜传直切和斜传斜切。边路进攻多采用直传斜切和斜传直切的配合方法。中路进攻多采用斜传直切和斜传斜切的配合方法。

② 转移长传切入。一侧进攻受阻，长传转移到另一侧，切入队员得球后展开进攻。

③ 传切成功的要素，一是控球队员要把握好传球的时机，并控制好传球的方向与力量。二是跑位队员要明示切入的方位、时间，同时起动突然、快速，并用身体掩护住球。

（2）交叉掩护配合。交叉掩护配合是指在局部地区两名进攻队员在运球交叉换位时，以自己身体掩护同伴越过防守队员的配合方法。

交叉掩护配合成功的要素，一是运球队员必须用自己的身体护住球并挡住两名防守队员，将球交递给同伴后，要继续向前跑动。二是接球队员必须主动迎面跑向运球同伴，交叉距离贴近，接球后快速向前运球。

（3）二过一配合。二过一配合是指局部地区两名进攻队员通过两次连续传切配合，越过一名防守队员的配合方法。二过一配合的形式根据传球和跑位的路线有直插斜传二过一、斜插直传二过一、斜插斜传二过一、回传反切直传二过一几种。

（二）防守战术

防守战术是在比赛中为阻止对方的进攻和重新控球所采取的个人防守行动和集体配合的方法。足球比赛进攻与防守是对立统一，相互制约，相互促进的。这一对矛盾只有在激烈对抗中相互促进，才能形成利矛坚盾，攻守能力才能得到加强。稳固防守基础上的快速进攻已成为现代足球运动的战略指导思想。

1. 防守战术原则

比赛中，本方失掉控球权的瞬间便转为防守。防守应遵循延缓、平衡、收缩、控制等原则。

（1）延缓。由攻转守最重要的是需要一定时间进行队形调整和布防。因此要求失球的瞬间即刻转为防守，失球队员和距球最近的队员立即反抢，力争把球夺回来或阻止、干扰对方的进攻，争取更多的时间回防，并组织有效的防守体系。

（2）平衡。在延缓对方进攻速度的同时，除个别牵制队员，其他队员必须尽快回撤到对手与本方球门之间的正确防守位置上，进行有效防守。在攻守人数上至少达到相等，最好在有球区域形成以多防少的安全稳固的局面。

（3）收缩。随着时间的推移，防线逐步撤回到罚球区附近。在争取到布防时间和攻守人数平衡的基础上，向门前漏斗区合理收缩防区，形成纵横交错，相互保护。

（4）控制。在射门的距离内对有球队员和插上接球或射门的队员，实施贴身紧逼，限制其射、传、突、切的自由。对进攻队员、球、空间进行有效的控制的同时，要避免鲁莽行为和不必要的犯规。

2. 个人防守战术

个人防守战术是指为了控制对手所采用的个人战术行动。个人战术行动体现着整体战术的特征。个人战术行动是整体战术的基础。个人战术包括选位与盯人、断球、抢球、封堵等。

（1）选位与盯人。选位是指防守队员根据位置职责和临场情况，选择适当的防守位置。盯人是指在正确选位的基础上，对防守的对手实施监控或严密控制其进攻行动。

选位、盯人有以下要素。

① 及时：选位要先于对手到位防守。

② 原则：选位的基本原则是进攻队员、防守队员和本方球门中点三点成一线，并保持适当距离。

③ 兼顾：选位以盯人为主，同时兼顾球和空间的情况变化。

④ 队形：选位要组成纵横交错的三角和菱形网络队形。

⑤ 灵活：以多防少或以少防多时，要根据具体情况和任务目的灵活选位。

⑥ 盯人：在正确选位基础上，根据不同的场区和任务，对防守对手实施紧逼盯人或松动盯人。

（2）断球。断球是指将对方的传球从途中截下来或破坏掉的战术行动。断球是转守为攻最主动、最有效的战术行动，能在对方来不及反抢的状态下进行快速反击。

断球的要素如下：

① 正确的判断。断球前要正确判断持球队员与接应队员相互的位置及意图，预测传球的时间和路线。

② 合理的位置。在正确选位的基础上，偏向有球一侧移动，并"松动"防守。

③ 恰当的时机。对方传出球的一刹那，先于接球对手直线快速跑向传球路线，将球截断下来。

（3）抢球。抢球是指将对方控运的球抢过来或破坏掉的战术行动。抢球是重要的个人战术，是个人防守能力的主要标志。

抢球要素如下：

① 正确的站位。抢球首先要选择持球人与球门中点之间站位，这是对方运球突破的必经之路。对方运球向两侧扯动时，即为抢球创造了有利条件。

② 合理的距离。通过移动与持球对手保持一步之内的距离是抢球最适宜的距离。

③ 准确的时机。在对手接控球未稳或控运球两个触球动作之间的时机，将球抢下来或破坏掉。

（4）封堵。封堵是指防守队员用身体某一部位挡住对方的传球或射门的战术行动。封堵分为正面封堵和侧面封堵。封堵往往面临着对方的假动作，必须准确地判断并想出应对动作。

（5）个人防守战术的要求如下：

① 密切注意刚刚传球的对手，丝毫不能松懈对其的防守。传球后立即跑位的对手往往是最危险的对手，特别是在本方后场更应加倍防范。

② 在攻守快速、频繁的转换过程中，不断调整选位时，要注意与周围同伴保持合理距离和严密的队形。

③ 向前抢截与补位时，应先考虑自己身后是否会出现空当，被对方利用。

④ 在禁区附近应注意：安全第一，站稳位置，切忌盲目乱抢，被对方突破。对方射门时，要奋不顾身，坚决封堵，绝不可躲闪，使守门员陷入无法观察、来不及移动的被动局面。

⑤ 切忌鲁莽行为和轻率犯规，尤其在对方攻至本方腹地时要头脑清醒，善于控制自己的情绪和动作。

⑥ 注意控制比赛的节奏，合理分配体能，不使体能过早、过快消耗掉。

3. 局部防守战术

局部防守战术是指两个或两个以上防守队员之间的配合方法。它是集体防守战术的基础，基本配合形成有：保护、补位和围抢。

（1）保护。保护是指在逼抢持球对手的同伴身后，选择适当位置协防并阻止对方突破的战术配合行动。在运用保护战术时有以下要求：

① 保护队员与逼抢队员的距离，根据不同场区应有所不同：后场3～5米，中前场4～8米。根据持球队员的不同特点，距离也应有所变化，对技术型队员应近些，对速度型队员应稍远些。

② 保护队员与逼抢队员的角度一般应选位45°，偏向球的一侧。另外要根据临场具体情况随时调整角度，如果同伴堵内放外，保护队员选位角度应偏向外线。如果同伴堵外放内，则保护队员选位角度应偏向内侧，配合同伴形成夹击之势。

③ 保护队员选位时还应考虑双方人数的对比。二防一时，全力保护、夹击。二防二时，既要保护同伴防突破，又要兼顾自己应盯防的对方接应队员。二防三时，主要是延缓对方进攻速度，争取其他队员的回防时间。当对方射门时要坚决封堵。

④ 保护队员还要通过语言指挥同伴抢截和选位，同时让同伴知道自己的保护位置，使防守配合更加协调、有效。

（2）补位。补位是指防守队员弥补同伴在防守中出现漏洞时所采取的相互协助的战术配合。在比赛中，通过同伴间的相互补位，可以有效地遏制和破坏对方的进攻行动，变被动为主动。

注意事项：① 防守队员能追上自己的对手时，一般不要交换防守和进行补位。② 需要补位时，以邻近位置的两名队员之间进行相互补位为主，尽量避免牵动更多的防守队员交换位置，以免打乱防守队形。③ 要保持罚球区及附近的危险区域不出现空当。

（3）围抢。围抢是指在特定场区，两个以上的防守队员突然、快速、有效地多方位夹击对方控球队员，把球抢夺回来或破坏掉的战术配合。围抢战术是防守中局部的进攻，被动中争取主动的积极行动。

围抢战术的运用包括以下情况：① 在围抢局部地点若守方人数占有优势，而且距离较近，思想统一，应果断围抢。② 被围抢的队员尚未控制好球，他附近又没有接应队员和传球路线时，应及时围抢。③ 一般应在边、角场区，对方身体方向和观察角度较差时，或在守方门前接球、运球、射门时，坚决围抢封堵。围抢应注意事项如下：① 务求围抢成功，不可疏漏，一旦突破会在其他区域形成以多攻少的被动局面。② 围抢时应贴身逼抢，但切不可犯规，特别是在门前，一旦犯规被罚点球将造成不可挽回的损失。

【思考题】

1.国际比赛场地大小标准是多少？

2.外脚背运球的动作要领是什么？

3.脚背内侧传接球的动作要领是什么？

4.抢截球的动作要领是什么？

5.守门员侧扑球的技术要领是什么？

6.进攻战术有几大原则，分别是什么？

第三节　足球运动欣赏

一、足球竞赛规则

详见国际足球协会理事会制定的《足球竞赛规则 2022/2023》《五人制足球规则》。

二、国际著名足球赛事

（一）世界杯足球赛

世界杯足球赛是国际足联组织的规模最大、水平最高的足球比赛。1930 年起每 4 年举办一届（后改为"世界杯赛"）。

（二）奥运会足球赛

1912 年第 5 届奥运会时，足球成为正式比赛项目。目前参加奥运会足球决赛阶段比赛的男、女队分别为 16 支和 12 支。1996 年第 26 届奥运会时，女子足球成为正式比赛项目。

（三）俱乐部足球世界杯

这是国际足联较新设立的比赛，国际足联主席布拉特上任后一直倡导：提供机会定期让各大洲俱乐部联赛冠军、丰田杯和解放者杯的冠军聚会，并一决高低。首届赛事于 2000 年 1 月 5 日至 14 日在巴西举行。

三、国内赛事

中国足球协会超级联赛（简称"中超"或"中超联赛"）是我国最高级别的职业足球联赛，其下级联赛分别是中国足球协会甲级联赛、中国足球协会乙级联赛及中国足球协会会员协会冠军联赛（简称"中冠联赛"）。中超联赛开始于 2004 年，前身为 1989 年成立的中国足球甲 A 联赛，由中国足球协会组织、中超联赛有限责任公司运营，是全亚洲最具竞争力、平均上座率最高的足球联赛之一，冠军将获得火神杯。

【思考题】

1.国际著名足球赛有哪些？

2.国内赛事有哪些？

3.观看一场足球赛事。

第五章　篮　球

现在他们确实比我强，但是我相信在不久的将来会打败他们。

——姚明

　　篮球运动是攻守双方采用各种合理技术，将球投入对方球篮，以得分多少决定胜负的集体性球类运动项目。篮球运动起源于美国，发展至今，已在全世界拥有众多的职业球员和数以亿计的爱好者。篮球运动既是一个现代体育竞技项目，又是一项备受人们喜欢的娱乐健身竞技游戏。

【本章思政点】

　　爱国主义精神是伴随中国篮球运动发展的根基与主线。"南开五虎"展现了青年的爱国主义精神。20世纪二三十年代，南开中学篮球队先是在华北运动会上问鼎；后远征上海，因连克上海三支冠军队和远东劲旅菲律宾队而名声大振；此后，远征大连、沈阳，六战六捷。1930年在天津获万国篮球赛冠军，同年代表天津参加第四届全国运动会获篮球冠军，并代表中国参加第九届远东运动会。该篮球队被新闻界誉为"南开五虎"。"南开五虎"的传奇故事影响和激励着一代又一代热爱篮球的中国人。为纪念这段辉煌的历史，南开大学校园的一条路被命名为"五虎路"。

　　"南开五虎""篮坛英杰""八一篮球队"等名词不仅代表这支篮球队，更代表着"中国"，运动员们不怕失败、敢于拼搏、团结一心的篮球精神激励着一代又一代拥有爱国主义精神的中国青年。

第一节　篮球运动概述

一、篮球运动起源

　　篮球运动是由美国马萨诸塞州斯普林菲尔德市（春田市）基督教青年会干部训练学校体育教师詹姆斯·奈史密斯于1891年发明的。他受当地儿童从树上摘桃子扔入桃筐的启示而设计了一种互相向对方桃筐投掷皮球的游戏。由于活动的主要内容是向悬空的篮筐中投球，因此被形象地命名为篮球游戏。在此基础上，这项游戏被逐步充实内容、完善规则，形成了现代的篮球运动。攻守对抗的对立统一是篮球运动的最基本特征。篮球运动技、战术与比赛规则演进相辅相成，相互制约，共同发展。

二、世界篮球运动发展历程

（一）初创萌芽时期（1891年至20世纪20年代）

　　1891年初创的篮球活动，无明确的比赛规则，场地大小不等，活动人数不限，仅在室内一块狭长的空地两端，各放一个桃筐。不久，为了扩大室内场地的活动范围，便将筐子悬挂在离地 10 英尺（约 3.05 米）高的两侧墙壁上，这便是当今篮高标定 3.05 米的来历。到了 1892 年和 1893 年，奈史密斯有针对性地制定了原始的 13 条和 21 条规则。至 20 世纪 20 年代末，虽仍无统一规则，但上场队员已基本限定为 5 人，并明确了中场线，严格禁止推、踢、撞、打等粗野动作，不准拿球跑和双手拍球。此时攻守技术尚简单，比赛中以单兵作战为主要攻守形式，布阵战术配合还在朦胧阶段，篮球运动处于初创萌芽时期。

（二）完善、传播时期（20世纪30年代至40年代）

篮球运动自 20 世纪 30 年代以后向欧、亚、非、澳四大洲传播，其技术水平逐步完善，单兵作战的基本形式逐渐被掩护、协防等配合所充实。为了适应并推动世界各国篮球运动的普及与发展，1932 年在瑞士日内瓦，由葡萄牙、罗马尼亚、瑞士、意大利、希腊、拉脱维亚、捷克斯洛伐克、阿根廷等欧美八国组织会议成立了"国际业余篮球联合会"。在 1936 年第 11 届奥运会上，篮球被列为正式比赛项目，从此正式登上国际体坛。到 20 世纪 40 年代末，进攻中快攻、掩护、策应、突破分球战术等已被各国篮球队所采用；防守开始强调集体性，人盯人、夹击、区域联防及混合防守等战术被广泛采用。篮球运动在国际上进入完善、传播时期。

（三）普及、发展时期（20世纪50年代至60年代）

进入 20 世纪 50 年代至 60 年代后，篮球运动在世界各地被广泛普及，特别是篮球运动技、战术之间的不断制约和相互促进，迫使篮球运动员的身高加速增高。以美国巨型运动员张伯伦、苏联运动员克鲁明及谢苗诺娃为代表的身高两米以上队员，显示出难以抗争的威力，身高开始成为现代篮球比赛中决定胜负的重要因素之一。由此，一种固定阵型的利用高大队员强攻篮下的中锋打法风行一时，篮球运动进入一个由技、战术向充分利用高大运动员方向发展的时期。随着攻守区域扩大，高度与速度、空间与地面的交叉结合，成为比赛争夺和决定胜负的关键因素，有力地推动了攻、守技战术的全面发展。至此，世界篮球运动开始形成以美国、巴西为代表的高度与技巧相结合的美洲型打法，以苏联、南斯拉夫、意大利为代表的高度与力量结合的欧洲型打法，以中国、韩国为代表的小、快、准、灵的亚洲型打法，篮球运动跨入了普及、发展的新时期。

（四）全面提高时期（20世纪70年代至80年代）

进入 20 世纪 70 年代后，两米以上的高大队员大量涌现篮坛，篮球比赛中对空间的争夺越发激烈，高度与速度的矛盾更加尖锐。高空技术的发展和占有高空优势，就显示着实力，篮球比赛开始成为名副其实的巨人游戏。对此，篮球规则对高大队员在进攻上提出了更多的限制和要求，增加了球回后场、控制球队犯规和全队 7 次犯规的规则，以便于调动防守和身高处于劣势队伍的积极性。随之，一种攻击性防守——全场及半场范围内的区域紧逼人盯人防守和混合型防守战术发挥了新的制高威力。尤其自 1976 年第 21 届奥运会篮球比赛（女子篮球由此正式列为奥运会竞赛项目）和 1978 年第 8 届世界男子篮球锦标赛后，高空优势、高技巧、高速度、高强度、多变化、高比分、高空技术有了新的发展，充分展示了当代篮球运动发展的新趋势、新特点。而这一趋势和特点，促使篮球运动向高水平方向全面发展。

（五）职业化、商业化时期（20世纪90年代至今）

20世纪90年代以后，现代篮球运动进入黄金发展时期。1990年国际业余篮球联合会更名为国际篮球联合会，并取消了对职业篮球运动员参加国际比赛的限制。众多职业篮球运动员给国际篮坛带来了新观念、新技术和新战术。1992年第25届奥运会男篮冠军美国"梦之队"的超级巨星乔丹、约翰逊等高超的现代篮球技艺表演，寓竞技、智谋、技艺于一体，将篮球运动技艺表现得更加充实完美，战术更为简练实用，这标志着篮球运动整体内容结构、优秀运动队伍综合智能结构以及运动员掌握和运用篮球技、战术的能力结构，教练员科学化训练、管理、指挥的综合能力发生了质的变化。为了适应篮球运动技、战术的迅速发展，对抗强度加剧和商业化、职业化的需求，规则进行了多次修改：将篮板宽度改为1.05米，篮板下沿提高，距地2.90米；改1+1罚球为两次罚球；比赛时间调为4×10分钟，进攻时间由30秒改为24秒和前场14秒，8秒内球需进前场；等等。同时，3对3篮球运动也在世界各地得到普及和发展，2020年第32届东京奥运会中被正式入选奥运比赛项目。篮球运动迈入了职业化、商业化和社会化时期。

至今，已有200多个国家和地区成为国际篮球联合会成员。篮球运动已成为国际体育组织中单项运动人口最多，最受世界人民喜欢的体育项目之一。

三、中国篮球运动的发展

中国是世界较早接触并接受篮球运动的国家之一。篮球运动于1895年由美国基督教青年会中国天津基督教青年会第一任总干事来会理（David Willard Lyon）介绍传入中国天津，并相继在上海、广州、北京推广起来，很快成为广大青年，特别是青年学生所喜爱的运动项目。中国篮球协会（China Basketball Association）于1956年6月在北京成立，1995年12月正式推出了与国际接轨的赛季甲级联赛。近几年来，中国篮协对中国篮球运动的竞赛体制进行了一系列改革，建立公平竞争机制，完善职业篮球俱乐部管理制度，提高运动员和运动队的竞技水平。

抗战时期为弘扬篮球红色文化，"八一男篮"传承红色军旅作风，由贺龙组织的120师"战斗篮球队"更是打遍全军无敌手，号称战斗、打球两不误。篮球就这样嵌入了中国的革命文化之中。"八一篮球队"，建队60多年，全体官兵刻苦训练，顽强拼搏，代表军队、国家常年征战国内外篮坛赛场，屡立战功，为国家和军队争得无数荣誉。这是红军历史上的一小步，却是中国篮球运动历史上的一大步。

新中国成立后，篮球运动得到了蓬勃发展，我国男、女篮球队在国际赛场上屡获佳绩，多次获得亚洲冠军，女篮在1992年第25届奥运会、1994年第12届世界篮球锦标赛上均获得亚军。我国男篮在1994年第12届世界篮球锦标赛上进入了8强。2000—2001年赛季，由八一俱乐部培养的著名中锋王治郅作为亚洲第一人首次加入NBA，随后巴特尔、姚明、易建联等运动员先后加入这一世界最高水平的篮球联赛，姚明成为NBA有史以来第一位成为状元秀的外国选手。这些成绩标志着中国职业篮球进入了一个新的阶段。我国男篮在第26届、第28届、第29届奥运会上均进入8强。2022年篮球世界杯上，中国女篮夺得亚军，追平了历史最好成绩。

在中国篮球发展过程中蕴含的拼搏精神激励了无数的中国人，也常常能在特殊的节点给国人带来胜利的狂欢。这些代名词并不仅仅诞生于胜利的喜悦，而更多蕴含着这些项目从业者多年来从不缺乏的走出低谷、重回巅峰的勇气。

【思考题】

1. 简述篮球运动的起源和现代世界各地的开展情况。
2. 简述篮球运动的特点和作用。
3. 我国第一位加入 NBA 的运动员是谁？
4. 至今为止，中国男篮和女篮在世界大赛中取得的最好成绩分别是第几名？

第二节　篮球运动实践

一、场地与器材

篮球比赛场地长 28 米、宽 15 米，从界线的内沿丈量。每一篮圈的上沿距地面 3.05 米。3 分投篮区域以对方球篮中心正下方场地的点为圆心，画一个半径（圆弧外沿）是 6.75 米的圆弧，且与从端线引出的 2 条垂直端线的平行线（其外沿距离边线的内沿 0.90 米）相交。具体如图 5-1 所示。

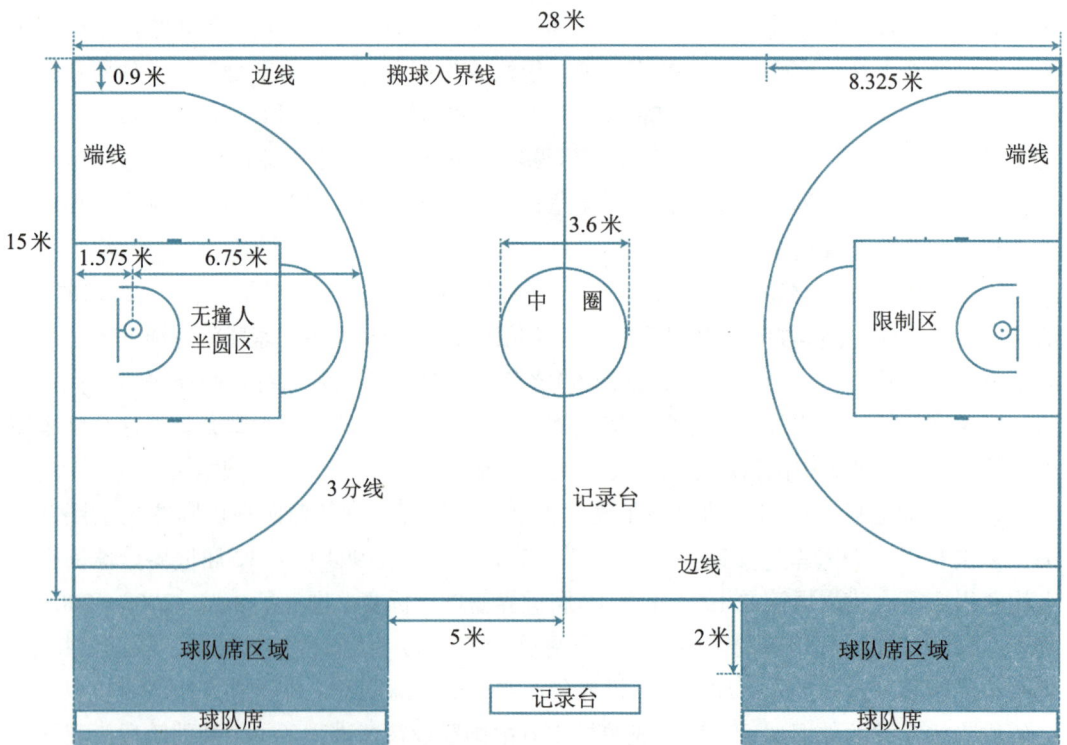

图 5-1　篮球场地示意

二、篮球基本技术动作与方法

篮球基本技术是指篮球运动所运用的符合人体运动解剖学和生物力学原理的，专门的动作结构、方法的总称。

（一）持球基本姿势与手法

持球基本姿势是进攻技术动作的基础，也是投篮、突破、传球技术动作的开始，因此人们也常形象地称它为"三威胁"姿势。

持球基本姿势要求队员持球腹前或体侧，两腿稍屈，身体略前倾，以保持机动性。

持球手法：通常两手持球两侧上方，两拇指相对成八字形，手指展开拿球，手心不应触球。

（二）传接球基本技术与练习

1. 传接球基本技术

（1）双手胸前传接球。具体如下：

① 技术动作分析：以持球基本姿势开始，传球时蹬腿、伸臂、拨腕、拨指将球传出。

一腿后蹬上步，同时两臂向传球方向前伸，手腕后屈，出手时手腕带动手指由内向外侧下方拨球，使球稍向后旋转，以利于球飞行的稳定性。

② 技术动作关键：手臂前伸与手腕后屈的协调，伸臂与拨腕、拨指的衔接。

③ 双手接球技术要求：两手迎球、触球时立即缓冲引球成基本姿势。

（2）单手体侧传接球。具体如下：

① 技术动作分析：持球基本姿势开始，弧线引球、臂前摆制动、拨腕、拨指将球传出。

持球经身体侧后方弧线向外伸展手臂，以肩为轴向前摆臂，当手臂侧伸较充分时，及时拨腕、拨指将球传出。初学者最易犯的错误是从前向后展臂引球。

单手体侧传球主要运用在对手近身防守，手臂上扬封阻，或突破分球时。该技术常通过击地传球，结合单手体前传球保证球在有利一侧传出。

② 技术动作关键：体侧弧线引球，摆臂制动与拨腕的衔接。

③ 单手体侧接球技术要求：上步伸臂迎球，触球后立即屈腕包球，向后弧线缓冲引球成持球基本姿势。

（3）单手肩上传接球。具体如下：

① 技术动作分析：持球基本姿势开始，蹬腿、挥臂、拨腕、拨指将球传出。

以右手为例：向传球方向上左步，双手举球于肩上，蹬腿、挺髋、展胸，举球头后侧上方，继续蹬腿，大臂带动小臂前挥，拨腕、拨指将球传出。

单手肩上传球常用于获得篮板球后的一传或长传快攻。

② 技术动作关键：展体挥臂和蹬腿与身体重心前移的协调连贯。

③ 单手接高传球技术要求：跳起或展体伸臂迎球，触球后立即屈腕包球向后弧线引球成持球基本姿势。

2. 传接球基本练习方法

第一，原地两人互传。

第二，全场两人行进间传、接球。

第三，全场三人行进间传、接球。

第四，加防守的传、接球。

（三）运球基本技术与练习

1. 运球基本技术

变向运球的方法有四种：体前变向运球、后转身变向运球、胯下变向运球、背后变向运球。运球的技术关键是手熟练地控制运球节奏和变向能力，与灵活多变的脚步动作协调配合。

（1）原地变向运球。具体如下：

① 单手原地不换手左右变向运球。

技术动作分析：以右手为例，左运、右运、拉起。身体重心左移同时右手向左运球。球离手后右手迅速转腕控制球左上，身体重心右移，同时右手迅速向右运球。接着右手要迅速控制球右上，并随球弹性将球拉起。

技术动作关键：球的左右变向与身体重心摆动节奏协调配合。

② 原地换手左右变向运球。

技术动作分析：右手左运、左手拉起，左手右运、右手拉起。身体重心左移，同时右手向左运球。左手接控制球后，随球弹性将球拉起。同样，身体重心右移，同时左手向右运球。右手接控制球，并随球弹性将球拉起。

技术动作关键：利用球的弹性提带控制球。

（2）行进间运球。具体如下：

技术动作分析：以左手为例，球拉起近身体，拍球落点身体侧前。重心稍高，身体稍转向运球手。球弹起时，运球手臂要随球提拉，使球控制在胸腹的侧前位。

技术动作关键：运球与跑动脚步协调配合。

（3）体前不换手变向运球。具体如下：

技术动作分析：以右手为例，左脚向左前方上步，右手向左侧伴运（或运球）。左脚制动蹬回，右脚向右横跨，同时右手向右变向运球。左脚向右前方上步，右手运球于身体右侧。

体前变向运球主要应用在防守离得稍远时和行进间。

技术动作关键：脚步动作必须和身体姿态结合，并与运球和节奏协调配合。

（4）体前换手变向运球。具体如下：

技术动作分析：以右手换左手为例，右脚向右前方上步，右手向右侧伴运（或运球）。右脚制动蹬回，左脚向左横跨，同时右手向左变向运球。右脚向左前方上步，左手运球于身体左侧。

体前变向运球主要应用在防守离得稍远时和行进间。

技术动作关键：脚步动作必须和身体姿态结合，并与运球和节奏协调。

（5）后转身变向运球。具体如下：

技术动作分析：以右手为例，左脚向右前上步制动，同时右手运球于身体右侧。球弹起时以左脚为轴向右后转身，右手控球随身体转动，并将球拍在身体的左侧前方。

后转身运球主要应用在对手近身堵截时。

技术动作关键：上步运球，球起转身，手包在球的离心力方向。脚步动作和身体姿态与运球协调配合。

2. 运球基本练习方法

（1）原地变向低运球练习。

（2）原地变向运球完整练习和变奏练习。

（3）行进间直线和弧线运球（沿球场或 3 分线进行）。

（4）行进间曲线和折线运球（利用球场 3 个圆或另设绕标）。

（5）往返左右手运球（不同线路和距离，或听信号起停）。

（6）技术动作分解练习。

（四）投篮基本技术与练习

1. 投篮基本技术

（1）原地投篮。具体如下：

① 技术动作分析：以右手投篮为例，蹬腿、伸臂、拨腕、拨指将球投出。

持球基本姿势开始，右手投篮队员，右脚稍上前。投篮时下蹲举球。蹬腿、伸臂和伸展身体，举球至头侧上方。继续蹬伸，在将达到最高点时，伸臂、拨腕、拨指，连贯将球投出。球稍向后旋转。

② 技术动作关键：手臂伸与手腕拨的连贯协调。许多投篮技术问题发生在伸、拨衔接稍有脱节。

（2）原地跳投。具体如下：

① 技术动作分析：举球同时起跳、伸臂、拨腕、拨指将球投出。

持球基本姿势开始，右手投篮队员，右脚稍上前。举球同时起跳，举球至头前侧上方。在将达到最高点时，伸臂、拨腕、拨指，连贯将球投出。球稍向后旋转。

② 技术动作关键：举球起跳动作连贯，伸臂、拨腕、拨指衔接协调。

（3）跳停步投篮。具体如下：

① 技术动作分析：行进中收身跳起拿球，两脚稍前伸落地缓冲。举球同时起跳，举球至头前侧上方。在将要达到最高点时，伸臂、拨腕、拨指，连贯将球投出。球稍向后旋转。

② 技术动作关键：收身跳停步与起跳投篮的衔接，能起到助跳作用。举球同时起跳。

（4）跨停步投篮。具体如下：

① 技术动作分析：行进中进攻方向的内侧脚跃步前跨并拿球。后侧脚膝内扣转体，稍斜撑制动。举球同时起跳，举球至头前侧上方。在将要达到最高点时，伸臂、拨腕、拨指，连贯将球投出。球稍向后旋转。

② 技术动作关键：举球与起跳的协调，摆臂举球应起到助跳作用。

（5）行进间二步上篮。具体如下：

① 技术动作分析：以右手运球为例，大跨右步拿球，小步左步起跳，腾空后左手离球

侧前伸，右手托举球，在最高点时拨腕、拨指出手。小步左步起跳是为了加快起跳速度，将水平速度转换成向上的力，避免过分前冲。

②技术动作关键：举球与起跳的协调，摆臂举球应起到助跳作用。

2. 投篮基本练习方法

（1）原地投篮练习。

（2）原地跳投练习。

（3）停步投篮练习。

（4）行进间上篮练习。

（五）持球突破基本技术与练习

1. 持球突破基本技术

持球突破技术本身并不难，难点在与假动作的结合和突破时机的把握。

（1）平步持球突破（同侧步）。具体如下：

① 技术动作分析：以左脚中枢脚为例。身体左晃重心落在左脚。左脚蹬回，右脚向右前方上步，放球在身体右侧，左脚上步，右手运球向前。

注意不能远离防守绕行，这样防守者只要一步就可保持良好的防守位置，给突破造成困难。

②技术动作关键：跨右步同时放球，上步与身体姿态的结合。

（2）交叉步持球突破（异侧步）。具体如下：

① 技术动作分析：以左脚中枢脚为例。右脚右前跨步，身体右晃，重心落在右脚上。右脚蹬回，重心落在左脚。身体左转，右肩在前，右脚向左前方上步放球在身体左侧。左手运球，左脚上步向前。

②技术动作关键：跨右步交叉同时放球，上步与身体姿态的结合。

2. 持球突破基本练习方法

（1）单个技术动作练习。

（2）技术动作组合练习。

（六）个人防守基本技术与练习

1. 个人防守基本技术

（1）防守的基本姿势与步伐。具体如下：

① 基本姿势：两脚左右分开，一脚稍前，屈膝，重心在两脚之间。上体挺胸塌腰。一脚稍前比两脚平行站立更稳定，在突然后撤或向前时易于发力而不需调整。

②滑步：移动时先向移动方向蹬跨，跨步脚紧贴地面，另一脚蹬地紧贴地面并步。

③后撤步：第一步蹬跨后撤要跨步完成，紧接滑步动作。

（2）防有球队员的选位与基本动作。具体如下：

① 选位：防有球队员的选位通常要求保持在持球人与球篮的直线上。特殊情况有时是偏右或偏左的侧防，以配合整体防守战术的要求，或限制对手的习惯动作。

②技术动作关键：干扰和封阻有球对手投篮，堵截对手的突破，防止对方突破自己的防守，然后封堵对手向自己的身后传球，同时还要根据进攻队员的技术特点与球篮的距

离、位置等，运用各种步法抢占有利位置，控制对手的主攻目标。

（3）防无球队员的选位与基本动作。具体如下：

① 选位：一般选择在球、对手、球篮三点的夹角中间，并根据对手离球和球篮的远近不断调整与防守对象的距离。

② 技术动作关键：快速移动中身体姿态和重心的稳定，人和球兼顾。

2. 个人防守基本练习方法

（1）防守基本姿势与移动步伐练习。

（2）动作的组合练习。

三、篮球战术

（一）篮球基础战术配合

篮球基础战术配合是指队员在进攻或防守时两三人之间有组织、有目的的协同行动，可分为进攻基础配合和防守基础配合。它是全队战术的基础，能否熟练掌握篮球基础战术配合直接关系到全队战术的质量高低。

1. 进攻基础配合

进攻基础配合是指队员在进攻时两三人之间有组织、有目的的协同行动，它包括传切配合、策应配合、突分配合、掩护配合、挡拆配合和快攻配合。

（1）传切配合。传切配合包括摆脱切入和助攻传球的配合。在配合过程中，切入队员的动作要突然，要及时利用速度和假动作摆脱防守。传球队员则要有攻击性，能够以投篮或突破动作吸引防守队员的注意力，以便及时、准确地用不同的传球方式，从防守空隙中，将球传给切入的同伴。

（2）策应配合。策应配合是指进攻队员背对篮框或侧对篮框接球，由他做枢纽，与同伴相配合而形成一种里应外合的配合方法。

（3）突分配合。进攻队员持球或运球突破，遇到对方协防时，及时将球传给插入防守空隙地带的同伴，这种突破中传球和跑位接应的配合叫突分配合。

（4）掩护配合。掩护是进攻队员利用合理的技术动作，用身体挡住同伴的防守队员，使同伴摆脱防守的一种有效的进攻配合。掩护根据掩护者挡的不同位置分为前掩护、侧掩护、后掩护。根据被掩护者的状况分为有球掩护和无球掩护。进攻队员也可以将自己防守队员带入掩护位置，借助站在原地的同伴的身体做掩护以摆脱对手。

（5）挡拆配合。挡拆配合是在掩护配合因防守的交换而无所作为的状况下发展起来的，挡拆配合是利用掩护时对手交换防守的时机，迅速拆开和抢占有利位置的配合。有球挡拆和无球挡拆配合是目前基层和高水平篮球比赛中最常见的基本战术配合。

（6）快攻配合。快攻是由防守转入进攻时以最快的速度、最短的时间，在人数上造成以多打少的优势或在人数相等以及人数少于对方的情况下，趁对方立足未稳，果断而合理地进行快速进攻的配合。

快速是当前篮球运动的一个显著特点，是比赛中一个锐利武器。当前，快攻的主要特点是：参与快攻的人数多，一传距离增长、方式增多，常有两人以上进行机动接应，传球次数减少，反击速度加快，以有层次的分散快下为主、三线推进为辅，快攻结束时加强跟进和运用中距离跳投。

2. 防守基础配合

防守基础战术配合是指队员在防守时两三人之间有组织、有目的的协同行动，它包括穿过（挤过）配合、换防配合、协防配合（补防、夹击）和防守快攻。

（1）穿过配合。穿过，即在对手运用掩护配合时，我方可运用穿过配合及时防守住对手。穿过配合最重要的一点是，当两个做掩护配合的进攻队员交错时，防守掩护者的队员要主动后撤一步，让同伴能及时从中穿过，继续防住他的对手。

（2）换防配合。在防守配合中，如果能够熟练自如地运用换防，不仅能及时破坏对方的进攻配合，弥补防守漏洞，而且能在判断对方的掩护进攻意图时抢断球。特别是在对方横向移动时，应多用换防；当对方纵向移动运用后掩护时，则应尽量少换防或不换防。换防的关键是两个防守队员的默契，在对方掩护时，防守掩护者的队员要及时通知同伴，并紧跟自己对手，当对方切入时，突然换防。

（3）协防配合。在防守中，邻近的两三个队员要积极协作，抓住对方的主要得分点，采用关门、夹击、补防等方式变被动为主动，为反击创造条件。

① 补防：当防守队员失去位置，进攻队员持球突破，有直接得分可能时，临近的防守队员必须立即放弃自己的对手进行补防。补防时，动作要迅速、果断，其他防守队员也要注意观察突破队员的分球意图，以便及时抢占有利位置争夺断球。

② 夹击：当对方向边角运球或在边角停球时，邻近的防守队员突然上前封堵传球角度，限制持球队员的正常传球和活动范围，并组织断球，造成对方失误或违例的一种协作防守方式。

夹击防守要注意选择合适的夹击区域，如边线、边角、边线和中线的夹角区域；要尽量挥动双臂封堵其传球路线，不要因为急于抢球而造成不必要的犯规；其他队员要迅速补位，将强侧进攻队员防住，果断放掉弱侧对手。

（4）防守快攻。现代篮球运动继续向着高速度发展，队员的快攻意识强，快攻得分所占比重增大。因此，提高攻守转换的意识和速度，不给对手快攻留有可乘之机，已成为防守战术的重要组成部分。防守快攻首先要贯彻积极防御的指导思想，进攻战术配合就要考虑攻守平衡，减少失误，提高进攻的成功率。其次，要积极拼抢前场篮板球和篮板球后的就地封、堵和退防。最后，强调积极追防和掌握必要的以少防多的配合方法。

① 封堵第一传和接应队员。有组织地积极封堵快攻第一传和阻截接应，是防止快攻的关键。延缓对方快攻的发动，以便本方有效地防守。

② 由攻转防时，组织前场"领防"。

③ 防长传偷袭快攻。

④ 以少防多的方法。具体如下：

一防二：当出现一防二的情况时，防守队员应根据两个进攻队员的位置，注意判断对方的行动意图。

二防三：当出现二防三的局面时，防守队员最好采用斜线站位队形，这样便于互相补防。斜线站位兼有横站位和重叠站位的优点，进攻队员不易从中间突破，而本方的移动距离可以缩短。防守时尽量不让对手有近距离投篮机会，迫使对方传球出错。争取时间，使同伴能迅速退回防守。

以少防多，要注意保护篮下，选择有利的防守区域和退守路线，及时调整防守位置，人球兼顾，利用假动作干扰对手，随时准备向对方出击。

（二）篮球全队战术配合

1. 半场进攻战术配合

（1）半场进攻战术的基本要求和阵形特点。具体如下：

① 组织半场进攻战术的基本要求。

第一，根据本队队员的身体条件和技术特点，组织实施全队战术，扬己之长，攻彼之短。

第二，由快攻转入阵地进攻时，落位要迅速，保持队形。通过人和球的移动，调动防守，捕捉战机，连续进攻。

第三，运用穿插、空切、突分、掩护等配合，破坏对方的防守配合，加重其局部防守的负担，形成以多打少。

第四，内、外线进攻相结合，全队配合与个人攻击相结合，针对不同的防守形式，攻其薄弱环节，不断提高战术质量。

提高中、远距离投篮命中率，积极组织冲抢篮板球，保持攻守平衡。

② 半场进攻战术的阵形和特点。阵地进攻中，要根据本队条件和防守的特点，以及选择的战术来确定进攻的队形，无论进攻半场人盯人防守还是进攻半场区域联防，都要充分利用传切、掩护、突分和策应等基础配合，打乱对方的集体防守，并结合个人的攻击能力，创造得分机会。

（2）进攻区域联防基本要求。具体如下：

① 利用各种机会，快速推进和穿插，争取趁对手立足未稳打乱对手阵型。

② 根据对手联防形式，采用相应的落位。例如：对手是"2-1-2"联防，可采用"1-3-1"进攻落位；对手"2-3"联防，则可采用"3-2"进攻阵型。

③ 通过人和球转移，调动防守，瞬间形成某一区域的以多打少。

④ 内外结合，内线队员强（佯）打，外传进攻。外线进攻拉开防守后，一定要不失时机地向内线供球和切入。

⑤ 组织好前场篮板球，争取二次进攻机会，并注意保持攻守平衡，及时退守。

（3）进攻半场人盯人防守的基本要求。具体如下：

① 进入前场时要迅速落位。

② 战术配合要看时机依次行动，不要一块动，以免相互干扰

③ 同伴进攻和配合时，要注意调整位置，不要影响同伴行动，并及时跑空接应。

④ 要内外结合，注意攻击范围，不要越打越小。

⑤ 战术配合要与个人机动进攻相结合。

2. 半场防守战术配合

（1）区域联防。

①区域联防基本要求。具体如下：

区域联防是每个队员负责防守某一区域，严密防守进入该区域的球和进攻队员，并与同伴协同配合，用一定的队形把每个区域都有机地联系起来的一种集体防守战术。

区域联防的基本要求：以球为主，人、球、区兼顾，伸缩协同，一动全动。

②区域联防基本形式与方法。具体如下：

a. "2-1-2" 联防是最常见的防守方法，它的三角结构有效地保护了篮下、篮板球，也有利于防对手突破。它的弱点是不易防守两侧外线前锋与后卫衔接处。

"2-1-2" 联防的基本方法是：两前锋协同移动与伸缩，中锋随球保持在强侧位，两后卫有球一侧绕出，无球一侧绕入跟进，要协同一致。

b. "2-3" 联防主要针对对手 "3-2" 进攻形式和两场角处攻击力较强时而采用的联防形式。"2-3" 防守队形，有利于争夺篮板球和对付擅长篮下进攻的队。

"2-3" 联防的基本方法是：两前锋协同移动与伸缩，中锋随球保持在有球一侧，两后卫有球一侧绕出并扩大控制范围，无球一侧绕入保护篮下，要协同一致。

c. "3-2" 联防主要针对对手 "2-3" 进攻形式或对方两侧前锋投篮较好而篮下进攻力不强所采用的联防形式。可以破坏对方的外围进攻，创造抢球、打球、断球反攻机会。

"3-2" 联防的基本方法是：三外线队员协同移动与伸缩。当对手在场角处接球，有球侧内线队员绕出时，无球侧队员要补位到有球侧篮下，远离球侧外线队员要补防篮下。

d. "1-3-1" 联防主要针对对手 "1-3-1" 进攻形式或中锋高位策应且两侧前锋攻击较强而采用的联防形式。

"1-3-1" 联防基本方法是：顶头队员严密控制对手控球后卫。篮下防守要有较强的防守意识与能力，既要防篮下队员，也要补防两侧场角。当篮下防守补防场角时，弱侧外线队员要后缩协防篮下。

e. "1-2-2" 联防主要针对对手 "2-2-1" 进攻形式或双中锋篮下进攻而采用的联防形式。它的落位队形近似 "3-2" 联防，只是中间防守者略微突前。

"1-2-2" 联防基本方法是：顶头队员控制对手组织后卫。当对手前锋对角跑位时防守队员要跟防至篮下，当篮下有球侧队员绕出，篮下无球侧队员要补位，跟防至篮下的队员协防弱侧篮下。

从上述区域联防的形式来看，每种联防方式都有一定的防守薄弱区域，因此，联防形式的采用要有一定的针对性。同时，联防的战术方法也非常重要，好的方法可以弥补一些形式上的不足。球员既要有区域分工，又要在某些特定的情况下暂时放弃没有威胁的局部区域，以集中优势兵力防守进攻队员在危险区的进攻。

（2）半场人盯人防守。人盯人防守即防守队员紧随自己防守对象，积极阻挠对手移动、传接球、运球和投篮的战术，同时同伴间要积极协作，是一种分工协作的集体防守。

人盯人防守的基本要求：以人为主，人、球、篮兼顾。

【思考题】

1. 简述传接球教学的步骤与训练要点。

2. 简析原地单手肩上投篮技术的动作环节。

3. 如何防守快攻?

4. 区域联防的防守原则是什么?简述"2-1-2"联防的优势与弱点。

第三节 篮球运动欣赏

一、篮球竞赛规则

详见中国篮协最新审定的《篮球规则》。

二、国际著名篮球赛事

(一)奥运会

1936 年柏林奥运会上,男子篮球比赛被列为比赛项目;1976 年蒙特利尔奥运会上,女子篮球被正式纳入比赛项目。2020 年东京奥运会上,半场 3 对 3 被列为比赛项目。

(二)世界杯(世锦赛)

世界杯(世锦赛)是国际篮球联合会举办的国际性篮球赛事。男子篮球锦标赛从 1950 年开始,女子篮球锦标赛从 1953 年开始,男、女比赛分别举行。1986 年起,男子和女子比赛都在同一年举行,每 4 年举行 1 届。2012 年 1 月 28 日,国际篮联正式宣布,世界篮球锦标赛更名为篮球世界杯。2014 年,第一届男篮世界杯在西班牙举行,美国夺冠;2018 年,第一届女篮世界杯在西班牙举行,美国夺冠。

(三)美国职业篮球联赛(NBA)

NBA 是世界上水平最高的篮球联赛,是美国四大职业体育联赛之一。

三、国内赛事

(一)全运会

1959 年第一届全运会上,男、女篮球被列为比赛项目;2017 年第十三届全运会上,半场 3 对 3 被列为比赛项目。

(二)职业联赛

CBA 中国男子篮球职业联赛、WCBA 中国女子篮球甲级联赛,是中国等级水平最高的篮球联赛,由中国篮协举办跨年度主客场制的联赛。

(三)中国大学生篮球联赛(CUBAL)

中国大学生篮球联赛,是中国大学生体育协会主办的高校间篮球联赛。联赛始于 1998 年,是中国体育史上第一个采取社会化、产业化运作模式的大学生篮球联赛。中国大学生篮球联赛深刻地影响着中国篮球改革和发展的方向、模式,为全面实施素质教育、加强校园文化建设提供了强大的平台和载体。

【思考题】

1.国际著名篮球赛事有哪些?

2.国内赛事有哪些?

3.你最喜欢的篮球运动员是谁? 为什么?

4.观看一场经典的篮球赛。

第六章　排　球

球场上的强硬和坚韧，不是和对手近身肉搏，而是能在被打败后，站起来以更强硬的姿态予以反击。

——泰森·钱德勒

排球是球类运动项目之一，起源于美国，经过多年发展，现已普及至全球各地。自1964年东京奥运会起，排球成为夏季奥林匹克运动会的竞赛项目。

【本章思政点】

曾有一段时间，中国女排堕入低谷，人们都认为"女排精神"已经随着时代的更迭而烟消云散，但是郎平带领着这支稚嫩的球队用一枚沉甸甸的金牌证明："中国女排精神"永不会消失。2016年里约热内卢奥运会女子排球决赛中，小组赛2胜3负的战绩险些让她们提前告别里约。淘汰赛第一轮，她们就遇到了东道主巴西队，中国女排在不被看好的情况下上演了神奇的逆袭，3∶2击败巴西队。半决赛对阵荷兰，曾经在小组赛中被对手逆转的中国姑娘们不再惧怕，3∶1的比分让所有人都不敢再轻视这支年轻的队伍。在决赛中，中国队以3∶1战胜塞尔维亚队获得奥运会金牌。

尽管成绩有起伏，但团结协作、顽强拼搏的"女排精神"始终代代相传，极大地激发了中国人的自豪、自尊和自信，为我们在新征程上奋进提供了强大的精神力量。

第一节　排球运动概述

一、排球运动起源

排球运动始于19世纪末的美国。1895年，美国马萨诸塞州霍利奥克市基督教男子青年会体育干事威廉·摩根（Willian Morgan）认为当时流行的篮球运动过于激烈，于是他在体育馆内挂上网球网，用篮球隔网来回打。打法上采用网球和手球的一些技术，规则类似棒球，经过千百次的改进，一种比较温和的、老少皆宜的室内游戏由此产生。1896年，美国普林菲尔德市立学校的艾特哈尔斯戴特博士把摩根游戏起名为"volleyball"，并沿用至今。

二、世界排球运动发展历程

（一）排球运动普及

1900年，排球第一次传入加拿大，同年通过基督教青年会传入印度，1905年传入中国并在亚洲推广开来，亚洲最早的排球比赛在1913年的菲律宾马尼拉举行。第一次世界大战期间和战后的几年中，排球随着美国军队的军事活动传到了欧洲大陆和地中海沿岸。

1947 年，世界性排球运动组织国际排球联合会（FIVB）成立，并于 1949 年在布拉格举办了第一届世界男子排球锦标赛，由此世界性的排球比赛在统一的规则限制下进行。

（二）排球的衍生与发展

1964 年，排球被列为奥运会正式比赛项目。在排球运动的发展过程中，衍生了一些以娱乐为主的另类排球类型，如沙滩排球、软排球、气排球等。沙滩排球于 20 世纪 20 年代初在美国加利福尼亚州圣莫尼卡海滩兴起。在 1930 年，圣莫尼卡举行了第一场双人配合的沙滩排球赛，这种阵形成为现在最普遍的打法。1996 年，沙滩排球首次成为奥运会的比赛项目，并以其独特的魅力备受球迷和体育爱好者的喜爱，被誉为"21 世纪最杰出的运动项目之一"。

（三）排球的职业化和商业化

20 世纪 90 年代以来，竞技排球朝着职业化、商业化和大众化的方向发展。职业化是排球运动的发展趋势，高额奖金促使比赛更加精彩，而紧张激烈的对抗更能吸引观众，又能创造更大的经济效益。意大利率先推行职业化和俱乐部制度，法国、德国、比利时、荷兰、瑞典等国家的职业排球也开展得十分活跃。职业化和俱乐部制度吸引了大批优秀选手投身竞技排球，大大提高了排球比赛的激烈精彩程度，提高了排球运动的吸引力。传播媒体的介入，促使排球运动的商业化趋势日益增强，沙滩排球比赛职业化、商业化就是率先走向市场的范例。娱乐排球的盛行，使排球发展成为世界上最主要的运动项目之一。排球运动的竞赛形式越来越多样化，大众化趋势日益明显。

三、中国排球运动的发展

1905 年，排球运动传入我国的广东等地。最早的比赛是 16 人制，分 4 排站位，每排 4 人，故称排球，当时主要在广州、上海、香港等一些大城市开展。我国于 1954 年 1 月成为国际排球联合会正式会员。1956 年，我国第一次派队参加在巴黎举行的世界排球锦标赛，女排获得第 6 名，男排获得第 9 名。20 世纪 60 年代初，国家体委强调培养艰苦顽强的训练作风，1964 年提出"三从一大"（从难、从严、从实践出发，进行大运动量训练）的原则，提出基本技术是战术和作风的基础，基本技术训练要"全面、熟练、准确、实用"。这一时期，我国排球运动发展很快，坚持了快速多变的发展方向，重视和加强了防守反击能力的训练。不但掌握了勾手发飘球、垫球、滚动救球的技术，而且创造了"盖帽式"拦网和平拉开扣球的新技术。排球队在参加国际比赛中的成绩令人欣喜，这也意味着我国的排球运动已接近世界水平。

1966 年开始的"文化大革命"，使我国排球运动的发展受到严重影响，一大批有志攀登世界高峰的优秀选手不得不离开球场。

1976 年，国家男、女排球队重新组建。经过严格训练，男队在总结过去经验的基础上，在技术革新方面有较大的突破，创造了"背飞""拉三""拉四"等空间差、时间差、位置差的新技术和新战术。在 1979 年亚洲锦标赛和 1981 年世界杯亚洲预选赛中，我国男、女排双获冠军，奏出一曲"冲出亚洲、走向世界"的凯歌。进入 20 世纪 80 年代，我国女排坚持高标准、严要求的训练，树立了良好的训练作风和团结拼搏的精神。在技术全面的基础上，坚持和发展了我国快速多变的进攻战术和全攻全守的先进打法。在1981年第3届世界杯赛中，七战七胜，首次荣获世界冠军。之后，又连续在1982年第9届世界锦标赛、1984年第23届奥运会、1985年第4届世界杯赛、1986年第10届世界锦标赛夺取桂冠，赢得了世界女排"五连冠"的殊荣，为祖国争得了荣誉，打出了与时代发展内涵相符的女排精神。彼时正值改革开放初期，女排精神激励着全国各族人民在改革开放中勇于实践、开拓创新、锐意进取，为中华民族的腾飞而拼搏。

时隔17年，2003年11月中国女排获得世界杯女排赛冠军。2004年8月获得雅典奥运会冠军，2016年8月获得里约热内卢奥运会冠军，2019年获得女排世界杯冠军。

2021年9月，中国共产党中央委员会批准了中央宣传部将女排精神纳入中国共产党人精神谱系第一批伟大精神，定义为"祖国至上、团结协作、顽强拼搏、永不言败"。中国女排的影响力早已超越体育本身的意义，中国女排不仅是时代的集体记忆，更是激励国人继续奋斗、自强不息的精神符号。

中国女排"祖国至上、团结协作、顽强拼搏、永不言败"的奋斗精神，很好地诠释了奥林匹克精神和中华体育精神，不仅激励了全国人民，振奋了民族精神，而且在国际舞台上较好地展示了国家文化软实力，具有鲜明的时代感和震撼力。弘扬新时代的女排精神就是传承和发扬中华体育精神。

【思考题】

1.排球起源于哪个国家？何时传入中国？

2.我国排球运动经过了哪几个阶段？

3.请阐释"女排精神"。

第二节　排球运动实践

一、场地与器材

（一）比赛场地

排球比赛场地包括比赛场区和无障碍区，比赛场区为长18米、宽9米的长方形。其四周至少有3米宽的无障碍区。比赛场区上空的无障碍空间为：从地面量起至少高7米，其间不得有任何障碍物。

所有的界线宽5厘米，颜色应区别于地面和其他项目画线的颜色。两条边线和两条端线划定了比赛场区。边线和端线都包括在比赛场区的面积之内。中线在网下连接两条边线的中点。中线的中心线将比赛场区分为长9米、宽9米的两个相等的场区。每个场区各画一条距离中线中心线3米的进攻线（其宽度包括在内）。中线与进攻线之间为前场区。前场区被认为是向边线外无限延伸的。

发球区宽9米，位置在端线后（不包括端线）。两条端线后各画一条长15厘米、垂直并距离端线20厘米的短线，两条短线之间的区域为发球区，短线宽度包括在发球区之内。

发球区的深度延至无障碍区的终端。具体如图 6-1 所示。

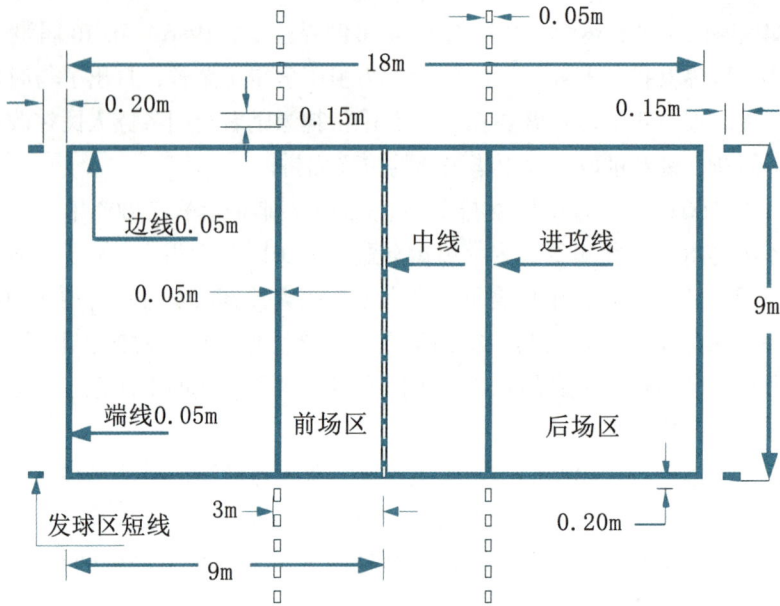

图 6-1　排球场地示意

（二）比赛器材

1. 球网网柱

球网架设在中线上空，高度为男子 2.43 米，女子 2.24 米。球网的高度应用量尺从场地中间丈量，球网两端（边线上空）的高度必须相等，并不得超过规定网高 2 厘米。球网为黑色，长 9.50 米，宽 1 米，网眼直径 10 厘米。球网下沿用绳索穿起并拉紧，固定在网柱上。

2. 标志带

两条宽 5 厘米、长 1 米的白色带子为标志带，分别系在球网两端，垂直于边线。标志带被认为是球网的一部分。

3. 标志杆

标志杆是两根有韧性的杆子，长 1.80 米，直径 10 毫米，由玻璃纤维或类似质料制成。两根标志杆分别设置在标志带外沿球网的不同两侧。标志杆高出球网 80 厘米。高出部分每 10 厘米应涂有明显对比的颜色，最好为红白相间。标志杆被认为是球网的一部分，并视为过网区的边界（见图 6-2）。

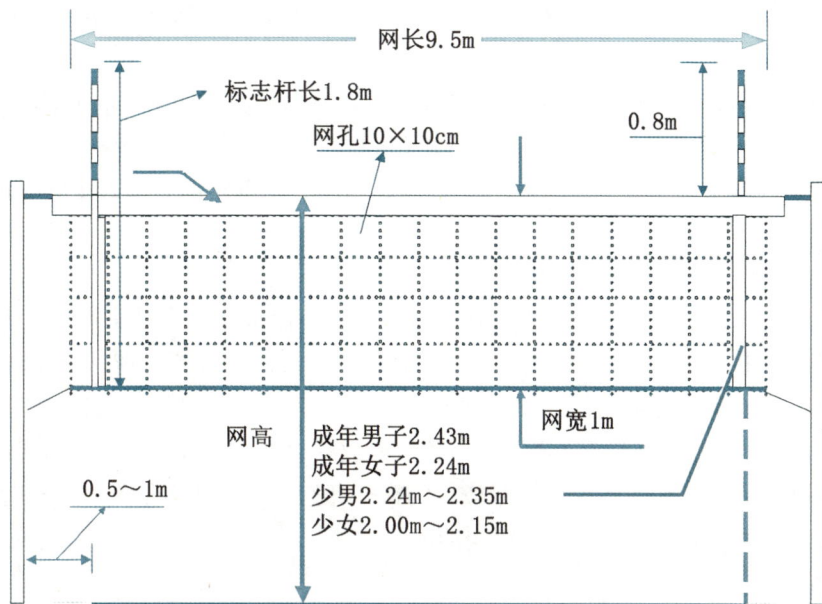

图 6-2 球网和网柱示意

二、排球基本技术

排球的技术主要有六大类：准备姿势和移动、垫球、传球、发球、扣球、拦网。

（一）准备姿势和移动

1. 准备姿势

准备姿势的动作要领：两脚左右开立，略宽于肩，一脚稍前，两脚尖适当内收，脚跟稍提起，膝关节保持一定弯曲度，上体前倾，重心靠前，膝部的垂直线应在脚尖前面。两臂放松，自然弯曲，双手置于腹前。目视来球，两脚保持移动待发状态。

2. 移动

在现代排球中，移动是完成其他技术动作的基础。正确的移动可以保持人与球的合理位置，便于击球，并迅速占据场上有利位置。排球比赛中的移动多数是短距离的，两三步的移动比较多。从技术动作来说，主要是启动和制动两个环节，距离稍长的，还包括途中步伐和频率。

（1）滑步。滑步用于距离较近、弧度较高的来球。向左方移动时，左脚先向左迈一步，右脚迅速跟上，保持好准备姿势。滑步在传球、垫球、拦网时采用较多。

（2）交叉步。交叉步用于来球较近的情况，向左方移动时，右脚从左脚前向左迈出一步，左脚迅速向左跨出落在右脚前面，侧移时上体稍向前转向，结束时上体再回转，移动完后上体转回，保持击球前的准备姿势。交叉步在防守、一传、拦网时采用较多。

（3）跑步。跑步在离球远时采用，跑步就是平时的跑步技术动作。

（4）跨步。跨步动作用于来球较低的情况，向移动方向跨出一大步，深屈膝，上体前倾。跨步可向前、侧、侧前各方向运动，也可以过渡到倒地动作。

无论采用哪种技术动作，都要快起、快停，击球前手臂稳定对准球，保持有利击球位置。

重点：各种移动方法的实质是快速启动和急停，所以必须加强身体素质的练习。

（二）垫球

垫球技术分为正面垫球、侧面垫球、背垫、挡球、滚翻垫球、前扑垫球、侧倒垫球、鱼跃垫球等。

1. 正面双手垫球

正面双手垫球是垫球的基础技术动作，调整位置迎接来球，一只腿向前自然跨出，成半蹲状，双臂合拢，双手重叠置于前方，双掌自然放松，用臂部击球，击球动作应采用抬臂、提腰、蹬地全身协调动作，使身体重心向上方移动。触球部位尽量保持在前臂腕关节以上 10 厘米，桡骨内侧平面。击球中肩关节要放松，防止挺腹动作，两手臂防止弯曲，要给球以缓冲的力量。初学者要从力量较轻的来球开始练习。垫力量大的来球时，要采用含胸动作，手随球屈肘后适当放松，以缓冲球的力量。

2. 侧面双手垫球

一般用于身体来不及移动到最佳位置时使用，在接追胸球时，也可用侧面双手垫球。侧面垫球扩大了防守面积，但不利于控制方向。当球向右侧飞来时，左脚蹬地，跨右脚，重心右移，两臂夹紧向右伸出，利用向左转腰、提右肩和左肩向下倾斜的动作，配合两臂自右后方，向前截住球飞行的路线，用两臂垫球的后下部。接追胸球应先做后撤步，再做其他动作。

3. 背垫

主要用于远距离救球，移动到落点时，背对击球方向，两臂靠拢伸直，击球点高于肩部。击球时要抬头挺胸，展腹后仰，直臂向后上方抬起。

4. 垫球练习方法

（1）初学阶段。具体如下：

① 原地做徒手模仿垫球动作练习。

② 垫固定球。两人一组，一人持球于腹前，另一人用垫球动作击球，体会击球动作。

③ 垫抛球。两人一组，一人抛球，一人垫球。

④ 移动垫球。两人一组，一人抛球，一人向前、后、左、右移动垫球。

⑤ 自垫高、低球，体会抬臂动作。

⑥ 对墙连续垫球。

⑦ 两人对垫。相距 4 ～ 5 米。

⑧ 三人一组，三角连续垫球。

⑨ 两人相距 7 ～ 8 米，一人发球，一人垫球。

⑩ 两人相距 5 ～ 6 米，一人扣球，一人垫球。

（2）巩固提高技术练习。具体如下：

① 两人一组，一人向各个方向交替抛两个球，一人移动垫球。

② 三人一组，跑动连续垫球。

③ 四人一组，三角跑动垫球。

④ 单人连续防多球。

⑤ 两人或三人后排连续防多球。

⑥ 垫击从对方抛来的球。

⑦ 垫击从对方发来的球。

⑧ 垫扣球。

⑨ 移动垫扣球。

⑩ 垫击对方高台上扣过来的球。

（3）在接近比赛的条件下提高垫球技术。具体如下：

① 三人一组接发球练习。

② 三人一组接发球、调整传球练习。

③ "中一二" 接发球及其进攻。

④ "边一二" 接发球及其进攻。

⑤ 接发球及其插上进攻。

⑥ 三人垫、调整传球、扣球练习。

⑦ 接扣球后再接吊球。

⑧ 三人一组，后排专位防守。教练员在网前打吊结合，后排三人防守。

⑨ 三人防全场的练习。教练员向不同位置抛、扣、吊球，队员快速移动将球防起。

⑩ 防对方扣球练习。对方在不同位置进攻，本方三人后排防守。

重点：垫球时要加强预判，学会全身协调用力，进行移动中垫球和变向垫球是主要的练习手段。

（三）传球

传球分为正面双手传球、侧传、二传、背传等。

1. 正面双手传球

正面双手传球是排球中最基本的传球技术，初学者应花时间反复练习正面双手传球技术，以打好基础。动作要领：两脚左右开立，约与肩同宽，一脚稍前，后脚跟略提起，两膝微屈，重心落于两脚之间略偏前脚。上体微向前倾，两臂放松，抬头注视来球方向。两臂屈肘抬起，手在头部前方。两肘自然下垂，手腕稍向后仰，以稍大于半球形的手形去迎球。两手自然张开成半球形，两拇指相对成一字形，用拇指内侧、食指全部、中指二、三关节触球，无名指和小指在两侧辅助控制传球方向。击球点在额前上方一球距离处。击球时，依靠全脚蹬地、手腕的力量及手指弹拨将球送出。击球后，手腕由于用力后的惯性而向前随球前屈。

2. 侧传

侧传时双手击球高度不同，用力不同，一般用作接来不及正面传球的球及战术运用的传球，难度较大，初学者在掌握正面双手传球技术后可进行练习。

3. 二传

二传技术是供扣球等进攻战术使用的传球，主要特点是来球与传球的方向不同。二传是所有传球技术动作练习的目的。二传的动作要领与基本的传球动作相同，但在传球前身体不要正对来球，而应尽力正对传球的方向。二传应传出各种高低、速度、远近的球，供战术需要。二传是由守转攻的开始，传球对于进攻的质量非常重要。

4. 传球练习方法

（1）初学阶段。具体如下：

① 原地做徒手模仿传球技术，领悟动作过程。

② 自传球。一人一球，在头额上面做自传球。

③ 传固定球。两人一组，一人按传球手形持球于额前，另一人用手压住球，传球者按传球用力方向，向前上方伸展，体会传球手形和身体的协调用力。

④ 近距离对墙传球。两人一组。传球的距离要逐渐加长，体会腿蹬地的用力动作。

⑤ 两人一组，自传一次再传给对方。

⑥ 传抛来的球。两人一组，一人抛球，一人传球。要求抛球人尽量把球抛准，距离可由近至远。

⑦ 移动传球。两人一组，一人抛球，一人前、后、左、右移动传球。

⑧ 两人对传。相距约5米，要求传球有一定弧线，随时准备移动，对准来球。

⑨ 三人一组，三角传球。

⑩ 四人一组，四角传球。

（2）巩固提高技术练习。具体如下：

① 在网前沿网移动自传球。

② 两人一组，平行移动互传球。

③ 两人一组，一人用两个球向对方左右抛球，传球人移动后将球传给抛球人。

④ 四人三角移动传球。

⑤ 结合球网和球场进行三角传球。

⑥ 在中场向各个位置传各种角度的球。

（3）在接近比赛的条件下提高传球技术。具体如下：

① 接抛球一传、二传结合练习。

② 接发球一传、二传结合练习。

③ 接扣球一传、二传结合练习。

④ 拦网后，转身传后排垫起的球。

⑤ 结合本队战术各种球。

重点：手型是传球的重要技术环节，也是传球训练的难点，首先要练习好手型。在掌握了基本的传球技术后，进行移动中传球和变方向传球练习是非常重要的训练方法。

（四）发球

排球发球技术分为下手发球、上手飘球、上手大力发球、侧面下手发球、勾手大力发球、勾手飘球、高吊球、跳发球等。无论哪种发球技术，动作都包括准备姿势、抛球、挥臂、击球这4个环节。下面主要介绍下手发球、上手飘球、上手大力发球、跳发球4种发球技术，以及发球练习方法。

1. 下手发球

球速慢、威胁小，比赛中很少使用，但动作比较简单。下手发球分为正面下手发球和侧面下手发球。一只手将球向上平稳抛起，另一只手摆臂向上将球击出。侧面下手发球相对较复杂些，球向侧面抛出，转体击球。击球部位一般有虎口、小臂、掌跟等。

2. 上手飘球

上手飘球易于控制方向，准确性高。发球时两脚自然开立，左脚向前（如果左手发球则方向相反），左手托球于体右前方。用抬臂和手掌的平托上送动作，将球平缓地垂直抛向右肩上侧，高度在头上方半米以内。在左手抛球同时，右臂屈肘后引，肘高于肩，上体稍向右转，挺胸、展腹。击球时利用蹬地、向左旋转和收腹的力量，带动手臂向前直线加速挥动，身体重心随之从右脚过渡到左脚。挥臂至头前上方时用手掌击球中后部，击球时手掌、手腕保持紧张，五指并拢，不要用手指击球。击球主要靠挥臂力量，用力突然短促，击球应通过球重心，使球不旋转。击球后手臂有突停动作，然后随球前移，迅速进场。

3. 上手大力发球

这种发球方式准确性高、易于控制落点，能充分利用转体、收腹动作，带动手臂加速摆动。运用手腕推压作用，使发出的球呈前下旋，不易出界。身材高大、臂部力量好的队员，适合这种发球方式。

动作要领：面对球网，两脚自然开立，左脚在前，左手托球于身前。用抬臂和手掌的平托上送，将球平稳地垂直抛向右肩的前上方，高度适中。在左手抛球同时，右臂抬起，屈肘后引与肩平，上体稍向右侧转动。在右肩前上方伸直手臂至最高点，用整个手掌击球中后部。击球时，手指自然张开与球吻合，触球瞬间手掌包满球，手腕迅速做出推压动作，使球呈前下旋飞行。击球后，随着重心前移，迅速回到场内。

4. 跳发球

跳发球就是在端线附近助跑起跳的大力上手发球，它是发球技术和远网扣球技术的结合，也是目前最常用的发球方式。这种发球方式球速快，力量大，弧度平，过网时间短，但跳发球技术难度大，需要运动员具有相当好的弹跳高度、爆发力，及正确的手法和良好的控制能力。

动作要领：平稳地将球向前上方抛出，一般采用两到三步的并步起跳，在空中利用身体的反弓形、转体、收腹动作，带动手臂加速摆动，手腕推压使球呈前下旋。击球动作基本和上手发球一致。

5. 发球练习方法

（1）不隔网或对墙的发球练习。两人相距10米左右，互相对发。要求做好完整的发球动作，注意抛球和挥臂击球的配合，击中球。

（2）近距离隔网的发球练习。两人一组，隔离网5～6米，互相对发。要求动作正确，用力不要过大，弧度适中。

（3）站在端线外发球过网。要求用力适当，击中球的部位要准确。

（4）站在端线后轮流发球。要求互相观察，注意抛球与挥臂击球之间的节奏，固定抛球高度和挥臂路线，发球离手后迅速入场做好防守准备姿势。

（5）规定任务发球练习。每人必须连续发若干好球，若中途失误，必须重新开始计数，要求动作正确，减少失误。

（6）找目标的发球练习。指定发到某一区，也可指定发斜线或直线球，不断提高控制球的能力。

重点：抛球高度与稳定性，击球与击球部位。

（五）扣球

扣球主要分为正面扣球、快球、吊球、轻打。

1. 正面扣球

正面扣球是最基本的扣球技术。正面扣球时，面对球网，便于观察，能根据对方拦网的情况，随时改变扣球的路线。正面扣球挥臂动作灵活协调、准确性高、便于控制落点、力量大。所以正面扣球是最有效的进攻战术之一，也是各种扣球技术的基础。

正面扣球技术要领如下。

（1）准备姿势。一般站在距离球网 3 米左右处，两臂自然下垂，稍蹲，脚步不要站死，眼睛注视来球，做好助跑起跳准备。

（2）助跑。球传出后开始助跑动作，助跑的最后一步正好赶上扣球的位置起跳。常用的起跳方法有并步法和跳步法。当踏脚着地瞬间，摆臂至身体侧后方并开始向前摆动，当两腿弯曲到最深时，手臂摆至体侧，而后随蹬直两腿划弧线上摆，两脚迅速扒地，双膝猛伸，向上跳起。

（3）空中击球。起跳后，挺胸展腹，上体稍向右转（左手扣球方向相反，下同），右臂向上方抬起，身体呈弓形。挥臂时，以迅速转体、收腹动作发力，依次连带肩、肘、腕各关节成鞭甩动作向前上方弧形挥动，在最高点将球击出。

（4）落地。身体自然下落，落地时前脚掌先着地，以缓冲冲击，同时避免触网。

2. 快球

快球具有时间短、速度快、突然性强的特点，与正面扣球配合使用，可以互相起到牵制作用。

打快球时，扣球队员在二传传球同时（或稍提前）开始助跑起跳，助跑距离短、节奏快，一般与球网成 45°，采用两步助跑比较多。上体和引臂动作较小，主要利用前臂和手腕加速甩动击球。在球向上传出时就开始挥臂，球出球网到适当高度时正好挥臂击球。传球的高度视扣球队员的高度而定，一般应充分发挥扣球手的高度为好。传出的球离二传近的是近体快球，绕到二传背后，通过背传进行快球进攻的叫背快球，而中国女排发明的背后单脚起跳快球，叫背飞。

3. 吊球

吊球是一项实用的技术，主要是用手指对球进行点拨击球，给球力量小，击球时间短，一般用于隐蔽性强的突然进攻，需要观察对方的站位不利的情况，以直线吊、斜线吊等方式吊入对方不能防守到的区域。

4. 轻打

轻打的基本动作和扣球一样，当发现对方拦网或对方防守空当时，击球的瞬间减力轻打，使球避开拦网落入对方空当。

5. 扣球练习方法

（1）在简单的条件下掌握技术。具体如下：

① 原地双脚起跳练习。要求两脚用力蹬地，两臂划弧摆动配合起跳，在空中扣球手臂抬起并后引成扣球前的动作，落地要双脚前脚掌着地，屈膝缓冲。

② 一步助跑起跳练习。要求手脚配合协调。

③ 网前助跑起跳。掌握助跑起跳步法。

④ 单手挥臂甩腕练习。体会鞭甩动作。

⑤ 两人一组，一人持球举至击球点位置，另一人挥臂击固定球。体会击球点和手形。

⑥ 网上扣固定球。体会网上扣球击球点和手形。

⑦ 对墙连续扣球。体会挥臂动作和击球手法。

⑧ 在网前自抛自扣过网。

⑨ 在4号位连续扣抛球。

⑩ 在4号位扣传球。

（2）在较复杂的条件下巩固技术。具体如下：

① 在4号位和2号位扣直线、斜线球。

② 在3号位扣抛球。要求用转体和转腕动作将球扣到场区两腰。

③ 在4号位和2号位扣抛来的调整球。

④ 结合一传、二传扣快球。

⑤ 扣对方抛过来的探头球。

⑥ 在对方单人拦网的情况下扣球。

⑦ 在对方双人拦网的情况下扣球。

⑧ 在网前4、3、2号位连续扣球。

⑨ 在3号位连续扣半快球。

⑩ 后排扣球练习。

（3）在接近比赛的条件下提高扣球技术。具体如下：

① 在5号位接起对方发过来的球，把球垫给二传手，再上步扣球。

② 在1号位接发球，把球垫给二传手，到2号位扣球。

③ 在4号位后撤防起对方4号位高台扣球，然后再上步扣球。

④ 拦网后，迅速后撤再上步扣球。

⑤ 在2号位扣球后，立即到网前准备拦网。

⑥ 在4号位扣球后，自我保护垫球。

⑦ 接发球后组织各种战术的扣球。

⑧ 防守后组织各种反攻的扣球。

⑨ 三对三或四对四的防守、调整、扣球练习。

⑩ 六对六攻防比赛。

重点：扣球的助跑起跳要连贯，起跳点和起跳时机要准确，击球手法要全掌包住球，挥臂动作要保持在最高点击球。

（六）拦网

拦网分为单人拦网和集体拦网。

1. 单人拦网

（1）准备姿势。面对球网，注视对方动向，两脚平行开立，约与肩同宽，两膝微屈，两手自然弯曲置于胸前，距中线 20～30 厘米。

（2）移动。并步移动、左右滑步移动、交叉步移动、跑步移动、转身与网平行跨步等技术都可能运用。移动到位后，根据对手起跳时间，择机侧身起跳，在空中转身面对球网。

（3）起跳。原地起跳时两脚用力蹬地，两臂在体侧划小弧度用力上摆，带动身体向上垂直起跳。移动起跳时注意移动后的制动，使身体正对球网或在空中转身面对球网。

（4）空中击球。起跳同时，两手从额前贴近并平行于球网向前上方伸出，两臂伸直，两肩尽量上提，两手自然张开成勺状，当手触球时，用力盖球的前上方。在对方击球后可以过网拦网，所以要尽可能把手伸过网，封堵对方的出球角度。

（5）落地。如球被拦回，可面向对方落地，屈膝缓冲；如未拦回，落地后要立即转身向着球移动的方向，准备接应救球。

2. 集体拦网

两人或三人的协同拦网称为集体拦网，目的在于扩大拦网面积，多数为双人拦网。

拦 4 号位或 2 号位扣球时，2 号位或 4 号位先取位，拦直线或中斜线，3 号位并过来拦中斜线或小斜线。拦 3 号位扣球时，3 号位先取位，2 号位或 4 号位并过来一人，两人平分拦主线和转体线。集体拦网队员间的距离、两人相邻手距要保持好，应尽量组成统一屏障。

3. 练习方法

（1）面对球网，做无球移动练习。

（2）原地起跳拦抛球。两人一组隔网站立，一人抛球，一人做拦网练习。

（3）拦后场抛球。练习方法同上，要求抛球者在场区稍后的位置抛球到网口上方。

（4）拦网判断练习。两人一组，隔网站立，要求抛球者在进攻线上手持球，运用扣球的助跑起跳在空中将球抛向对方，拦网者根据抛球者的助跑方向和抛球动作，判断抛球路线，然后起跳拦网。

重点：拦网的重点是判断，包括位置选择及起跳时机、集体拦网时的配合以及手型的掌握。单人拦网是拦网技术的基础，应首先练习。

三、排球基本战术

排球的进攻与防守，都包含着个人战术与集体战术。根据排球运动的特点，要求运动员在场上的一切技、战术行动，都必须以集体战术为依据，密切与全队配合，主动为同伴创造进攻机会或弥补防守漏洞，努力实现集体战术。在集体战术配合的基础上，充分发挥个人战术。当前的进攻战术正朝着高度加速度、强攻加快攻、力量加技巧、前沿加纵深的方向发展。具体表现在积极的跑动中，在交叉换位掩护中和突然变化中进行战术配合，组织近网高点强攻或远网进攻，利用前排进攻做掩护，组织后排进攻，形成一套前后排配套的立体进攻战术。而防守中主要是加强集体拦网，用后排保护的方法，通过有效拦网后组织攻防转换。转换过程中小球串联的质量是一支球队水平的体现。而防守后的反击是得分的主要手段。

（一）阵容配备

阵容配备是合理地使用本队队员的一种组织形式，基本形式有如下3种。

1. "四二"配备

由4名进攻队员（两名主攻队员与两名副攻队员）和2名二传队员组成，他们分别站在对角的位置上。这样每个轮次前后排都能保持有一名二传队员、两名进攻队员，便于组织和发挥本队的攻击力量。目前在水平一般的球队中，采用这种配备形式的较多。

2. "五一"配备

由5名进攻队员和1名二传队员组成。队员位置的站立与"四二"配备基本相同，只是一名二传队员作为接应二传主要承担进攻任务。这样可以加强拦网和进攻力量。接应二传也可弥补主要二传队员有时来不及传球所出现的被动局面。目前在水平较高的队中普遍采用这种配备形式。

3. "三三"配备

由3名进攻队员和3名二传队员组成，站立时，一名进攻队员间隔一名二传队员。目前采用这种配备形式的比较少，一般适于初学者和水平较低的球队。

不管是什么样的阵容搭配，都需要场上每一位运动员的团结配合。团队精神是一支球队的核心，协同合作、敢打敢拼是取得胜利的必要条件。只有团结一致，才能高度默契，从而实现灵活多变的战术。

（二）交换位置

1. 交换位置的目的

充分发挥每个队员的特长，扬长避短，专位分工。

2. 交换位置的方法

（1）前排队员之间的换位方法。具体如下：

① 为了便于组织进攻战术，把二传队员换到2号位或3号位。

② 为了加强进攻力量，把进攻力量强的队员换到便于扣球的位置上。

③ 为了加强拦网，抑制对方的重点进攻，把身材高大或弹跳力好及拦网能力强的队员换到3号位，或与对方主攻队员相对应的位置上。

（2）后排队员之间的换位方法。具体如下：

① 为了发挥个人特长，后排队员各自换到自己熟练的防守区进行专位防守。

② 根据临场情况，把防守能力强的队员换到防守任务较重的区域，把防守能力弱的队员换到防守任务较轻的区域。

（3）交换位置时应注意的事项。具体如下：

① 换位前的站位，既要防止"位置错误"犯规，又要考虑缩短换位距离。

② 当发球队员击球后，即开始换位，应力求迅速地换到预定位置，立即准备做下一个动作。

③ 换位时，队员之间要注意配合行动，防止互相干扰，做到互相弥补。

④ 换位后，当该球成死球时，应立即返回原位，各自做好下次接球或进攻的准备。

（三）排球进攻站位方法

排球进攻站位方法常用的有三种。

1."中一二"进攻站位

"中一二"进攻站位是指二传手站在前排3号位作二传，将球传给4、2号位队员进攻的组织形式，其比较适合水平较低的球队。"中一二"进攻阵形是进攻战术中最简单、最基本的战术形式。"中一二"进攻阵形的优点是一传向网中间3号位垫球比较容易，二传向2、4号位传球的距离较短，容易传准，有利于组成进攻，适合初学者采用。其缺点是战术变化少，只能两点进攻，战术意图容易被对方识破。

2."边一二"进攻站位

"边一二"进攻站位是指二传手站在前排2号位作二传，将球传给3、4号位队员进攻的组织形式，其相对应用于有一定水平的球队。其优点是右手扣球者在3或4号位扣球都比较顺手，战术变化也比较多。其缺点是对一传要求较高，尤其是当5号位队员向2号位垫球时，由于距离远、角度大，控制球难度较大。一传偏至4号位时，二传接应较困难。

3."后插上"进攻站位

"后插上"进攻站位指当"五一"配备的球队二传手轮换至后排时，一般采取二传手前插至前排把球传给4、3、2号队员进攻的组织形式。"后插上"进攻阵形的优点是能始终保持前排三点进攻，战术配合变化多，并能充分利用网的全长组织进攻。其缺点是对插上二传队员水平的要求较高。

（四）个人战术

1.发球战术

在比赛中，应根据个人的技术水平和特点以及比赛当时的心理状态，注意观察对方接发球的弱点，巧妙而有针对性地运用各种发球战术，从而取得较好的发球效果。

（1）发球找人，如把球发给对方接发球技术较差的队员或准备插上的队员。

（2）发球找点，如把球发到对方两个队员之间的空隙或对方空当区域。

（3）变化发球路线、距离、性能和方法，如交替运用不同距离、不同力量、不同性能的发球。

（4）在室外比赛时，可根据不同的风向、风速、阳光照射的方向等情况，发高吊球、飘球或旋转球。

2.扣球战术

扣球个人战术是扣球队员在比赛中，根据对方拦网和防守的情况，选择合理有效的扣球方法和路线，突破对方防守的有意识的行动。

（1）避开对方拦网的扣球，如运用扣球路线和力量的变化避开拦网或运用打手出界破坏对方拦网。

（2）根据临场情况采取的扣球战术，如将球扣向对方防守技术较差的队员，或对方场区空当，或防守薄弱的区域。

3. 防守战术

防守个人战术主要体现在防守队员能准确地判断来球，选择有利的位置，运用合理的击球动作，按战术要求将球防起。

（1）要根据对方二传的方向和落点，判断对方进攻点，及时移动取位，做好防守准备。当球离网近，本方队员来不及拦网时，可向前取位防守；当球离网远或虽离网近，但本方已有队员拦网时，可稍向后取位防守。

（2）要根据对方扣球队员的特点，采取相应的防守行动。如对方只扣不吊时，取位要靠后；如对方采用打吊结合时，取位要灵活；如对方扣球主要是斜线时，就应重点防斜线。

（3）要根据本方前排拦网的情况，主动配合和弥补。如前排拦网封住直线，则重点防斜线等。

（4）要根据比赛时的比分情况，注意分析对方扣球队员的心理活动，采取有效的防守措施。如当对方扣球队员连续扣球被拦时，可能采用吊球，防守应注意向前移动。

（五）集体战术

1. 进攻战术

进攻战术打法是指二传队员与扣球队员之间所组织的各种进攻配合，包括强攻、快攻和两次球进攻三种基本打法。每种打法中又有若干不同战术配合。而所有这些打法又都可以在"中一二"、"边一二"和"插上"三种进攻战术阵形中具体运用。

（1）强攻。强攻指在没有同伴掩护的情况下，在对方有准备的拦防情况下，强行突破的进攻。强攻的二传球较高，根据不同的二传球位置，可以分为集中进攻、拉开进攻、围绕进攻、调整进攻等，后排队员的高球进攻也属于强攻的打法。

（2）快攻。快攻指扣二传传出的各种平快球，以及用这些平快球作掩护所组成的各种战术配合。可以分为平快球进攻、自我掩护进攻、快球掩护进攻三类。平快球进攻常用的有前快、背快、短平快、平拉开、背溜、调整快、远网快、后排快、单脚起跳快等。自我掩护进攻包括时间差、位置差、空间差的进攻。快球掩护进攻包括各种交叉进攻、夹塞进攻、梯次进攻、前排快攻掩护后排进攻的立体进攻等。

（3）两次球进攻。两次球进攻指一传来球较高，又在网前适合扣球的位置上，前排队员跳起来直接进行扣球，如遇拦网，就在空中改作二传，把球转移给其他前排队员进攻。

2. 防守战术

排球的防守战术是组织进攻或反攻战术的基础，没有严密的防守，进攻就无从组织。而一切防守战术都应从积极为进攻和反攻创造条件的角度进行设计和考虑。

（1）接发球的防守战术。当对方发球时，本方处于防守地位，也是组织第一次进攻的开始。事先站好位置，摆好阵形是接好发球的基础。站位的阵形，不仅要有利于接球，也要有利于本方所采用的进攻战术。同时，还要根据对方发球的特点，采取不同的阵形。通常多采用 5 人接发球站位阵形和 4 人接发球站位阵形。

① 5 人接发球站位阵形。指除 1 名二传队员站在网前或从后排插上不接发球外，其余 5 名队员都担负一传任务的接发球站位阵形。其优点是队员均衡分布，每人接发球的范围相对减小；接发球时，已站成了基本的进攻阵形，组织进攻比较方便，适合接发球水平不太高的球队。其缺点是一传队员从 5 号位插上时距离较长，难度大；3 号位队员接球时，不便组成快攻战术；不利于队员间的及时换位；队员之间地带较多，配合不默契时，容易互相干扰。

② 4 人接发球站位阵形。即插上二传队员与同列的前排队员均站在网前不接发球，其他 4 人站成弧形接发球的站位阵形。其优点是便于后排插上和不接发球的前排队员及时换位；其缺点是要求接发球的 4 人有较高的判断、移动能力和掌握较好的接发球技术。

（2）接扣球的防守战术。接扣球的防守与组织反攻是密不可分的，只有防守成功才能有反攻的机会。接扣球的防守战术是前排拦网与后排防守的整体配合，根据对方进攻情况、本队队员特长、防守后的反攻打法，一般可分为不拦网防守阵形、双人拦网防守阵形和 3 人拦网防守阵形。

① 不拦网的防守阵形。在对方进攻较弱，没有必要进行拦网时，可以采用不拦网的防守阵形。这种阵形与 5 人接发球站位阵形相似，前排进攻队员要撤到进攻线后，准备防守和防守后的反攻；后排队员后退，准备防后场球；二传队员留在网前，准备接吊到网前的球和组织进攻。

② 单人拦网的防守阵形。当对方扣球威胁不大、扣球路线变化不多、轻打中吊球较多时，可以主动采用单人拦网的防守阵形。拦网队员拦扣球人的主要进攻路线，不拦网队员及时后撤防守前区或保护拦网人，后排队员后撤加强后场防守。

③ 双人拦网的防守阵形。对方水平较高、进攻力量较强、进攻路线变化较多时，多采用这种防守阵形，即两人拦网、4 人接球。通常分为"边跟进"和"心跟进"两种。

a. "边跟进"。多在对方进攻较强、吊球较少时采用。当对方 4 号位队员进攻时，我方 2、3 号位队员拦网，其他 4 名队员组成半圆弧形防守。如遇对方吊前区，由边上 1 号位队员跟进防守。其优点是加强了拦网；缺点是边上的队员既要防直线，又要跟进防前区，比较困难。

b. "心跟进"。在本方拦网能力强、对方采取打吊结合时采用。当对方 4 号位队员进攻时，我方 2、3 号位队员拦网，后排中间的 6 号位队员在本方拦网时跟在拦网队员之后进行保护，其余 3 名队员组成后排弧形防守。其优点是加强了前区的防守能力，缺点是后排防守队员之间的空当较大。

④ 3 人拦网时的防守阵形。在对方主要扣球手进攻实力很强、不善吊球的情况下可采用 3 人拦网、3 人后排接球的防守阵形。这种阵形加强了网上力量，但后防的空隙也相对增大。3 人拦网时，后排防守的 6 号位队员可以跟进到进攻线附近保护，也可以退至端线附近防守。

（3）接拦回球的防守战术。本方扣球时必须加强保护，积极防起被拦回来的球，并及时继续组织进攻。由于拦网人可以将手伸过网拦网，拦回的球通常速度快、角度小，因而接拦回球的保护阵形应形成多道防线的弧形状，且第一道防线紧跟在扣球人身后。以我方4号位队员进攻，其他5人保护为例。5号位队员向前移动和向左后方移动的3号位队员形成第一道防线，1号位队员保护后场，为第三道防线。其他位置进攻时，保护的阵形也可按同样道理布阵。

（4）接传、垫球的防守战术。该战术多用于对方无法组织进攻，被迫用传、垫球将球击入本方时。这种情况在初学者中出现较多。由于来球的攻击性弱，前排除二传队员外，其他的队员都迅速后撤到各自的位置，准备接球后组织进攻。需要注意的是在后撤和换位的过程中，动作要迅速并随时做好接球的准备。

3. 攻防转换

在排球比赛中，攻与防是紧密联系、相互转换、连续进行的。这不仅因为排球技术本身具有攻与防的双重含义，还因为全攻全守、攻防兼备是当前排球运动的发展趋势。正在进攻的一方，必须同时注意防守；处于防守的一方，必须随时准备反攻。

（1）由进攻转入防守。当球扣入对方区后，进攻的一方应立即转入防守状态。当球扣过网或二传不慎传球过网后，前排队员应迅速靠网前站位，准备拦网；后排队员由上前保护扣球迅速退守原位，准备防守。其阵形一般有"三一二"站法和"三二一"站法两种。前者适合于"心跟进"防守阵形，后者适合于"边跟进"防守阵形。

（2）由防守转入进攻。当对方扣球过网后，防守一方在防守的一刹那就转入了进攻。这是由于后排队员在防守来球时，必须根据本队所采用的进攻战术，有目的地将球传到预定目标，并根据保护扣球的部署，立即跟进保护前排队员进攻。前排参加拦网的队员，在完成拦网动作之后，必须立即转身或后撤，准备接应或反攻扣球。前排未参加拦网的队员，在后撤防守之后，转入接应或反攻扣球。

（六）集体战术的练习方法

第一，组成"中、边一二"进攻战术练习。由教练站在对方场区抛球，接球队员根据来球情况，迅速移动，将球传给二传队员，二传队员组织"中、边一二"进攻技术。

第二，发接对抗。一人发球六人站"中、边一二"阵形，接球组织进攻。

第三，两人一组接发球，进行调整组织进攻。

第四，三人一组，接教练抛球后组织"中、边一二"进攻战术。

第五，接教练抛球，后排"插上"，前排成三点进攻及后排进攻。

第六，四对四攻防对抗练习，要求在限制线后起跳扣球。

第七，扣抛球后立即后撤限制线，然后再扣抛球，10～15个为一组。

第八，三人一组，教练连续抛球，三人在移动中进行调整，组成战术扣球。

第九，两人一组，教练连续扣球，队员防起后，另一队员跑动传球，防守队员扣球进攻。

第十，三人一组接发球，接球后由二传组织进攻，做完后轮换。

第十一，扣快球或扣半快球后，迅速跑到4号位扣高球。

第十二，扣快球后，紧接着扣背快球。

第十三，接教练抛球后组成"梯次"进攻战术。

第十四，二人一组，组成交叉进攻战术。

第十五，三人一组，组成双快一游动进攻战术。

集体战术考验的是整个球队的思想是否一致、步调是否一致、团结是否一致。队友之间相互信任、精诚合作、共同努力、勇敢拼搏是排球运动的核心文化。只有建设好这样的文化，才能激发出一个团队的最大潜力，实现补齐短板、超常发挥。

【思考题】

1. 排球的基本技术有哪些？
2. 排球的基本战术有哪些？

第三节　排球运动欣赏

一、排球竞赛规则

详见最新版《排球竞赛规则》。

二、国际著名排球赛事

（一）世界锦标赛

第一届排球世界锦标赛始于 1949 年，以后每隔 4 年举行一次。具体参赛资格为上一届比赛获得第 1 名到第 7 名的 7 支球队，举办国 1 个队、五大洲锦标赛 5 个冠军队、最后资格预定赛（巡回优胜杯）的前 3 名，共 16 支参赛队伍。

（二）世界杯赛

世界杯排球赛，每 4 年举办一次，地点自 1977 年起固定在日本。男子比赛始于 1965 年，女子比赛始于 1973 年。自从 1991 年世界杯赛被改为在奥运会的前一年举行，其相当于是奥运会的资格赛。获得前 3 名的队伍则有资格进入奥运会。

（三）奥运会

4 年一届。沙滩排球在 1996 年奥运会上被列为正式比赛项目。

（四）世界排球联赛（也称世界排球大奖赛）

从 1993 年开始，每年举行一次。2022 世界排球联赛恢复为分站赛，参赛球队在全世界的 12 个赛区进行比赛。世界排球联赛循环赛阶段将总共进行 96 场比赛。在淘汰赛阶段进行 4 场四分之一决赛、2 场半决赛的比赛，最终通过铜牌战和金牌战决出最后的冠军。

三、国内赛事

（一）中国排球超级联赛

其前身是 1996 年创建的中国排球联赛，经历了 20 多年发展后，于 2017 年正式更名为"中国排球超级联赛"。

（二）全国排球锦标赛

全国排球锦标赛是我国仅次于甲级联赛的重要的全国性比赛。全国排球锦标赛正式被纳入全国重大排球比赛是在 1980 年。在此之前，20 世纪五六十年代曾不定期地举行过几次，1980 年以后则每年举办一次。锦标赛发展至近几年，一般由 16 支队伍分两个赛区比赛，由于锦标赛国家队队员往往不回各省、市队参赛，所以水平一般低于甲级联赛。

【思考题】

　　1.国际著名排球赛事有哪些？

　　2.国内著名排球赛事有哪些？

　　3.请观看 2016 年里约奥运会女子排球决赛。

第七章　乒乓球

当你面临困境时，你不能逃避，你只有面对它。否则，你就输定了。

——张德培

乒乓球是开展十分广泛、深受各国人民喜爱的一项体育运动，它的特点是球小、速度快、旋转强、变化多、趣味性强。乒乓球运动设备比较简单，运动量可大可小，不同年龄、不同身体条件的人都可根据自身的需求参加活动。经常参加这项运动可以增强体质，发展灵敏性和协调能力。

【本章思政点】

曾经有媒体问过马龙，成为冠军的路上需要舍弃什么东西。马龙的回答是"舒服"。在他的想象中，这个词对应的生活状态是：好好睡一觉，上午训练，下午出去闲逛，晚上和家人吃饭或者和朋友聚餐。但就是如此平凡的愿望对于马龙来说都是奢望。

站在世界之巅，关于马龙的评价大部分都与"努力"两个字嵌合。德国名将波尔说："马龙是一个打球机器。"乒联记者亚当反驳道："他绝对是人类，他只是非常非常努力。"更别提马龙的著名"迷弟"奥恰洛夫了。奥恰洛夫曾说，每次想到马龙正在刻苦训练，自己就一口气都不敢松。赛场上，所有运动员的辉煌，都是在训练馆里，一板一板生生打出来的。马龙也曾在演讲中说："我相信时间是最好的注解，只有努力才是天赋最完美的诠释。"

第一节　乒乓球运动概述

一、乒乓球运动起源

乒乓球运动起源于 19 世纪末的英国。由于这种游戏很像在桌上打网球，故有人称其为"桌上网球"。1890 年，英格兰越野跑运动员詹姆斯·吉布将美国人发明的赛璐珞空心球带回英国使用，由于赛璐珞空心球触拍、触桌面时发出"乒""乓"的声音，这项运动又被称为乒乓球。1902 年，英国人库特发明了颗粒胶皮拍。1904 年，乒乓球运动从日本传入中国上海。1905—1910 年，乒乓球运动又传至中欧的维也纳和布达佩斯。之后，乒乓球运动又逐渐扩展到北非的埃及等地。

20 世纪 20 年代后，在蒙塔古等人的推动下，乒乓球协会于 1926 年成立并做了商业注册。自此，"乒乓球"这个名称一直沿用至今。我国所称的"乒乓球"是从声音上得名的。

二、世界乒乓球运动发展历程

（一）第一阶段（1926—1951 年）欧洲国家主导世界乒坛

1926—1951 年，乒乓球运动在欧洲发展得较快，这一时期的主要打法是削球，其指导思想是尽量让对方失误。由于比赛没有时间限制，所以多次出现"马拉松"式的乒乓球比赛。第 11 届世乒赛后，国际乒联对比赛规则进行了修改，球台增长，球网降低，球改为硬球，规定比赛时间（一场三局两胜的单打，不得超过 1 小时，五局三胜的比赛不得超过 1 小时 45 分钟）。规则的改变和器材的变革有力地促进了乒乓球技术的发展，使其开辟了新的技术发展道路。不仅削攻结合的打法开始发展起来，还出现了一些以攻为主的选手。

（二）第二阶段（1951—1959 年）日本队震动世界乒坛

日本乒协在 1952 年首次参加世乒赛就一举夺得女团、男单、男双和女双 4 项冠军。虽然日本队只有三男二女运动员参加，但他们手握海绵球拍、采用直拍全攻型的打法连续击败了许多欧洲削球名将，使世界乒坛大为震动。这一时期共举行了 7 届世乒赛（第 19—25 届），产生了 49 个冠军，日本队夺走 24 个。从此，世界乒乓球技术的优势开始由欧洲的削球转到了亚洲的攻球。

（三）第三阶段（1959—1969 年）中国队崛起，东亚雄踞乒坛

20 世纪 50 年代末，中国运动员容国团以快攻打法获得第 25 届世乒赛男子单打冠军，为中国夺得了有史以来的第一个世界冠军。具有"快、准、狠、变"独特风格的中国近台快攻打法，把世界乒乓球运动推向了一个新的发展阶段。第 29、30 届世乒赛，中国队没有参加，冠军大部分都被日本所夺，朝鲜队也参与了冠军的争夺。在第 29 届世乒赛上，朝鲜男队连续打败欧洲强队，夺得团体亚军，女队也成为世界强队之一。

（四）第四阶段（1969—1979 年）欧洲复兴，中国队重整旗鼓

20 世纪 70 年代，世界乒乓球技术的发展突飞猛进。欧洲选手经过了近 20 年的努力，兼取了中国快攻和日本弧圈球打法的优点，创造了弧圈球结合快攻和快攻结合弧圈球的新打法，从而走上了复兴之路。在第 33 届世乒赛上，男单决赛是在欧洲选手之间进行的。中国队在第 33 和 34 届上重新夺回男、女团体冠军。在第 35 届世乒赛上，匈牙利队夺回了失去 27 年的斯韦思林杯，而南斯拉夫男队在 25 年后重新夺得男双冠军。

（五）第五阶段（1979—1989 年）中国攀上世界高峰，"中国打世界"格局形成

1981 年，中国队在第 36 届世乒赛上囊括了 7 项冠军及 5 个单项亚军，创造了世界乒坛有史以来由一个国家包揽全部冠军的纪录。此后的 3 届世乒赛，中国队均取得 6 项冠军。"中国打世界"的局面开始形成。

（六）第六阶段（1989 年至今）中国队走出低谷，再创辉煌，"世界打中国"格局形成

自乒乓球项目 1988 年进入奥运会以后，欧洲乒坛迅速开始职业化发展。各项比赛频繁，且待遇优厚，这极大地促进了欧洲乒乓球技术的发展。但在 1989 年的第 40 届世乒赛上，中国队陷入低谷，男队不仅丢了团体冠军，连男单和男双的桂冠也被别国所夺。在 41 届世乒赛上，欧洲男队囊括了团体前 5 名，以瑞典为首的男队，已领先于中国队和亚洲各队。

中国男队走出低谷，在男双项目上最先有所突破。从第 40 届世乒赛的第 3 名开始，一直升至第 42 届的男双金、银、铜牌以及混双的金牌。在第 43 届世乒赛上，中国队继 1981 年囊括冠军之后，时隔 14 年，再次夺得全部比赛的 7 项冠军，可谓勇攀高峰，再创

辉煌。在第 44、45、46、47、48、49 届世乒赛上，以及第 26、27 届奥运会上，中国队又创造了世纪辉煌。

三、中国乒乓球运动的发展

自 1959 年第 25 届世乒赛上容国团以"人生能有几回搏"的英雄气概为中国获得第一个男子单打冠军后，中国乒乓球队大胆起用新人，培养新手，积极探索，创新打法，在原有的"快、准、狠、变"的基础上增加了一个"转"字，使速度、力量、旋转、弧线和落点 5 个要素更紧密地结合，大大地提高了对付横拍全攻型打法的能力，展现了"乒乓球大国"的技术优势。

在 20 世纪 80 年代的 5 届世乒赛中，国际乒联一共颁发了 35 个奖杯，而中国男、女队夺得了 28 个。

经过第 40、41 届世乒赛的失利，中国乒乓球队面对现实，认真总结，狠抓队伍管理，整顿队风，树立信心，加快新人培养和技术创新的步伐。终于在第 42 届世乒赛上夺回了女团、女子双打、男子双打和混合双打 4 项冠军奖杯，男子团体也获得了亚军。中国乒乓球队自此走出了低谷，为再创辉煌打下了坚实的技战术和心理基础。

之后，中国乒乓球队经过近 4 年的艰苦训练、顽强拼搏，在 1995 年第 43 届世乒赛上再次囊括了 7 项桂冠。在 1996 年亚特兰大奥运会上，中国队挟世乒赛之余威，首次在这一举世瞩目的、最重大的体育盛会中囊括了乒乓球比赛的所有金牌。在第 44、45 届世乒赛上相继取得了 6 项桂冠。在 2000 年的悉尼奥运会和 46 届世乒赛上，中国队再一次创造奇迹，囊括了奥运会乒乓球比赛的 4 个冠军和世乒赛的 7 个冠军。第 47、48、49、50 届世乒赛上，中国队除 47 届丢了男子单打冠军，囊括了其余所有金牌。2008 年北京奥运会包揽 4 项冠军。此后，中国乒乓球队始终站在世界乒坛的顶峰。

在 2012 年 8 月 8 日伦敦奥运会乒乓球男子团体决赛中，中国以 3∶0 的总比分战胜韩国，夺得男团冠军，并成功包揽乒乓球项目的所有金牌。2018 年 2 月 25 日，在伦敦举行的 2018 国际乒联团体世界杯团体决赛中，中国男队、女队双双夺冠。在 2021 年举行的东京奥运会乒乓球女团决赛中，中国队 3∶0 战胜日本队，获得金牌。至此，中国队连续 4 届蝉联奥运会女团冠军。在东京奥运会乒乓球男团决赛中，中国队 3∶0 战胜德国队，获得冠军。在 2022 年第 56 届世界乒乓球团体锦标赛（决赛）上，中国队以 3∶0 击败德国队，勇夺男团五连冠。这是中国队在历史上第 22 次夺得男团世界冠军头衔。

截至 2022 年 10 月，中国乒乓球队中有 117 人成为世界冠军，共获得 254 枚金牌，其中：奥运会金牌 32 枚，包括 8 个团体冠军，24 个单项冠军；世乒赛金牌 151 枚，包括 44 个团体冠军，107 个单项冠军（两次跨国配对按 0.5 块金牌计算）；世界杯金牌 71 枚，包括 21 个团体冠军，50 个单项冠军（含 1 个女双冠军）。

荣耀，始终与中国乒乓球队相伴而行。国球，又提醒中国乒乓人勿忘使命。所以，一次次"从零开始"，贯穿着中国乒乓的过去与现在，将来，注定也如影随形。

目前，中国乒乓球人口有将近 1 亿，大概由专业选手 2000 余人、业余体校 3 万余人、民间乒乓球爱好者 8300 万人构成。

【思考题】

1. 我国第一个世界冠军是谁？

2. 我国第一次举办世界乒乓球锦标赛是在哪一年？

3. 我国第一位连续三届获得世乒赛男单冠军的运动员是谁？

4. 至今为止，中国乒乓球队历史上一共诞生了几位大满贯运动员？

5. 中国乒乓球队成立于哪一年？

第二节 乒乓球运动实践

一、场地与器材

（一）比赛场地

乒乓球运动对场地的要求并不高，一张球桌即可大战三百回合，但正式比赛对场地有着严格的要求。乒乓球竞赛规则中明确规定了"比赛区域"。比赛区域的要求为：空间不少于14米长、7米宽、5米高；四周应有75厘米高的同一深颜色的挡板围起，与相邻的比赛区域及观众隔开；比赛区域的地板不应呈浅色，或有明显反光，其表面不得为砖面、石面或水泥面。

（二）比赛器材

1. 球台

比赛台面为与水平面平行的长方形，长2.74米、宽1.525米，离地面高0.76米，由一个与台面端线平行的垂直球网划分为两个相等的台区。双打比赛中各台区由一条3毫米宽的白色中线划分为两个相等的"半区"，中线应视为右半区的一部分。

2. 球网装置

球网装置包括球网、悬网绳、网柱及将它们固定在球台上的夹钳部分。球网长183厘米，整个球网的顶端距离比赛台面15.25厘米（见图7-1）。

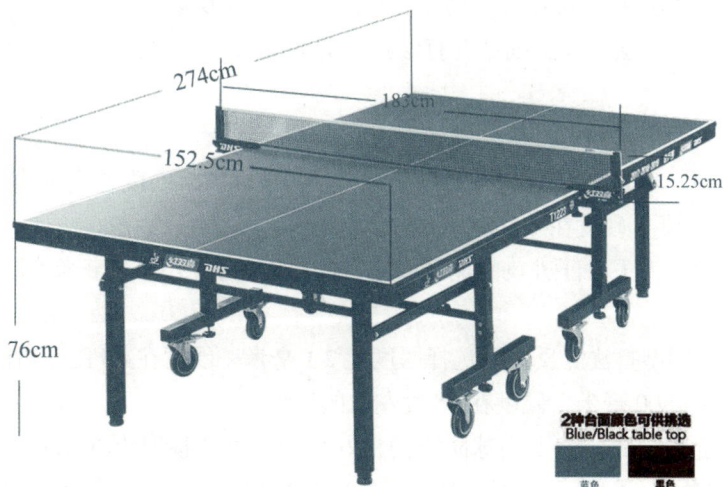

图 7-1 球网装置

3. 球

球的直径为 40 毫米，球重 2.7 克，球应用赛璐珞或类似的塑料制成，呈白色或橙色，且无光泽。

4. 球拍

规则规定：球拍的大小、形状和重量不限。但底板应平整、坚硬（见图 7-2）。用来击球的拍面应用一层颗粒向外的普通颗粒胶覆盖，连同黏合剂，厚度不超过 2 毫米；或用颗粒向内或向外的海绵胶覆盖，连同黏合剂，厚度不超过 4 毫米。覆盖物应覆盖整个拍面，但不得超过其边缘。靠近拍柄部分以及手指执握部分可不予以覆盖，也可用任何材料覆盖。拍的两面不论是否有覆盖物，必须无光泽，且一面为鲜艳的彩色，另一面为黑色。

图 7-2　乒乓球及球拍

（1）底板可根据不同的打法，做如下选择。

近台快攻型打法，可选择较硬的底板，因为底板较硬，球在拍上的停留时间短，球的脱板速度较快。

弧圈快攻型打法，可选择木质较软、弹性好的独木厚板。底板较软会让控球时间较长，适合摩擦球，制造强烈旋转。

快攻结合弧圈型打法。如果弧圈球运用较多的话，应选择软一些、厚度较薄的 5 层底板；如果快攻技术运用较多的话，应选择偏硬、较厚的 7 层底板。

攻、削结合型打法。攻、削结合打法选用的底板通常较软、较长，以做到不同的旋转变化。

（2）海绵可根据不同的打法，做如下选择。

近台快攻型。正胶搭配厚度为 1.8～2.1 毫米、硬度在 35 度左右的海绵；反胶搭配厚度为 1.5～2.0 毫米、硬度在 40 度左右的海绵。

弧圈快攻型。为了保证进攻的速度，应搭配厚度为 2.1～2.2 毫米、硬度在 45 度左右的海绵。

快攻结合弧圈型打法。反胶可选择厚度为 2.1 毫米、硬度在 45 度左右的海绵。生胶可选择厚度为 1.8～2.0 毫米、硬度在 35 度左右的海绵。

攻、削结合型打法。为了削球防守的良好控制，可选择厚度在 1.5～2.0 毫米、硬度在 40 度左右的海绵。如另一面配长胶，可选择 0.8 毫米以下的海绵；配正胶、生胶，可选择厚度在 1.5 ～ 2.0 毫米的海绵。

（3）胶皮可根据不同的打法，做如下选择。

近台快攻型。为了保证近台攻球的速度，通常选择颗粒向外的正胶或表面黏性中等、速度较快的反胶。

弧圈快攻型。为了保证弧圈球进攻的旋转，应选择表面黏性较好的反胶。

快攻结合弧圈型打法。这种打法通常使用反胶海绵拍或一面反胶、一面生胶海绵拍。

攻、削结合型打法。为了保证削球与弧圈进攻的旋转，通常选择表面黏性较好，颗粒略长的反胶，另一面可配长胶或正胶、生胶。

二、握拍

握拍的方法简称"握法"，主要有两种：直握法和横握法。不同的握拍方法各有其优点，从而产生不同的打法。握拍方法决定着一个选手的特长发挥。

（一）直拍握法

直拍对应的握拍法称为直握法，也称中钳式握拍法或中国传统握拍法。

根据打法不同可分两大类握法：快攻类打法的握拍法和弧圈类打法的握拍法。前者握拍法：正面以拇指第一关节和食指第二关节钳住球拍，虎口贴住拍柄；背面其余三指弯曲斜形重叠，以中指第一关节抵住球拍背面的 1/3 上端。后者握拍法：正面拇指紧贴在拍柄的左侧，食指扣住拍柄，形成一个大环状，背面其余三指自然弯曲，用中指第一关节顶住球拍的中部。

直握法的特点是：与国人写字、握筷子的方式接近，易于上手；可以较充分地运用手腕灵活的优势做精细动作，易于处理台内球，易于制造多变的旋转。

（二）横拍握法

横拍对应的握拍法称为横握法，也称菜刀式握拍法或八字式握拍法。

横拍的基本握法：虎口轻微贴拍，中指、无名指、小指自然地握住拍柄，拇指置于球拍正面靠近中指，食指自然伸直斜于球拍的背面。

横拍握法可分浅握和深握两种，握法基本相同。深握，虎口紧贴球拍；浅握，虎口稍离球拍。无论哪种握法，正手攻球时食指要加力，并稍微向上移动帮助压拍。反手攻或快拨时，拇指要加力，并稍微向上移动帮助压拍。

横握法的特点是：握拍方式比较容易固定，发力比较集中，护台面积比较宽，中远台相持更有优势。

三、站位和准备姿势

乒乓球运动的站位是开始击球前应处的基本位置。根据身体与球台的距离，基本站位可分为：近台（50 厘米）、中台（70 厘米）、远台（1 米）和超远台（1 米以外）。

（一）站位

以右手握拍为例，左手握拍与之相反[①]。

---

① 下文如无特别说明，都以右手握拍为例。

直拍左推右攻打法的站位，一般是左脚稍前于右脚，左脚位置基本处于球台左边线的延长线上。身体与球台端线的距离为 40 厘米左右。

直拍两面攻和横拍快攻打法的站位基本同上，但身体与球台端线的距离约为 50 厘米。直拍弧圈打法的站位是左脚在前、右脚在后，左脚基本位于球台左边线延长线外约 25 厘米处。身体面向对方台面的左角，与球台左角的距离约 60 厘米。横拍两面弧圈打法的站位为，左脚可略前于右脚，或两脚基本平行，左脚位置基本处于球台左边线的延长线上。身体与球台端线的距离约为 65 厘米。

防守型（包括削、攻结合打法）的站位是两脚基本平行，左脚位置处于球台左边线的延长线上，身体与球台端线的距离约为 1 米。

（二）准备姿势

两脚开立与肩同宽或比肩稍宽，双膝微屈，前脚掌着地（主要以脚内侧蹬地），脚趾轻微用力压地，脚跟微离地面，重心置于两脚之间。上体稍前倾、收腹，持拍手臂自然弯曲。直握拍的肘部略向外张，球拍置于腹部前方，手腕自然放松；横握拍的肘部向下，前臂自然平举，手腕自然放松。非持拍手臂自然弯曲于身体左侧，眼睛注视来球方向。

四、乒乓球专项步法

乒乓球运动常用的步法主要有以下 5 种。

单步：一脚为轴，另一只脚向不同方向移动，重心随之跟上。适用于离身体不远的小范围移动。

跨步：一脚蹬地，另一只脚向移动方向跨一大步，同时蹬地脚随后跟上半步，适用于离身体较远的范围。

并步：也称滑步。来球异方向的一只脚向另一只脚移（并）半步，另一只脚在并步脚落地后随即向同方向移动，适用于离身体较大范围的移动，较跨步更大一些。

侧身步：左脚向左跨出一步，右脚随即向左后方移动，适用于来球逼近身体的情况下。

交叉步：来球异侧脚向来球方向的这只脚做前交叉，随即另一只脚向来球方向跨一大步，适用于离身体最大、最远的范围。

五、乒乓球基本技术

技术是指运动员根据比赛的要求，能充分发挥机体能力的最合理、最有效地完成动作的方法。

（一）发球技术

1. 平击发球

平击发球一般不带旋转，它是初学者最基本的发球方法，也是掌握其他复杂发球的基础。动作要点（以右手执拍为例[①]）：身体离台约 40 厘米，左脚稍前，身体略向右转，不执拍手持球于体侧。发球时持球的手将球向上抛起，同时持拍手向后引拍，大臂自然靠近身体右侧。当球从高点下降时，持拍手以肘为轴，前臂向右前方横摆击球。向前挥拍时，

---

① 下文所有技术动作讲解如无特殊说明皆以右手执拍为例。

拍面稍前倾，击球的中上部。击球后第一落点应在球台的中区。

2. 正手发奔球

这种发球方式球速快，角度大，突然性强，并向对方右侧偏拐，是直拍推攻打法常用的发球技术。发球时，身体右转，球向上抛起后，持拍手随即向后引拍，手腕放松，拍面稍前倾。当球从高点下降时，腰由右向左转动，身体转动带动大臂，大臂带动前臂由右后方向左前方挥摆。击球点与网同高或稍低于网，拍面触球的一瞬间，用力压拍左肩，手腕同时从后向前使劲抖动，球拍沿球的右侧中部向中上部摩擦球。发球的第一落点要靠近端线。

3. 转和不转发球

转和不转发球经常配合使用，而且两种不同旋转的发球方式以极其相似的动作完成，可以迷惑对手，为自己争取机会，甚至直接得分。

正手发转与不转球，身体侧对球台，左脚在前，右脚在后，抛球引拍，身体右转，球下降时，腰部发力左转，带动上臂、前臂、手腕向左下方迎球挥拍。球拍触球瞬间的拍形和用力方向决定旋转：发下旋时，球拍下半部触球中下部，然后向下摩擦用力，摩擦越薄，球下旋越强烈；发不转时，球拍中部触球中后部，然后向前用力，使力量通过球心。

（二）接发球技术

接发球是乒乓球技术中的关键技术。由于发球权掌握在对方手中，对方可以随意将球发至本方台面的任何落点，力量、速度、旋转等也可随机变换。不同类型打法的运动员所掌握的发球种类各不相同，增加了发球的多变性与接发球的困难程度。对方发球到本方接发球时间很短，接发球者必须在极短的时间内判断清楚来球的旋转、落点，并做出相应的步法移动和回接动作等，因此，反应快、技术熟练，是接发球的基本要求。一般来说接发球是被动的，但是，若技术运用恰当，往往也能化被动为主动，成为取胜的关键。

接发球的手段很多，基本上是由点、拨、拉、拧、推、搓、削、摆短和攻球等各种技术组成。因此，只有较全面地掌握各种接发球的方法，方能在比赛中减少被动，并化为主动。

常用的接发球方法如下：

第一，接上旋转（奔球），用正反手攻球或推挡回接，拍面适当前倾，击球的中上部，调节好向前的力量。

第二，接下旋长球，用搓球、削球、提拉球回接，搓或削时多向前用力。

第三，接左侧上（下）旋球，可采用攻球或推挡（搓球或拉球）回击，拍面稍前倾（后仰）并略向左偏斜，击球偏右中上（中下）部位，以抵消来球的左侧上（下）旋转。

第四，接右侧上（下）旋球，可采用攻球或推挡（搓球或拉球）回击，拍面稍前倾（后仰）并向右偏斜，击球偏左中上（中下）部位；回击要点和方法与接左侧上（下）旋球相同。

第五，接近网短球，用快搓、快点或台内突击、台内拧拉回接，主要靠手腕和前臂的力量。

第六，接转与不转球，在判断不准的情况下可轻轻地托一板或撇一板，但要注意弧线和落点。

第七，接不同性能球拍的发球，长胶、生胶、防弧胶的发球基本属于不转球，用相应的方法回接。

第八，接高抛发球，如球着台后拐弯的程度大，应向拐弯方向提前引拍。

上述各种接发球方法，只是初学者应当懂得的基本知识。至于回球落点的控制，回球时力量运用等问题还有待于练习者在反复练习过程中逐步加以研究和提高。

（三）推挡技术

推挡球是我国直拍快攻打法的基本技术之一。推挡技术要点是站位近、动作小、球速快、变化多。在对攻中可以用快推、加力推和减力挡结合落点变化来调动对方，争取主动；有时也可用它来牵制对方的弱点，为正手进攻或侧身进攻创造有利的时机；在被动和相持时，具有韧性的推挡还可以起到积极防守和从相持变为主动进攻的作用。

1. 平挡

平挡球球速慢、力量轻、动作简单、容易掌握，它是初学者入门的技术。反复练习平挡球可以熟悉球性，体会击球时的拍形变化，提高控制球的能力。在对方攻击时，平挡球还能作为防御的一种手段。动作要点：两脚平行或左脚稍前，身体离球台约 50 厘米。击球前，前臂与台面平行迎向来球。拍触球时，前臂和手腕稍向前移动，主要借助来球的反弹力将球挡回。

2. 快推

快推球的速度快，有斜、直线变化。在对攻和相持中运用对推两大角或突击对方空当，能争取时间，使对方应接不暇．造成其直接失误或漏出空当，为自己正手或侧身抢攻创造条件。快推一般适用于对付旋转较弱的拉球、推挡球和中等力量的突击球。动作要点：两脚开立，比肩略宽，左脚稍前，身体离台约 40 厘米。击球前执拍手臂靠近身体，前臂适当后撤，外旋屈肘约 100°，引拍呈半横状，拍面垂直。击球时，上臂带动前臂向前稍向上辅助用力推击，触球瞬间食指压拍，拇指放松，在来球上升期击球中上部。击球后，手臂随即停止顺势收回。

3. 横拍反手快拨

反手快拨是横拍进攻型打法常用的一项相持性技术。它具有站位近、动作小、落点变化快的特点。它虽有一定的速度，但力量较差，应与其他攻球技术结合使用。动作要点：右脚稍前，身体离球台约 40 厘米，持拍手臂自然弯曲，将球拍移至腹前偏左的位置，击球时前臂和手腕先向前、再向外旋，向右前上方挥动，配合拇指、食指固定拍形使拍面前倾，在球上升期击球中上部，击球后随势挥摆至右肩前。

（四）攻球技术

1. 正手近台快攻

正手近台快攻具有站位近、动作小、球速快的特点。动作要点：左脚稍前，身体离球台约 40 厘米。击球前，持拍手臂要向右前伸迎球，前臂自然放松，球拍呈半横状。当球从台面弹起时，前臂和手腕向前上方挥动，并配合内旋转腕的动作，使拍形前倾，在球的上升期击球的中上部。触球时，拇指压拍，同时加快手腕内旋的速度，使拍面沿球体作弧形挥动。击球后，挥拍至头部高度。球击出后，迅速还原，手臂放松，准备下一板击球。

2. 正手扣杀球

正手扣杀球是比赛中重要的得分手段，一般是在技术取得主动和优势的情况下运用。它具有动作大、力量重、球速快、攻击性强的特点，在还击半高球时能充分发挥击球力量。常用来对付各种机会球或前冲力不大的半高球。动作要点：左脚在前站立，击球前持拍手臂向右后方引拍，并稍高于台面，球拍呈半横状。当球弹起至高点时，上臂带动前臂由后向前挥，将触球时，前臂加速用力向左前挥击，手腕跟着移动，在球的高点期击球中上部，拍形稍前倾。拍触球时，整个手臂的力量应发挥到最大限度，同时腰部配合向左转动。触球点一般在胸前 50 厘米左右。击球后重心由右脚移至左脚。扣杀后立即还原，准备连续扣杀。

3. 正手提拉球

正手提拉球通常也叫拉攻或拉抽球，是对付发球、搓球、削球等下旋球的必备技术。它具有站位近、速度快、动作小、线路活和稳健性好的特点。常用于接发球抢位，对搓中抢位，对付削球时稳拉，以落点、弧线和旋转的变化程度伺机进行突击，能为扣杀制造机会。动作要点：左脚稍前，身体离球台约 60 厘米。击球前，持拍手臂向右后下方引拍，球拍比半横状略下垂些，拍形稍后仰。当球从高点开始下降时，上臂由后向前上方挥动。在将触球前，前臂加速用力向左上提拉，同时配合手腕动作向上摩擦球，在球的下降期击球中部或中下部，拍形接近垂直。遇来球低或下旋较强时，腰部应配合向上用力。击球后，要随势将球拍挥至额前，重心移至左脚。拉球后立即放松还原，准备迎下一板来球。

4. 正手快带球

正手快带是在对付弧圈球时的一种由被动转主动的过渡性技术，具有速度快、变化多、弧线低的特点。快带的目的是争取机会进攻，最忌无节奏、无落点变化和弧线高的快带。动作要点：当球跳至上升期，球拍前倾，击球中上部，主动迎球向左前方挥拍，速度要快，向前摩擦多一些。动作完成后立即放松还原，准备迎下一板来球。

5. 正手弧圈球技术

（1）加转弧圈球（又称高吊弧圈球）。两脚开立，右脚稍前，身体略向右转，两膝微屈，重心放在右脚上。准备击球时，持拍手臂自然下垂，并向后下方引拍，右肩略低于左肩，拇指压拍使拍形略为前倾，呈半横立状，并使拍形固定。当来球从台面弹起时，手臂向前上方挥动，前臂在上臂带动下用力做快收动作，将要触球时，手腕向前上方加力，并在来球下降期用拍摩擦球的中部或中上部。球拍摩擦球时，要注意配合腰部向左上方转动和右腿蹬地的力量。击球后，重心移至左脚。拉球后立即放松还原，准备迎下一板来球。

（2）前冲弧圈球。准备动作见正手高吊弧圈球技术动作。球拍自然引至身体前方与台面同高处，拍形前倾与水平面成 35～40°。当球从台面弹起还未达到高点时，腰部向左转动，手臂向前上方挥动，上臂带动前臂加速内收，手腕略微转动，在高点期用拍摩擦球的中上部，使之成为较低的弧线落至对方的台面上，击球后重心移至左脚上。拉球后立即放松还原，准备迎下一板来球。

（五）搓球技术

搓球是近台还击下旋球的一种基本技术，比赛中经常用它为拉弧圈球创造条件，可用来接发球或作为过渡球，它与攻球结合可形成搓攻技术。

慢搓动作幅度较大，回球速度慢，击球时间晚，同快搓结合运用可改变击球节奏，利用旋转的变化为进攻创造机会或直接得分。动作要点：反手慢搓时右脚稍前，身体离台约50厘米，持拍手臂向左上引拍，击球时前臂和手腕向前下方用力。同时配合内旋转腕动作，拍形后仰，在球下降期后段击球的中下部。击球后前臂顺势前送。横拍搓球，拍形略竖一些，击球后前臂向右下方挥拍。正手慢搓时左脚稍前、身体稍向右转。击球前手臂向右上方引拍。然后前臂带动手腕向左前下方用力搓球，在球的下降后期击球的中下部。

快搓动作小、回球速度快，击球时间较早，可变化击球节奏，用于对付对方发过来或削过来的近网下旋球，利用旋转变化为进攻创造机会。动作要点：正手快搓时右脚稍前移，身体靠近球台。来球在身体左侧时，可运用反手搓球。击球时，上臂迅速前伸，前臂跟随向前，拍形稍后仰，利用上臂前送力量，在球上升期击球中下部。

六、乒乓球基本战术

运动员在比赛中能根据自己和对手的具体情况，有目的、有意识地运用技术，就形成了战术。从另一角度来讲，如果将两种或两种以上的基本技术结合起来运用，或者将单个基本技术的线路、落点加以改变也就形成了战术。例如，将发球和攻球（弧圈球）结合起来运用，就变成发球抢攻（抢拉）的战术；如果将搓球和攻球结合起来运用，那是搓攻战术；如果在推挡中由斜线改为中路或直线，则形成了推挡变线的战术。所以战术是以技术为基础的，技术掌握越好，就越能更好地完成战术的要求，技术掌握得比较全面，战术才能多样化。

（一）发球抢攻战术

发球抢攻是我国直板快攻打法的"撒手锏"，是力争主动、先发制人的主要战术。各种类型打法的运动员都普遍采用发球抢攻来抢占每个回合的上风。发球抢攻战术运用的效果主要取决于发球的质量和第三板进攻的能力。其具有速度快、突发性强的特点。

（二）接发球战术

接发球战术与发球抢攻战术同样重要，从某种意义上讲，接发球水平的高低可以反映运动员的实战能力以及各项基本技术的应用程度。事实上，接发球者只是暂时处在被控制状态，如果你破坏了发球者的抢攻意图或者为他制造了障碍，减弱了对方抢攻的质量，也就意味着已经脱离被控制状态，变被动为主动了。控制与反控制是辩证统一的。

接发球抢攻或抢拉是对付对方发的各种上旋球，侧上、下旋球的一种积极主动的接发球方法。当对方发球时，注意力要高度集中，判断对方发球的旋转、落点、速度，如果发的是长球或半出台球，应及时移动步法，抢到最佳击球点，大胆采用抢攻或抢冲接发球。

接发球针对性要强，如果对手追身球能力差，接发球时就往追身位快点或抢冲。如果对手攻短球能力差，接发球时就快搓摆短。总之，要破坏对方的发球抢攻，为自己下一板（第四板）抢攻创造条件。

（三）对攻战术

对攻战术是进攻型打法在相持阶段常用的一项重要战术。快攻类打法主要依靠反手推挡（或反手攻球）和正手攻球（或正手拉弧圈球）的技术，充分发挥快速多变的特点来调动对方，是双方形成对攻局面后的战术。双方用速度、力量、旋转、落点以及节奏转换的变化，相互控制或在对攻中拼实力，以争得主动。

对攻战术的方法：压对方反手，伺机正手攻或侧身攻；压左调右（亦称压反手变正手）；调右压左。

（四）搓攻战术

搓攻战术是进攻型打法的辅助战术之一，主要利用搓球旋转的变化和落点的变化为抢攻创造机会。这一战术在比赛中被普遍采用。搓攻战术也是削球型打法争取主动的主要战术之一。搓攻利用快、慢搓球为过渡性手段，经过搓球的旋转、速度、落点变化，控制、组织、制造机会，进行突击扣杀、拉、冲弧圈球，是初学者经常运用的战术。

搓攻战术的方法具体如下：

（1）搓转与不转球，制造机会，伺机突击。

（2）快搓加转短球，配合快搓两大角，然后突击。

（3）搓逼反手大角，变直线，伺机进攻。

【思考题】

1.弧圈结合快攻打法选手的站位应在哪里？

2.影响击球质量的五要素有哪些？其中你最擅长运用哪一要素得分？

3.比赛中你最常用的战术是什么？

第三节　乒乓球运动欣赏

一、乒乓球竞赛规则

详见最新版《乒乓球竞赛规则》。

二、国际著名乒乓球赛事

（一）世界乒乓球锦标赛

世界乒乓球锦标赛简称世乒赛，是国际乒乓球联合会主办的国际性最高级别的乒乓球比赛。第1届世界乒乓球锦标赛于1926年在英国伦敦举行。1957年的第24届瑞典斯德哥尔摩世乒赛后，改为每两年举办一届。

（二）奥林匹克运动会

奥林匹克运动会简称奥运会，是国际奥林匹克委员会主办的世界性综合运动会。在1988年第24届汉城奥运会上，乒乓球被列入奥运会正式比赛项目。

（三）世界杯

世界杯又称"埃文斯杯赛"，是由国际乒乓球联合会主办的世界性比赛。从1980年起每年举办一届。

（四）世界乒乓球职业大联盟

世界乒乓球职业大联盟简称WTT，由国际乒联于2019年8月创立，是世界乒乓球职业化改革的里程碑。WTT赛事体系分为两大系列：大满贯赛事和WTT系列赛事。

三、国内赛事

（一）全国乒乓球锦标赛

这是由中华人民共和国国家体育总局和中国乒乓球协会联合举办的全国性乒乓球比赛。第一届全国乒乓球锦标赛于1952年在北京举行。自1956年第二届锦标赛起，该赛事每年举行一届。

（二）全国运动会乒乓球比赛

全国运动会简称全运会，是我国规模最大的全国性综合运动会。在1959年9月在北京举行的第1届全运会上，乒乓球就被列为正式比赛项目。

（三）中国乒乓球俱乐部超级联赛

中国乒乓球俱乐部超级联赛，简称中超联赛。由中华人民共和国国家体育总局乒羽中心和中国乒乓球协会联合举办的中国乒乓球俱乐部超级联赛是国际上参赛俱乐部最多、观众最多、水平最高的乒乓球国内联赛。

【思考题】

1.世界三大乒乓球赛事是什么？分别设置哪些项目？

2.你最喜欢的乒乓球运动员是谁？为什么？

第八章　羽毛球

体育竞赛之最绝妙处乃是它只在手做，不在口说。

——赫尔巴特（现代教育学之父）

羽毛球运动是一项隔网、间接对抗的项目，具有竞争性、对抗性强，运动强度大的特点，其动作舒展优美，既可发展身体的灵活性、协调性，改善人体功能，增强体质，培养勇敢、拼搏、机智、沉着等优良品质，又可娱乐身心、丰富生活。羽毛球运动设施简便，技术易学，深受大众喜爱。

【本章思政点】

"中国十佳劳伦斯冠军奖"是"劳伦斯世界体育奖"与"中国体育十佳运动员评选"合作而诞生的中国体坛殿堂级大奖，是中国优秀运动员和教练员的至高荣誉。其旨在通过体育的影响力和号召力去传播公益力量，倡导"体育改变世界"的劳伦斯精神，体现社会责任，推动中国体育走向世界。2007年中国羽毛球队荣获"中国十佳劳伦斯冠军奖"年度最佳团队奖。中国羽毛球队是中国体育军团的王牌之师，在世界大赛中多次夺得尤伯杯、汤姆斯杯、苏迪曼杯和奥运会冠军，团队综合水平世界领先。

第一节　羽毛球运动概述

一、羽毛球运动的起源

18世纪时，印度的蒲那城出现了类似今天羽毛球运动的游戏：以绒线编织成球形，上插羽毛，手持木拍，隔网将球在空中来回对击。

二、世界羽毛球运动的发展历程

现代羽毛球运动诞生在英国。1873年，在英国格拉斯哥郡的伯明顿镇，有一位叫鲍弗特的公爵，在庄园里进行了一次"蒲那游戏"的表演。因这项活动极富趣味性，很快就风行开来。此后，这种室内游戏迅速传遍英国，"伯明顿"（Badminton）即成为英文羽毛球的名字。羽毛球运动约于1910年传入我国。

1877年，第一部羽毛球比赛规则在英国出版。1893年，在英国成立了世界上第一个羽毛球协会。1899年，该协会举办了第一届"全英羽毛球锦标赛"，以后每年举办一次，沿袭至今。羽毛球运动从斯堪的纳维亚流传到英联邦各国，20世纪初流传到亚洲、美洲、大洋洲，最后传到非洲。1934年，世界羽毛球联合会成立，总部设在伦敦。1939年，世界羽毛球联合会通过了各会员国共同遵守的《羽毛球竞赛规则》。

20世纪20年代到40年代，欧美国家的羽毛球运动发展很快，其中，英国、丹麦、美国、加拿大的水平相当高。50年代，亚洲羽毛球运动发展很快，马来西亚取得两届汤姆斯杯赛冠军。同时，印度尼西亚队在技术和打法上有所创新，很快取得了霸主地位。60年代以后，羽毛球运动的发展中心逐渐移向亚洲。1981年5月，世界羽毛球联合会重新恢复了中国在国际羽联的合法席位，从此国际羽坛新的一页历史被揭开，进入了中国羽毛球选手称雄世界的辉煌时代。在1988年汉城奥运会上，羽毛球被列为表演项目；1992年巴塞罗那奥运会上，羽毛球被列为正式比赛项目。从此羽毛球运动进入新的发展时期。2006年，试行了3个月的羽毛球新规则正式实施，在该年汤、尤杯赛中首先被采用。

三、中国羽毛球运动的发展

羽毛球运动于1910年传入我国，最早在上海，随后在广州、天津、北京、成都等城市的基督教青年会和学校中有所开展。1954年，一批华侨带回了先进的羽毛球技术，同时组建了国家集训队。我国羽毛球运动员逐步形成了中国羽毛球运动所特有的"快、狠、准、活"技术风格。

1981年5月，国际羽联重新恢复我国在国际羽联的合法席位，同年7月，在第1届世界运动会（美国洛杉矶）上，我国运动员陈昌杰、孙志安、姚喜明、刘霞和张爱玲夺取了男女单、双打的四项冠军。中国国家羽毛球队于1982年首次参加汤姆斯杯就勇夺冠军。从此奠定了在世界羽坛上的霸主地位。1982年，我国第一次参加全英羽毛球比赛，张爱玲夺得女子单打冠军，徐蓉、吴健秋夺得女子双打冠军，李劲勇夺男子单打冠军。

20世纪90年代，中国羽毛球逐渐建立优势：在1992年巴塞罗那第25届奥运会的首次羽毛球比赛中，中国羽毛球运动员共获得1枚银牌和4枚铜牌；1995年首次夺得"苏迪曼杯"。在1996年亚特兰大第26届奥运会上，中国羽毛球健儿共夺得1枚金牌、1枚银牌和2枚铜牌。进入21世纪，世界羽坛群雄逐鹿的局面逐渐形成，但中国羽毛球队依然保持霸主地位：2000年悉尼奥运会，国家羽毛球队获得4金1银3铜；2004年雅典奥运会，获得3金1银1铜；2008年北京奥运会，获得3金2银3铜；2012年伦敦奥运会，中国羽毛球队创造了"独揽奥运五金"的历史，这也是中国羽毛球队在奥运会上的鼎盛时期。2016年里约奥运会，获得2金1铜，2020年东京奥运会，中国羽毛球队5个单项全部进入决赛，混双更是实现冠亚军包揽，以2金4银收官。

【思考题】

1.简述羽毛球运动的起源。

2.常见的世界羽毛球运动赛事有哪些？

3.我国第一个获得羽毛球奥运冠军的是谁？

第二节　羽毛球运动实践

一、羽毛球场地、器材

（一）比赛场地

具体如图 8-1 所示。各条线宽均为 4 厘米，场地上空 12 米以内和四周 4 米以内不应有障碍物。球场中央网高 1.524 米，双打边线处网高 1.55 米。

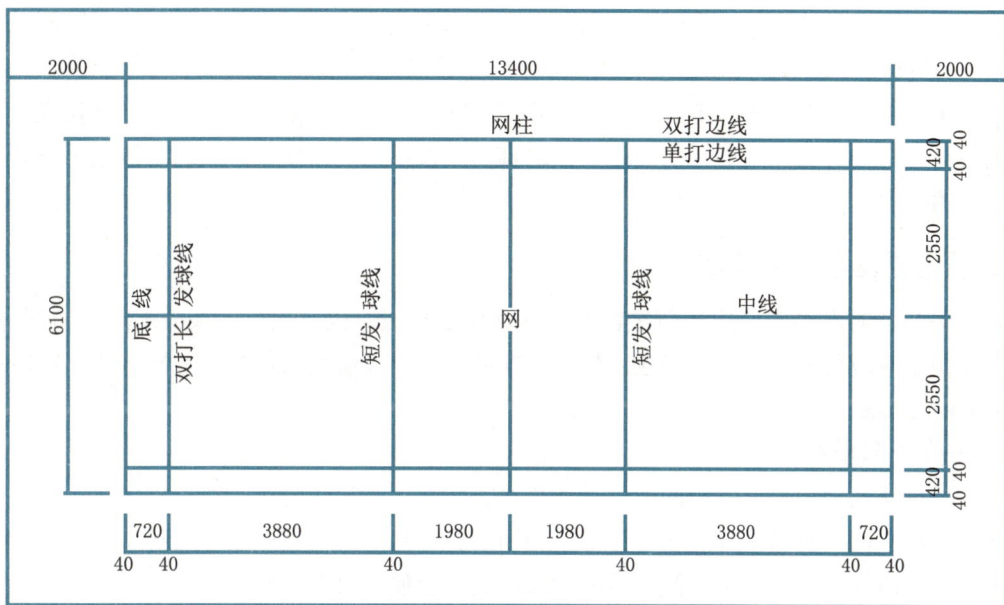

图 8-1　羽毛球场地示意（单位：毫米）

（二）比赛器材

球重 4.74～5.5 克，由 16 根羽毛插在半球型软木托上，球高 68～78 毫米，直径 58～68 毫米，分为 1～10 号。球拍框总长度不超过 68 厘米，宽不超过 23 厘米，拍弦面长不超过 28 厘米，宽不超过 23 厘米。

二、握拍

羽毛球运动是一项借助球拍而从事的运动，因此对于每个初学者来说首先要学习和掌握的就是握拍技术，握拍正确与否对于能否掌握合理、准确、全面的基本技术至关重要。羽毛球技术非常细腻，握拍法和指法也是多种多样。通常的握拍法有两种，即正手握拍和反手握拍（本书均以右手持拍为例）。

（一）正手握拍法

将拍面向左置于体前，拇指、食指伸开，使手掌根部靠在球拍握柄底部位置，虎口对着拍柄窄面内侧的小棱边，拇指和食指贴在拍柄的两个宽面上，食指与中指稍分开，中指、无名指和小指并拢握住拍柄，掌心要留有一定空隙，拍柄端与近腕部的小鱼际肌齐平。握拍自然状态下，拍面基本与地面垂直。

（二）反手握拍法

在正手握拍的基础上，拇指和食指将拍柄稍向外转，拇指自然贴在拍柄内侧的宽面上，中指、无名指和小指并拢握住拍柄，拍端靠近小指根部，使掌心留出空隙，这种握法有利于击球发力。球拍倾斜侧向身体左侧，拍面稍后仰。一般说来，击身体左侧的来球，大都先转体（背对网），然后用反手握拍法击球。

三、羽毛球站位和基本姿势

接发球员在做接发球准备时，要选择在本方场区或接发球区内合适的位置，以便全面照顾本场区，迅速到位击球。

准备姿势要有利于迅速起动，一般情况是发球员发球后，两脚左右开立，稍有前后，膝关节略微弯曲，身体重心在前脚掌并在两脚间轮流移动，以便快速起动。持拍手应放在胸前，拍头向上。

四、羽毛球基本移动步法

步法是及时准确地使用与衔接各项技术动作的枢纽，也是执行各项战术的有力保证，所以在初学时应首先学习移动步法。根据击球的需要，步法大致可分为上网步法、退后场步法和中场步法。

（一）上网步法

这是指从场地中央位置向网前移动的步法。实践中常运用跨步、垫步、蹬步，但不论用哪种步法上网，其站位及准备姿势都是相同的，即从中心位置开始，两脚左右开立或前后开立，与肩同宽，上体稍前倾，后脚脚跟提起，以便随时调整身体重心。右手持拍于体前，两眼注视来球。

1. 跨步

起动后，两脚向上轻弹重心移至右脚，左脚迅速蹬地向来球方向迈出一步。当左脚着地的同时用力蹬地，使右脚加速蹬地向前跨出一大步成弓箭步，上体前倾。击球后，右脚蹬地用交叉步或并步回到球场中心位置。

2. 垫步

当判断来球是网前球时，两脚轻轻上跳将重心调至左脚，右脚迅速向来球方向迈出一步，紧接着左脚迅速跟上右脚并用力蹬地使右脚向前迈出一大步。脚跟、脚掌外侧先着地，然后全脚着地立即缓冲，右脚成弓箭步，制动住身体，保持下一次击球的正确姿势。

3. 蹬步

起动后，两脚向上轻弹将重心移至左脚，同时左脚用力蹬地，右脚向来球方向迈出一大步，使身体迅速接近来球。在空中完成击球动作后，右脚先着地，左脚紧跟着地，并迅速制动身体，返回到场地中心。蹬步一般在球离网较近，争取高点击球时采用。

（二）退后场步法

从中心位置后退到底线的步法称退后场步法。后退步法是最常见的，也是难度较大的步法动作。因为根据人们的习惯，向后总比向前要难度大些，特别是向左后场后退，对人的协调性和灵活性要求较高。后退步法分为正手后退步法、反手后退步法两种。

1. 正手后退步法

正手后退步法有以下三种。

（1）交叉步后退步法。这种步法的移动范围很大，一般回击端线附近的球多用交叉步后退步法。起动后，两脚向上轻弹将重心移至右脚，以左脚为轴，右脚往来球方向蹬转后退一步，身体右转，重心移至右脚上，同时左脚经体后交叉移至右脚的外侧，紧接着右脚迅速向后再退一步，呈侧身对网姿势。此时，可以原地击球，也可以起跳击球。

（2）正手跨步退后场步法。这是正手低手击球时多采用步法，当球向后场飞去，又来不及用上手技术击球时，两脚向上轻弹重心移至右脚，右脚用力蹬地，迅速向右转体，紧接着右脚向来球方向迈一步，着地时左脚迅速经右脚外侧（经体前、体后均可）着地，然后右脚向来球方向再大跨一步，随着右脚着地的瞬间出手击球。

（3）头顶后退步法。头顶后退步法是羽毛球步法中一个难度较大的动作，对身体的协调性和柔韧性要求很高。一般是在对方来球向左后场区，用头顶击球技术还击时所采用的后退步法。包括并步和交叉步后退步法。动作方法：起动后，以左脚掌为支点，右脚向右后左侧方蹬转侧跨一步，转动时幅度要大一些，同时左脚用并步或交叉步后退一步，紧接着右脚再向左后场退一大步，重心移至右脚上，上体稍后仰。到位后可原地或起跳头顶击球。击球后，利用着地后身体的缓冲向中心位置回动。

2. 反手后退步法

（1）两步后退法。这种步法一般在球离身体较近时采用。判断准来球后，两脚向上轻弹，重心调至右脚，右脚蹬地后，左脚迅速向来球方向后撤一步，上体左转，同时右脚迅速经体前向来球方向大跨一步背对网，移动到反手位置，右脚着地时，出手击球。

（2）多步后退步法。这种步法一般在球离身体较远时采用。当判断来球是后场反手位时，两脚向上轻跳，重心调至右脚。右脚蹬地转成背对网，同时经体前向来球方向跨出。紧接着左脚向前移动一步，同时右脚也向前跨一步，着地时，挥拍击球。为调整击球位置，向后移动可以多步，但最后一步要保证右脚在前，这样便于发力击球。

（三）中场两侧移动步法

从中心位置向左右两侧移动到击球点上击球的步法，称为两侧移动步法，这种步法多用于接杀球和接低平球。可分为向右侧移动和向左侧移动两种步法。

1. 向右侧移动步法

（1）向右侧蹬跨步法。这种步法主要用在球距身体较近时。起动后，两脚向上轻跳，重心移至左脚，左脚用力蹬地的同时，右脚向来球方向大跨一步，着地后右脚成弓箭步，上体前倾。击球后，右脚前脚掌回蹬，回动至中心位置。

（2）向右侧垫步步法。这种步法主要用在球距身体较远时。起动后，两脚向上轻跳，重心移至右脚上，左脚向右脚并一步，左脚一着地就用力向右蹬，使右脚迅速向右大跨一步，右脚着地后即成弓箭步，上体前倾。击球后，右脚前脚掌回蹬，回动到中心位置。

2. 向左侧移动步法

（1）正对球网移动步法。无论是正手还是反手击球都可以采用这种步法。起动后，右脚用力蹬地，同时身体左转，左脚向左侧跨一步，重心移至左脚上，以脚趾制动，上体左倾，反手将球击出。击球后，左脚回蹬，顺势回到中心位置。

（2）背对球网移动步法。这种步法在反手击球时使用。当来球飞向左侧时，两脚轻跳，重心落在右脚上，右脚用力蹬地，经左脚前向左侧跨一大步，成背对球网，右脚以脚掌制动，上身稍前倾，用反手击球。击球后，右脚回蹬转身，回到中心位置。

五、羽毛球基本技术

（一）发球和接发球

1. 发球

发球及站位：在单打比赛中无论是右场还是左场，发球者应站在紧靠中线且离前发球线1米左右位置，双打发球站位可靠近前发球线。

准备姿势：侧身左肩对着球网，左脚向前迈一步，脚尖向网，与肩同宽，重心在右脚上，左手持球（拇指、食指、中指夹住羽毛和球托的交界处）置于腹部右前方。准备发力击球时，自然松开球，然后挥拍击球。击球时，身体重心移至左脚上。

（1）正手发球。具体如下：

① 正手发球的要点。身体重心的移动、手臂挥动、手腕的鞭击这几个动作的力量要协调好，这样可使得整个动作连贯协调，把身体各部分的力量通过球拍作用到球上；在左手放开球使其下落时，右手上臂带动前臂，自右后方随转体向左前上方挥拍；当球下落到右臂向前下方伸直能接到的刹那，紧握球拍，并利用手腕屈伸的力量向前上方发力击球。然后，球拍顺势向左上方挥动并缓冲。

a.正手发高远球。球发得既高又远，使球垂直下落在底线附近，迫使对方退到底线接发球而减少其攻击能力，球的飞行路线与地面形成的角度要大于45°，这种发球方法就是发高远球。发高远球多用于单打比赛，它是一项很重要的基本技术，初学者应从学习发高远球开始。

准备：发球时，站在离前发球线1米左右发球场区中线附近，面对球网，两脚自然开立，左手持球，自然弯曲置于胸前，左脚在前，右脚在后。身体重心放在右脚上，身体略微向后仰，右手向右后侧举起，肘部稍弯曲。

挥拍：先放球，右手的大臂带动小臂，从右后方向左前上方挥动的同时，右脚蹬地，腰腹向正前方转动，同时身体重心随势前移。

击球：使下落的球与拍面在身体右侧前下方的交叉点碰触，球触拍面的中上部。击球瞬间，握紧球拍，闪动手腕，向前上方鞭打击球，在击球的同时，手臂随击球后的惯性自然往左肩上方挥起，身体重心也由右脚移至左脚。击球后，重心下沉.微屈双膝，随时准备回击对方的来球。

b.正手发平高球。平高球飞行高度比高远球低，球在空中飞行的路线与地面形成的夹角是45°左右，落点也在底线附近。目的同样是迫使对方退至底线接发球，增加接球难度从而限制对手进攻。发平高球时，要注意球飞行的弧线，尽量以对手挥拍击不到球的高度为宜，以免被对方截击。

准备：发球时，站在离前发球线1米左右发球场区中线附近，面对球网，两脚自然开立，左手持球，自然弯曲置于胸前，左脚在前，右脚在后。身体重心放在右脚上，身体略微向后仰，右手向右后侧举起，肘部稍弯曲。

挥拍：左手把球在身体靠右前方并放下，使球下落，右手同时挥大臂带动小臂，小臂加速自右后方往左前方挥动球拍。

击球：当球落到击球人腰部稍下的一刹那，紧握球拍，手腕向前上方击球（以向前为主），瞬间前臂加速带动手腕发力，拍面稍向前上方推进，动作幅度小于发高远球。从小臂起动到最后球拍击球的整个过程就像甩鞭子一样。发球后，应迅速还原，准备回击。

c.正手发网前球。将球发到对方发球区内前发球线附近，称发网前球。常见于双打比赛中，主要是不让对手有轻易扣杀和扑球的机会，避免对方接发球时往下压球，限制接发球抢攻。

正手发网前球时站位稍靠前。握拍尽量放松，上臂动作要小，重心在左脚上，右脚跟提起。击球时，由前臂带动手腕使拍面从右向左斜切击球，控制用力，使球刚好贴网而过，落在对方前发球线附近。击球后，还原成准备姿势。

② 正手位发球的注意事项。具体如下：

a.发球挥拍时，应以肩为轴，配合转体动作，前臂带动手腕发力击球。

b.击球时，动作幅度要大，控制好发球的力量。击球点应在腰部以下位置，不能过早。

c.击平高球和平快球时，准备动作和引拍要与发高远球动作一致，挥拍时要快速且有突然性，以此干扰对方的判断，争取场上主动。

d.击球后，随挥动作应结束在左肩上方，手腕不能转动过头，否则容易造成球拍向右肩上方挥动。

e.发网前球时，速度要快，距离要短，动作要小而协调、流畅。

（2）反手发球

① 反手发球的特点。反手发球的特点是动作小、出球快、一致性高，对方不易判断。反手发球主要包括网前球和平球两种，多用于双打比赛。

发球站位：站在发球区中线附近靠近前发球线 10～15 厘米的位置。

准备姿势：面向球网，左右脚均可在前。上体前倾，重心在前脚上，后脚跟提起。右手反手轻松握拍柄的稍前部位，肘关节要摆起，手腕稍前屈，左手拇指和食指拿住球的两三根羽毛，球托朝下或对准球拍。

a.反手发网前球。反手发网前球时，小臂带动手腕发力，球拍由后向前推送，拍面呈切削式击球，使球过网后急速下落在对方场区的前发球线附近。

b.反手发平球。反手发平球时，球拍的挥动方向与反手发网前球一样，只是在击球的瞬间，手腕抖动，突然发力，拍面要有"反压"动作。

② 注意事项具体如下：

a.动作僵硬、掌握不好节奏，会造成发球稳定性差，从而给对方创造机会，使自己处于被动。

b.握拍太紧手腕不能灵活转动，以至于力量发不出去。

c.发球完毕，应迅速站好位置，做好下一次回球的准备。

（3）发球的练习方法。具体如下：

① 徒手进行挥拍练习。先做分解的挥拍动作，然后连贯慢速地做完整的挥拍。练习发后场球动作时，可用网球拍代替，这样既可以练习动作，又可以增强手臂力量。

② 面向一条直线，随后右手沿着直线的轨迹，做引拍和挥拍练习。

③ 反复做放球练习，体会球与球拍的接触点。

④ 发球准确性练习。可在对方场区划定区域，要求将球发入指定区域，区域可由大逐渐缩小。

⑤ 发网前球时可安排人在对方场区做扑球练习，这样可以提高发球质量。

⑥ 辅助性练习。用哑铃或杠铃片做快速屈、伸腕练习，可加强手腕的爆发力。

2. 接发球

接发球与发球一样，是羽毛球运动中最基本的技术，在比赛中面对各种多变的发球技术，接发球者必须在第一时间对发来的各种不同速度、不同弧线、不同落点的球做出快速反应和判断，并选择适当的击球技术破坏发球方的企图。

（1）接发球的站位。

单打站位：应站在离前发球线约 1.5 米处。一般情况下，在右场区应站在靠近中线的位置，在左场区应站在中间稍偏边线的位置，主要是为了防备对方攻击反手位置。

双打站位：应站在靠近前发球线的位置，因为双打发球区比单打发球区短 0.76 米，发高远球容易被对手扣杀，所以双打以发网前球为主。

（2）准备姿势。单打接发球要左脚在前、右脚在后，身体半侧对球网，重心前倾，双膝稍屈，右脚跟提起，两眼注视前方，含胸收腹，球拍举在身前。双打接发球准备姿势与单打基本相同，但球拍要举得高些，思想高度集中，待球飞至网中最高点时迅速击球，还要注意对手在右场区发平快球突袭反手部位。

（3）接发来球。球路与变化直接关系到接发球技战术的运用，因此接发球与发球一样在比赛中有着重要的作用，那么如何合理地运用各种接发球技术来达到反击的目的呢？首先要提高后场的击球能力。在单打比赛中多采用发高远球或平高球，可以用吊球、杀球或平高球还击。当对方发平快球时，可采用平高球、平推球、劈吊、劈杀还击，以快制快，掌握主动。也可用高远球还击，充分做好再次还击的准备。要加强预判能力，不能仓促击球，因为只要回球质量稍差，就可能遭受反击。

对方发网前球时，可用平高球、挑高球、放网前球、平推球还击，有机会还可以用扑球还击。发球抢攻是最常用的战术，要及早发现对方的意图，避强就弱，准确及时地应用放网和平推球还击，落点尽量远离对方的站位，限制对方进攻。遇到对方连续发球抢攻时，接发球一定要沉着、冷静，控制住球，尽可能减少让对方抢攻的机会。

（二）高手击球技术

一般将击球点高于头部的击球方法叫作高手击球，高手击球按其技术特点和球飞行弧线的不同，可以分为高远球、平高球、吊球和杀球。它一般用在后场主动进攻，或调动、控制对方，所以也称后场主动进攻技术。

1. 高远球

击出高弧线且长距离飞行的、几乎垂直落到对方底线附近的球叫高远球。高远球能使对方退离中心位置，并削弱对方的进攻威力。在被动状态下，能为调整场上位置、摆脱被动局面争取时间。高远球通常可分为正手击高远球、反手击高远球和头顶击高远球三种。

（1）正手击高远球。采用正手握拍法，用正拍面击出的、击球点在身体右侧方的高远球，称为正手高远球。它分原地正手击高远球和起跳正手击高远球两种。

① 判断、起动。首先要准确地判断出来球的方向和落点，迅速移动到位，使下落的球处于右肩的前上方，同时，侧身左肩对网，重心在右脚上，右臂屈肘自然举拍于右肩上方，前臂稍内旋，双眼注视来球，左手自然高举。

② 击球。待球下落到合理的击球高度时，右脚蹬地转髋，同时右臂以肩关节为轴，向前转动成肘关节朝前并高于肩部，拍头向下，球拍贴背与地面垂直，放松握拍。随后迅速在蹬地、转体收腹的协调用力下，大臂带动小臂向前上方甩腕，在手臂伸直的最高点上击球，击球时重心向上。

③ 随前动作。击球后，手臂顺惯性将球拍挥至左臂腋下并收拍至左侧体前。同时重心顺势向前，右脚自然向前跨出成准备姿势。

（2）反手击高远球。具体如下：

① 判断、起动。当球飞向左场区的底线附近，击球者无法移动到位用正手击球时，即可采用反手击高远球。判断准来球的方向和落点后，迅速移动到位，右脚前交叉跨到左侧底线附近，背对网，重心移至右脚上，使球处于右肩的前上方。

② 击球。肘部上抬略高于肩，拍面朝上。击球时，以肘关节为支点，前臂带动手腕，通过手腕的抖动和拇指的侧压，自下而上地甩臂将球击出。同时左脚支撑、右脚蹬跨回收，使整个击球动作协调而又自然反弹。

③ 随前动作。击球后，顺势转体面向球网，迅速返回中心位置，准备还击。

（3）头顶击高远球。指击球点在头顶上方的部位。头顶高远球的动作要领与正手高远球基本相同，只是击球点偏左肩上方或偏左后的位置。击球前，身体侧身向左倾斜稍后仰，球拍绕过头顶后，从左上方向前加速摆动。击球时，小臂内旋带动手腕突然发力形成鞭打，将球击出。落地时，左腿向左后方摆动，顺着惯性向中心位置回动。

2. 吊球

（1）吊球手法。将对方击到中、后场的高球，轻劈、轻切或轻击到对方前场区域的球，称为吊球。吊球的前期动作与击高远球相同，但落点比较近网，可以起到迷惑对方的作用。与其他后场技术结合运用，能拉大对方防守的范围，以争取场上的主动权。吊球按其技术可分为正手吊球、反手吊球和头顶吊球三种手法。

① 正手吊球。正手吊球按球的飞行弧线和击球动作，可分为劈吊、拦截吊和轻吊。

a.劈吊：准备动作与正手击高远球相似，击球时手臂向上挥拍，突然减速拍面向内倾斜劈切。击球的刹那，手腕控制好拍面角度，快速做切削动作，使球向对角网前飞行。

b.拦截吊：把对方击来的平高球在途中拦截回去，落点一般在发球线附近。与劈吊不同，拦截吊在击球时拍面正对来球，借助球本身的速度和力量，轻轻点击。缓冲减慢球速，使球以较平的弧线越网后垂直下落。

c.轻吊：准备动作与击高远球相同，落点较近网。击球时拍面正对来球，在触球瞬间突然减速轻点和轻切来球，使球一过网就下落。

② 头顶吊球。头顶吊球准备动作与击头顶高球相同。只是击球时，击球点要稍靠前些，头顶吊直线球时，击球的瞬间前臂突然往前下方挥拍，球拍击球托的正中部位，使球朝直线方向飞行过网后立即下落。头顶吊斜线球时，击球瞬间，前臂突然反腕往前下方挥拍，以斜拍面击球托左侧部位，使球向对角方向飞行过网后立即下落。

③ 反手吊球。反手吊球准备动作与反手击高球相同，只是击球时，握拍的方法、拍面的掌握和力量的运用有所区别。吊直线球时，用球拍反面切削球托的后中部将球击出，落点在对方右场区前发球线附近；吊斜线球时，用球拍反面切削球托的左侧部将球击出，落点在对方左场区前发球线附近。

（2）关于吊球的注意事项。具体如下：

① 击球时要提高击球点，击球点过低会下网。

② 手腕用力要柔软而有弹力。缺少柔软性，就会缺少对球微妙的控制力；没有弹力，就不能有效地把球送出去。

③ 击球前期动作没有同击高球动作相一致，让对手识破球的落点而有所准备。

④ 吊过网的球过高就容易给对方造成反击的机会。

（3）关于吊球的练习方法。具体如下：

① 反复做徒手的挥拍练习。

② 原地向上击球后，做吊球练习。

③ 两人一组隔网站立，一人发高远球，一人将球吊回对方场区。

④ 两人一组隔网站立，一人练习吊球，一人将球挑至对方场区。

3.杀球

（1）杀球技术的种类。

杀球是指将对方击来的高球，在尽可能高的击球点上用最大的力量将球向对方场区自上而下打压过去。这是各种击球技术中最具威力的进攻技术，但它也隐藏着突然由主动变为被动的危险性。把握好合适的杀球时机有一定的难度。漂亮的扣杀动作，除了能直接得分外，还能给对手造成心理压力，破坏对手的斗志。杀球按技术特点，大致可分为正手杀球、反手杀球、头顶杀球三种。

① 正手杀球。准备姿势和动作要领与正手击高球基本相同，不同的是击球点的位置和最后用力的方向。首先移动到位，侧身屈膝重心下降，准备起跳。起跳时，右肩上提，球拍上举，起跳后，右上臂经身后上摆，身体后仰呈反弓形在空中收腹用力，前臂全速往前上挥动，手腕充分后伸。击球时，前臂内旋，手腕快速闪动发力杀球。击球后，迅速回收球拍向中心位置回动。

② 反手杀球。即当对方回击至左中场或左后场底线的高球，来不及后退到位时可用反手杀球，或者趁对手击球后未回位时采用。

反手杀球动作方法与反手击高球基本相同，只是反手杀球在击球前的挥拍用力更大。

击球瞬间握紧拍子快速外旋和后伸，击球托之后部，线路是直线向下。

③头顶杀球。头顶杀球是一种快速、积极主动的进攻技术。其动作要领和准备姿势与头顶高球基本相同，只是头顶杀球起跳步子更大些，起跳后身体后仰的幅度也更大些。击球时，要集中全力向直线或对角方向下压。为了在空中保持身体的平衡，两腿在空中分开得也较大。击球后，顺着惯性回到中心位置。

（2）杀球技术的注意事项。具体如下：

①要能准确预测击球点。没有准确的击球点就打不出有威力的球。特别是在有一定难度的起跳击球时，就更不容易掌握，因为在跳起时想用眼睛来正确捕捉击球点是相当困难的。

②击球时，肩部、肘部和腕部不要有多余的动作，要流畅而迅速地把全身的力量作用在击球动作上。

③要保持较高的击球点。

④不要提前挥拍击球，这样容易出现失误。

（3）杀球技术的练习方法。具体如下：

①反复进行徒手挥拍练习。

②在网前跳起向下用力掷羽毛球，体会挥臂、闪腕的动作。

③两人一组隔网站立，一人发中场高球，一人做跳起杀球练习。

④采用多球定位变向的杀球练习，体会正确的动作和准确的落点。

学习了以上高手击球的高、吊、杀三种技术，不难发现这三种技术的区别：首先是击球点，高远球的击球点应保持在右肩前上方，吊球的击球点要稍微靠前些，而杀球的击球点比吊球再靠前些；其次，击高远球和杀球时，是以肩为轴，前臂带动手腕，杀球更强调手腕下压动作，而吊球则是以肘关节为轴，手腕积极点击或切削球后下压。

（三）低手击球技术

1. 低手击球技术的动作

低手击球是将对方回击过来低于头部高度的球，以下手击球的动作回击到对方场区。它是属于防守性的技术动作，一般可分为抽球、半蹲快打和接杀球三种。

（1）抽球。回击身体两侧和低于头部高于腰部的来球称为抽球，它是控制性技术，主要用于还击对方的长杀，一般在双打比赛中运用较多，技术可分为正手抽球和反手抽球两种。

①正手抽球。移动到位，最后一步右脚向右侧跨出，侧身对网，上体向右侧倾，重心在右脚上，右臂侧上摆，前臂稍外旋，击球时主要靠前臂带动腕部由下往右侧平行抽压，抖动挥拍。击球后，右脚蹬地，身体重心置于两脚之间。

②反手抽球。移动到位，最后一步左脚向左侧方跨一步，重心落于左脚，后脚脚跟提起，右臂屈肘，肘部稍上抬，小臂内旋，手腕内屈。引拍至左肩后。击球时，右脚蹬地，髋关节向右转动，小臂在挥拍时外旋，手腕内屈到伸直时快速抖动，挥拍击球托的后下部。击球后，球拍回收至胸前，身体重心置于两脚之间。

（2）半蹲快打。在中场区，对方打过来的肩以上至略高于头部之间的平快球，采用半蹲姿势，争取在较高的部位上快速地平击回去，这一动作称为半蹲快打。半蹲快打技术主要表现出凶狠、快速、紧逼对方，有主动进攻的特点，多用于双打比赛中。

两脚平行站立或右脚稍前站立于中场，成半蹲姿势，右手持拍上举，击球时前臂向前带动手腕抖动爆发式力量击球，拍面稍下压。并要随时跟进争取在身前较高部位将球平击到对方场区。击球托的后部。击球后，随惯性回收成准备姿势。

（3）接杀球。接杀球是将对方扣杀过来的球还击回去。它是被动状况下采用的一种防守性技术，需要反应快、判断准、手法准确；回球的落点和线路运用要适当，突出体现一个"快"字。

① 挡球。

a.正手挡球。左脚在前，稍侧身站立，球拍置于右侧，两眼紧盯着球。身体重心移向右脚或右脚向右跨出一步，侧身，左肩对网，右手持拍右侧后引，对准来球。击球时，借助来球本身的力量和速度，不需要过大的挥拍动作，将球挡回至对方前场区。

b.反手挡球。身体左侧的球用反手推挡，身体重心移到左脚，或左脚向左侧跨出一步，身体左转，右肩对网，反拍迎击来球，握拍放松。击球时，挥拍切挡，手指控制拍面角度，借来球的力量反弹至对方前场区。

② 平抽球。

平抽球是一种比较积极的接杀球方法，其特点是速度快、擦网过、飞行弧线平。若掌握好回球线路，具有一定的反攻威力。比赛中也可以抽高远球，能把对方牵制到后场，伺机反攻，变被动为主动。用于接杀球的抽球方法与挡球方法基本相似，主要区别在于：抽球时有一个向后引拍动作，球拍握紧，击球时以前臂带动手腕向前上方快速挥拍抽球，击球后，身体重心置于两腿中间。

③ 推球。

当对方杀球过网较高或杀球无力时，可以用推球反击至对方中场或后场的两角。动作方法：方法与挡球相似，只是推球时握拍要紧，拇指顶住内侧宽面，以大臂带动手腕向前上方发力压腕。击球后，顺势收拍至体前，身体重心置于两脚之间。

2. 低手击球技术的注意事项

（1）要做好充分的准备姿势，将注意力集中到球上，增强预判能力。

（2）击球点应保持在身前，否则容易造成出球无力。

（3）移动迅速，反应要快，及时变换握拍法，以及时应对各种来球。

3. 低手击球技术的练习方法

（1）反复进行各种低手击球动作，并配合步法移动的徒手挥拍练习。

（2）多球练习，在中后场做半蹲快打和接扣球练习。

（3）二对一隔网做平抽快打练习。

（4）全场综合技术练习。

（四）挑球技术

1. 挑球技术的动作介绍

挑高球是将对方击来的前场球，挑高放回到对方后场区域的击球技术。挑高球是一种被动回击的方法，其特点是飞行弧线高，时间长，距离远。因此，能为己方赢得时间调整好状态准备下一击。挑球按其技术可分为正手挑高球和反手挑高球两种。

（1）正手挑高球。移动到位，右脚向来球方向跨出一大步，侧身对网，右手正手握拍后摆引拍的同时，稍外旋，手腕后伸到最大限度，用食指和手腕的力量，急速向右前至左上方挥动，左手自然后伸。击球时，以肘关节为轴，握紧球拍对准来球闪腕，击球托的右侧下部。击球后，随惯性还原成准备姿势。

（2）反手挑高球。反手握拍置于胸前，右脚向左对着来球方向跨出一大步，重心在右脚上，同时右肩对网，屈肘引拍至左肩旁。击球时，肘关节上抬高于球拍，球拍经体前由下往上，用拇指的指腹压住拍柄内侧的宽面，用力将球击出。击球后，随惯性还原成准备姿势。

2. 挑高球的注意事项

（1）要根据球离网的远近，灵活调整拍面角度和用力方向。

（2）要保持好前臂与手腕的一致性，充分发挥向上方挑球的爆发力。

（五）网前击球技术

1. 网前击球的动作介绍

随着现代羽毛球运动向着全面、快速、进攻的方向发展，战术综合水平的高低显得尤为重要，前场区也是双方力图取胜而必须展开攻守争夺的重要场区。网前技术讲究的是细腻，力量小、动作小、步法灵活、以巧取胜。网前击球包括放网前球、搓球、挑球、推球、勾球和扑球等。

（1）放网前球。将对方击来的网前球，轻托或轻击，球向上弹起后恰好过网下落，称为放网前球。这种技术通常是在不能及时移动到较高位置上击球时而被动使用的，但高质量的放网技术会改变局面，变被动为主动。放网前球按其技术可分为正手放网前球、反手放网前球两种。

① 正手放网前球。侧身对右边网前，右脚向右侧前方大跨一步成弓步，正手握拍，球拍向右前上方斜举。击球时，右臂自然后伸，手腕稍后伸，小臂稍外旋，手腕由后伸至稍内收转动，右手轻松握拍，食指和拇指夹住球拍。在手腕和手指的控制下，轻击球托底部将球轻送过网。击球后，还原成下次击球前的准备姿势。

② 反手放网前球。击球前动作方法与正手放网相同，不同的是先向左前场转体，右肩对网，反手握拍，反拍迎球。击球时，前臂前伸、外旋，手腕内收至外展，轻击球托底部把球轻送过网。击球后，还原成准备姿势。要严格控制托球的力量，不能过大，否则容易造成球过网太高而被对方扑杀。

（2）搓球。在网前用球拍切击球托，使球在摩擦力的作用下旋转翻滚过网的技术，称为搓球。搓球技术是在放网技术的基础上发展起来的，因它飞行轨迹异常，能给对方回球造成困难，从而增加了进攻的机会。根据搓球的方向不同，可分为正手搓球和反手搓球两种。

① 正手搓球。击球前动作同放网前球。击球时，在球拍举至最高点前臂稍外旋，手腕由后伸至稍内收，与网前击球前期动作一致。击球时，加快挥拍速度，体现"搓切"的动

作，击球的右下底部，使球翻滚过网。击球后还原成准备姿势。

② 反手搓球。移动到位，反手握拍，前臂稍上举，手腕前屈至网高处，让手背高于拍面。搓球时，主要是用小臂的外旋和手腕内收并外展的合力。搓击球托的右后侧底部，使球侧旋滚动过网。击球后退原成准备姿势。

2. 网前球的注意事项

（1）要轻松握拍，使动作协调自然而流畅。

（2）注意动作的幅度，掌握好技术方法。

（3）击球部位选定的正确性。

（六）推球技术

1. 推球的动作介绍

推球是将对方击来的网前球，用推的方法将球回击到对方后场底线两角的技术。推球的特点是击球点较高，弧度较平。由于击球点距网很近，速度较快，如果控制好落点，就有很大的攻击性。推球技术可分为正手推球、反手推球两种。

（1）正手推球。移动到位，球拍向右侧平举。推球前，前臂稍外旋，手腕后伸同时球拍也稍往后摆，拍面对准来球。这时小指与无名指稍松开，使拍柄离开手掌，这样能充分发挥手指的力量。推球时，拍面尽力后仰，手腕由后伸直并且闪腕，食指向前压下，小指、无名指突然握紧拍柄，球拍快速地由右经前向左挥动。推球后，在回动过程中回收球拍于胸前。

（2）反手推球。移动至网前左侧，反手握拍，手臂侧上举。推球前，手臂向左胸前收引，手腕稍外展，球拍松握，拇指顶住拍柄的内侧宽面。推球时，当前臂往前伸的同时外旋，手腕由稍外展到伸直抖腕，中指、无名指、小指突然紧握球拍，拇指顶压，向前挥动将球推出，触球托的后部。击球后，身体还原至准备姿势。

2. 推球的注意事项

（1）要掌握好推球的时机，太低的球不宜用推球的技术。

（2）握拍要放松，不能用小臂手腕发力，球拍的预摆幅度不能太大，要短促快速。

（3）要提高击球点并控制好拍面角度。

（七）勾球

1. 勾球的动作介绍

在网前用手腕动作调整拍面，轻巧地将球回击到对方对角近网区域的技术，称为勾球。它是一种技巧性比较高的技术，具有欺骗性和突然性的特点，如与搓球和推球等技术结合运用，常常能达到意想不到的效果。勾球按其技术可分为正手勾球和反手勾球两种。

（1）正手勾球。移动至右网前，球拍随上臂向右前方斜平举，同时前臂稍有外旋，手腕稍后伸，右手捏拍将拍柄稍向外捻动，使拇指指腹贴在拍柄的内侧宽面，食指的第二指节贴在拍柄的外侧宽面上，掌心空出。击球时，靠前臂稍内旋，并往左拉收，手腕由微伸至内收抖腕，要控制好拍面角度，击球托的右侧下部，使球沿着网的对角飞行至对方网前角落，击球后还原成准备姿势。

（2）反手勾球。移动至左网前，反手握拍，上臂前伸拍子平举。击球时，拍面正对来球，肘部突然下沉，上臂稍外旋，手腕后伸闪腕，拇指与中指向右转动拍柄，其他手指突然握紧拍柄，拨击球托的左侧下部，使球飞越过网至对角处。击球后，球拍往右侧前回收至准备姿势。

2. 勾球的注意事项

（1）伸腕或屈腕动作要突然、快速、短小，拍面要对出球方向。

（2）引拍动作要自然，这样容易控制勾球的角度和勾球的力量。

（3）引拍时，前臂和手腕要有外旋动作，否则容易被对方识破。

（八）扑球

1. 扑球的动作介绍

当对方击来的球刚好越过网上且较高时，迅速上网抢高点挥击下压的技术，称为扑球。它的特点是线路短，落地快，让对方措手不及，因此具有很大的威力，是双打比赛网前进攻的一项重要技术。扑球按其技术可分为正手扑球和反手扑球两种。

（1）正手扑球。左脚先蹬地，随后右脚发力蹬跃，使身体向球网右侧腾空跃起，球拍正对来球。同时前臂前伸稍外旋，腕关节后伸，放松握拍。击球时，前臂带动手腕和手指快速抖动发力。如球离网带上沿较近，可采用手腕从右向左将球压下的"滑动"式扑球方法，避免球拍触网犯规。击球后，要控制身体重心，球拍随惯性回收，做好准备姿势。

（2）反手扑球。右脚跨至左前蹬跳上网，身体稍右侧前倾，反手握拍上举至左前上方。击球时，手臂伸直并外旋，拇指顶压拍柄上端，假如来球靠近网带上沿，可将手腕外展由左向右拉切击球，以防触网。击球后，落地缓冲，回收球拍于体前。

2. 扑球的注意事项

（1）扑球的关键在于击球瞬间的加速度。

（2）一定要在高于网的部位击球。

（3）蹬地上网快，出手快。在网上最高点出手击球，干净利落地将球击出。

六、羽毛球基本战术

单打的打法是根据比赛者的个人技术特点、身体素质、心理素质等条件而形成的技术打法，常见的大约有以下 5 种。

（一）控制后场，高球压底

这种战术是从发球开始就运用高远球或进攻性的平高球压对方后场底线，迫使对方后退，当对方回球不够靠后时，以扣杀球制胜的打法。当对方疏于前场防守时，就可以以轻吊、搓球等技术在网前吊球轻取。轻吊必须在若干次高远球大力压住后场，对方又不能及时回到前场的基础上进行。这种打法主要是力量和后场的高、吊、杀技术的较量。对初学者，这是一种必须首先学习的基础打法。

（二）打四角球，高短结合

这种战术是在后场，以高远球、平高球和吊球，在前场则以放网前球、推球和挑球准确地攻击对方场区前、后、左、右四个角落，调动对方前、后、左、右奔跑，顾此失彼，待对方来不及回中心位置或回球质量差时，向其空当部位发动进攻而制胜的打法。这种打法要求进攻队员具有较强的控制球落点的能力和灵活快速的步法，速度要快，否则难占上风。

（三）下压为主，控制网前

这种战术主要通过后场的高远球、扣杀、劈杀、吊球等技术，先发制人，然后快速上网以搓、推、扑、钩等技术，高点控制网前，导致对方直接失误，或被动击球过网，被进攻队员一举击败的打法。通常也称"杀上网"的打法。这种打法是进攻型的打法，能够快速上网高点控制网前，对运动员速度耐力和力量耐力的要求较高。这种打法，体力消耗较大，如果碰上防守技术好的对手，体力就往往成为成败的关键因素。

（四）快拉快吊，前后结合

这种战术以平高球快压对方后场两底角，配合快吊网前两角（或运用劈杀）引对方上网，当对方被动回击网前球时，即迅速上网控制网前，以网前搓球、勾球结合推后场底线两角，迫使对方疲于应付，为前场扑杀和中、后场大力扣杀创造机会。这也是一种积极主动、快速进攻的打法。这种打法，要求运动员身体素质好，特别是速度耐力要好，技术全面熟练，而且还具备突击进攻的特长技术。

（五）守中反攻，攻守兼备

这种战术以平高球和快吊球击向对方前、后、左、右四个角落，以调动对方。让对方先进攻，针对进攻方打的高远球、四方球、吊球等，加强防守，以快速灵活的步法、多变的球路和刁钻准确的落点，诱使对方在进攻中匆忙移动，勉强扣杀，造成击球失误，或当对方回球质量较差时，抓住有利战机，突击进攻。这种打法要求队员不仅具有攻中有守、守中有攻的控球和反控球能力，具备优良的速度耐力、灵活的步法、准确快速的反应和判断应变能力，更应具有顽强的拼搏精神和过硬的心理素质，这样才能在逆境和被动中保持沉着冷静，并奋起反击。

【思考题】

1.羽毛球运动的基本技战术有哪些？
2.羽毛球运动的基本步伐有哪些？

第三节　羽毛球运动欣赏

一、羽毛球竞赛规则

详见最新《羽毛球竞赛规则》。

二、国际著名羽毛球赛事

（一）奥运会羽毛球赛

1985年6月5日，国际奥委会第90次会议上决定将羽毛球列为奥运会的正式比赛项目。

（二）世界羽毛球锦标赛

世界羽毛球锦标赛即世界羽毛球单项锦标赛。设有男、女单打、双打和混合双打五个比赛项目。1977 年起开始为三年一届，1983 年改为两年一届，在奇数年进行。

（三）世界三大团体赛

1. 汤姆斯杯赛

汤姆斯杯赛即世界男子团体羽毛球锦标赛，1948 年举行第一届比赛，现为两年一届，在偶数年举行。比赛由三场单打、两场双打组成。

2. 尤伯杯赛

尤伯杯赛即世界女子团体羽毛球锦标赛，1956 年开始举行第一届比赛，两年一届，在偶数年举行。比赛由三场单打、两场双打组成。

3. 苏迪曼杯赛

苏迪曼杯赛即世界羽毛球混合团体比赛。1989 年开始举办，两年一届，在奇数年举行，比赛由男女单打、男女双打和混合双打组成。

（四）全英羽毛球锦标赛

全英羽毛球锦标赛由英格兰羽毛球协会于 1899 年创办。它是世界历史上最悠久的羽毛球赛事。最初由英国和英联邦国家选手参加，现在已成为全球性的羽坛大会战。

（五）国际系列大奖赛

国际系列大奖赛是国际羽联参照世界网球大奖赛办法组织的，始于 1983 年。比赛分成若干赛区，由在全年不同时间和在不同国家举办的六个级别的系列赛组成，主要包括超级赛和大奖赛。根据运动员在各次比赛中的成绩积分进行排名，前 16 名进行总决赛。

三、国内赛事

（一）全国羽毛球锦标赛

全国羽毛球锦标赛分为男、女团体赛，团体赛分为甲、乙组，甲组是当年成绩排名前 12 的队伍。单项赛 5 个单项均以单淘汰赛决出冠、亚军。

（二）全运会羽毛球比赛

全国运动会羽毛球比赛是由中华人民共和国国家体育总局主办的羽毛球比赛，亦是中华人民共和国运动会的正式比赛项目。竞赛内容包括体能测试、资格赛和决赛。比赛项目包含团体赛和单项赛。

（三）中国羽毛球俱乐部超级联赛

中国羽毛球超级联赛是中国高端的体育职业联赛之一，是中国羽毛球协会与中央电视台体育中心共同举办的中国羽毛球职业赛事。

【思考题】

1. 国际著名的羽毛球赛事有哪些？

2. 国内的羽毛球赛事有哪些？

3. 你最喜欢的羽毛球运动员是谁？为什么？

第九章 网 球

运动是一切生命的源泉。

——达·芬奇

网球是一项被各年龄段人们所喜爱的全球性运动项目，从普及角度讲，它是世界第二大运动；从智慧角度讲，它是聪明者的运动；从消费角度讲，它是贵族运动；从文明方面讲，它是绅士运动。掌握这项运动不仅可以锻炼意志品质、增进健康，而且是非常好的交际手段。

【本章思政点】

李娜，1982年2月26日出生于湖北省武汉市，毕业于华中科技大学，中国女子网球运动员，2008年北京奥运会女子单打第四名，2011年法国网球公开赛、2014年澳大利亚网球公开赛女子单打冠军，亚洲第一位大满贯女子单打冠军。李娜被英国《金融时报》评选为2014年年度女性人物。2017年7月21日，李娜成为首个入选国际网球名人堂的亚洲球员。单打最高排名曾为世界第二，曾为WTA单打冠军排名第一位。

网球比赛经常能见到五盘大战，耗时几个小时，充分体现了运动员坚韧不拔、勤奋刻苦的精神品质。正因为有像李娜这样一批优秀的网球运动员，我国网球运动才能够快速普及与发展，才有希望成为网球强国。

第一节　网球运动概述

一、网球运动的起源

网球运动起源于法国。早在12—13世纪，法国的传教士常常在教堂的回廊里，用手掌击打一种类似小球的物体来调剂生活。后来这种活动渐渐地被传入法国宫廷，并成为当时贵族的一种娱乐游戏。开始是在室内进行，后来移向室外。在一块开阔的空地上，将一条绳子架在中间，两边各站一人，双方用手来回击打一种裹着头发的布球。

14世纪中期，这种游戏传入英国。由于当时这种球的表面是用埃及坦尼斯镇所产的绒布制作的，英国人将这种球称为"Tennis"，并流传至今，最终成为网球运动的名字。

二、世界网球运动的发展

（一）网球运动的诞生

1873年，英国的温菲尔德少校改进早期网球的打法，并将场地移到草坪上，同年出版《草地网球》一书，提出一套接近于现代网球的打法。1874年，温菲尔德又规定了球网的大小和高低，在英国创办了简易的草地网球比赛。1875年，英国板球俱乐部修订了网球比赛规则后，于 1877 年 7 月举办了第一届温布尔登草地网球锦标赛。后来这个组织又把网球场地定为长 23.77 米、宽 8.23 米的长方形，球网中央的高度为 0.99 米。3 年后再次修改网球规则，将网柱高度调整至 1.07 米；到 1884 年，把球网中央的高度定为 0.914 米。至此，近代网球正式形成，并很快在欧美盛行起来，成为一项深受欢迎的球类运动。

（二）网球运动的普及

19 世纪 90 年代中期，世界网球运动进入了重要发展阶段，许多国家和地区相继成立了网球协会，并定期举行比赛。1878 年以后，草地网球相继传入加拿大、斯里兰卡、捷克斯诺伐克、瑞典、印度、日本、澳大利亚、南非，乃至全球。1881 年，美国草地网球协会成立，并于同年成功举办了第一届美国草地网球锦标赛。同年，第一届美国网球公开赛在美国罗德岛新港举行。1896 年，在雅典举行的第一届奥运会上，网球的男子单打和双打被列为正式比赛项目。后来，由于国际奥委会和国际网球联合会在"业余运动员"的定义上有分歧，已经连续进行了 7 届的奥运会网球比赛被取消。直到 1984 年的洛杉矶奥运会上，网球被列为表演项目；1988 年的汉城奥运会上，网球重新又被列为正式比赛项目。

1913 年 3 月 1 日，英国、法国、澳大利亚等 12 个国家的网协代表在巴黎召开会议，成立了国际网球联合会，总部设在伦敦。

三、中国网球运动的发展

网球从 19 世纪中叶传入中国。1898 年，上海圣约翰书院举行了斯坦豪斯杯赛，这是中国网球史上最早的校内比赛。1906 年，北京汇文学校、协和书院、清华学校、上海圣约翰大学、南洋公学、沪江大学，以及南京、广州、香港的一些学校开始举行校际网球赛，促进了网球运动在中国的传播。19 世纪二三十年代，网球运动只在少数人中间流行。从 1924—1946 年，中国虽 6 次派队参加戴维斯杯比赛，但多在第一、二轮被淘汰，技术、战术水平较低。

新中国成立后，网球运动在起点低、基础差、交往少的情况下逐渐发展。1953 年在天津首次举办了包括网球在内的四项球类运动会；1956 年举办全国网球锦标赛；后来全国网球等级联赛定期举行，并实行升降级制度，还定期举办全国网球单项比赛、全国硬地网球冠军赛、全国青少年网球比赛；近年又搞起了巡回赛。另外，老年网球赛、高校网球赛、少年网球赛等对促进网球技术水平的提高起到了积极的推动作用。

进入 21 世纪，我国网球运动蓬勃发展。2004 年，征战雅典奥林匹克运动会的中国网球选手李婷和孙甜甜以一场极为完美的胜利，打破已被欧美选手垄断一个多世纪的纪录，夺得了网球女双金牌，从而也翻开了中国网球运动的新篇章。2006 年澳网、温网，郑洁/晏紫获得双打冠军。2008 年澳网，孙甜甜/泽蒙季奇获得混双冠军，这是中国人第一次获得大满贯混双冠军，至此，孙甜甜是目前唯一一个拥有大满贯冠军、奥运会金牌、巡回赛单双打冠军头衔的选手。2011 年法网，李娜为中国赢得第一座大满贯女单冠军奖杯。2014 年澳网，李娜第三次跻身澳大利亚网球公开赛决赛，并最终收获女单冠军。2023 年 2 月 12 日，在 ATP250 达拉斯站男单决赛中，吴易昺苦战 3 个抢七，挽救 4 个赛点后，战胜对手，首进巡回赛决赛就夺冠，就此成为公开赛年代以来第一位夺得 ATP 巡回赛冠军的中国网协球员。至此他的世界排名挺进到 58 名，创造了中国男子网球的最高排名！

【思考题】

1.网球运动起源于哪个国家？

2.网球运动是在什么时期传入中国的？

3.我国哪位网球运动员于哪年入选了国际网球名人堂？

第二节 网球运动实践

一、场地

网球场是一个长方形场地，长 23.77 米，单打场地宽 8.23 米，双打场地宽 10.97 米，用球网将全场分为二等区（见图 9-1）。单打支柱的高度是 1.07 米，安装在同侧单打边线和双打边线之间，支柱中心距单打边线外沿 0.914 米，在进行双打比赛时，需要撤掉单打支柱。球网中央高 0.914 米。

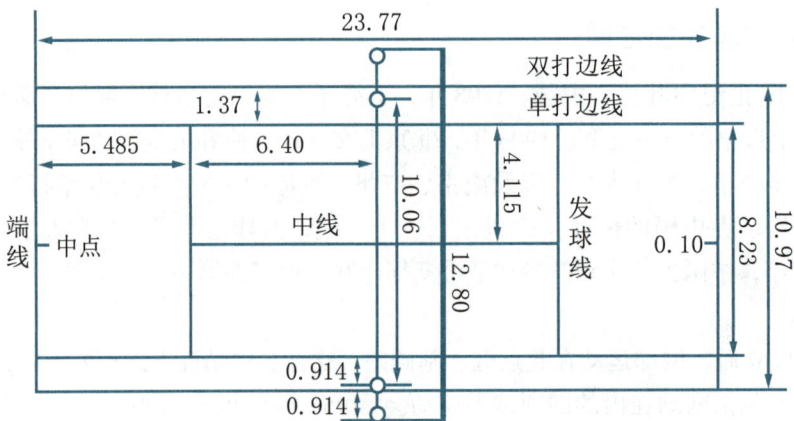

图 9-1 网球场地示意（单位：米）

二、握拍

现代网球握拍方法常用的主要有东方式握拍、半西方式握拍、大陆式握拍和双手反拍握拍等。不同的握拍法，无优劣之分，要根据自己的实际情况，选择适合自己身体条件的握拍方法。

（一）东方式握拍法

东方式握拍法因广泛使用于美国东部的沙土场地而得名，分正手和反手两种握法。这种握拍的优点在于，由于击球点相对较低，便于打出平击球，容易发力。不足之处是在反手击球时，比较难处理高球，容易失误。

1. 东方式正手握拍法

东方式正手握拍法（见图9-2），亦称"握手式"握拍法。将拍面与地面垂直，把右手掌放在拍面上，慢慢向下滑动，直至拍柄底部，然后五指自然分开握住拍柄，好像与人握手一样。准确地说，用握拍手的虎口对正拍柄右上侧棱，手掌根与拍柄右斜面紧贴，拇指握住拍柄的左垂直面，食指稍离中指，食指下关节压住拍柄右垂直面，五指握住拍柄。这种握法能增大正手击球的力量。

2. 东方式反手握拍法

从正手握拍法把手向左转动1/4圈即转动90°（或拍柄向右转动1/4圈即转动90°），使虎口对正拍柄左侧棱面上，即用手掌根压住拍柄的左上斜面，拇指直贴在拍柄的左垂直面上，食指下关节压住拍柄右上斜面，即为东方式反手握拍法（见图9-3）。

3. 正、反手变换握拍法

当球打到另一侧，仍需变换握拍法迎击。变换握拍始于准备运动时，用左手扶住球拍颈部，在球拍向后摆动准备击球之前，握拍必须调整完毕。

图 9-2　东方式正手握拍法

图 9-3　东方式反手握拍法

（二）大陆式握拍法

这种握拍法起源于欧洲大陆，故得此名。此握拍法对处理低球很适合，对于上网截击和处理网前球也很有利。它与东方式握拍不同之处是，大陆式握拍法对正、反手击球都无须变换握拍，而始终如一。大陆式握拍法（见图9-4）是将球拍侧立，从上而下握拍，犹如手握铁锤柄的姿势。正确的握法是虎口对拍柄上面棱面正中间，手掌根抵住拍柄上部的小平面，拇指直伸围住拍柄，食指下关节紧贴拍柄右上斜面，无名指和小指都紧贴拍柄。

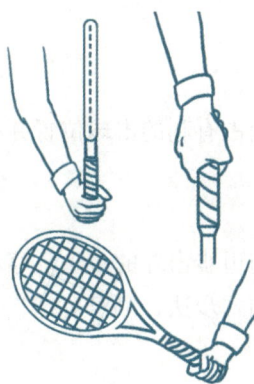

图 9-4　大陆式握拍法

（三）半西方式握拍法

半西方式的握拍法（见图9-5）是把"V"字形虎口对准在拍柄右上斜面与右垂直面交界线上。可以把球拍放地面上，握拍手四个手指指向拍头方向，移到拍柄把拍子从地面上抓起来就是半西方式握拍。拇指压在中指上，食指和中指略微分离，食指呈扣扳机状，掌根和拍底平齐。

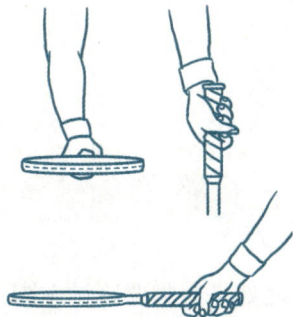

图 9-5　半西方式握拍法

（四）双手反拍握拍法

此握拍法是反手击球握拍的一种，优点是便于发力，稳定性好，缺点是需要步法移动到位、及时、准确才能有好的击球效果，对移动要求高。右手是大陆式正手握拍法，握在拍柄的后（下）方；左手是半西方式反手握拍法，握住拍柄的前（上）方，两只手之间不要有空隙。

三、准备姿势

面向球网，两脚开立稍比肩宽，双膝微屈，上身含胸略前倾。右手持拍，左手扶拍颈，拍头向上，与胸同高。重心在两脚前脚掌间，两眼注视对方或来球，做好随时起动的准备（见图9-6）。

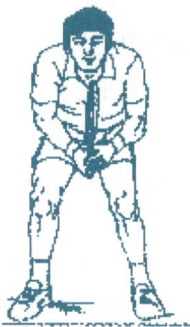

图9-6　准备姿势

四、网球击球基本步法

网球运动中，步法是一项重要的基本技术。灵活的步法可以抢占有利的击球位置并有效地回击来球。

（一）正手击球步法

正手击球要利用身体重心的前后移动击球，因此，要保证向前迈步击球的步法。移动时，右脚跨出最后一步并向右转动，然后左脚向前交叉，形成关闭式步法，侧身对球，重心前移击球（见图9-7）。

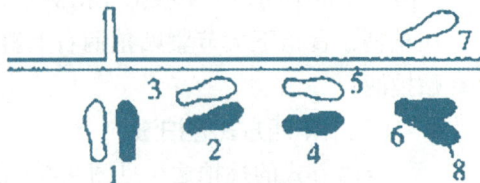

正手击球步法

图9-7　正手击球步法

（二）反手击球步法

反手击球步法与正手击球步法方向相反（见图9-8）。不同之处是右脚要跨过左脚，几乎背对来球。前进步法：上网截击和对方放小球时，都需要向前移动到位，保持侧身

（见图 9–9）。后退步法：从网前后退时，启动要快，击球时保持侧身（见图 9–10）。

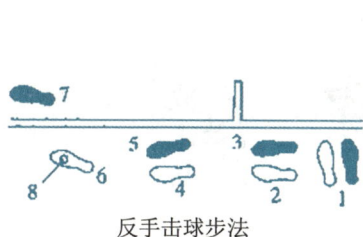

图 9–8　反手击球步法　　　　图 9–9　前进步法　　　　图 9–10　后退步法

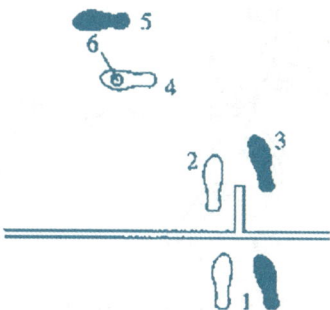

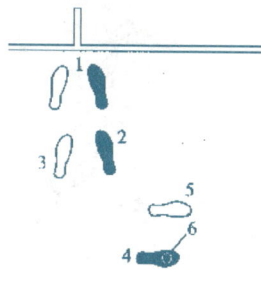

五、网球基本技术

抽击落地球是指球员站在后场或端线附近击打从地面反弹后的球。它包括正手击球和反手击球。

（一）正手击球

正手击球指的是在本人握拍手同侧的地方击打落地球，这是网球基本技术中最常用的击球方法，是初学者最先学习的技术。正手击球的动作比较深长，击球有力，速度也快，而且比赛中正手击球的机会比较多。正手击球后，可使本人在场上的位置更有利。

1. 动作要领

（以右手握拍者为例，以后介绍的各项基本技术均以右手为例。）

（1）准备姿势。面对球网，双脚向前自然分开与肩同宽，双膝微屈，身体略向前倾，重心落在双脚的前脚掌；右手握拍，左手轻托拍颈，双肘微屈，球拍舒适地放在身前，拍面垂直于地面指向对方；两眼注视对方来球，做好击球准备。

（2）后摆引拍。当判断来球需用正拍回击时，转动双脚，左脚跟抬起并向右前方上步，右脚向右转 90° 与底线平行，同时转肩转髋带动右手向后摆动引拍（此为关闭式步法，适用于初学者转体；另一为开放式步法，左脚不必上步，两脚平站但需要更多的向右转体动作），引拍时肘部弯曲、自然下垂，拍头高于手腕，球拍保持垂直地面，指向后方；左手伸向前方，保持身体平衡，后摆引拍时身体重心移向右脚。

（3）击球动作。当球接近身体时，右腿用力蹬地，重心前移，转动身体最后带动手臂及球拍前挥，手臂放松，手握住球拍不脱手即可，不需用力，击球点在前脚侧前方大概腰的高度，眼睛盯球，用拍面的甜区击球，触球后球拍向前跟进 3 ～ 5 个球的距离。

（4）随挥动作。触球后，挥拍沿着球飞行的方向最大限度前送，重心前移落在左脚，身体也随着转向球网，球拍挥摆到左肩侧结束，左手接拍，右手手掌心指向肩外侧，拍底指向球网方向。随挥跟进动作要比后摆动作大而充分，保证击球的稳定性，随挥跟进结束，眼睛看着球落地后立即恢复准备姿势，准备下一次击球（见图 9–11）。

图 9-11　随挥动作

2. 正手击球打法分类

正手击球打法主要有 3 种：上旋球、下旋球和平击球。

（1）上旋球。正拍上旋球是球拍自后下方向前上方挥动，摩擦整个球体产生球由后下方朝前上方的转动，故叫作"上旋球"。这种打法是在击球时，加大向上提拉挥动的幅度，使球产生较为急剧的上旋。上旋球的特点是飞行幅度大，下降快，落地弹起的反射角度较小，前冲力较大。打上旋球最大的优点是便于加力控制，是正拍击球中既能发出力量，又能控制进入场区减少失误的击球方法。在快速跑动时调整精确的击球点很难，而上旋球则有较大的把握性，其他击法容易失误。此外，正拍上旋球的飞行路线呈弧线状，过网后有急剧下降的特点，可以打出长的斜线球，把对方拉出场外回击而取得主动。上旋球还是破坏对方上网的有力武器，较低的上旋球落在对方上网人的脚下，使其难以还击。

（2）下旋球。和上旋球相反方向的是下旋球，俗称"削球"。击球时，球拍稍向后倾斜，挥拍是由后上方至前下方、打球的后下部产生下旋转，球是由前上方向后下方旋转并向前飘行，过网时很低，落地后弹起也很低并伴有回弹现象。下旋球的落点容易控制，可以打对方的深区，常用于随击上网，利用球的飞行时间和深而准的落点冲至网前截击，也可以作为变换旋转和节奏的打法，扰乱对方的节奏，使之失误。

（3）平击球。挥拍击球的路线较平缓，击球时拍面几乎垂直地面。击球的正后部，用同样的力量击球，平击球的球速最快，球落地后前冲力大，球的飞行路线较平直，但其准确性和控制力较差。

在实践中，球的旋转常是混合性能的，并与来球的方向、力量、旋转速度以及击球时的挥拍路线、触球时的拍面角度等因素有关。因此，要掌握正拍击球的不同旋转方法，需要在平时训练中反复练习。

（二）反手击球

反手击球指的是用与握拍手相反的一侧击球的方法，它和正手击球一样，也是网球基本技术中最常用的击球方法。反手击球技术动作主要有单手反手上旋球、单手反手下旋球和双手反手击球。

1. 单手反手上旋球

（1）准备姿势。与正手击球相同，关键在于要及时判断对方把球打在哪一边，当判断对方来球朝你的反拍方向飞来时，要及时移动双脚，转动身体，同时轻握拍颈的左手应该迅速帮助右手握拍由正手握法变换为单手反手握拍法。

（2）后摆引拍。向左转肩的同时球拍直接后摆，转至右肩垂直球网，球拍拍头向上翘起高于手腕，拍底垂直球网方向，同时右脚向左前方上步，以不超过左脚脚尖为准，后摆时肘关节呈弯曲状态，重心在后脚。

（3）前挥击球。左腿蹬地转髋，转肩，最后带动手臂进而带动球拍向球挥摆。反拍的击球点应在身体的左侧前方，击球瞬间，手臂伸直，双眼紧盯来球，身体重心从后脚移向前脚。

（4）随挥动作。球击出后，挥拍沿着球飞行的方向前送，重心前移，落在右脚，身体也随着转向球网，挥拍在右肩侧结束，随挥跟进动作结束，身体转向球网，迅速恢复准备姿势，准备下一次击球（见图9-12）。

图 9-12 随挥动作

2. 单手反手下旋球

（1）握拍方法。大陆式握拍法，这种握拍法介于东方式正手握拍法与反手握拍法之间，在此基础上根据个人习惯，可略微向左、右做一点转动。

（2）后拉引拍。从准备姿势开始，一旦判断要打反拍时，立即转肩，由转肩动作带动球拍向后，手腕稍微翘起，以保持拍向上，高于腕部，后拉拍动作完成。要使球产生下旋，向后拉拍必须相对地高一些，然后迎着来球向前下方去击球。

（3）前挥击球。向前挥拍时，重心随着球拍前移，以加强击球的力量和速度。削球的挥拍轨迹应是从后上向前下方挥动运行。拍面接触球时稍微仰起一些，击打球的中下部位置。击中球后继续向目标方向随挥，自然停止（见图9-13）。

图 9-13 前挥击球

3. 双手反手击球与练习方法

（1）双手反手击球基本技术。具体如下：

① 握拍。右手大陆式握拍法，左手用半西方握拍法。

② 后摆引拍。转动左肩，转到右肩垂直球网即可，手臂伸直随转体自然向后拉拍，拍头上翘，拍柄的底部指向球网方向。

③ 挥拍击球。左腿蹬地转髋，转肩，最后带动手臂进而带动球拍向球挥摆。反拍的击球点应在身体的左侧前方，击球瞬间，手臂伸直，双眼紧盯来球，身体重心从后脚移向前脚（见图9-14）。

图 9-14　挥拍击球

④ 随挥动作。球击出后，挥拍沿着球飞行的方向前送，重心前移，落在右脚，肩转动到平行球网，挥拍在右肩侧结束，迅速恢复准备姿势，准备下一次击球。

（2）练习方法。具体如下：

① 熟悉球性练习。

a. 用球拍向上颠球。可先用球拍一面颠球，熟悉后用球拍正、反两面交替颠球。

b. 用球拍向下拍球。先原地拍球，再移动拍球、转圈拍球。

c. 抛接球练习。将球抛起用球拍接球，尽可能让球不要在拍上弹起，反复多次练习。

② 单人的练习方法。

a. 徒手挥拍模仿练习。巩固、熟练正确的正、反手挥拍击球技术，体会挥拍时向后拉拍、转肩及腰部扭转和重心交换等动作要领。

b. 原地对着挡网站立，自抛球，用正手打不落地球。一定次数后，再打落地反弹下降至腰高的球；原地对着挡网站立，进行反手的自抛球落地击球练习。

c. 站在底线后用多球练习。分别练习正手击打不落地球过网，然后击打落地球过网。

d. 对墙稍远站立，正手击打落地球上墙，反弹落地一次后，再正手击打，反复练习，然后交换练习反手击球。

e. 与墙持一定距离，进行正手连续击球，争取最多回合而不失误，再进行反手练习。

③ 两人（多人）练习方法。

a. 一人面对挡网3米左右站立，另一个人背靠挡网正面抛球，让同伴进行正手击球练习。视掌握熟练程度，再逐渐拉长距离击球，反复练习，然后进行同样的反手击球练习。

b. 一人站在底线中间，另一人站在网前用球拍喂送多球，让同伴依次进行正手多球练习，然后进行反手多球练习。在练习过程中，将送球的落点逐渐向两侧移动，加大难度。要求每次击球结束后，迅速回到底线中间，准备下一次击球。

c.两人分别在底线练习多回合正手击球和多回合反手击球。先固定线路，逐渐加大难度到不定点线路。

d.网前两人截击，底线一人正、反拍定点或不定点破网练习，以缩短回击球时间，增加练习的密度和难度。

（三）发球

现代网球运动中，发球技术是非常重要的，这是唯一由自己掌握控制的击球技术。它可以不受对方制约，在较大的程度上发挥出个人的特点，用以控制对方，为自己的进攻创造有利条件。为此，要求运动员必须比较全面地掌握各种发球技术，以在比赛中争取主动。

1. 动作要领

（1）握拍法。大陆式或东方式反手握拍法。

（2）准备姿势。全身放松，侧身站立在端线外中场标记附近，两脚分开约同肩宽，前脚尖指向发球方网柱，后脚约与端线平行，重心在后脚上。左手持球轻托球拍在腰部，拍头指向前方。

（3）抛球与后摆。抛球与后摆拉拍动作同步开始，持球手四个手指指根托住球，拇指压在上面，掌心中空。当球拍向下向后引拍时，持球手同时由下向上抛球，到前额高度球离手，右手持球拍引至后方，拍子与小臂呈一直线垂直地面，大臂平行地面且小臂与大臂呈 90°，最终呈 L 形。

（4）击球动作。当球下降至击球点时，迅速向上挥拍击球，右腿蹬地转髋转肩，球拍放松下吊呈挠背状，通过转肩带动球拍挥摆至击球点。

（5）随挥动作。触球后，手臂跟随球拍惯性旋内扣腕，球拍向前上方继续挥摆，球拍挥至身体的左腿侧，重心移向前方，身体借惯性向前上方跃起，左脚落地进入场地（见图 9-15）。

图 9-15 随挥动作

2. 发球的分类及其方法

发球方法基本分三种：平击发球、切削发球和上旋发球。

（1）平击发球。平击发球是一种几乎不带旋转的大力发球，球的运行轨迹近于直线，发出的球力量大、速度快、落点深、威胁很大。一般用于第一发球。

平击发球的关键是力量，要求拍面正对球，不带丝毫切削地击球。击球时球拍尽量向后，前臂和地面平行，挺胸、展腹、提踵，身体充分向上向前伸展，上臂带动前臂、手腕，用鞭打动作向前上方挥拍，把球看作表盘，击球 12 点或 1 点钟位置。

（2）切削发球。这是一种以右侧旋转（略带下旋）为主的发球法，就是由球的右上往左下切削击球。该发球不但球速快、威胁大，而且容易提高发球命中率，但球速比平击发球慢。可用于第一发球，也可用于第二发球。

发球时把球抛到较平击球偏右侧斜上方，球拍快速从右侧中上方至左下方挥动。击球部位在球的中部偏右侧，使球产生右侧旋转。

（3）上旋发球。以上旋为主的发球法。击打球的位置为从 6 点钟方向到 12 点方向刷球，或者从 7 点向 1 点方向刷球，击打后收拍在执拍手同侧，手腕翻腕，手心朝上。

3. 练习方法

（1）抛球练习，面对墙，以墙作为参照物，手向前伸直距离墙 10 厘米左右，进行抛球练习。

（2）徒手做发球前的准备姿势，模仿抛球及发球的完整动作，多体会放松、准确、协调、完整、舒展的发球动作。

（3）在场上用多球进行抛球与击球相结合的练习（即抛打结合），边模仿，边练习，边体会。

（4）先练习发不定点球，后练习发定点球，逐步提高难度，即在发球区内不同的落点设立目标，将球发向规定的目标。

（5）在安排练发球时，可在规定的时间内发一定的命中数量或在规定数量内要求有一定的命中率，以此来提高发球的命中率和准确性。

（6）练习发球可先在中场位置练习，再逐渐退底线练习，由易到难。

（四）接发球

网球比赛首先是从发球和接发球开始的。接发球首先在思想上要具有先发制人、力争主动的意识。接发球时一定要把球稳妥地接回过网，能进攻的要大胆发动接发球抢攻，没有进攻机会也要设法变化球速、控制好落点，使对方不能进攻。

1. 动作要领

（1）握拍法。根据运动员习惯的握拍法来决定，大陆式握拍、半西方式握拍、双手反拍或者单手反拍等均可。

（2）准备姿势及站位。

① 准备姿势。保持两脚平行站位，比肩略宽，右手持拍者一般右脚稍前，两膝微屈，身体稍前倾，脚跟提起，将球拍置于体前。

② 站位。要根据对方的发球水平和自己的接发球水平、习惯，以及场地、球速快慢和

战术需要来确定，一般接第一发球时站位稍后些，接第二发球时站位略前。

（3）击球动作。在判明来球的方向后，即向后转动双肩，马上向前迎击来球。向后引拍的动作要短促，应保证在身体前面击球；同时要求重心一定要迅速前移，后脚保持触地，千万不可跳打接发球。接大力平击发球时，大多向左侧身用反拍击球，用正拍侧身抢攻需要有更快更早的动作。在接发球的全过程中眼睛始终要注视来球，一直到完成还击动作（见图9-16）。

图9-16 击球动作

2. 接发球的种类

接发球分正拍和反拍两种接法，可打出上旋、下旋、平击等球。根据战术的需要，除用不同的回击力量和落点变化外，还可直接放小球或挑高球，也可接发球上网和接发球破网。

3. 练习方法

（1）多球接发球练习。练习者站于中场接发球者发来的球，应注意发球的落点、力量、旋转、速度等因素，尽量与实际发球相似。可规定接发球者用正手还是用反手回球。

（2）提高接发球准确性的练习。多人轮流发球，要求练习者把球回击到指定的区域内。

（五）截击球

截击球是将球在空中未落地之前击回的技术，它是网球技术的一项重要内容。它回球速度快、力量大，使对手难以应对，是迅速取胜的有效手段。

1. 动作要领

（1）握拍法。大陆式握拍法。

（2）准备姿势。与正、反手击球基本相同，距球网2～3米，在对手击球前保持静止，身体放松稍向前倾。

（3）击球动作。引拍动作要迅速、简单，幅度要小。不管是正拍截击，还是反拍截击，引拍动作都一定要以转肩为主。引拍后要保持球拍与肩平行，不高于肩膀，拍头高于手腕，同时眼睛紧盯来球。向前挥拍时，要按照正手出左脚、反手出右脚的规律向前跨步；同时重心前移，击球点的位置要尽量赶在前，当判断好来球后，应尽可能地赶在身体前面击中球。

正手截击时，应做到以手腕领先于身体击球，即手腕在击球时处在身体的最前面；反手截击时，要做到以肘部领先身体击球，即肘部在击球时处在身体的最前面。通常情况下，拍面击中球时是有些开放向上的，但截击高点球时，需要将拍面接近垂直位置击球。在截击过程中，保持拍面的适度开放击球，可确实体会到"吃中球"的感觉，并能安全击球过网，从而保证击球的稳定性。一般来说，击球点位置越低，拍面就越接近水平；击球点越高，拍面就越接近垂直。同时，球拍的触球部位也是由球的底部到后中部变化着的（见图9-17）。

图 9-17　正手截击

（4）随挥动作。截击球的随挥动作长度一般比较短，击球过程是一个短促有力的撞击过程，球拍触球后沿击球的方向送出30厘米左右即可。

2. 练习方法

（1）模仿练习。徒手模仿；持拍模仿；对着镜子，结合步法分别练习正手截击动作和反手截击动作，注意动作的规范性。

（2）对墙距离2米左右，用球拍颠球5次，然后正手将球推送上墙，再用球拍接住球颠5次。连续10个回合后，改颠球4次，再连续10个回合，改颠球3次，依次类推，直到直接与墙进行不颠球连续正手截击练习。

（3）网前正、反手截击球练习。一人送球，练习者在网前连续截击正手或反手球，并将球回击过网。

（4）两人在网前相距3米左右，进行直线的连续正手截击练习。然后再进行反拍直线截击练习，距离可适当拉开。

（5）在网前中场或近网对底线进行截击球练习，先单线定点、后可加大难度进行左右移动截击或不定点截击。

（6）网前一人截击球，底线两人破网，提高截击者的难度，练习反应、判断能力。

（六）挑高球

挑高球技术在比赛中是经常用得上的一项技术，是自己在击球中处于被动时或主动进攻时使用的一项技术。使用挑高球技术可使自己在击球中摆脱困境，调整自己在击球时的被动局面。主动进攻时挑高球，可破坏对方击球节奏，调动对方进行前后场跑动，最终达到加速对方疲劳的目的。

1. 挑高球技术介绍

（1）进攻性挑高球。使用进攻性挑高球方法时，击出球的高度一般是以对方不能在中场或网前击球为佳，让球的落点深些，也可防对方发球上网或随球上网，同时也可使自己主动进攻。如对方在网前，挑高球过对方头顶，不使对方有扣杀的机会；如对方在底线，可使用挑高球调整一下节奏，为自己回到有利位置赢得时间。击球动作如同底线击球正反拍动作，但击球时拍面倾斜角度要大些，做由低向高、向上、向前送挥拍动作，击球的中下部位，挥拍速度要快，球拍摩擦球的时间要长，使球向上、向前旋转。

（2）防守性挑高球。防守性挑高球的弧度比进攻性挑高球高，通常从自己的端线放到对方的端线附近，以便在被动的情况下，迫使对手后退，摆脱困境。击球前，手臂要充分地后摆，球拍击打在球的中下部，由后下方向前上方平缓挥拍，把球高高地挑送到空中，尽量加长击球的时间，顺着球的飞行路线向上做随挥动作，在身体前面的高处结束（见图9-18）。

2. 练习方法

（1）利用多球进行练习。练习者在端线后，反复向对方端线挑高球，先定点练，然后在跑动中不定点练习，逐渐加大难度。

（2）网前一人进行高压，一人在底线练习挑高球。

图 9-18 练习挑高球

（七）高压球基本技术与练习方法

高压球是对付对方挑高球的一项进攻技术。良好的高压球技术，能为上网截击增加信心，根据对方挑高球落点的深浅，采取猛力的扣杀和落点准的打法，能使高压球更具威胁。

1. 动作要领

（1）高压球的动作与发球动作相似，握拍一般采用大陆式或东方式反手握拍法。当对方挑高球时，应立即侧身转体并用短促的垫步向后退，同时侧身，持拍手上举至头部位向后引拍，重心在两脚前脚掌上，后腿弯曲，随时准备扣杀。

（2）准备击球时，非持拍手上举指向来球的方向和高度，击球与发球时一样，击球点在右眼前上方。如果跳起高压，用后脚起跳，转体，收腹，击球后用左脚着地，同时右脚向前跨，准备再近网截击。高压发力的关键是向前挥拍时，手腕的扣击动作。

（3）击球后的跟进动作尽量像发球那样完整，起跳高压时要保持身体平衡。

2. 高压球的种类

（1）近网高压。当对方挑高球的落点位于发球线之内，就可迎上去大力扣杀，直接置对方于死地。此种打法的击球点可偏前，以便击球时向下扣压。

（2）后场高压。当对方挑高球的落点位于发球线之后，此时的击球点应稍后些，步法及时移动到位，迅速跳起给予猛击，击球后的跟进动作要长些，向前向下扣压。

（3）落地高压。当对方挑出直上直下的高球时，可等球落地弹起后再打。这样可增加打高压球的把握和信心。一般这种高球落地后的跳起弧线是直线向上的，所以步法移动要迅速，退至球的后面，调整好击球点的位置，然后向前还击球，像发球一样向前向下击球，落点对准发球线与底线之间，这样能提高击球的成功率。

（4）反手高压。由于反手高压不容易发力，且容易失误，故在比赛中运用较少，一般都应及时侧身后退，打头顶高压。当对方挑高球至左侧场边线，需被迫使用反手高压球时，应及时向左侧身，提肩抬肘，拍子低于手腕与肘关节，击球点在左上侧，击球时前臂和手腕迅速向上挥起，手腕紧固，集中精神和力量打落点，提高准确率。

3. 练习方法

（1）原地持拍做模仿练习，结合步法做挥拍练习。

（2）用多球进行各种高压球练习，从网前过渡到中场、后场，逐渐加大难度。先用手抛，后用拍送抛球。先定点，后不定点。

（3）一人底线挑高球，一人在网前高压球。

六、基本战术

单打战术的运用要求运动员头脑冷静，应变能力强，并根据自己的技术、战术特点，灵活多变地把各种战术有机地结合起来。单打技术主要有上网型、底线型和综合型打法三种。

（一）上网型打法

上网型打法是指利用网前进攻为主要得分手段的战术。它常用的基本战术可分以下几种。

1. 发球上网战术

发球上网战术是利用发球的力量进行主动进攻，并且是上网抢攻的一项主要战术，也是上网型打法者在比赛中的主要得分手段。

（1）用第一发球的力量，发侧旋球，目标是对方发球区右区外角，然后上网，根据对手回球路线，将球截击至对方反拍区（见图9-19）。

（2）用第二平击发球（拍面中心平直地击球的后中上部）或发上旋球（拍面的触球点在球的中部偏下方），目标为对方发球区右区内角，然后上网冲至发球中线，判断来球，并截击至对方场地的空当（见图9-20）。

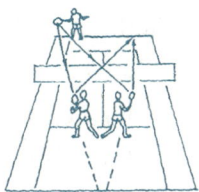

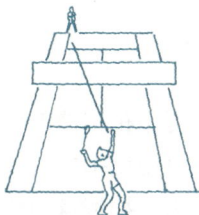

图 9-19　发侧旋球　　　　　　　图 9-20　平击发球或发上旋球

（3）用平击发球或侧旋发球，发球到左区内角上网，冲至中场处，判断来球，截击至对方正、反拍底线，然后人随球跟进，准备近网二次截击（见图9-21）。

2. 随球上网战术

随球上网是利用双方在底线对攻或对方接发球出现质量不高的中场球时，果断地进行抽击，然后随球上网的一项战术。

（1）拉出强烈的上旋球至对方的底线，趁对方将注意力集中在来球时，突然快速上网，将对方的回球截击或扣杀至对方的空当（见图9-22）。

图 9-21　近网二次截击　　　　　　图 9-22　回球截击或扣杀

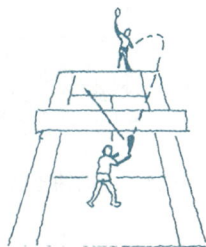

（2）对拉中突击大角度拉开，改放小球上网（见图9-23）。

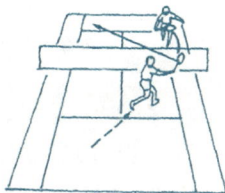

图 9-23　小球上网

（3）在底线相持对攻或对拉中，利用抽击球速度、力量、旋转和落点的变化来控制对方，使对方回球出现质量不高的浅球或中场球，然后迎上做随击球上网，以达到攻击对方目的。

（4）利用上旋抽击球，把对方压在底线后面，等待时机突击上网。

3. 接发球上网战术

该战术主要是趁对方的第二发球力量不足、落点不刁钻时，采取抢先进攻，以便创造机会和条件让自己快速来到网前，通过截击球或高压球压制对方的底线抽击，令对手措手不及，或直接得分。

（1）接外角二发时，可用正拍抽击或推切球，回击直线上网（见图9-24）。

（2）接内角二发时，可用反拍抽击或推切球，回击对方反拍上网（见图9-25）。

（3）内角二发时，可用正拍侧身抽球压打对方弱点上网（见图9-26）。

（4）外角二发时，根据对方技术情况，利用反拍抽击或推切球，回击对方弱点上网。一般以打直线上网为好，一是距离短，对方准备时间短，二是上网后容易封住角度（见图9-27）。

（5）接左区内角二发时，可用正拍抽击或推切球，回击对方左、右二点上网（见图9-28）。

（6）接左区外角二发时，根据发球质量可侧身正拍拍击球，回击对方斜线或直线上网（见图9-29）。

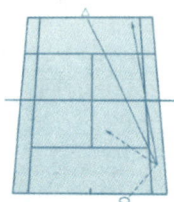

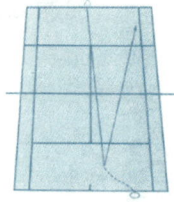

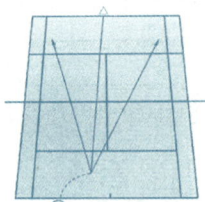

图9-24　正拍抽击或推切球　　图9-25　反拍抽击或推切球　　图9-26　正拍侧身抽球

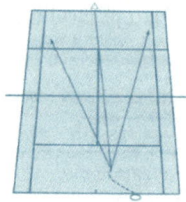

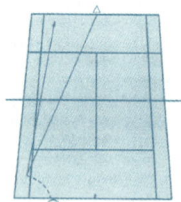

图9-27　封住角度　　图9-28　正拍抽击或推切球　　图9-29　侧身正拍拍击球

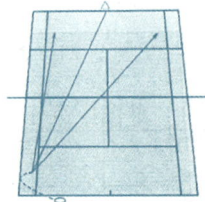

4. 偷袭上网战术

偷袭上网战术是在比赛中当对方只注意对付一种打法而忽略对付其他打法的时候，我方所运用的一种变换上网战术，以达到打破对方进攻及防守节奏、进攻对方的目的。

（1）在运用发上网战术时，如果对方已适应，此时突然不发上，而改用发球后随上战术，这样发上、随上战术的不断变换使用，或可达到偷袭和扰乱对方的目的。

（2）在底线对拉、对攻中，当对方专注底线打长球时，突然加力或拉上旋高球上网偷袭，常可使对方措手不及而造成失误。

（二）底线型打法

底线型打法是以底线正、反拍击球技术为基础组织的战术。它的指导思想是用速度、旋转、落点的变化来创造进攻机会。

1. 对攻战术

（1）以正、反抽击球的速度、力量，攻击对手的弱点，用速度压住对方。

（2）用正、反拍强有力地抽击球，连压对方一点，突击其另一点。

（3）用正、反拍的有力击球，调动对方大角度跑动，寻找进攻得分机会。

（4）在调动对方两边跑动时，突然连续打重复球，再加变线。

2. 拉攻战术

（1）正、反拍拉强力上旋于对方底线两边大角深处，不给对方上网及底线起板机会，寻找机会进行突击。

（2）正、反拉上旋球时，加拉正、反拍小斜角，增加对方跑动距离并出现质量低的回球，然后伺机进攻。

（3）拉对方反拍深处，伺机突击正拍。

3. 侧身攻战术

（1）连续用正拍攻击对方，创造得分机会。

（2）用正拍进攻，调动对方移动，反拍控制落点，伺机用正拍突击进攻。

（3）用全场正拍攻对方反拍，再突击变线正拍。

（4）用正拍进行攻击时，连续打出重复球。

4. 紧逼战术

（1）接发球时紧逼向前进攻，使对方发完球后有来不及准备的感觉，产生心理压力。

（2）连逼对方反拍，突击正拍，伺机上网。

（3）紧逼对方两边，使其被动或回球出现错误，伺机上网。

5. 防守反击战术

（1）在对方运用发球上网战术进攻时，接球可采用迎上借力接球，把球打到对方脚下或两边小角，然后第二板准备反击破网。

（2）在对方进行底线紧逼战术时，可采用底线正、反拉上旋球至对方底线两边大角深处的技术，不给对方创造得分机会，然后再伺机进行反击。

（3）在对方运用随球上网进攻时，应提高底线破网第一板的成功率和突击性，以及破网球的质量，以寻求第二次破网反击的机会。

（三）综合型打法

综合型打法是根据不同的对手和不同的技术与战术掌握情况、场地特点、战术需要，灵活地变换战术的打法。

首先，对付发球上网型打法者，采用接发球破网或接发球上网，再准备第二拍破网。

其次，对付随上打法者，采用底线打深球战术，用正拍进行对拉，反拍切削控制落点的战术，寻求进攻机会。

再次，对付底线稳健性打法者，采用发上或随上及底线紧逼战术，以打乱对方节奏。

最后，对付接发球上网者，提高一发命中率，变化发球和落点，以控制场上的主动权。

【思考题】

1.网球正、反手握拍的方法有哪些？

2.请详细说明网球正手击球的打法分类。

3.请详细说明发球的动作要领、分类及练习方法。

4.请介绍截击的动作要领和练习方法。

第三节　网球运动欣赏

一、网球竞赛规则

详见最新版《网球竞赛规则》。

二、国际著名网球赛事

（一）奥运会网球赛

1896年，首届现代奥林匹克运动会在希腊雅典举行。网球是奥运会所举行的八大比赛项目之一，也是唯一的球类比赛项目。1984年在洛杉矶奥运会上，网球重新被列为比赛项目。

（二）四大网球公开赛

具体如表9-1所示。

表9-1　四大网球公开赛相关内容介绍

名称	场地类型	开始年份	举行地点	赛事相关内容
温布尔登网球锦标赛（Wimbledon Open）	草地	1877	伦敦	也称"全英草地网球锦标赛"，创办于1877年7月，是现代网球史上最早举办的比赛。
美国网球公开赛（U.S.A.Open）	硬地	1881	纽约	其历史仅次于温布尔登网球锦标赛，它始创于1881年。美国网球公开赛在"四大网球赛"中，以奖金最多而闻名，奖金总额高达600多万美元。美国公开赛的影响虽比不上温布尔登，却高于澳大利亚，甚至法国公开赛。
法国网球公开赛（French Open）	红土	1891	巴黎	始创于1891年，比温布尔登网球锦标赛晚14年，通常在每年的5月至6月举行。场地设在巴黎西部的罗兰卡罗斯的大型体育场内。

续表

名称	场地类型	开始年份	举行地点	赛事相关内容
澳大利亚网球公开赛（Australian Open）	硬地	1905	墨尔本	始创于1905年（女子始于1922年），是四大公开赛中最迟创建的赛事，但是每年却最早开赛，于1月底至2月初在墨尔本举行。

（三）世界网球团体赛

1. 戴维斯杯网球赛

因美国人戴维斯倡议而举办，并由其捐赠银质奖杯授予冠军队，故名戴维斯杯网球赛。每年举行一次，采取分为两级的升降级比赛的方法，第一级称世界组，由16个队参加，这一级的冠军队获奖杯。第二级分欧洲A区、欧洲B区、美洲区和东方区4个区比赛，获得第一名的可参加下一年的第一级比赛。

2. 联合会杯网球赛

联合会杯网球赛是每年一度的世界女子顶级团体赛事，它是1963年为庆祝国际网联成立50周年创办的。联合会杯网球赛是和戴维斯杯赛齐名的团体赛事，是各国网球整体实力的大检阅。第一届联合会杯比赛是在伦敦的女子俱乐部进行的，共有16支代表队参加。

三、国内赛事

（一）中国网球公开赛

中国网球公开赛（China Open）是国际网球协会批准自2004年在中国举行的每年一届的男女综合性网球赛事。中国网球公开赛在整体级别上仅次于四大满贯，与印第安维尔斯大师赛、迈阿密大师赛和马德里大师赛并称"四大超级赛事"。

（二）上海大师赛

上海大师赛（Shanghai Masters）是职业网球联合会（ATP）世界巡回赛的九站ATP1000大师赛之一，也是亚洲唯一的一项大师赛。其重要程度仅次于四大满贯和ATP年终总决赛。

（三）武汉网球公开赛

武汉网球公开赛（Wuhan Open）是继北京中网、上海大师赛之后，国内级别最高的网球赛事。武汉网球公开赛与多哈、罗马、蒙特利尔、辛辛那提并肩成为全球五大超五赛，是武汉对自身城市网球文化的凝聚和提炼，是将武汉打造成中国网球之城的第一步，这也将是中国网球事业发展的一个新的里程碑。

【思考题】

1.国际著名赛事有哪些？

2.国内赛事主要有哪几个？

3.你最喜欢的网球运动员是谁？为什么？

第十章 太极拳

体育者，人类自养生之道，使身体平均发达，而有规则次序之可言者也。

——毛泽东

太极拳是一种以阴阳太极理论为指导，应用了经络学说，吸收了各家拳法特点，结合了古代导引、吐纳之术，以柔和缓慢、重意练内为主要修炼途径，以锻炼完整身型（法）下整体的基本劲力为基本目的，具有多重功能的，追求以柔克刚、循环往复等哲理的武术拳种。

【本章思政点】

2020年12月，"太极拳"项目被列为人类非物质文化遗产。

太极拳是基于阴阳循环、天人合一的中国传统哲学思想和养生观念，以中正圆活为运动特征的传统体育实践。该遗产项目注重意念修炼与呼吸调整，以五步、八法为核心动作，以套路、功法、推手为运动形式。太极拳习练者通过对动静、快慢、虚实的把控，达到修身养性、强身健体的目的。

该遗产项目自17世纪中叶在河南温县陈家沟村形成以来，世代传承，在陈氏太极拳的基础上发展出以其他姓氏或姓名命名的多个流派。该遗产项目现有80多套拳术、器械套路和20多种推手方法，文化意义和社会功能也得到不断丰富，其发展见证了人类的创造力。

该遗产项目在中国得到广泛认可和实践，在促进当代人身心健康、和谐共处方面依然发挥着重要作用。

第一节 太极拳运动概述

一、起源和发展

（一）太极拳的起源

关于太极拳的起源，众说纷纭，大致有唐朝许宣平、明朝张三丰、清朝陈王廷和王宗岳等几种不同的说法。民间关于张三丰创太极的传说比较多，但学术上没有充分史料可以证明太极拳由张三丰所创，也没有证据证明不是由他所创。中国武术史学家唐豪等曾经考证，太极拳为河南温县陈家沟的陈王庭所创，但从其考证的证据来看，尚有值得商榷之处，还无法定论。也有人称太极拳发源于武当武术，赵堡太极拳即为武当太极拳的一支。由上可见，太极拳并非由一人所创，而是由前人不断开发、总结、整理、创新、发展而来。目前可以明确的是，太极拳由河南温县陈家沟陈氏第十四世孙陈长兴传给河北永年人杨露禅（1799—1872），而后社会依次出现杨式、武式、吴式、孙式等太极拳流派。虽然很难断定太极拳究竟是由何人、在何时所创，但是可以肯定的是，太极拳的发展绝非一蹴而就，必然有一个萌芽、发展、壮大、成型的过程，是经过数代人的努力形成的，这也正说明了太极拳运动源远流长、博大精深。

（二）太极拳的发展

尽管太极拳的起源和创始人难以定论，但是陈长兴以后的太极拳演变线索是较清晰和被公认的，由此构成了现代意义的太极拳主体。根据拳理著作、动作形态可以看出从明末清初以来的太极拳演变、发展历程。

1. 第一阶段：基本形成期

这个时期主要指从明末清初的陈王庭至陈长兴（1771—1853）经过五传，完成了陈式太极拳的基本演变。

陈王廷是河南省温县陈家沟人，《陈氏家谱》说王廷"明末武庠生，清初文庠生。在山东称名手……陈氏拳手刀枪创始人也"。据《温县志》记载，在明思宗崇祯十四年（1641），陈王廷任温县"乡兵守备"，明亡后隐居家乡，晚年"造拳"自娱，教授弟子儿孙。"造拳"中的"拳"，即太极拳。他根据戚继光的长拳创造了太极拳，共五路，长拳一百零八势一路，炮锤一路，采取戚氏《拳经三十二势》中的二十九势。他的《拳经总歌》总括了其所创拳的理法。

从这一时期起，为了适应不同的学习对象，陈氏太极拳第一路又有老架、新架之分。为了适应保健的需要，陈家沟拳家陈有本首先创造了新架，架式和老架一样宽大，逐渐舍弃了原有的某些高难度动作。新架之后又出现了赵堡架，代表人物是陈清萍，其拳架特点是突出了圆形运动。

这一时期，陈式太极拳包括赵堡太极拳自身的改造基本完成，形成了现代意义上传统太极拳的雏形，并由此逐渐演变出不同的太极拳流派。

2. 第二阶段：流派定型期

太极拳被世人所知，应是从为太极拳走向社会做出贡献的河北永年人杨露禅开始。他被请进清王府教拳，便对陈氏太极拳套路中的缠丝劲及窜蹦、跳跃、发劲等难度较大的动作进行了改动，使其姿势较为简化，动作柔和，后经其三子健侯修改成中架子。再经其孙澄甫修改而成为目前流行较广的杨式太极拳。其特点是形态姿势舒展大方，速度均匀，轻沉兼备。姿势开展，平正朴实，练法简易，由松入柔，积柔成刚，刚柔相济。

武禹襄（1812—1880），河北永年人，先学拳于杨露禅，后到陈家沟师从陈清萍。陈清萍拳架是陈氏小架拳的支流。武禹襄逐渐融杨露禅修改后的太极拳和陈氏小架为一炉，自成一家。后传于外甥李亦畬及郝为真等，逐渐形成了"武式太极拳"。武氏太极拳注重身法，其特点是：动作轻灵，步法敏捷，手法无云手，步型无仆步，架式小而紧凑。

杨露禅次子班侯学得武禹襄紧凑的武氏太极拳之后，自成杨氏小架，后收满族人全佑为徒。全佑传子鉴泉（1870—1942），后鉴泉从汉姓吴。由吴鉴泉修改定型后，太极拳另成一家，世人称"吴氏太极拳"。其特点是：以柔化著称，重神静，拳架虽然小巧，但具有大架功底，在紧凑中自具舒展，不显拘束。推手时，端正严密，细腻熨帖，守静而不妄动，以善化见长。

孙禄堂（1861—1939），河北定县人，早年拜师于形意拳名家郭云深门下，深得形意拳精华，又师从八卦拳名家程延华学得八卦拳，功入化境，在武林久负盛名，有"活猴子"美誉。民国初年，其师从郝为真学太极拳。后来，孙禄堂取形意、八卦、太极精华融为一体，自成"孙氏太极拳"。

此期不仅是各太极拳流派产生期，也产生了太极拳经典著作，有《太极拳谱》《陈氏太极拳图说》《太极拳学》等。

3. 第三阶段：规范、普及、多元化发展期

新中国成立后，为了广泛推广普及太极拳运动，1956年，国家体委组织有关太极拳专家在杨氏太极拳基础上编订出简化"24式太极拳"套路，修订了太极拳、剑、推手法。1958年，国家体委又组织编订了《武术竞赛规则》，将太极拳列为武术比赛项目之一。随后又将太极拳、剑编入体育学院的《武术》教材，合编出《太极拳运动》单行本，使太极拳运动开始群众性大发展。改革开放后，太极拳的发展走向了规范化、多元化。20世纪80年代，全国上下出现了习武热潮，武术爱好者日益增多，武术比赛、交流活动日渐频繁。为了便于太极拳比赛开展，1989年国家体委武术部门顺应时代的需要，组织专家相继编订出陈、杨、武、吴、孙五式太极拳的竞赛套路；随后又创编了"42式太极拳竞赛套路"和"42式太极剑竞赛套路"，并且制定出新的"太极拳推手规则"。这些套路和规则的制定，使太极拳比赛更加规范，也使太极拳得以更加快速的推广。

同时，太极拳也进入了大发展期。1979年11月，邓小平同志为日本友人题词"太极拳好"。邓小平的题词给太极拳带来了新的生机，标志着我国传统武术在历经"十年浩劫"的停滞不前后，进入了蓬勃发展的新阶段。

1982年11月，全国首届武术对抗项目散打、太极推手表演赛在北京举行。伴随着太极拳的发展而产生的太极推手，终于作为一项体育竞赛面世。

1982年12月，北京大学成立武术学会，设立太极拳分会，这是我国高等院校第一个太极拳组织。此后，全国100多所高校陆续成立了太极拳组织，从高校学生中培养了一批又一批太极拳爱好者。

1990年，北京亚运会开幕式上，1400名中日太极拳选手的精彩表演标志着太极拳正式走向国际舞台。

2000年4月，中国武术协会开始着手制定太极拳全球化发展战略——太极拳健康工程。这项工程，是将太极拳作为武术的一个品牌，持续地推向世界。

2006年，太极拳被列入首批国家非物质文化遗产名录。2020年，中国申报的太极拳被联合国教科文组织列入人类非物质文化遗产代表作名录。

国家的高度重视、武术主管部门的规范管理、各种形式竞赛活动的频繁举办，极大地推动了群众性太极拳活动的开展。从城市到农村，各种太极拳组织相继成立，各种形式的传习和演练群体举目可见，太极拳运动人口日益增长。太极拳当之无愧成为全民健身的主要项目之一。

各种形式的国际太极拳比赛在国内外的举行，使国内众多拳师、传人走出国门，到国外传拳，太极拳已迅速传播到150多个国家和地区。数以亿计不同种族的爱好者加入太极

拳习练队伍，太极拳正被日益广泛地传向世界。

二、特点和功能

（一）太极拳的特点

1. 文化特点

太极拳根植于传统拳学、哲学、医学以及众多古典文化，在中国古典哲学全面而深刻的渗透下，形成独特的拳术运动思想，逐渐形成了融拳、哲、医三理于一身，具有技击和健身等多方面功能的优秀传统运动项目。

拳理方面，这里的拳理是指动作本身符合攻防规律，具有攻防含义，能够产生一定的攻防实效。太极拳首先是一种拳术，符合拳理，具有技击性，这是太极拳与体操、舞蹈、导引等其他运动的本质区别之一。

哲理方面，太极拳受传统哲学深刻影响，具有哲理性，充满辩证思想，由此形成了独特的运动思想、特别的技术要求、突出的价值功能。如果说哲学对各门拳术都有影响，那么对太极拳的影响是最全面、最系统、最深刻的，没有哪一门拳术能与之比肩，从古老的《周易》到宋明理学的古典哲学，都对太极拳有不同程度的影响。

医理方面，太极拳吸收了传统医学的经络、气血、导引、藏象等理论，符合医理。传统医学的导引、吐纳之术则被太极拳直接吸收。

2. 动作做法的内在特点

太极拳动作是构成太极拳运动的基本单位。和气功、导引等动作比较，太极拳动作具有明显的攻防含义。和其他拳术动作比较，除了动作连发得相对缓慢柔和外，其主要特点是：依靠意、气、形内外结合的练法获得太极劲。具体表现在如下几方面。

（1）意识贯注。用意且贯穿动作全过程、深入动作细节的特点是太极拳动作用意的特殊性所在。

（2）掤劲不丢。所谓掤劲，就是在太极拳一系列身形和意识要求下产生的一种弹性劲。太极拳的动作是在意识的贯注下，做到诸如头领气沉、含胸拔背等要求，进而使附着在关节附近的肌腱、肌肉适度松开。利用肌肉适度的伸张与收缩力，调节关节角度，肢体自然放长，肢体各部位遥相对应相合。全身的关节肌肉形成一个富有弹性的整体，形象的比喻就是身体像一个充满气的球、像一张拉满的弓。这种劲力状态要求保持在动作的全过程，即掤劲不丢。

（3）螺旋贯劲。螺旋就是肢体绕着不同轴的缠绕运动。由此产生的劲力，在太极拳中通常被称为缠丝劲，这是太极拳动作动态的要求之一。通过螺旋的缠丝运动，身体各个局部肢体运动连接成为一个整体，做到全身上下内外一动无有不动，表现出上下相随、周身协调、完整一气的整体运动特点。

3. 动作演练的外显特点

（1）内敛性。太极拳动作的含胸拔背、松腰敛臀、胯根内收等技术要求充分体现了太极拳身形的内倾、内敛、内向性特点。

（2）柔和性。太极拳的柔有多种表现，主要反映在动作用力的轻舒、动作速度的匀缓、动作过程的联动、动作神态的静稳等。这些综合构成了太极拳动作柔和的特征。

（3）连贯性。由不同太极拳动作构成的、有开始和结束的、固定程式化的练习形式，我们称之为套路。其间，动作之间的衔接没有人为的停顿，没有接头的地方，上一个动作的结束就是下一个动作的开始。整个动作之间的衔接，前后贯穿，连绵不断，有种均匀、连贯、渐变的稳静之感。同时，精神意识又要像大海波涛般起伏鼓荡。

（4）圆活性。圆活有两层含义：一层指动作的形态，另一层指动作的运动轨迹。前者指一个完整的动作造型无论是相对静止的定势动作还是在运动过程中，都应该是一个圆满的形态，关节角度一般不呈45°或挺直的角度，整个动作造型犹如满弓。后者指太极拳的圆弧运动是立体的、公转和自转统一的、上升到意识层次的圆弧运动。其大小、方向是灵活多变的，不是为了画弧而画弧，而是太极拳内劲的需要，表现为动作非圆即弧的运动轨迹。

（5）完整性。综合分析，太极拳的运动状态是身体四肢关节肌肉、内脏器官，包括意识呼吸，一动无有不动，意、气、形、劲、神高度统一的全身运动，表现为动作有序、协调、完整。

4. 技击特点

（1）力度上，追求以小力打大力，以无力打有力。对太极拳技击特点论述最经典的当属《太极拳论》所提出的"四两拨千斤""非显力胜""舍己从人"等观点，概括而言就是以小胜大。

（2）战术上，追求以慢手打快手，以后发制先发。快与慢是相对的，太极拳中的快与慢不是绝对意义上的速度概念，更多是发招先后的含义。在技击动手的顺序上，后动（根据对方动作采取相应方法）胜先动（盲目主观出击），因此太极拳所谓的快慢主要是一种战术策略。

（3）技术上，追求沾粘连随不丢顶，以柔制刚。"沾"，讲的是太极拳接手时要轻，要准。只有这样，才能了解对方劲力的大小和方向。"粘"有控制之意，粘劲的关键在于用己之意控制对手之意，己的意念始终在对手的意念前面，使对手发出的劲如进入一团糨糊，处处被缠绕封堵，有力不得施展。"连"，讲的是推手时，双方的手臂相吸相连不脱离。"随"，就是随人所动，不仅要在动作上相合，而且要在神意上和对方相合。具体方法：不与对方接触点脱开（即不丢），不与外来力作无变化的相较劲（即不顶），彼屈我伸，粘连相随，虚以应变，随机而变。通过加强、引导、干扰、破坏对方的运动，使其失去平衡，从而对其进行打击。

（二）太极拳的健身功能

太极拳是我国宝贵的体育遗产之一，我国人民长期以来锻炼的实践证明：它既是一种合乎体育原理的健身运动，又是一种治疗疾病的有效手段。太极拳的健身作用主要是由它独特的技术要求和特有的运动形式决定的。太极拳是通过心理活动引起生理变化，由此身心并修而达到健身的作用。

1. 心静用意，强心健脑

太极拳首重心静用意，即要求练拳过程中心理活动平衡，用意识支配动作。人的思想活动集中在练拳上，排除杂念，免受不良思绪干扰，从而使神经系统受自我意识控制。肌肉收与舒有节律地交替运动，增强了大脑神经活动的均衡性和灵活性，提高了神经传导的速度及准确性，可以改善大脑功能，调节大脑皮质兴奋与抑制活动，最终对神经衰弱、失眠、头晕、过度疲劳等症状有显著改善。

2. 松沉自然，活血健身

太极拳要求全身放松，包括肌肉关节，这样人体的血管阻力减少，血液循环加速，心脏负担减轻，特别是胸廓的放松扩展，使心肌外困压力减小，容积增大，收缩差增大，排血量增多，组织器官得到的养分增多，有利于养生健身。

3. 气行深长，调气益肺

太极拳呼吸采用腹式深呼吸，有时配合拳势呼吸，要求气下沉，做到深、长、匀、缓等。保持腹实胸宽状态，横膈参与运动，横膈下降，胸腔扩大，肺吸氧量增多。研究表明，正常人膈肌每下降 1 厘米，其肺活量将增加近 300 毫升。增强肺脏的通气和换气功能，能对心肺产生良好的保健作用，同时对五脏六腑也有良好的按摩保健作用。

4. 腰为原动，固肾增寿

太极拳有"腰为主宰""丹田内转""两肾抽提"等技术要求，实为充分练习腰腹部的运动。在腰两侧有肾脏，肾被称为先天之本，对其进行锻炼能有效地促进相应功能，增精延年。腹部的运动对肝脏、胃肠有良性的刺激和按摩作用，能促进胃肠的蠕动和消化吸收，改善体内代谢循环，增进食欲，提高健康水平。

5. 气敛入骨，壮骨生髓

太极拳要求"气敛入骨"，实质是要求在意识指挥下，全身松沉，恰似"气"入骨中，特别是下肢，要在气行中做到沉稳轻灵。太极拳动作缓慢，凡出腿迈脚，总要求一腿完全支持体重，即所谓虚实分清，这样下肢骨骼相对受力时间较长，加上有关"三合"的技术要求，使骨骼正常受力，从而有助于骨细胞的生长及骨髓中造血功能的改善，达到壮骨生髓的效果，再加上在太极拳弧形旋转运动中，肌肉对骨骼的作用大大促进了对骨骼系统的锻炼，从而延缓腿部衰老。

6. 胸怀太极，怡情养性

太极拳的拳理根植于中国太极、阴阳、中庸等传统文化基础，讲"天地一大太极，人身一小太极"，要天人合一，无过不及，无为而治，追求一种道。在练习中，动作不正不偏，缓和连贯，不急不躁，刚柔并济；在技击中，讲求引进落空，舍己从人，四两拨千斤。长期练习太极拳能对人的性格、修养、处世有显著作用，能修身养性，养成胸怀宽广、大度谦让、坚韧不拔、自强不息、厚德载物等良好品格，也能促使健康心态的形成。

【思考题】

1. 太极拳的哪些拳理体现了天人合一的思想？
2. 太极拳的运动特点有哪些？

第二节　太极拳的练习方法

一、基本动作原理与方法

（一）手型、手法

手型是指手掌的形态。太极拳有三种主要手型：拳、掌、勾。现代太极拳的手型以掌为主，拳、勾为辅。

1. 拳

四指自然弯曲，拇指扣于食指第二指节上。拳面齐平，不可僵硬。

（1）杨式：四指并拢弯曲，拇指扣压在食指、中指的指骨上。拳中能容一食指。

（2）陈式：四指并拢弯曲，指尖贴于掌心，然后拇指弯曲，贴于食指与中指中节指骨上成拳形，不宜握得过紧。

（3）吴式：四指自然弯曲，拇指扣于食指第二指节上，不可握得太紧，要有虚实的变化，基本与杨式同。

（4）武式：一种做法是四指自然弯曲，拇指扣于食指第二指节上，同杨式。还有一种传统做法是在前一种基础上大拇指第一指节扣在食指的第一指节上，四指尖不触掌心，掌心完全含空，称作半握拳。

（5）孙式：四指自然弯曲，拇指扣于食指第二指节上，并且大拇指够中指第二指节，使拳面略呈螺旋面，微微握紧，但是不可僵硬。中指尖顶掌心。

2. 掌

五指自然伸直、分开，掌心含空，虎口撑圆。

（1）杨式：五指自然伸直微分，手指向掌心侧微屈不伸直，指腹微向手背撑张，虎口撑圆，掌心内凹，形如荷叶状。

（2）陈式：大拇指指根向小指指根相合，大拇指尖后仰，并与食指分开，其余四指微微分开自然伸直，指尖向后弯曲，五指相错成螺旋形。

（3）吴式：大拇指与食指分开，其余四指微分开，但距离比杨式的小，指尖向前，虎口撑圆，四指与拇指似两个部分。

（4）武式：五指自然平均地分开，手指向掌心侧微屈不完全伸直，大指与小指相对领气，掌心内凹，有的练法要求拇指内扣。其伸展程度比杨式大，通常要求手指尖朝上。

（5）孙式：五指自然分开，掌心内凹程度比武式小。

3. 勾

屈腕，五指自然内合，指尖捏拢。勾手又称抓子，也有人叫钩手、钩子、吊手。孙式、武式无勾型。

（1）杨式：五指第一指节自然捏拢，屈腕。掌心含空，五指不可用力。掌心可容一小球，勾顶和腕关节处无绷紧感。

（2）陈式：五指指尖自然捏拢，腕微伸。掌心含空呈圆形，其掌心空间比杨式大，五指不可用力。掌心可容一小球，勾顶和腕关节处无绷紧感。

（3）吴式：拇指、食指、中指指尖自然捏拢，无名指、小指屈向掌心，屈腕。掌心含空但是中间空间很小。

（二）步形、步法、腿法

1. 步形

步形是指下肢腿脚的基本形状。各种流派的太极拳对步形的要求不完全一样，但太极拳的步型归纳起来，基本有以下几种。

（1）弓步：前腿屈膝，大腿斜向地面，膝与脚尖基本呈垂直，脚尖斜朝正前方；后腿自然伸直，膝可保持弧度，脚尖斜向前，两脚之间保持一定间隔。

（2）半马步：前脚脚尖向前，后脚脚尖向侧方，两脚距离约两个半脚掌；全脚掌着地，两腿微屈，重心偏后腿。

（3）虚步：前腿稍屈，前脚掌、脚跟或全脚着地，重心偏后支撑腿；后腿屈蹲，大腿斜向地面，脚跟与臀部基本垂直，脚尖斜向前，全脚掌着地。

（4）仆步：一腿全蹲，全脚掌着地，脚尖稍外展；另一腿自然伸直于体侧，贴近地面，全脚掌着地，脚尖内扣。

（5）独立步：支撑腿微屈站立，另一腿屈膝提起，大腿抬高与地面呈水平。

（6）丁步：一腿屈蹲，全脚掌着地，另一腿屈收，以前脚掌虚点地支撑腿侧面的地面。

2. 步法

步法指脚步移动方法。步法中，上步脚跟先落地，退步前脚掌先落地，注意左右脚之间的横向间隔距离，以保证重心稳定。步法变换要轻灵沉稳，重心转换，虚实渐变。常见的步法主要有以下几种。

（1）上步：后腿向前迈一步或前腿向前迈半步。

（2）退步：前脚向后迈一步。

（3）侧步：两脚朝左右平行，连续依次侧移。

（4）跟步：后脚朝前脚跟进半步。

（5）盖步：一脚经过另一支撑脚前方，向侧方向落步。

（6）插步：一脚经过另一支撑脚后方，向侧方向落步。

步法总要求：轻灵稳健，步点准确，轻起轻落，点起点落。

3. 腿法

腿法指腿的运动方法。其原则有：第一，高练低用，因敌变化；第二，上下相随，手脚并用。常见的腿法主要有以下几种。

（1）碾脚：以脚跟或前脚掌为轴，前脚掌或脚跟左右碾动。

（2）蹬脚：支撑脚微屈站稳，另一只脚屈膝抬起，小腿上摆，勾脚尖蹬脚跟，高过于腰部。

（3）分脚：支撑脚微屈站稳，另一只脚屈膝抬起，小腿上摆，绷脚面踢脚尖，高过于腰部。

（4）拍脚：支撑脚微屈站稳，另一只脚向上摆踢，绷脚面，同侧手掌在额前迎拍脚面。

（5）摆莲脚：支撑腿微屈站稳，另一只脚经前向外侧做弧形摆动，脚面绷平，两手掌在额前依次迎拍脚面。

各种腿法均要求支撑腿稳定，膝关节不要僵直，上体保持中正。拍腿时不可低头弯腰；摆莲腿时注意身体不要左右歪斜摇摆。

4. 身形、身法

（1）身形。身形是指人体从头到臀之间，包括头、颈、肩、胸、背、腰、胯等部位的整体形态。体内要求尾闾中正，从百会穴到会阴穴是一条垂线；从体外看要头正、身直。具体规则和要领如下。

① 头部：头要正，不可稍有前俯、后仰、左歪、右斜之势。枕骨和两耳尖微上领。下颌微敛，舌顶上腭，眼向远处的前下视。

② 颈部：颈要直，在头部枕骨上领和下颌微敛作用下把颈部的自然弯曲向上领直。

③ 肩臂部：肩部松沉微向前合，肘部微屈而松坠，坐腕，掌心向前，手指自然张开。

④ 胸部：胸部在肩部的作用下，微含，自然而宽畅。

⑤ 背部：背部在肩、胸的作用下，微圆而直。

⑥ 腰部：腰部要松而直，所谓命门穴后撑，两肾饱满。

⑦ 臀部：敛臀，提肛。

⑧ 腹部：腹部放松，小腹微圆，所谓气沉丹田。

⑨ 胯部：胯部要松而抱。像母鸡抱小鸡一样，不可抱紧，又不可张开，

⑩ 脚部：脚要微扣，全脚掌着力，十趾有抓地之意，两脚相距比肩稍宽。

（2）身法。身法主要是指腰带动躯干的运使方法。拳法总的枢纽在腰身。拳论讲的"力由脊发，步随身换"，"身"即为身法，身与腰密不可分，腰法实为身法躯干，可以分为三节：头是梢节，胸为中节，腹是根节，其运动符合三节规律，其他主要规律如下。

第一，腰为车轴，四肢为轮。太极拳运动中的腰部要像车轴一样直竖、稳定、圆转、不摇摆、不软塌，以徐徐转动来带动身躯四肢，内气如车轮般地旋转。

第二，中正不偏，无过不及。身法的运动中（除个别的姿势外），都要保持腰脊与地面垂直，转动中不倾斜，防止耍腰故意摆动。

主要身法有以下几种。

① 拧身法。

做法：以人体腰脊为中轴，左右肢体对扭，身体半面转动而蓄势待发。如野马分鬃之身法。

要求：背部、腰部两侧肌肉交替运动。

② 转身法。

做法：以人体垂直轴为中轴，用腰带动身体半面或整体外旋转动，通常以一脚支撑转体135°以上，如转身蹬脚。

要求：松髋松腰，身体中正。

③ 翻身法。

做法：以腰脊为转轴，折叠上体变易方位复出，通常指身体由前向后做180°的翻转，

如杨式中的撇身捶。

要求：头上顶，中轴竖直，即尾闾中正。

④起身法。

做法：竖直方向，身体由下向上顶劲上提，如金鸡独立。

要求：脚蹬立身，上体不过分前倾。

⑤塌身法。

做法：身体竖直，腰部后撑下沉，如揽雀尾中挤式、按式的腰部动作。

要求：腰部不可过分突出。

⑥伏身法。

做法：整个身体由上向下降落，如海底针。

要求：身体不失中正。

其他身法还有立身、坐身、进身、退身、侧身、披身等。

5. 眼法

眼法为眼的运使方法。眼是神的具体反映，俗称眼神，太极拳运动要求"神似捕鼠之猫"。一般要威而不猛，眼随手动，不仅使动眼神经、视神经得以锻炼，也体现形神兼备的特点。切不可半开半闭，呆视一点，毫无神气。通过眼神能反映内里变化，反之眼神也能诱导精神放松，不能忽视。主要的规律有：

（1）眼随手转，手眼相随。太极拳的眼法一般为平视，同时随身法、手法、步法的变化，顾盼两手中主要的一手，当手到达定点时，眼神要领先到达定点。

（2）顾盼全面，眼似闪电。在眼法诀中讲顾三前、盼七星，是指要看清双方上、中、下三路，以及注意对方头、肩、手、肘、胯、膝、足七个部位，眼快手捷，手眼相随。

主要的眼法有：

注视：以主要手为目标，向主要手的方向投目远视。如24式的手挥琵琶，以左手方向为目标，投目远视。

随视：随主要手转动，眼随手转。如24式的单鞭、弓步推掌时眼随左手自由向左转动。

二、基本练习

基本功是掌握及提高太极拳技术的基础训练，是端正人体基本姿势、提高专项素质、壮内健外的根本环节。太极拳的基本功练习有如下几种。

（一）桩功练习

1. 无极桩

两脚平行分开，同肩宽，两膝微屈，重心落于两腿之间；两手臂微屈，举于胸前，手指微屈自然展开，指尖相对（相距约20厘米）掌心向里如抱球状，目视两手。上体正直，头正悬顶，下颌微收，沉肩垂肘，松腰敛臀，精神集中，意守丹田，呼吸自然。初练时每次5分钟，久练之后可逐渐延长时间。姿势的高低可根据体质情况和腿部力量自行掌握，通过练习下肢力量更加稳实，使得周身内劲饱满，丹田之气充足。

2. 开合桩

在无极桩姿势的基础上,两手臂作稍向外掤开和稍向内收合的练习。开时为吸气(小腹鼓起),合时为呼气(小腹内收)。初练时呼吸应力求自然畅通,不要勉强憋气。当练久之后,可以加大呼吸程度,扩大充气量。如吸到极点不能再吸时,改为呼气。同样,呼到极点将气全部吐出不能再呼时,改为吸气。每次可练3~5分钟,日久可渐增。

3. 升降桩

预备时,身体自然正直,两脚开立,头正悬顶,下颌微收,肩臂松垂,两手轻贴大腿外侧,眼向前平视。这时体松心静、排除杂念、精神集中、呼吸自然。做动作时,两手缓缓向前平举至肩高,同肩宽,两肘微下垂,手指微屈,指尖向前,手心向下,眼看两手方向。这时为吸气(小腹内收,意由丹田提气上升,贴于脊背)。用意不用力,自然稳重,此为"升"式。当两手臂升至肩高时,转为下落,两手按至腹前,手心向下,微微下塌,舒指展掌,眼看前下方。这时为呼气(小腹鼓起),气沉丹田,此为"降"式。这样两手臂随两腿的屈伸,做前平举和下按的反复练习即为"升降"练习。姿势的高低可根据体质情况和腿部力量自行掌握。初练时呼吸应力求自然畅通,不要勉强憋气,久练后可以逐渐加大呼吸量。如两手升至肩高,吸到不能再吸时,改为呼气。同样两手下按,呼气到不能再呼时,改为吸气。一升一降为一次练习。初练时,可做3~5次,久练后,练习的次数可逐渐增加。

4. 虚步桩

立正站立,重心移至右腿并屈膝,左脚向前进半步,脚跟着地,脚尖翘起,左膝微屈;同时两掌向前上方举起,左掌同鼻高,右掌在左肘内下方,两掌手指微屈,自然分开,掌心斜相对,指尖均朝前上方,眼看左掌方向,如同左琵琶式。此式要求头顶端正竖直,下颌微收,沉肩垂肘,宽胸舒背,松腰敛臀,上体正直,左掌与左脚尖、鼻尖三尖相对。上肢的肩、肘、手与下肢的胯、膝、足均一一相合,即肩与胯合,肘与膝合,手与足合。精神集中,思无杂虑。用意行气,气一吸贴于脊背,一呼沉于丹田,周身务求自然,不用拙力,两腋虚空,两手臂用意内合。

练习该桩步,每次练习不论时间长短,都要持之以恒。此练习对于人体内部意气、周身内劲及腰腿功夫的增长,都有很大促进作用。此式还可以左右势交换进行练习,练习时间的长短及姿势的高低,因人而异。

(二)步法练习

1. 进步

(1)预备:身体自然直立,两脚跟并拢,脚尖稍外展,两手背分别贴附后腰两侧,手心均朝外,目前平视。

(2)动作。具体如下:

① 身体重心移至右腿并屈膝,左腿屈膝抬起。左脚向左前方上一步,脚跟先着地成左虚步。然后重心逐渐移向左腿,全脚踏实,脚尖向前呈左弓步,目前平视。

② 身体重心移至右腿并屈膝后坐,左腿自然伸直,左脚尖翘起外摆成左虚步;然后上体微左转,重心移向左腿并屈膝,全脚掌踏实,脚尖偏向东北,同时右腿屈膝,脚跟抬起

微外展碾脚。

③ 上体微右转，重心全部移至左脚，右腿抬起，经左脚内侧向右前方（东南）上一步成右虚步；然后重心逐渐移至右腿。全脚踏实成右弓步，脚尖向前（东），目视前方。根据以上步法变换过程，两腿交替向前反复进行练习。

收势：后脚向前脚跟步，两脚跟靠拢，两腿慢慢伸直，两手臂自然下垂于身体两侧，手心朝内。

（3）要点。具体如下：

① 在练习过程中，上体始终要保持正直，目前平视，重心要保持平稳，不要忽高忽低，身体的高低取决于本人的腿部力量，因人而异。

② 动作与呼吸的配合是：虚步时为吸气，弓步和碾脚时为呼气。

③ 步法转变要连贯稳实、虚实分明。

2. 退步

（1）预备。身体自然直立，两脚跟并拢，脚尖稍外展，两手掌相叠，手心朝里，左掌在外，右掌轻贴于小腹（丹田处），目光平视。

（2）动作。具体如下：

① 身体重心移至右腿并屈膝，左腿屈膝抬起，左脚向左后方撤一步，前脚掌先着地。重心逐渐后移，全脚踏实，左腿屈膝后坐；右腿自然伸直，目前平视。

② 身体重心全部移至左腿并屈膝，右腿屈膝、右脚抬起经左脚内侧向右后方撤一步，前脚掌先着地。重心逐渐后移，全脚踏实，左腿屈膝后坐；右腿自然伸直，目前平视。

根据以上两腿动作变换交替后反复进行练习。

（3）收势。前脚向后撤步，两脚跟靠拢，两腿慢慢伸直，两手臂自然下垂于身体两侧，手心朝内。

（4）要点。具体如下：

① 上体始终要保持正直平稳，不要忽高忽低，身体的高低取决于本人的腿部力量，因人而异。

② 动作与呼吸的配合是：身体后坐时为呼气，抬腿撤步时为吸气。

③ 动作要连贯、两腿虚实要分明。

三、套路练习

24 式太极拳也叫简化太极拳，是国家体委（现国家体育总局）于 1956 年组织太极拳专家汲取杨氏太极拳之精华编串而成的。尽管它只有 24 个动作，但相比传统的套路来讲，其内容更显精练，动作更显规范，并且也能充分体现太极拳的运动特点。

详见中国太极拳运动协会官方网站。

【思考题】

1. 太极拳的基本练习有哪些？

2. 太极拳的步法有哪些？

3. 练习太极拳时如何避免运动损伤？

第十一章 散 打

我们力求使学生深信，经常的体育锻炼，不仅能发展身体的美和动作的和谐，而且能形成人的性格，锻炼意志力。

——苏霍姆林斯基

散打是两人按照一定的规则，运用武术中的踢、打、摔等攻防技法制胜对方的、徒手对抗的现代竞技体育项目，它是中国武术的重要组成部分。通过散打练习，人们能增强体质，掌握技战术，并培养坚韧不拔的意志品质，起到自卫防身的作用。

【本章思政点】

作为中华民族传统的体育项目，散打运动带有鲜明的民族烙印。从古至今，道德教育一直是武术教育的重点与核心，传统功夫讲究的是"点到为止"，也就是人们常说的"武德"。中国散打运动包含很多明礼的思政教育元素，如切磋之前的抱拳礼就蕴含着很多文化内涵：左掌表示德、智、体、美、劳"五育"齐备，象征高尚情操；右拳表示勇猛习武，左掌掩右拳相抱，表示"勇不滋乱""武不犯禁"，以此来约束、节制勇武；左掌右拳拢曲，两臂弯曲成圆，表示五湖四海、天下武林是一家，谦虚团结，以武会友；左掌为文，右拳为武，表示文武兼备，虚心、渴望求知，恭候师友、前辈指教。

作为中国传统文化的典型代表，其内在思想和外在的表现形式无不渗透着儒家、道家和释家的精神。

第一节 散打运动概述

一、散打运动的起源

中国散打，俗称"散手"，古称"相搏""手搏""白打"，其发端可追溯到远古时期。那时候，原始社会人类为了猎取食物，长期与野兽搏斗并学会了与野兽搏斗所使用的不同方法。到了春秋战国时期，踢、打、摔、拿等徒手相搏技术得到了较为普遍的发展。西汉时期出现了与搏击有关的较为系统的文字记载。唐代创设了以搏击选拔武将的方式。两宋时期出现了"露台争交"和各种形式的武术表演。明朝时期打擂比武十分流行。清朝时期创建了专门性的馆和社，供人练习武术。1933 年，举办了国术（武术）国考，将男、女散打列入比赛项目，形成了散打运动的基本雏形。传统的散打没有具体的比赛模式和规则。

二、世界散打运动的发展

现代散打是武术框架内的一个新型产物，从 1979 年的初步尝试到 1982 年《散打比赛规则》的制定，这个新型产物迅速在世界各地蓬勃发展。1999 年，经过长期的酝酿和艰苦的谈判，12 月中旬，中国武术代表团赴美国，与美国职业拳击手进行对抗赛。在美国犹他州圣乔治城的迪希体育中心，双方共进行了男子 54 公斤、58 公斤、62 公斤、66 公斤、71 公斤、76 公斤、81 公斤、85 公斤和女子 62 公斤 9 个级别的较量，最后中国队以 7∶2 的悬殊比分赢得对抗赛的胜利。这次比赛是武术联合企业界携手使散打走向海外市场的巨大进步。把武术散打与职业拳击两个不同的项目放在一起交流，本身就是一个创举。比赛促进了两个不同项目之间的交流与了解，打开了禁锢，提高了武术散打和其他同类项目进行交流比赛的信心，也开辟了武术散打运动发展的新天地。近几年，中国武术散打与泰拳、法国的自由搏击、日本的空手道等进行了多次的交流与相互学习。

目前，散打和世界各地许多拳术，如跆拳道、泰拳、拳击等都有着广泛的交流，并且产生了巨大的影响，深受大家喜欢。散打运动经过近 20 年的总结、改进和发展，目前，不仅在国内，而且在世界五大洲的 70 多个国家和地区得到了开展和普及。

三、中国散打运动的发展

中国武术徒手搏击，早在 1000 多年前就传到日本，当时称为"唐手"，后来改称"空手"。1979 年，随着中国武术热的再度兴起，中国体委按照竞技体育模式，首先在浙江省体育委员会、北京体育学院和武汉体育学院进行了武术对抗性项目的试点训练，并于同年 5 月在广西南宁举行的全国武术观摩交流大会上做了首次汇报表演。同年，又进行了几次比赛。1982 年制定了《散打比赛规则》，1987 年，散打被国家体委批准为正式比赛项目，并设"团体锦标赛"和"个人锦标赛"赛制。现在，有许多国家的武术爱好者不仅喜爱中国套路武术，而且也喜欢散打运动。与各国选手较技，不仅可以促进国际武艺交流，将中国散打运动推向世界，而且也可以增进各国运动员之间的了解和友谊，促进国际文化交往。2000 年首届中国武术散打王争霸赛在湖南省长沙市举行，这是中国武术散打发展史上的里程碑，标志着中国武术散打进入了专业赛制时期。2001 年中国武术散打王争霸赛在竞赛组织方面的最大突破是邀请外国选手正式组队参加常规比赛。这标志着中国武术散打王争霸赛的国际化理念将由设想变成现实。

【思考题】
1. 散打的概念是什么？
2. 散打规则的制定是在哪一年？
3. 首届中国武术散打王争霸赛在哪个城市举行？

第二节 散打运动实践

散打的基本技术，是指散打运动员在实战中完成进攻与防守动作的方法，是散打运动员竞技能力水平的重要因素。根据动作的组成，可将散打技术大致分为单个动作技术和组合动作技术两大类。其中单个动作技术有实战姿势、拳法、腿法、摔法、步法、防守法、跌法等，组合动作技术有拳法组合、腿法组合、拳腿组合、拳摔组合等。另外，根据应用功能，可将散打技术大致分为主动进攻型技术和防守反击型技术两大类。在散打比赛中，运动员根据攻守平衡的对抗原理，将单个和组合技术不断地运用到进攻和防守之中。

一、实战姿势

实战姿势通常也叫作预备式或格斗式，是格斗前所采用的临战运动姿势。它不仅能使身体处于强有力的状态，而且能使身体有最佳的快速反应能力，利于快速移动发起进攻和防守，并且暴露面小，能有效地保护自己的要害部位。

实战姿势具有以下三个优点：① 便于运用进攻方法；② 便于防守；③ 便于步法移动。实战姿势分为左实战式和右实战式。

（一）动作过程（以左实战式为例）

1. 步形

两脚前后开立，距离稍大于肩。前脚掌稍内扣，后脚跟微离地。两膝微屈，身体重心在两脚之间。

2. 躯干

身体侧向前方，含胸收腹。

3. 手臂和头部

手型要求四指内屈，并拢握拳，大拇指横压于食指和中指的第二指节上。

前臂的肘关节夹角在 $90° \sim 110°$，拳与鼻同高，肘下垂。后臂的拳在颌下，屈臂贴靠于肋，下颌微收。目平视，合齿闭唇。

（二）易犯错误及纠正方法

身体重心过低、前倾或后倾，会让身体上部保护不够。纠正时，强调步法移动灵活，防守严密，姿势不可太低，重心控制在两脚之间。两手紧护躯体，尽量缩小暴露给对手打击的有效部位的范围。

二、步法

（一）步法的种类和技术要点

步法是散打格斗中身体向前、后、左、右移动的方法。灵活而敏捷的步法，不仅是调节重心、维持身体平衡的关键，也是进攻和防守占据有利位置、发挥最优攻势的基础。认真学习和演练是提高实战能力的重要环节。散打对步法的技术要求是：一活，是指步法移动、变换要灵活敏捷。二疾，是指步法移动的速度要快。三稳，是指步法移动要稳定。四准，是指步法移动的准确性要高。

1. 进步

左脚提起，向前进步，右脚迅速蹬地，跟进同样距离。

要点：进步跟滑步衔接快速，身体平衡。

2. 退步

右脚向后退一步，左脚用力蹬地，迅速后退同样距离。

要点：退步跟滑步衔接快速，身体平衡。

3. 跨步

左（右）脚向左（右）侧横跨半步，重心下沉，右（左）脚半步跟进，左跨时防守手势左右更换，右跨时身体略向左转。

要点：重心下沉，防守姿势及时调整。

4. 内步

左脚前脚掌原地拧动或向左跨步，随即身体左偏，右脚向左前方迅速跟上一步，身体右转约 90°。

5. 盖步

右脚经左脚前上步，脚尖外摆，两腿成交叉状，随即左脚向前上步，还原成实战式。

6. 插步

右脚经左脚后向前上步，脚跟离地，两腿略成交叉状，随即左脚向前上步，还原成实战式。

7. 垫步

右脚蹬地向左脚并拢，同时左脚屈膝提起向前落步，还原成实战式。

要点：后脚并步要快，不腾空，前腿提膝快速连接。

8. 击步

双脚蹬地起跳，随即左脚落地，右脚稍后提膝落步，还原成实战式。

9. 换步

前脚与后脚同时蹬地并前后交换，同时两拳也前后交换成右实战式。

10. 跃步

右脚蹬地向前跨越一大步，左脚继而向前跨一步。

要点：两脚动作连贯、快速，上体平衡，腾空要低。

（二）步法的练习方法

1. 反复练习揣摩

学完一种步法以后，必须通过自己的反复练习揣摩，才能找到要领，熟悉技术并由单独练习逐渐过渡到连续练习。在步法的单独练习熟练后，可以把几种步法组合起来进行综合练习。

2. 结合信号练习

教练员事先设定以掌心掌背的朝向或其他动作作为信号，要求练习者按信号做出相应的步法，这种练习既可以巩固步法技术，又可以提高反应能力。两人配合练习，规定一方运用多种步法，如移步闪退等，而另一方做出相应的移动，使双方距离尽量保持不变。

3. 结合攻防动作的练习

（1）把步法和各种攻防动作结合起来练习，提高整体协调配合能力以适应实战的需要。

（2）配对练习，规定一方单招或组合连招进攻，另一方移动摆脱，并寻机予以反击，提高步法的实效性。

三、拳法

（一）拳法的种类和技术运用

散打运动中常用的拳法技术有冲拳、掼拳、抄拳、鞭拳 4 种。在实战中拳法具有速度快和灵活多变的特点，它能以最短的距离、最快的速度击中对手。拳法不仅能结合其他技术手段进行训练，而且能任意配合其他技术使用。如果掌握得好、利用得巧妙，就能给对手造成很大的威胁。

1. 直拳

（1）左直拳。

① 动作过程。由实战姿势，即由左脚、左手在前的正架势开始，右脚微蹬地面，重心微向前脚移动，上体右转。同时左臂由屈到伸并内旋 90°，直线向前冲出，发力于腰，力达拳面。

② 易犯错误及纠正方法。

撩拳。冲拳时前肘先于拳而动，形成拳往下撩的错误。纠正时，强调以拳领先。勿先动肘；或由同伴帮助以一手拉拳、一手按肘，慢慢体会要领。

只动前臂。冲拳时不是以肩催臂，而是前臂屈伸。纠正时，强调肩先动，催肘送拳。

（2）右直拳。

① 动作过程。右脚微蹬地，并以前脚掌向内转，转腰送肩，上体左转。同时右臂由屈到伸并内旋 90°，直线向前冲出，力达拳面。

② 易犯错误及纠正方法。

上体过于前倾。冲拳时，上体向前移动过多，腰没有向左拧转。纠正时，多体会腰绕纵轴方向拧转的要领，克服向前俯身的毛病。

翻肘撩拳。冲拳时前臂、肘关节先动并外翻，形成撩拳错误。纠正时，由教练员或同伴帮助，或面对镜子，做慢动作练习。

向后引拳，预兆明显。这是学习拳法的常见错误。纠正时，面对镜子或由同伴监督，用慢速放松练习，以体会出拳路线。

2. 摆拳

（1）左摆拳。

① 动作过程。上体微向右转，同时左拳向外（45°）、向前、向内成平面弧形横击，臂微屈，拳心朝下。同时转腰发力，力达拳面或偏于拳眼侧。

② 易犯错误及纠正方法。

摆拳幅度过大。纠正时，面对镜子或由同伴帮助，消除只想用力的心理，严格体会摆拳的运行路线，待动作基本定型后再加大动作力量。

翻肘过早，出现甩拳。纠正时，由同伴帮助，一手拉拳，一手按肘，克服翻肘的错误。

向前探身。纠正时，多体会向右转腰发力的要领，或由同伴帮助控制身体前探。

（2）右摆拳。

① 动作过程：右脚微蹬地并以前脚掌向内转，合胯并向左转腰，右拳向外（约45°）、向前、向内成平面弧形横击。同时上体左转，腰胯发力，力达拳面或偏于拳眼侧。

② 易犯错误及纠正方法：参考左摆拳。

3. 抄拳

（1）动作过程。抄拳分为左右上抄拳和左右平抄拳，以左上勾拳为例，左势站立，上体稍向左侧倾，重心略下沉，左拳微下落，随即左脚蹬地，上体右转，挺腹前送左髋，左拳由下向上曲臂勾击，同时腰向右转，发力于腰，力达拳面，大小臂夹角约90°，右拳自然回收于颔前。击打目标后，左拳收回原位。

（2）技术特点。散打实战中，这是贴身或近距离间的进攻拳法，隐蔽性强，力量大，在进攻中具有突然性和很大的杀伤力。如果得到合理运用，这会是近距离有效打击对方的重要手段，同时还是防止对方下潜抱摔的有效方法。

（3）实战范例：假动作虚晃，忽然上部靠近对方用上勾拳击其下颌。当对手以下前抱摔时，迅速后退用左勾拳反击其头部。

4. 转身右鞭拳

（1）动作过程。右脚经左脚后插步，身体向右后转180°。同时左拳与右拳一起收回至胸前。动作不停，上体继续向右转体180°，同时右拳反臂由屈到伸，向外、向右横向鞭打，拳眼朝上，发力于腰，力达拳背。

（2）易犯错误及纠正方法。转体停顿，站立不稳。纠正时，可专做转体练习。前臂没有外甩，形成直臂抡打，力点不准。纠正时，可原地练习鞭拳，体会前臂鞭甩的要领。

（二）拳法的练习方法

1. 单独练习

先进行空拳练习，把单个动作要领领会清楚，特别要注意动作的发力方法。

2. 组合练习

把相同的或不同的拳法组合起来进行练习。

3. 沙袋练习

先打手靶，再进行沙袋练习。

4. 器械练习

（1）连续平推杠铃后，马上进行组合拳冲拳练习。

注意：姿势要正确，动作要放松。

（2）把杠铃放在肩上，连续转体、转腰后，进行转体90°组合拳冲拳练习。

注意：杠铃不要太重（也可以用木棍代替），冲拳时要注意腿部和腰部的发力。

四、基本腿法

（一）腿法的种类和技术运用

腿法内容丰富，分屈伸性、直摆性、扫转性三大部分。格斗中腿法灵活机动，变化多端，攻击距离远、力度大，还具有隐蔽、突然攻击部位的特点。在运用腿法攻击时，要求做到快速有力，击点准确。

1. 蹬腿

（1）左蹬腿。

① 动作过程：右脚微屈支撑，左脚提膝抬起，勾脚，当膝稍高于髋时，以脚领先向前蹬出，髋微前送，力达脚掌。

② 易犯错误及纠正方法：提膝不过腰，髋、踝关节放松，力不顺达。纠正时，上体直立，多做提膝靠胸练习和左右转换的蹬腿练习，注意挺髋并稍前送。

（2）右蹬腿。

① 动作过程。身体重心前移至左腿，左腿微屈支撑，身体稍左转；右腿屈膝前抬，勾脚，以脚领先向前蹬出，髋微前送，力达脚掌。

② 易犯错误及纠正方法：参考左蹬腿。

左蹬腿实战范例：左蹬腿佯攻对方下盘，随即右侧弹腿实击对方上盘。

右蹬腿实战范例：右蹬腿攻击对方上盘，当对方运用侧弹腿攻击时，突然用右正蹬腿抢先攻击对方上盘。

技术特点：左蹬腿又叫前蹬腿，动作灵活，启动快，常用于主动进攻或堵击；右蹬腿又叫后蹬腿，动作预兆小，启动突然，力量大，在散打技术体系中属于重型腿法。

2. 侧踹腿

（1）左侧踹。

① 动作过程：身体重心移向右腿，右腿微屈支撑；左腿屈膝抬起与髋同高，小腿外翻，脚尖勾起，由屈到伸展髋、挺膝向前踹出，上体微侧倾，力达脚底。

② 易犯错误及纠正方法：收腹、展髋、撅臀，上体与腿不能成一条直线，打击距离短、速度慢、力量小。纠正时，手扶肋木或其他支撑物，一腿抬起，脚不落地，严格按动作要求，由慢到快反复练习踹腿。练习之初，踹腿的高度可适当低些，以后逐渐提高高度。

（2）右侧踹。

① 动作过程：身体左转180°，左脚尖外摆，重心移至左腿，左腿微屈支撑；同时右腿屈膝抬起与髋同高，大腿内收，脚尖勾起，脚掌正对攻击目标，随后由屈到伸向前踹出，上体微侧倾，力达脚底。

② 易犯错误及纠正方法：参考左踹腿。

实战范例：以左侧踢踹腿为例，假装攻击对方下盘，随即用右侧踹腿实攻对方上盘。

技术特点：踹腿突出一个"快"字，提膝便踹，直接进攻，常使对方猝不及防。又因其力量大，常给对方重创，使其削弱或丧失攻击力。

3. 鞭腿

（1）左鞭腿。

① 动作过程：右腿微屈支撑，上体稍向右侧倾；左腿屈膝向左侧摆起，扣膝，绷脚背，随即向前挺膝甩小腿，力达脚背至小腿前下端。

② 易犯错误及纠正方法：脚背放松，膝没内扣，力点不准，容易受损伤。纠正时，按

动作要领多绷脚背，鞭腿击打沙包、脚靶等物，体会击打时脚背的肌肉感觉和力点。

（2）右鞭腿。

① 动作过程：身体左转90°，重心移至左腿；同时右腿以大腿带动小腿屈膝前摆，扣膝绷脚，随即向前挺膝鞭甩小腿，力达脚背至小腿下端。右腿屈膝成反架。

② 易犯错误及纠正方法：参考左踹腿。

4.扶地后扫腿

动作过程：上体前俯，左腿屈膝前蹲，以前脚掌为轴，向右后方转体带动右腿向左后方弧线擦地后扫，力达脚跟。

实战范例：当对方以左弹腿攻击我方上盘时，拍挡防守后，随即用后扫腿攻击对方支撑腿。

技术特点：当对方呈反架站立时，可运用该动作进攻或反击，不过更多的是在反击中使用。

5.横扫腿

动作过程：以右横扫腿为例，左势站立，重心移至左脚随即上体右后转360°，带动右腿，直腿由后向前弧形横扫，力达脚背。

实战范例：当对方用右侧弹腿攻击我方上盘时，拍挡防守后，随即用右后横扫腿攻击敌方上盘。

6.转身外摆腿

动作过程：以左转身外摆腿为例。以实战姿势为例，上右步，重心移至右腿，左脚离地，同时发力于腰，向左后转体360°，左腿横扫，力达脚掌，击打目标后，左脚收回原位。

7.截腿

动作过程：以右截腿为例，左势站立，重心移到左腿，上体稍左转，同时右摆旋提起，脚尖勾起并外翻，随即向前下方截击。

实战范例：当对方抬腿用腿法攻击时，抢先出腿截击其小腿。

8.勾踢腿

动作过程：右实战姿势开始，左脚跟内扣，膝外展，中心移至左腿，身体左转180°，同时右大腿带动小腿向前、向左弧线擦地勾踢，力达脚背，击打目标后，右脚收回原位。

技术特点：勾踢是借助腿部的摆动，小腿由外到内，由屈到伸，如钩状横向踢出，主要用于反击和摔法中。

9.劈腿

（1）左劈腿。

① 动作过程：身体重心移至右腿，左腿屈膝抬起送髋，上体保持正直或稍后倾，左脚高举过头快速下压（如刀劈木柴一样），用脚掌或脚后跟下砸对方的头部。

② 易犯错误及纠正方法：提腿高度不够，身体重心前后控制不好。纠正时，可采用武术套路中的正踢方法，只是下落时向前下方劈下，重点体会整体用力的协调性。

（2）右下劈。

① 动作过程：体重心移至左腿，右腿屈膝抬起送髋，上体保持正直或稍后倾，右脚高举过头快速下压（如刀劈木柴一样），用脚掌或脚后跟下砸对方的头部。击打目标后，右脚自然下落成反架，再还原成实战姿势。

② 易犯错误及纠正方法：参考左踹腿。

（二）腿法的练习方法

腿法是散打的基本技术中最难练习的一种，韧带练习常常是学生需要面对的第一难关，初学散打时，要忍受拉韧带的痛苦，特别是在高校教学中，教练员不能操之过急，一定要循序渐进，要根据大学生在学习时普遍年龄偏大、基本素质较差等特点，因人而异，因材施教；练习前要充分做好准备活动，再进行正压、侧压、单脚压腿，双人压腿、压髋等练习；必要时还要通过外部力量加大压腿强度。

这里要特别提到的是，散打训练包括的内容很多，分为身体训练、技术训练、心理训练和智能训练。身体训练主要是发展学生的柔韧、速度、灵敏、耐力等素质，为形成正确的技术动作和提高运动成绩打下良好的基础，分为一般身体训练和专项身体训练。一般身体训练主要是增强学生身体的健康水平，提高各器官、系统的功能，通常采用田径运动中的加速跑、变速跑、绕行跑、中长跑以及各种跳跃动作，体操运动中的引体向上、手倒立、技巧，举重运动中的各种力量练习等。专项训练指与散打专项运动技术有直接联系的身体训练。即：柔软性的腰腿训练、力量性的桩功训练、灵敏性的跳跃训练、稳定性的平衡训练。在柔软性的腰腿训练中，人们常常采用正压、侧压、单脚压腿，双人压腿、压髋等练习等方法。

五、摔法

（一）摔法的种类和技术运用

散打中的摔法分贴身抱摔和接招摔两种，贴身抱摔包括夹颈、抱腰、抱腿的各种贴身摔法，接招摔包括接住对方进攻的各种拳法和腿法之后运用夹臂和抱腿的摔法。散打中的摔法很多，不同的方法有不同的技术要领。由于受散打竞赛规则和护具的限制，散打中的摔法应该朝着快和巧的方向发展，如何使散打中的摔法运用得更加快速和巧妙，概括起来有以下技术要求：借势、掀底、别根、靠身。

1. 抱双腿前顶摔

① 动作过程：双方由实战姿势开始，上左步，身体下潜闪躲，然后两手抱对方双腿膝窝下部，两手用力回拉。同时用左肩前顶对方大腿根部或腹部，将对方摔倒。

② 易犯错误及纠正方法：抱不住双腿。纠正时，注意下潜接近对方。摔不倒对方，纠正时，应强调两臂后拉与肩顶配合协调。

2. 抱腿旋压

① 动作过程：右腿蹬地，上左步，身体下潜，重心移至左腿。同时左手抄抱对方大腿内侧，右手抱住对方小腿后，以左脚掌为轴，身体向右后方旋转，以右手提、左肩压的合力，将对方摔倒。

② 易犯错误及纠正方法：a.抱腿不紧。纠正时，注意强调以胸腹部贴紧对方腿部内侧。b.摔不倒对方，纠正时，应强调提、拉、顶与转腰配合一致。

3. 抱腿搂腿

① 动作过程：上步，身体下潜闪躲，然后左手抱对方右后腰，屈肘；右手抱其左膝窝用力回拉，使对方的左腿离地。左腿抬起前伸，由前向后搂挂对方的支撑腿，同时用左肩向前顶靠对方肋部将其摔倒。

② 易犯错误及纠正方法：a.抱腿不紧。纠正时，强调近身马上破坏对方的重心，抱起对方的前腿使其单腿支撑。b.摔不倒对方。纠正时，应强调搂腿、手拉和肩顶用力一致。

4. 抱单别腿摔

抱对方前腿后，左手迅速前伸，别其后支撑腿，同时右手后拉、左边前顶对方，将其摔倒。

5. 夹颈过背摔

右屈臂夹对方颈部，背向对方，两腿屈膝用右侧髋部紧贴对方前身，然后两腿蹲深向下，弓腰低头，将对方背起后摔倒。

6. 抱腰过背摔

右屈臂抱对方腰部背向对方，两腿屈膝，用右侧髋部紧贴对方前身，然后两腿深蹲，向下弓腰低头，将对方背起后摔倒。

7. 接腿转压摔

当对方用右侧弹腿踢击时上左步，左手抄抱膝弓窝处，右手抓其小腿下端，随即撤右步，上体前俯并右转，同时右手向内掀压将其摔倒。

8. 接腿别腿摔

当对方用右侧弹腿踢击时，用右手抄抱其弓窝，左手抓其小腿下端，随即上右脚，至对方左腿后，向右转体，右腿别其支撑腿将其摔倒。

9. 接腿勾腿摔

当对方用右侧弹腿踢击时，左手抄抱其小腿，右手由对方右肩上穿过，下压其颈部，同时左手上抬，右脚向前上方向踢其支撑腿将对方摔倒。

10. 接腿涮摔

当对方用右侧弹腿踢击时，双手抓握对方右脚，双手向左拉其右脚，随即向下，向右上方成弧形摆荡将其摔出。

11. 接腿上托摔

当对方用右正蹬腿踢击时，两手抓握其小腿下端，随即屈臂上抬。两手挟托其脚后，同时上右步，向前上方推展将其摔倒。

12. 切摔

左臂由对方右肩上穿过，向前下压，切压其颈部，将其摔倒。

（二）摔法的练习方法

摔法在练习中难度相对较大，对条件设备要求较高，因此，练习过程中一定要注意安全。

1. 假设性练习

即通过假设想象对手的攻防动作或所处状态而进行相应的防守反击的练习。在进行假设性练习时，要求精神高度集中，有一种身临其境、面对对手的实战状态。这种想练结合的方法不仅能有效地提高已掌握技术的熟练程度及全身协调配合能力，还能提高反应和动作速度。

2. 条件限制下双人对练

条件限制指限制动作、限制速度、限制力量等。为了安全起见，可以告诉对方用什么腿法，在此基础上，逐渐加快速度、加大力量进行练习。

六、技术训练

技术训练是散打整个训练中的核心内容。在高校教学和训练中，要重视基本技术、基本动作的训练，并以此内容为基础，逐步发展到组合、分段、整套的训练，从而提高学生的机体活动能力，改进技术难点，提高动作规格的质量。

（一）基本训练

1. 动作发力顺序

要求动作劲力充足、用力顺达、力点准确、发力完整。在练习中，腰处于主宰位置，通过腰的转换，从转腰、送肩、顺肘（膝）而力达于手（脚）。

2. 动作技术特点

各种动作都具有攻防特点（见前）。

3. 心理训练

通过各种手段有意识地对学生的心理过程和个性特征施加影响，使其掌握调节自己心理状态的各种方法，这是现代运动训练的重要组成部分。它和身体训练、技术训练、智能训练一起构成了运动训练的基本内容，主要包括一般心理训练和准备比赛的心理训练。

（二）防守技术

守是一种可以节制和削弱对方的攻击，保护自己并能使自己处于反击位置的方法，最终目的是防守后反击。准确巧妙地防守，不但能保护自己，而且能为攻击创造更好的条件。

1. 拍挡

由实战姿势开始，左手由外向内横扫，同时上体微右转，完成动作后回原位，右手方法一样，方向相反。

用法：当对方用后冲拳或后蹬、后踹向我方胸上部进攻时，用左拍挡防守；当对方使用前冲拳或前蹬、前踹向我方胸上部进攻时，用右拍挡防守。

2. 挂挡

由实战姿势开始，右手上提护于右耳廓，肘尖向前，同时上体右转，完成动作后回原位，左手方法一样，方向相反。

用法：当对方使用右掼拳或后里合拳进攻我方头部左侧时，用左挂挡防守。

3. 拍压

由实战姿势开始，左手由上向下在腹前拍击，同时上体微右转，完成动作后回原位，右手方法一样，方向相反。

用法：当对方使用后冲拳或后蹬、后踹进攻我方腹部时，则用左拍压防守；当对方使用前冲拳或前蹬、前踹进攻我方腹部时，则用右拍压防守。

4. 掩肘

由实战姿势开始，左臂回收并外旋，上臂贴近右肋，同时上体微右转，完成动作后回原位。右手方法一样，方向相反。

用法：当对方使用后抄拳或前里合腿进攻我方腹部时，则用右掩肘防守。

5. 外抄

由实战姿势开始，左手由上向下、向外划弧，同时上体为右转，完成动作后回原位。右手方法一样，方向相反。

用法：当对方使用后里合腿或转身前外摆腿进攻我方胸上部时，则用左外抄防守；当对方使用前里合腿或转身后外摆腿进攻我方胸上部时，则用右外抄防守。

6. 内抄

由实战姿势开始，左手由上向外、向内划弧，同时上体微右转，完成动作后还原位。右手方法一样，方向相反。

用法：当对方使用前里合腿进攻我方腹部时，则用左内抄防守；当对方使用后里合腿进攻我方腹部时，则用右内抄防守。

（三）进攻组合技术

1. 左直拳——左踹腿

双方由实战姿势开始，一方疾步以左直拳击打对方面部，随后垫步以左踹腿踢击对方腹部。要求：出拳要快，拳、腿衔接要协调。拳打是虚，脚踹是实。

2. 左直拳——右踹腿

双方由实战姿势开始，一方疾步以左直拳击打对方面部，随后直接以右踹腿踢击对方腹部。

要求：出拳要快，右踹腿可以向前也可以向体右侧踹击，以防对方后退改变路线。

3. 左直拳——右鞭腿

双方由实战姿势开始，一方疾步以左直拳击打对方面部，随后直接以右鞭腿踢击对方胸腹部。

要求：出拳之前，先用步法逼迫对方向右侧退步，然后用直拳和鞭腿进攻。

4. 左踹腿——右踹腿

双方由实战姿势开始，一方滑步以左踹腿踢击对方腹部，随后左脚落地，直接以右踹腿踢击对方的胸、头部。

要求：第一腿踹完后，身体重心快速向左转移，以便启动右踹腿。

5. 左直拳——抱腿前顶摔

双方由实战姿势开始，一方疾步以左直拳击打对方面部，随后进步抱住对方双腿，以抱腿前顶摔法将对方摔倒。

要求：出拳要快；进步抱腿时，身体下潜要快。

6. 左直拳——右直拳

双方由实战姿势开始，一方进步以左直拳虚晃击打对方面部，随后疾步以右直拳击打对方腹部。

要求：虚晃击打动作逼真轻快，疾步要快，步伐要大。

7. 左踹腿——左右直拳

双方由实战姿势开始，一方垫步以左踹腿击打对方腹部，随后直接以左、右直拳连击对方面部。

要求：出腿要快，在左脚落地的同时出拳。

散打运动的内在特点，决定了它以相互对抗的形式来表现，所以，散打的基本形式就是对抗性。这种对抗，是在双方掌握了散打的基本动作和基本技术后，经过一段时间的训练，在没有固定格式的情况下，在规则规定的范围内进行较技、较勇、较智。

（四）防守反击技术

1. 拍挡摆拳反击

由实战姿势开始，当对方使用后踹腿进攻时，我方以左拍挡防守，随后以右摆拳反击对方面部。对方如以前腿进攻，则以右手防守，左手反击。

要求：步法移动要灵活，距离调整要合适，以便防守到位，反击及时、准确。

2. 挂挡直拳反击

由实战姿势开始，当对方使用后掼拳进攻时，我方以左挂挡防守，随后以右直拳反击对方面部。对方如以前拳进攻，则以右手防守，左手反击。

要求：防守反击是因势因时使用的既保护自己又打击对方的手段。防守要迅速有力，反击要连贯。

3. 拍压踹腿反击

由实战姿势开始，当对方使用后蹬腿进攻时，我方以左拍压防守，随后以前踹腿反击对方躯干。对方如以前蹬腿进攻，则以右手防守，反击相同。

要求：步法移动要灵活，距离调整要合适，防守要有力，反击要快。

4. 掩肘鞭腿反击

由实战姿势开始，当对方使用后鞭腿进攻时，我方以左掩肘防守，随后以后里合腿后击对方腹部。对方如以前鞭腿进攻时，则以右手防守，前腿反击。

要求：防守反击要协调，连贯。

5. 外抄勾踢反击

由实战姿势开始，当对方使用后里合腿进攻时，我方进步，同时以左外抄防守，随后以右腿勾踢对方小腿。对方如以前里合腿进攻，则防守反击动作一样，但方向相反。

要求：进步外抄要快，反击要迅速有力。

【思考题】

1.散打的实战姿势具有哪些优点？

2.散打步法的技术要求是什么？

3.在散打运动中常用的拳法技术有哪几种？

4.腿法内容丰富，主要分哪三大部分？

5.散打中的摔法技术概括起来有哪些要求？

第三节　散打运动欣赏

一、散打竞赛规则

详见最新审定的《武术散打竞赛规则和裁判法》。

二、国际著名散打赛事

（一）世界武术锦标赛

世界武术锦标赛每两年举行一届，由国际武术联合会主办，各武术会员国轮流举办。是世界武术界最高级别的国际大赛，包含武术套路和武术散手两大块。

（二）世界杯武术散打赛

世界杯武术散打赛是由国际武术联合会、国家体育总局武术运动管理中心、中国武术协会联合主办的赛事，是世界范围内水平最高、规格最高的武术散打单项比赛。

（三）亚洲杯

亚洲杯武术散打比赛是目前亚洲地区水平、层次、规格均属最高的散打赛事。

（四）亚运会武术散打比赛

武术散打比赛是亚运会固定运动项目之一。通过三次队内选拔赛和全国武术散打锦标赛，建立运动员积分体系，以竞赛积分作为选拔国家武术散打队以及亚运会参赛人员的主要依据。

三、国内赛事

（一）全国运动会

武术散打比赛是全国运动会正式比赛项目。

（二）全国武术散打锦标赛

全国武术散打冠军赛由国家体育总局武术运动管理中心、中国武术协会、江苏省体育局、扬州市政府主办，江苏省体育竞赛管理中心、扬州市体育局承办。

【思考题】

1.国际著名的散打赛事有哪些？

2.国内有哪些散打比赛？

3.你知道哪几位中国武术散打运动员？

第十二章　跆拳道

体育一道，配德育与智育，而德智皆寄于体，无体是无德智也。

——毛泽东

跆拳道是一项起源于朝鲜半岛的古老而又新颖的竞技体育运动项目，是世界著名的搏击术之一。跆拳道运动倡导"以礼始，以礼终"的尚武精神，不仅能提高人的道德修养，培养意志品质，强身健体，而且作为一项以腿法为主要进攻手段的竞技运动项目，又具有极高的技击实用性和观赏性。

【本章思政点】

跆拳道中的"礼仪"是跆拳道基本精神的具体表现。跆拳道练习虽然是以双方格斗的形式进行的，但是不管它怎样激烈，由于双方都是以提高技艺和磨炼意志品质为目的，所以在双方各自内心深处都必须保持向对方表示敬意和学习的心理。因此在练习或比赛前后都一定要向对方敬礼，即跆拳道运动始终倡导"以礼始，以礼终"的尚武精神。谦逊和恰当的语言、忍让和友好的态度、虚心和好学的作风也是跆拳道练习者应遵循的重要礼仪。

礼仪不只是形式上的表现，还要我们发自内心地实施它，在长期练习和比赛的过程中逐渐将礼仪的形式化为心理动力。训练时进入体育馆后，以端正的姿势向国旗敬礼，然后按馆长、教练和长辈的顺序依次向他们敬礼。练习者将礼仪意识带到生活、学习及工作的各个方面，以此培养克己礼让、宽厚待人和恭敬谦逊的道德品质。

第一节　跆拳道运动概述

跆拳道是一项利用拳和脚进行搏击的对抗性运动。它通过竞赛、品势和功力检验等运动形式，使练习者增强体质，掌握技战术，并培养坚忍不拔的意志品质。

一、世界跆拳道运动的发展

1945 年朝鲜独立后，朝鲜的自卫术再度兴起，因战乱流落海外的朝鲜人也将各地的武技带回本国，和跆拳道融于一体，从而形成了现代跆拳道的体系。1955 年，跆拳道的领导人终于将朝鲜的自卫术统称为跆拳道。1961 年 9 月，韩国成立了唐手道协会，后更名为跆拳道协会，并成为全国运动会正式的竞赛项目。1966 年，第一个国际性的跆拳道组织——国际跆拳道联盟（ITF）成立，崔泓熙任首任主席。1973 年 5 月，世界跆拳道联合会（WTF）在韩国汉城成立，金云龙当选为主席。跆拳道的第一届世界锦标赛和第一届亚洲锦标赛分别于 1973 年和 1974 年在韩国汉城举行。1975 年，世界跆拳道联合会被正式接纳为国际体育联合会的会员。1980 年，国际奥林匹克运动委员会将跆拳道列为国际性竞技比赛项目，之后跆拳道在世界的开展日益普及。1988 年在汉城举行的第 24 届奥运会上，跆拳道第一次被列为奥运会表演项目；2000 年在悉尼举行的第 27 届奥运会上，跆拳道被列为正式比赛项目。运动员在全世界亿万观众面前大展了精湛的技艺，体现了坚忍的精神，进一步扩大了影响，提高了这一项目在世界体育领域的地位。现在，在东亚运动会、亚运会、欧洲运动会、泛美运动会，全非运动会、中东运动、世界军人运动会、世界大学生运动会、世界警察运动会等国际大型综合运动会中，跆拳道均被列为正式比赛项目。全世界有数千万人积极从事和开展这项运动，跆拳道因而被公认为"世界第一搏击运动"。

二、中国跆拳道运动的发展

1992 年 10 月，中国跆拳道协会筹备小组成立，这标志着我国跆拳道运动正式开展。1994 年 5 月，在河北正定举行了首届全国跆拳道教练员和裁判员学习班。1994 年 9 月，在云南昆明举行了第一届全国跆拳道比赛，有 15 个单位、150 多名运动员参赛。1995 年 5 月，共有 22 个单位、250 名运动员参加了在北京体育大学举行的第一届全国跆拳道锦标赛，从此跆拳道在中国迅速发展起来。1995 年 8 月，正式成立了中国跆拳道协会，魏纪中当选为第一任主席。同年 11 月，中国跆拳道协会被世界跆拳道联合会接纳为正式成员。

1997 年 11 月在香港举行的世界锦标赛上，我国女子 43 公斤级选手黄鹂获得该级别银牌。1998 年 5 月 17 日，在越南举行的第 13 届亚洲跆拳道锦标赛上，贺璐敏为中国赢得了第一枚亚洲比赛金牌。1999 年 6 月 7 日，在加拿大举行的世界跆拳道锦标赛上，我国女运动员王塑战胜多名世界跆拳道高手，获得女子 55 公斤级冠军，这是我国运动员获得的第一个世界冠军。

从 1992 年到 2000 年，中国跆拳道从"正式开展"到"获得世界跆拳道史上的第一枚奥运金牌"，实现了"零"建立到"零"突破。2004 年，在雅典奥运会女子 67 公斤以上级决赛中，我国运动员陈中对阵巴维雷尔，以最终 12 : 5 的成绩卫冕该项目金牌。2022 年 8 月 1 日，陈中入选世界跆拳道联盟名人堂。

2017 年 7 月，世界跆拳道联盟在北京宣布，世界跆拳道大满贯冠军系列赛永久在中国无锡太湖新城举办。世界跆拳道大满贯冠军系列赛在比赛规格上仅次于奥运会跆拳道比赛，它也是中国国内目前举办的唯一一项奥运会资格选拔赛事。顶级跆拳道赛事永久落户中国举办也彰显了中国跆拳道在世界的影响力，中国跆拳道再次引领了变革，让"中国标准"成为"世界标准"。

【思考题】

1.跆拳道运动倡导什么样的尚武精神？

2.首届全国跆拳道比赛在哪个省市举行？

3.我国第一位获跆拳道奥运会冠军的运动员是谁？

第二节　跆拳道运动实践

一、场地与器材

（一）场地

跆拳道比赛场地是 12 米 × 12 米、水平的、无障碍物的正方形场地。比赛场地应有弹性的垫子。必要时，比赛场地可根据实际情况高出地面 50～60 厘米，比赛台的支撑装置与地面的夹角要小于 30°。

比赛区域划分如下：

第一，12 米 × 12 米正方的比赛场地正中 8 米 × 8 米正方的区域为比赛区，其余部分称为警戒区。

第二，比赛区和警戒区的表面用两种不同颜色划分，同色时要用 5 厘米宽的白线区分。

第三，划分比赛区和警戒区的线称为警戒线，比赛场地最外面的线称为边界线。

（二）器材

1. 跆拳道服

跆拳道服是指进行跆拳道训练或比赛时穿的服装，通常由跆拳道练习爱好者、跆拳道运动员和教练员穿着。跆拳道服装分儿童款和成人款，在韩国也有一些生产商提供女款的跆拳道服。跆拳道服按用途又可以分为普通训练服、表演示范服、教练示范服等。

2. 腰带

腰带的颜色具有以下象征意义。

白带：十级，白带代表空白，即练习者没有任何跆拳道知识和基础，一切从零开始。

白黄带：九级，由白带向黄带的过渡带，练习者介于白带和黄带之间的水平。

黄带：八级，黄带的黄色是大地的颜色，就像植物在泥土中生根发芽一样，在此阶段要打好基础，并学习大地厚德载物的精神。

黄绿带：七级，介于黄带与绿带之间的水平，练习者的技术在不断提升。

绿带：六级，绿带的绿色是植物的颜色，代表练习者的跆拳道技术开始像植物一样枝繁叶茂，跆拳道技术在不断完善。

绿蓝带：五级，由绿带向蓝带的过渡带，练习者的水平处于绿带与蓝带之间。

蓝带：四级，蓝带的蓝色是天空的颜色。随着不断的训练，练习者的跆拳道技术逐渐成熟，就像大树一样向着天空生长，表示练习跆拳道已经完全入门。

蓝红带：三级，练习者的水平比蓝带略高，比红带略低，介于蓝带与红带之间。

红带：二级，红带的红色是危险、警戒的颜色。练习者已经具备相当的攻击能力，对对手已构成威胁，要注意自我修养和控制。

红黑带：一级，经过长时间系统的训练，练习者已修完从十级至一级的全部课程，开始由红带向黑带过渡。

黑带：黑带代表练习者经过长期艰苦的磨炼，其技术动作与思想修为均已相当成熟；也象征练习者不受黑暗与恐惧的影响。

二、跆拳道使用的部位

（一）手形

1. 拳

四指并拢蜷握，拇指紧压于食指与中指第二指节骨上。

2. 平拳

手指第二指关节弯曲，四指尖紧贴于手掌，拇指扣于虎口处。

3. 指节拳

拳握紧以后将第二指关节特别突出形成食指节拳。指节拳用来应对上唇、眼睛、太阳穴、两肋、腹腔神经效果极佳。

4. 指

手型和刀相似，中指和食指微屈，基本保持指尖平齐，大拇指紧贴于掌内。

（二）臂

1. 腕

腕部，是指腕关节的四周部位。即用腕关节的内、外、上、下四个部位进行格挡。

2. 肘

用肘的鹰突关节攻击，只限在品势中使用。

（三）腿

跆拳道技术方法中占主导地位的是腿法，腿法技术在整体运用中约占 3/4，因为腿是人体中最长的部位，力量也是最大的。腿的技法有很多种形式，可高可低、可近可远、可左可右、可直可屈、可转可旋，威胁力极大，是实用制敌的有效方法。

（四）足

1. 前脚掌

前脚掌指脚底前部的骨和肌肉。前脚掌进攻时主要是用脚趾前端部位攻击对方。

2. 后脚跟

后脚跟指脚后部踝关节以下部位。进攻脚法是后踢劈腿与后摆动作。

3. 脚后掌

脚后掌指脚的后跟部的跟骨下缘和肌肉部分。进攻脚法是转踢与蹬踢。

4. 正脚背

正脚背指踝关节以下至第一趾关节以上部位。进攻脚法是横踢、摆踢、跳踢、飞踢，使用时距离远、力量大。

三、跆拳道基本实战姿势

左脚在前为左势，右脚在前称为右势。两脚开立与肩同宽，前脚脚尖20°～15°斜向右前方，后脚脚尖为90°～110°。这样的姿势在实战中最为实用，有利于施展前踢、抡踢、侧踢、后踢等脚法，对于出拳与迎击也是相当有利。

（一）动作要领

身体自然，肌肉放松；后脚跟抬起，膝关节微屈，重心放在两脚中间；两腿要富有弹性。

（二）易犯错误

肌肉僵硬，全身紧张；重心偏前或偏后，不利于移动；膝关节不弯曲，后脚跟不抬起，缺乏弹性。

四、跆拳道步形与步法

跆拳道基本步形是指跆拳道实战与套路练习者的脚步形状。基本步型与步法有很多种，每一种步型与步法在实战与套路练习中都有着直接关系，是跆拳道练习者必须掌握的基本姿势。

（一）基本步形

1. 并步

两脚并拢，身体直立，两脚内侧贴紧并拢。

2. 开立步

两脚开立与肩同宽，身体自然直立，两膝微屈，两脚平行向前，两手握拳置于体前。

3. 马步

骑马式站立。两脚开立，较肩宽，两脚平行或略内扣，挺胸直背，两腿膝关节屈曲下蹲，重心放在两腿之间。

4. 弓步

两脚分立相距一步半，前腿屈膝，后腿伸直，前腿膝关节垂直于脚尖，大部分重心放在前脚。

（二）基本步法

步法对于跆拳道运动来说具有很重要的意义。在跆拳道实战中，不论进攻、防守，还是防守反击，绝大多数是在运动中完成的，因此需要灵活、快速、敏捷、多变的步法连接技术，以保证后面技术动作的完成和发挥。

1. 上步

目的在于逼迫对方后撤，左右移动，或引诱对方进攻，而自己可利用相应的进攻技术攻击对方。

2. 后退步

由标准的实战姿势开始，前脚掌用力蹬地，后脚先后退一步，前脚随即后退，两脚之间的距离与姿势保持原状。

3. 变向步

前脚的后脚跟与后脚的后脚跟贴紧的同时后脚快速踏向前脚的脚尖部位。

4. 前进步

此步法以攻击为主，对方向后撤退时以左脚的前脚掌为轴，以后脚小弧形步的动作，重心从前脚往后脚移动的同时上体为进攻的形态。

5. 后撤步

后撤步有两种步法。以后脚的前脚掌为轴移动的步法：以后脚前脚掌为轴，前脚迅速向左或向右弧形移动，这时可以利用左脚下劈、摆踢或右脚摆踢、下劈、侧踢等技术动作。两脚同时向后移动的步法：利用前脚的前脚掌蹬地的同时，身体迅速向后撤一步或两步，这时可使用右脚的摆踢、下劈或左脚的摆踢、前踢等动作。

五、跆拳道进攻技术

在跆拳道实战中，拳法、肘法、膝法与腿法是主要的进攻技术。只有练好基本技术，才能在技术动作上提高。只有学习基本技术或体会基本技术的含义，研究基本技术的实际运用规律，才会有所进步。

跆拳道进攻技术有以下两种。

（一）拳法：直拳

左脚蹬地，腰部与上体的肩部快速有力地向左前方扭转以增加出拳的速度与力量。在右脚蹬地的同时，右臂肘关节不要抬起，前臂内旋，拳心向下方转动，使拳面、前臂、肘关节与肩成一条直线，并处在一个水平面上快速弹伸。攻击时身体重心从右移到左，用拳击打对方胸腹部。攻击时，蹬地、转髋、转腰、顺肩一气呵成，击打时全身各关节要有弹性。

易错点：没有用力蹬腿和快速转腰，拳击打时腕关节放松，缺乏击打力度且易受伤。

（二）腿法

1. 前踢

右脚蹬地髋关节向左旋转，双手握拳置于胸前，膝关节朝前，脚面稍绷直，膝关节抬到与大腿水平或稍高时，快速向前弹出小腿，用脚面或前脚掌击打目标，击打以后快速右转髋，使小腿折叠回原位。动作要领：出腿时大腿之间距离应尽量小，小腿放松，要有弹性；高踢时膝关节抬高即可，髋往前送。主要攻击部位有：面部、下颌、腹部。前踢可用于防守。

（1）动作要领。具体如下：

① 膝关节夹紧，小腿放松，有弹性。

② 髋往前送。高踢时髋往上送。

③ 小腿回收的速度与前踢一样快。

（2）易犯错误。具体如下：

① 小腿与大腿不折叠，膝关节不夹紧，直腿踢。

② 不顺髋、不转髋。

2. 横踢

右脚蹬地屈膝提起，左脚以脚掌为轴外旋180°，右腿以膝关节为轴抬到一定高度以后，右腿的小腿迅速有力地弹出击打目标，顺鞭打之势上体右转，右腿屈膝回收，右脚落回原处，成实战姿势。

（1）动作要领。具体如下：

① 转身、踢腿要连贯，一气呵成。

② 头、肩、腰、髋、膝、腿、踝成一直线。

③ 踝关节向下扣。

（2）易犯错误。具体如下：

①转身、踢腿中有停顿，二次发力。

②重心控制、腿控制不好。

③缺乏弹性，不收腿。

3. 侧踢

右脚蹬地屈膝提起，左脚以脚掌为轴外旋180°，同时右脚向右前方直线踢出，力点在脚跟。踢击后，原路收回落地，仍然成左势实战姿势。

（1）动作要领。具体如下：

①起腿时，大小腿、膝关节夹紧。

②头、肩、腰、髋、膝、腿、踝在同一直线。

③踢出时提膝、转体、展髋，一气呵成。上体略侧倾。

（2）易犯错误。具体如下：

①大小腿肌肉折叠不够紧。

②踢出时髋关节没有展开，致使肩、髋、腿、踝不能直线踢击。

③动作缺乏弹性，不连贯，不易收腿。

④上体前俯过大，踢出无力。

4. 后旋踢

以左势开始，左脚以前脚掌为轴内旋约90°，右脚与此同时贴着左脚内侧大腿上身旋转，顺势起右脚的运动轨迹呈弧形，身体重心在左脚，以左脚为轴身体原地旋转360°，右腿向右后方伸的同时用力向右屈膝，鞭打后顺势放松，收回原地，仍成左势实战姿势。

（1）动作要领。具体如下：

①转身、旋转、踢腿连贯，一气呵成，中间没有停顿。

②屈膝抬起的速度要快，保持身体重心在原地转360°。

③蹬地、转腰、转上体、摆腿顺序发力，击打点位于正前方，呈水平弧形运动。

（2）易犯错误。具体如下：

①转身、踢腿中有停顿，二次发力。

②起腿时机过早或过晚，因此错过时机。

③上体位置不适合，往前、往后或往下都会造成旋转时体态不平衡，失去准确性。

5. 下劈

从左实战姿势开始，右脚向后蹬地，身体重心前移至左腿，右脚蹬地提起后膝向前起腿，脚跟提起，左腿伸直，右腿提膝提到一定高度以后小腿迅速打开，右脚尽量上举至头部上方，放松、快速下落，以脚掌与脚跟击打目标，呈右势实战姿势。

（1）动作要领。具体如下：

①身体重心往高起，脚尽量往高、往后举。

②起腿要快速、果断。

③脚、踝关节放松往下劈落，落地有控制。

（2）易犯错误。具体如下：

① 起腿不够高，不果断，重心不往高起。

② 脚跟不离地，没有向上送髋举腿的动作。

③ 踝关节紧张，往下劈时过于用力。

④ 上身后仰太多，应随重心一起前移，保持直立。

6. 推踢

右脚蹬地，身体重心前移至左脚，右脚蹬地屈膝提起，左脚以脚掌为轴外旋约 90°，重心向前压，同时右脚迅速向前方推踢，力点在脚掌，推踢后迅速屈膝，身体重心前落成左势。

（1）动作要领。具体如下：

① 提膝时尽量收紧小腿。

② 身体重心往前移，增加前推的力度。

③ 推踢时腿往前伸展，送髋。

④ 推的方向为水平向前。

（2）易犯错误。具体如下：

① 大小腿收不紧，易被阻截。

② 上体太直，重心不能迅速前移，不利于发力与接下一个技术动作。

③ 上体过于后仰，使攻击力与腿不能水平前推。

7. 后踢

左脚蹬地，以脚掌为轴内旋 90°，右脚同时以脚掌为轴，脚跟向内旋，随右脚前蹬，右腿大小腿折叠，屈髋关节收紧大腿，左脚稍屈膝，右脚向右后方随展髋伸膝沿直线向后方踢出，上体侧倾，力点在脚跟。踢击后右腿屈膝回收，向前落下。

（1）动作要领。具体如下：

① 起腿后上体和大小腿收成一团，收紧后蓄势待发。

② 转身、提腿、出腿发力一次性完成，不能停顿。

③ 击打目标位置在正前方稍偏右。

（2）易犯错误。具体如下：

① 上身与大小腿不收紧，直腿往上撩。

② 转身、踢腿有停顿，不连贯。

③ 身体摆动过大，击打时呈弧形，不是直线踢出。

六、跆拳道防守、防守反击技术

跆拳道技术中的防守技术是不可缺少的，从比赛的胜负来看，防守与进攻技术同样重要。如果在得分的同时又能很好地防住对方的进攻并抓住时机反击，获胜的把握就更大一些；如果只注重进攻技术而忽视防守技术就很难成为一名高水平的优秀跆拳道运动员或战术家。在防守技术有效地完成以后，才能尽快地转入反击的连接技术，从被动转为主动，为胜利创造有利条件。防守反击是对付进攻的有效方法，还是挫败对方锐气、增加自信心的有效方法。防守反击要求判断准确、防守严密、敏捷果断。特别是在对方进攻猛烈、步步紧逼时，利用防守反击往往能化险为夷，险中求胜，达到反击制胜的目的。

（一）利用贴近、闪躲等方法进行防守

贴近对方的目的在于对方进攻猛烈快速时，迅速上前与对方靠近贴在一起，这样可以使对方由于距离过近而无法发挥威力。闪躲就是当对方进攻时通过脚步的移动，向左右两侧或向后闪躲，从而使对方的进攻落空。

（二）防守反击法

跆拳道与别的对抗性项目一样，有着相互矛盾与相互制约的方面。一名优秀的跆拳道运动员要想在比赛中取得胜利，除了要有熟练和扎实的基本功以外，还要灵活掌握防守反击的技术。

防守反击技术可分为以下三种。

首先，利用与对方之间的前后左右距离来闪躲，进行防守反击。

其次，防守者可使用格挡与阻挡来进行防守反击。

最后，防守者在进攻者进攻时使用进攻动作反击制胜。

七、跆拳道战术性技术组合

跆拳道技术组合可根据赛场上的具体情况灵活发挥，或难或易，或简或繁。虽然身体素质、体能、战术、技术、临场发挥等是比赛不可缺少的条件，但只掌握基本动作是不能适应比赛要求的，应该在熟练掌握战术的情况下取得先机和主动。组合技术掌握得越多越精，比赛中的优势就越明显，往往能起到事半功倍的效果。按攻防性质可分为两大类，即进攻型、防守反击型。

（一）右横踢+左下劈

右脚蹬地，身体重心前移左脚，以左脚掌为轴内旋，同时顺势起右腿向左侧前方横踢。右脚内扣落地，左脚蹬地，身体重心落在右脚上，顺势左腿下劈。

（二）右横踢接左后踢

原地提右腿向右前做横踢进攻。右脚落地，左脚后蹬，身体重心移至右脚，上体左转，用右后踢攻击对方。

（三）右劈腿接左腿后旋踢

右脚蹬地，身体重心前移至左脚，起右脚上举过头顶，然后用力下劈，左脚向前落地的同时，起左脚，右脚以前脚掌为轴外旋，身体向左转动，顺势起左腿向左后旋踢。

（四）左前横踢接右后踢

左脚后蹬，身体重心前移至右脚，右脚掌内旋，身体右转，顺势起左腿向右踢，右脚内扣向前，落地，右脚前蹬地后向右后踢。

（五）左前横踢接右劈腿

左脚后蹬，身体重心前移至右脚，右脚掌内旋，起脚横踢。左脚向前落地的同时，重心移向左脚，右脚后蹬，左脚支地右脚顺势上举过头顶，并迅速前下方劈腿。

（六）左右双飞接左后旋踢

右脚蹬地起跳，身体腾空左转，腾空高度在膝关节以上，不宜过高，迅速在空中用左

右摆踢动作踢向对方胸部或腹部，右脚向前落，同时抬起左脚后旋踢。

（七）左右双飞接右劈腿接左劈腿

右脚蹬地起跳，身体腾空左转，腾空高度在膝关节以上，不宜过高，迅速在空中小角度左右摆踢，右脚蹬地，身体重心前移至左脚，顺势起右腿，向前劈落的同时，重心移至右脚，抬起左脚向前劈落。

（八）左劈腿接右后旋踢接右摆踢

左脚蹬地，身体重心前移至右脚，右脚支地，左脚举过头顶，迅速下落，左脚内扣，右脚蹬地，身体重心移至左脚，身体右转，顺势起右腿后旋踢，右脚落地的同时，马上提腿接右摆踢。

八、跆拳道的品势

跆拳道品势（又称型）是跆拳道基本技术的具体形式，是在设定条件下进行攻防练习的动作技术组合。品势与中国武术中的套路十分相似，即把各种攻防技术动作按一定的规律和攻防意图组合起来，形成固定模式的套路。品势练习要求练习者假设敌意，熟练地掌握各种单个技术动作，以便能够在以后的跆拳道实战和比赛中具体运用。

跆拳道的品势有许多种，包括太极、高丽、金刚、太白、平原、十进、地跆、天拳、汉水、一如等。每种都有规定的动作及数量，动作按固定的方向进行，所有要求都极为严格和规范。品势的练习，可使身体各部位得到较为全面的训练，并能有效地增强体质。

由于跆拳道品势有很多种，这里重点介绍最基本的品势——太极型。跆拳道的太极型是以宇宙哲学观为其根本原理，运用太极阴阳学说而组合成的动作套路，练习时的路线是遵循阴阳八卦的规律进行的，其动作无论是攻击或防守、前进或后退，还是演练时的急速与缓慢、刚健与柔韧的变化，都遵循阴阳八卦图。太极型共八个套路，称为太极八章，下面简单介绍前两章。

（一）太极一章

太极一章共 18 个动作，大多采用高前屈立势和前屈立势为主要姿势，所使用的动作包括中段冲拳、下段防守、中段防守、上段防守和前踢等便于初学者学习和掌握的较为简单的动作。

具体如下：准备姿势—左转身下截—右上步冲拳—后转身下截—左上步冲拳—左弓步下截—左弓步冲拳—右转身外格—前进步冲拳—后转身内格—右弓步冲拳—右弓步下截—右弓步冲拳—左转身上架—右前踢冲拳—后转身上架—左前踢冲拳—左弓步下截—右弓步冲拳—收势。

（二）太极二章

太极二章是八卦的卦序中的"兑"。"兑"即内刚外柔的意思。表面虽柔和，其实是刚强的攻击。此章的动作由下段封挡（下格挡）、中段直拳、前踢、上段接招（上格挡）等的技法所构成。

具体如下：准备姿势—左转身扫下段—右拳中段顺攻—后转身扫下段—左拳中段顺攻—右中段内防—左中段内防—左转身扫下段—右前踢上段顺攻—又转身扫下段—前踢上

段顺攻—左转身防上段—进右步防上段—左后转身防中段—右后转身防中段—左转身扫下段—右前踢中段顺攻—左前踢中段顺攻—右前踢中段顺攻—收势。

九、跆拳道训练

（一）身体训练

身体素质训练是指在跆拳道训练中，运用各种有效的训练手段和方法，以提高运动员的机能水平，提高运动员承受运动负荷的能力，发展专项所需的各种身体素质的训练。

身体素质训练是跆拳道运动训练的重要组成部分，是学习和掌握专项技术的必要条件，是运动员承受大负荷训练和高强度比赛的基础，也是运动员在训练比赛中保持稳定、良好的心理状态及提高运动成绩的基础，是减少运动创伤、延长运动寿命及培养顽强意志品质的有效手段。

运动员的身体素质训练一般包括力量、速度、耐力、柔韧、灵敏等几个方面，这些素质不是孤立存在和发展的，它们是相互影响、相互制约、相互促进的。

1. 力量素质训练

（1）力量练习的种类。具体如下：

① 以下肢力量为主的练习。跆拳道中主要是用腿法进攻，因此下肢的力量训练尤为重要。一般在训练中主要采用以下手段来发展下肢各肌肉群的力量或伸展性。

a.单脚或双脚向各个方向连续跳。

b.跳绳。

c.仰卧左右分开腿（坐板凳或台子上，两腿伸直，两腿向两侧最大限度地分开再并拢，分并为一次）。

d.重杠铃深蹲或半蹲。

e.负重登台阶。

② 以躯干各肌群为主的练习。采用以下练习手段来发展髂腰肌、腹直肌、腹外斜肌等，练习时可以使用辅助器，如板凳、斜板、垫子、单杠、肋木、杠铃片、哑铃、沙袋等。根据个人的身体条件和具体情况安排组数，一般为5～7组，而次数各有不同。

a.负重或不负重的仰卧起坐（两头起）。

b.站立负重左右转体或体前屈。

c.立卧撑跳。

d.收腹跳。

③ 以上肢力量为主的练习。具体如下：

a.持重物前、后、左、右摆臂（哑铃、杠铃片）。

b.卧推杠铃。

c.爬绳或爬杠。

（2）力量练习的基本要求。跆拳道力量训练中，学生要根据自身的实际力量基础，主要是以最快速度进行的练习方法为主。发展力量耐力，则采用负荷强度小、重复次数多的练习。练习的方法、手段应与专项动作特点紧密结合，着重从动作结构、动作速度、肌肉收缩形成、肌肉用力的顺序等方面来进行。同时注意大小肌肉群的平衡发展，将不同性质的力量训练交叉安排，避免局部负荷过大。力量训练后注意放松调整，以消除肌肉疲劳，防止肌肉僵硬。

2. 速度和耐力素质训练

（1）速度素质训练。速度是指人体快速运动的能力。跆拳道运动员的专项速度主要包括反应速度、击打的动作速度和步法移动速度三种表现形式。击打的动作速度与准备姿势、动作熟练程度、灵活性、协调性、快速力量等有关。

发展速度素质的主要有五种练习手段，具体如下：

① 利用突然的信号刺激。信号可以是手势、声音、物品等。

② 对同伴进攻动作做出反应和选择。

③ 短距离（10～30米）的最快速跑。

④ 结合技术的专门练习。听口令以最快速度完成各种动作，双腿连续高抬腿、单腿连续高抬腿、连续踢沙袋等。

⑤ 上下坡跑，牵引跑，上下跑台阶。

速度素质训练应在运动员精力充沛、兴奋度高的情况下进行，要求运动员以最快速度完成练习。在训练动作速度时，要使所采用的动作尽可能地与跆拳道比赛动作结构相似，目的在于把所获得的动作速度直接转移到跆拳道比赛的实战动作上去。

（2）耐力素质训练。跆拳道比赛时间长（3分钟一局，共3局），对跆拳道运动员的耐力素质要求比较高，在跆拳道训练中，一般将耐力素质分为一般耐力和专项耐力两种。

一般耐力又称有氧耐力。训练运动员有氧耐力的目的在于提高运动员机体输送氧气的能力，促进机体的新陈代谢，为训练负荷量的增加准备条件。

专项耐力是指在跆拳道训练或比赛中，运动员在克服专项运动过程中所产生的抗疲劳的能力。

发展耐力素质的主要方法有以下几种：

① 各种长时间的跑，如越野跑、持续跑、变速跑等。

② 球类运动，比如篮球、足球等。

③ 各种长时间的游戏，如跳绳、游泳、循环练习。

④ 持续进行长时间的各种组合技术的练习，如要求在3分钟以上，运用自己熟练掌握的组合技术连续进行空击，如踢脚靶、护具、沙袋等。

3. 柔韧素质和灵敏素质训练

（1）柔韧素质训练。柔韧性是指人体各关节活动幅度的大小和肌肉、韧带的伸展能力。柔韧性是跆拳道运动员的重要素质之一，直接影响完成跆拳道动作的质量和对高难技术的掌握。良好的柔韧性可使动作更加到位，并减少运动员的损伤。

腿部柔韧素质的主要练习方法具体如下：

① 身体直立或坐下，腿部伸直，上体前屈靠腿，可向前、侧方向拉伸。也可将一条腿放在横杆、肋木或类似的器械上进行。

② 被动拉伸压腿。运动员仰卧上举一腿，膝部伸直，由同伴或教练抓其上举脚的踝关

节向练习者的胸前按压。

③ 劈叉。一般进行横叉和竖叉的练习，开始时可在同伴或教练帮助下逐步下压。

④ 跪坐压脚面。两腿并拢，上体后仰，使臀部向后坐压踝关节，同时也使大腿前肌群得到拉伸。

在进行腿部柔韧训练的同时，也要适当发展肩、髋等部位的柔韧性。拉伸过韧带后应注意做一些蹲起以避免韧带缺乏弹性，没有力量。在练习过程中的间歇，可安排一些肌肉放松的练习。如放松摆腿或进行一些按摩等。柔韧素质很容易消退，因此要坚持练习，巩固和发展已取得的练习成果。每次的练习可安排在早操和课的准备部分或结束部分进行。

（2）灵敏素质训练。灵敏性是指运动员在各种复杂条件下，迅速、协调、灵活地完成动作的能力。灵敏素质的主要练习方法具体如下：

① 各种变换方向追逐性的游戏（如贴人游戏等）。

② 根据教练员发出的不同手势迅速改变动作，或急跑、急停，或向各方向移动脚步。

③ 在迅速转体后完成反应动作。

④ 向各个方向的连续起跳。

训练灵敏素质的方法应常变换，在训练中要多采用与专项要求相一致的练习手段，并结合手势提高运动员的判断能力、灵活性、反应能力和控制身体平衡的能力。练习时间不宜过长，身体疲劳时不宜进行灵敏素质练习。

（二）技术训练

在跆拳道技术训练中，除了采用一般的训练方法外，还主要采用以下几种方法：

第一，慢速、快速重复练习。

第二，结合身法和步法练习。

第三，想象实战练习。

第四，互不接触的攻防练习。

第五，固定打靶的练习。

第六，实战练习。

（三）战术训练

运动员在比赛中，根据自己和对手的情况，充分发挥自己的特长，限制对方的特长，为战胜对手而采取的计策和方法，即为战术。

战术训练是指为了使运动员掌握最合理的战术手段和战术方法，培养其运用这些手段和方法的能力，以便发挥自己的特长，限制对方的特长，为比赛做好战术上的准备而进行的训练。

1. 跆拳道战术训练的方法

具体如下：

（1）假设性空击训练。

（2）模拟训练。

（3）按照比赛的要求进行实战。

2. 跆拳道战术的种类

具体如下：

（1）直接式进攻战术。

（2）压迫式强攻战术。

（3）引诱式进攻战术。

（4）防守反击战术。

（5）克制对手长处的战术。

（四）心理训练

跆拳道运动员的心理训练，就是采取各种手段，有意识、有目的地对跆拳道运动员的心理施加影响的过程。跆拳道中心理训练方法主要有以下几种。

1. 放松训练

为了使运动员保持赛前情绪和肌肉放松，对运动员可采用放松训练，主要方法如下：

（1）呼吸调节训练。

（2）音乐调节训练。

2. 模拟训练

模拟训练是用接近比赛的实际情况进行实战练习，以提高运动员对比赛的适应能力的心理训练方法。

3. 意志训练

跆拳道的意志训练主要是指在勇敢、顽强、不服输等方面培养运动员，使运动员在面对困难时能够表现出这样良好的意志品质。训练方法如下：

（1）加强运动态度的培养。

（2）敢于和实力强的队员配对练习。

（3）使运动员正确对待伤病情况。

（4）使运动员学会自我培养意志的方法。

（五）功力训练

功力训练是指跆拳道运动员通过具体的练习手段和方法，将有关专项素质融为一体，以提高打击能力、抗击打能力和击破能力的一种专门性训练。

1. 腿法功力训练要点

具体如下：

（1）掌握正确的踢法技术。

（2）注意身心放松、动作协调。

（3）打好扎实的身体素质基础。

2. 腿法功力训练方法

具体如下：

（1）空击训练法。

（2）踢靶训练法。

（3）踢击沙袋训练法。

（4）实战训练法。

3. 击破功力训练

跆拳道的击破功力，是跆拳道选手晋升级别和段位时的测试内容之一，也是展示和检验练习者技术和功力水平的常用方法。击破训练的基础方法如下：

（1）插击、砍击沙堆。

（2）拳击墙垫。

（3）肘击木桩。

（4）膝顶横木。

（5）足跟踢木桩。

（6）足后跟劈击（或脚掌劈击）横木。

【思考题】

1.跆拳道基本实战姿势的动作要领是什么？

2.跆拳道下劈腿技术的动作过程和要领是什么？

3.跆拳道战术训练的方法有哪些？

4.跆拳道战术的种类有哪些？

5.发展耐力素质的主要方法有哪些？

第三节　跆拳道运动欣赏

一、跆拳道竞赛规则

详见最新版《跆拳道竞赛规则》。

二、国际著名跆拳道赛事

（一）奥运会跆拳道比赛

跆拳道在 1988 年奥运会时为示范项目，在 1992 年的巴塞罗那奥运会上为试验比赛项目，到 2000 年的悉尼奥运会，才成为正式比赛项目。

（二）世界跆拳道锦标赛

世界跆拳道锦标赛始于 1973 年，是历史最悠久的国际跆拳道大赛，每两年举行一届。

（三）亚运会

跆拳道在 1986 年被列为第 10 届亚运会的正式比赛项目。每 4 年举行一次。

（四）世界跆拳道大满贯冠军系列赛

世界跆拳道大满贯冠军系列赛在比赛规格上仅次于奥运会跆拳道比赛，它也是中国国内目前举办的唯一一项奥运会资格选拔赛事。世界跆拳道大满贯冠军系列赛永久落户中国无锡太湖新城，第一届比赛在 2017 年 11 月举行。赛事由世界跆拳道联盟主办，无锡市人民政府、新跆联无锡赛事管理有限公司承办，国家体育总局拳击跆拳道运动管理中心、中国跆拳道协会和江苏省体育局等协办。

（五）世界跆拳道大奖赛挑战赛

世界跆拳道大奖赛挑战赛是世跆联推出的 G1 级别奥运积分赛事。

三、国内赛事

（一）全国运动会

全运会的比赛项目除武术外基本与奥运会相同，其本意是为国家的奥运战略锻炼新人、选拔人才。全运会每 4 年举办一次。

全运会跆拳道比赛，是第十三届全运会的正式比赛项目，于 2017 年 9 月 4 日至 9 月 7 日在天津商业大学体育馆举行，共产生 8 枚金牌，8 枚银牌，16 枚铜牌。

（二）全国跆拳道锦标赛

1995 年 5 月，共有 22 个单位、250 多名运动员参加了在北京体育大学举行的第一届全国跆拳道锦标赛。此后，每年举行一次，全国锦标系列赛一共有四站比赛，四站比赛结束后举行全国冠军总决赛。

（三）全国跆拳道俱乐部超级联赛

全国俱乐部超级联赛分为全国俱乐部联赛分站赛、全国俱乐部联赛大区赛以及全国俱乐部联赛总决赛。

【思考题】

1.国际著名的跆拳道赛事有哪些？

2.你知道哪些国内的跆拳道赛事？

3.你知道我国有哪些跆拳道运动员？

第十三章 瑜 伽

> 体育和运动可以增进人体的健康和人的乐观情绪，而乐观情绪却是长寿的一项必要条件。
>
> ——勒柏幸斯卡娅（苏联科学家）

练习瑜伽已经成为当下颇为流行的都市时尚生活标志。瑜伽动作轻柔舒缓，多偏向控制身体的平稳等，可以锻炼人体的关节肌肉群力量和稳定性。瑜伽姿势主要运用古老而易于掌握的技巧，改善人生理、心理、情感和精神方面的能力，从而达到身体、心灵与精神和谐统一。通过理论及技术的学习，学生能够领会和了解瑜伽的起源、形成、特点及其作用，掌握本章介绍的体式的练习要领和要点，起到防病、健身、养生的作用。

【本章思政点】

瑜伽从最基础的"哈他"瑜伽发展到现在，衍生出许多不同的派别，如流瑜伽、阿斯汤加瑜伽、阴瑜伽等。虽上述流派各有不同，但都朝着一种追求身与心的内在平和的最终目的迈进。

最初，瑜伽姿势被当成一种辅助治疗的手段，而现代人大多用它来减肥和保持体形，忽略了它对内脏及精神所起的作用，由此造成的后果是——许多人在练习瑜伽姿势时没有选择性，把适合和不适合的姿势一起练习。"Listen to your body"（听从身体的感受）是瑜伽导师在教授瑜伽课程的时候经常说的一句话，也就是说当身体感觉不适合这个姿势时，会做出反应。应该了解：虽然每一个人都可以练习瑜伽，但这并不说明每一个姿势都适合每一个人。人们应该根据自己身体的状况选择适合自己的瑜伽姿势，循序渐进地练习。

第一节 瑜伽运动概述

一、瑜伽运动的起源与发展

（一）起源

"瑜伽"一词来源于印度古代梵文，是梵文"yug"或"yuj"（束缚，支配的意思）的音译，被解释为通过身体、精神和灵魂的统一而实现个人与神圣灵性的结合。它起源于距今5000多年的印度河文化时期，关于瑜伽最早的书面记载出现于《梨俱吠陀》中，它的意思是指"轭"或"伽"（牛、马拉车时架在脖子上的器具）。随着瑜伽作为修行方法的流行，引申出两种事物相互连接、结合等意思。瑜伽不仅是一种源自印度的身心修持术，也是一门哲学。古印度圣贤在《瑜伽经》中表述瑜伽是对意识与信念的控制。而在今日，瑜伽着眼于强健的身体和平和的内心，追求身与心的和谐统一，达到防病、健身、养身的目的。

（二）发展

瑜伽起源于印度的一系列古老的精神练习，最早可追溯到5000多年前的印度河文明时期。瑜伽最初本是古代婆罗门教为了实现解脱而采取的一种修行方式，后来这种方式被佛教等其他教派吸纳，故成为印度宗教特有的产物。

伴随着古印度文明不断的发展，根据主要的经典理论、修炼方法和瑜伽体系的建立，瑜伽的发展分为以下六个阶段。

1. 原始发展时期（约公元前31世纪—公元前15世纪）

根据现代考古发现，早在公元前3000年的印度河文明时期，当地居民就有练习瑜伽的迹象，但这一时期瑜伽的理论和练习方法还较为原始，主要有静坐、冥想、苦行的形式。

2. 吠陀时期（公元前15世纪—公元前8世纪）

这一时期开始出现瑜伽教导的文字记载。公元前15世纪，宗教经典《吠陀经》中提到了瑜伽的概念，将它定义为"约束"或"戒律"，但没有记载练习方法。《阿达婆吠陀经》对瑜伽进行了深一层的完善，并提出关于呼吸控制的内容，由开始的身体练习来达到自我解脱，过渡到"梵我合一"的宗教哲学高度。

3. 前经典时期（公元前8世纪—公元前5世纪）

这一时期形成了瑜伽的基本观念。公元前800年前后，《奥义书》精确地记载了一种可以彻底摆脱痛苦的瑜伽修行方法，业瑜伽和智瑜伽盛行。

4. 经典时期（公元前5世纪—公元2世纪）

瑜伽典籍开始出现。《薄伽梵歌》对宏观上的瑜伽体系进行描述，其内容包括王瑜伽、奉爱瑜伽、业瑜伽、智瑜伽。而《瑜伽经》的出现则是瑜伽历史上首次对技术层面进行具体的叙述。《瑜伽经》赋予了瑜伽行法与哲学、宗教理念同等主要的地位，第一次明确地将瑜伽定义为"控制心灵和意识变化"，系统地提出瑜伽"八支法"。

5. 后经典时期（公元2世纪—19世纪）

瑜伽练习者不再渴求从现实中解脱，而更强调接受现实。在修炼中从原先的"重冥想"转变成"重体位"。同时围绕瑜伽修炼的深层技术，出现了《瑜伽奥义书》等一些著作。在这一时期出现了哈他瑜伽，哈他瑜伽体式强调促进健康和改变外表，促使练习者逐步获得身体的协调性和身心的健康，最终达到更为愉悦的境界。

6. 近现代时期（19世纪至今）

坦陀罗瑜伽得到发展，对现代瑜伽影响较为深远。这一时期哈他瑜伽已慢慢成为最流行的瑜伽练习形式。传统的瑜伽思想得到改变，在哈他瑜伽的基础之上，繁衍出了更多的瑜伽流派，并传向世界。瑜伽整体的修炼核心也从重冥想转变为重身体习练。19世纪，印度瑜伽大师罗摩克里希那创立了现代瑜伽。他被称为"现代瑜伽之父"，更提倡将瑜伽作为一种健康的生活方式。

二、瑜伽的特点、功能及分类

（一）特点

第一，呼吸均匀深长，与瑜伽姿势配合紧密。将放松休息术、体位、呼吸、冥想有机结合，相辅相成。

第二，动作节奏舒缓，运动强度可自行控制。通过练习，可使每一个小关节、脊柱、肌肉、韧带和血管处于一种良好的状态。

第三，心神同练，对身体各系统均产生效果。提升新陈代谢，促进血液循环，调整脊柱，增强柔韧等。

第四，音乐柔和舒缓，引导习练者温和安静，使其可以充分释放自我。

（二）功能

瑜伽的健身价值是指对健康的促进作用。瑜伽对身体健康的促进作用表现在可以有效地调节人体神经系统、内分泌系统等各大系统，进而改善身体健康。瑜伽对心理健康的促进作用表现在：长期习练可以帮助习练者改善困惑、疲劳、焦虑、抑郁等不良情绪。瑜伽最早是用来证悟真理的工具，但发展至今，更多地倾向于成为一种减压的运动形式。练习瑜伽，不仅能促进身体健康，而且能促进心理健康，帮助人们充分挖掘身体潜能，培养优雅气质。

（三）分类

瑜伽派别众多，不同的瑜伽体系进行的瑜伽练习也各不相同，或者说，它们以稍微不同的方式运用同一些练习方法。但所有这些瑜伽体系的最终目的则是一样的，各种瑜伽体系的终极目的都是帮助人达到这种瑜伽境界。以下是一些主要的瑜伽体系。

1. 传统瑜伽体系

（1）王瑜伽，包括姿势锻炼、呼吸、冥想等，是由八部分组成的瑜伽体系。

（2）奉爱瑜伽，专注于杜绝愚昧杂念，启发对人格首神奎师那的敬仰之心，要求通过某种宗教仪式（典礼、歌颂等），来表达修炼者的全身心奉献。

（3）智瑜伽，是探讨真与非真、恒常与暂时、生命力与物质等问题的哲学思辨的体系。

（4）业瑜伽，是倡导将精力集中于内心世界，通过精神活动，引导更加完善的行为的体系。

（5）哈他瑜伽，强调体位的作用，是当今世界最盛行的瑜伽修炼方法。它认为人体包括两个体系，一是精神体系，一是机体体系。哈他瑜伽有三个不可分割的构成因素，包括瑜伽体式、调息和精神控制，三者缺一不可。

2. 现代瑜伽体系

现代流行的各种瑜伽流派主要是在哈他瑜伽的基础之上创新而来的，包括希瓦南达瑜伽、艾扬格瑜伽、阿斯汤嘎瑜伽、热瑜伽、综合瑜伽和流瑜伽等。现代瑜伽运动是在意识积极引导下，伴随对自身内部的关注，动静结合的有氧运动。瑜伽运动包含体位、诱导放松、冥想等内容。体位主要以脊柱为中心，包括前屈、后伸、侧屈、扭转，平衡姿势等内容。呼吸训练包括用力吸气、用力呼气、逆式呼吸、完全呼吸、节律呼吸、交替呼吸等多种呼吸方式。诱导放松是瑜伽运动必不可少的内容。诱导放松一般从调整呼吸开始，随着呼吸节律的平稳，意识跟随语音的诱导逐一放松身体的各部位。冥想是瑜伽的核心，通过将注意力从外部转向集中于内部体验的仪式化练习改变意识的功能。大量的神经生理、心理实验证明了冥想可以缓解紧张焦虑，然而冥想的目标不只是暂时缓解紧张。冥想是对心理和精神自我的内在关注。冥想的内容多种多样，其中语音冥想（OM）具有代表性，而且简单易行。"OM"是一个神圣的梵文音节，有时被写成"AUM"，是最古老的梵音，其发音被认为具有丰富的象征性，是所有声音的基础。随息发声所产生的振荡波在体内传播，神经冲动有规律地传向大脑皮质。

【思考题】

　　1.瑜伽的发源地是哪里？

　　2.瑜伽包括哪些体系？

　　3.瑜伽的功能有哪些？

第二节　瑜伽的练习方法

　　第一部系统介绍瑜伽方法的书籍《瑜伽经》，诞生于约公元前 300 年，由帕坦迦利（Patanjiali）阐释。该著作既教授了修身的哲学和严格的伦理道德法典，还规定了苦行僧的生活方式和瑜伽练习的 8 个步骤，亦称为八支分法。前两步是伦理准备。一步是戒，包括戒除暴力、虚伪、偷盗、欲念、贪婪等；另一步是遵行，包括洁身、满足、简朴、学习、献身等。其次两步是肉体的准备。一步是姿势，或体式，指一系列舒适且能长时间维持的姿势操练；另一步是元气调控，指一系列稳定呼吸节律的操练。第五步是思绪内收，指的是将注意力从外界事物中收敛到头脑中来。上面五步亦称为瑜伽的外修行，下面三步是内修行，也称为冥想。它们是意守，即把意念长时间集中在某一点上入定，即忘却自我的出神和沉浸，即入定目标和入定者合二为一，目的在于使头脑放松、活力恢复，摆脱烦琐的意识冲动和欲望的束缚。

一、基本动作原理与方法

　　瑜伽体位姿势（Asana）是瑜伽练习中非常重要的一部分，是人们最初体会到的肉体和精神相结合的重要部分。大多数人是通过瑜伽姿势开始了解瑜伽的含义——平衡、宁静、自然的完美结合。刚开始时，也许只有身体外在的感受——身体的抻、拉、挤、拧，通过练习时间的加长，一定会有进一步的感触——它能影响人的整个精神状态。练习瑜伽姿势是个循序渐进的过程，它绝不是简单的抻拉练习。练习时，应该遵循瑜伽"身心合一"的原则，没有强迫，没有比较，一切动作都是那么自然。把自己的身体状况详细地介绍给老师，必要时应征求医生的建议，因为瑜伽教练不是医生。老师在引导练习的过程中一定要根据学生自身的条件进行科学的姿势搭配，尤其要注意瑜伽练习应遵循的五项注意事项——正确的放松、姿势练习、呼吸、饮食和冥想。

（一）体位的准备和放松姿势

所有的体位都是从准备姿势开始的。在做完每一个站立、坐位、俯卧和仰卧的体位之后，接下来做任何其他体位，都需要做好准备姿势。认真学习所有体位的准备姿势。每一个体位练习从最终的姿势恢复之后，都需要放松。学习所有这些可以用来放松的体位。

1. 仰卧体位的准备姿势和放松体位

仰卧式：慢慢仰卧在垫子上，双腿并拢，两脚后跟并拢，脚趾并拢；双手放在身体两侧，手掌触到双腿，两肘伸直。

完全放松式：仰卧在垫子上，慢慢分开双腿，略宽于肩，双臂自然放松在身体两侧，掌心向上，轻柔地闭上双眼，双臂、双腿和整个身体完全放松，让自己非常舒服。意识清醒并关注呼吸。

2. 俯卧体位的准备姿势和放松体位

俯卧式：慢慢俯卧在垫子上，双腿并拢，两手臂向前伸直，下颌轻放在地面上。（这个准备姿势用于练习所有的俯卧体位。）

蜘蛛式：俯卧在垫子上，双脚自然微分开（两到三脚宽），脚跟相对；弯曲双肘，右手放在左臂上，左手放在右臂上，两手臂自然相叠；下颌放在手腕上，慢慢闭上眼睛，关注你自己，感受变化，体验你自己。（这是个放松体位，做完任何俯卧的体位之后，都可以以这个体位放松。）这是最好也是最简单的可以治疗背痛的体位之一，只要你缓慢地做，做的过程中保持清醒的意识并深呼吸，即使是非常严重的背痛都能得到控制。

3. 坐立体位的准备姿势和放松体位

手仗式：坐在垫子上；双腿向前伸直，双脚并拢（双膝并拢，保持背部和颈部挺直，扩展胸腔，保持肩膀直立）；双掌放在身体两侧的地面上，双肘伸直，眼睛向前看。（这是所有坐姿体位的准备姿势。做任何坐立体位时，先做到这个体位。这些规则只是在你没有什么经验或你是一个初学者的时候要学习的。）

手仗式放松：慢慢伸直双腿，两腿分开略宽于肩；双手放在背后（所有手指向后）；颈部向后、向右或向左倾，斜靠在肩膀上，保持正常呼吸。闭上眼睛关注自己，不论你有什么样的感受，去体验和感受它。

4. 站立体位的准备姿势和放松体位

山式：站立，双脚并拢，双膝伸直；双手放在身体两边，手掌心贴在大腿外侧。保持颈部和肩膀垂直，扩展胸腔。（这个体位是所有站立体位的准备姿势。）

山式放松：双腿分开与髋同宽。双手自然放在体侧，放松肩膀和胸腔。保持正常呼吸。每个体位练习之后用这个体式来放松；练习体位时也要在放松的状态下进行，在最终的姿势上放松；意识保持完全清醒，呼吸缓慢而平静。

（二）体位的基本动作

1. 眼镜蛇式

（1）动作。

身体俯卧，前额贴地；两臂屈肘，紧靠两肋旁边，两手掌放在肩部下面，掌心贴地，掌指朝前；两腿紧靠，脚背着地；身体肌肉完全放松，呼吸自然。

模仿眼镜蛇抬头动作，一边吸气，一边慢慢地抬起头；上动不停，两手按地，慢慢地伸直双肘（当练习达到较好的程度时，亦可用十指撑地）；随着双臂的伸直，上体缓缓地向上挺，脊椎按照颈椎、胸椎、腰椎的顺序翘起来，脊柱越来越弯，头部大幅度地向后仰弯，眼视眉心。这时，身体从脐部到脚尖要贴紧地面，腿要放松，感受到压力由颈部朝下方的胸部、腰部以及最后的尾骶部移动。保持以上姿势默数 5～10 下。

一边呼气，上体一边缓慢地向左扭转，尽量争取看到右脚跟；左肘稍弯，右臂伸直。一边吸气，上体一边慢慢地转回，恢复姿势。接着做右扭转身，动作跟左扭转身相同，唯方向相反。一边呼气，一边弯曲双肘，上体按照腹部、胸部、肩部、头部的顺序慢慢地放下来，恢复姿势，稍放松一会儿后，做下一组练习，下一组练习跟上述相同。每次练习 8～12 组。

（2）要点。具体如下：

① 初练此式，抬头后仰做到自己力所能及的限度即收到练习效果；随着练习的进展，脊柱的灵活性、肌肉的弹性提高，再加大动作幅度。

② 抬头动作要模仿眼镜蛇抬头动作，完全靠脊骨及上体的力量。动作开始，头稍前伸，把脊骨拉长；然后按头部、颈部、胸部、腰部的顺序慢慢翘起来，上体尽量后仰，眼看印堂。不能靠手臂的力量，手臂只起辅助作用。

③ 左右扭转头时，一定要在上体、头部尽量后仰时进行，不能在上体下落时，或头一边下落，一边向左或右做扭转动作。

（3）健身作用。

此式让脊柱像拉珠子一样，一个个地被慢慢拉起和放下，脊柱骨和韧带被拉向后方，从而增加了血液的输入。腹肌被牵拉、强化，腹压提高，各内脏器官得到调理和按摩，胸肌、颈肌的力量也被加强。因而此式能有效地消除颈痛和腰肌劳损，保持和提高脊柱的弹性；防止脊骨老化、变形和增生，可矫正脊柱小关节错位，治疗颈椎综合征；能健美体形，消除自卑感；对腹部能起到很好的拉伸作用，可以加强腹部内脏器官的活动，有利于治疗便秘，消化不良等疾病。

2. 狮子式

（1）动作。具体如下：

① 练习眼镜蛇式之后接着练习此式，因此，预备动作如眼镜蛇式。

② 两手用力把上体撑起来，两膝着地；接着重心慢慢后移，两肩尽量下压，双臂伸直，十指尽量前伸，塌腰，自然呼吸，停 5～10 秒。

③ 重心慢慢后移，脚背着地，臀部坐在脚跟上，双膝并拢，两腿紧靠，直背、挺胸、头上顶，眼平视前方；双手放在大腿上，掌心向下，手指朝前，呼吸自然。

④ 先吸一口气，然后一边呼气，一边收腹、收肛，尽量把气体呼出；同时两眼圆睁，尽量睁大，眼球稍向上翻，张大嘴，舌头尽量向外向下方伸出，使颈部和面部肌肉处于紧张的收缩状态；上体稍前倾，将整个身体从脚跟上抬起来。十指用力分开，收缩上体所有肌肉，感觉到所有的肌肉都在用力，使上体变得强硬，如狮子即将扑向猎物那样，以上姿势稍停。

⑤一边吸气，臀部一边慢慢地坐回脚跟上；舌头慢慢地缩回，轻轻地合起嘴巴，眼看地下；然后放松手指，放松上体所有的肌肉，轻轻地闭上眼，放松眼睑，放松面部所有的肌肉，好像想笑又笑不出来一样。转入自然呼吸，稍停再进行下一组练习，动作如前。每次练功3～5组。

（2）要点。具体如下：

①此式在初次练习时会觉得有点滑稽可笑，甚至感到一时仪态不美，有点不太习惯。但不必担心，舌头伸得越长，眼睛睁越大，面容越恐怖，功效则越好，越能有效地保持和焕发青春容貌。

②此式每天练2次、每次3组即可。

③健身作用。狮子式能有效地锻炼舌和喉，改善舌根和喉部的血液循环，使声音洪亮，并改善音质，减轻咽喉炎；能有效地锻炼面部肌肉，增强弹性，减少皱纹，减缓皮肤松垂，舒缓眼周的皱纹；并能增强手指力量。

3. 猫式

（1）动作。具体如下：

①双膝跪下着地，两小腿分开与肩同宽；双掌向前扶地，指尖朝前，分开与肩同宽，两臂垂直；躯干挺直。

②慢慢地吸气，以意引气至腹部；吸气的同时，塌腰、鼓腹、臀部上翘，伸颈抬头后仰，使身体各部位动作都有助于气体的吸入。

③身体姿势不变，屏息（气体停留体内不呼出，5～10秒，以呼吸没有难受的感觉为宜）。慢慢地呼气，同时弓腰、收腹和低头，如猫弓腰伸展，以便把体内的气体排出。

（2）要点。具体如下：

①一吸一呼为练习的一次，每练习10次为一组，练习3～5组为宜，但也可因人而异。

②两手要保持伸直。低头时，头尽量低至两臂中间。

（3）健身作用。此式简单易学，能改善和提高脊柱的柔韧性，放松肩部肌肉，帮助消除腰背部肌肉劳损和疼痛；对腹腔各器官起到按摩作用，对消化系统慢性疾病有辅助疗愈作用；能改善习惯性便秘。早晨起床时喝一杯淡盐水或开水，约10分钟后按此顺序练习，对解除便秘之苦有较显著疗效。特别是对女性生殖器官有很好的保健作用，并能帮助消除腰腹部脂肪。

4. 束角式

（1）动作。具体如下：

①手仗式，坐立，双腿伸直，慢慢弯曲双膝（双脚脚底、脚跟和大脚趾靠拢），让双脚靠近身体。

②十指交叉，双手抓住双脚大脚趾，让脚跟靠近会阴处。（双脚外侧接触地板，脚跟后部接触会阴，尝试让大腿和膝盖放在地板上。）

③吸气，边呼气边向前、向下弯曲身体（同时弯曲肘部）。

④ 保持正常呼吸，把前额放在地面上。这是最终体位。能保持多久，就保持多久，保持舒适。

（2）返回。具体如下：

① 随着吸气，慢慢抬起头部、颈部、胸部，保持背部挺直。

② 随着呼气放松双手。

③ 正常呼吸，体前慢慢伸直双腿。

④ 放松，正常呼吸。

（3）禁忌。

背痛、高血压、中耳炎、严重鼻子疼的患者，有心脏问题和任何近期做过腹部手术的人，请不要做这个体位。

（4）益处。

此式有助于增进腹部、骨盆及背部的血液循环，可保持肾脏和前列腺的健康，缓解坐骨神经痛以及静脉曲张，缓解经期疼痛，调整经期规律。

5. 坐角式

（1）动作。具体如下：

① 坐立准备姿势。慢慢将双腿向两侧伸展，右腿向右，左腿向左，尽量大角度地向侧面打开。

② 保持双手放在体前的地面上。

③ 吸气，随着呼气身体向前、向下，让腹部、胸部和下颌触碰地面。

④ 保持正常呼吸。右手抓右脚趾，左手抓左脚趾。保持肘部伸直，按压大脚趾，让大脚趾触地。

（2）禁忌。背痛、高血压、腹痛患者，有心脏问题的人，请不要做这个体位。怀孕的女性不要做这个体位。

（3）益处。那些有胃病、胃胀气、坐骨神经痛的人，能从这个体位中获得很多益处。这个动作可以预防疝气，让腿部和骨盆区域变得更加健康和柔韧，增强腿部、髂骨区域和身体上半部的血液循环，增强肺活量和心脏功能。

6. 鸟王式

（1）动作。具体如下：

① 山式站立。缓慢地抬起右腿，屈右膝，环绕左膝。左膝略向下弯，右脚趾勾住左小腿。

② 缓慢地将双手抬到体前与肩同高。弯曲手肘，右臂从下方绕左臂，手掌相合。大拇指指向鼻尖。

③ 目视前方。保持正常的呼吸，尽量长时间舒适地保持。

（2）返回。具体如下：

① 松开右腿，右脚放在地板上尽量长时间舒适地保持。

② 左膝伸直。站直，松开右手，将双手放回体侧。

③ 保持正常的呼吸，采取山式放松。

（2）禁忌。关节很痛和腿部非常虚弱的人，不要做此体位。

（3）益处。做这个动作可以加强双腿、膝关节和踝关节的力量，增加专注力，使意识平和，心态更平静。此式对高血压患者有好处，如果保持几分钟，能体会到心态的平和。

7. 风吹树式

（1）动作。具体如下：

①摆好站立山式。缓慢地将右手从体侧抬起到水平 90°。手掌翻转向上。

②吸气，再次将右手举到 180°。（右臂内侧触碰右耳。掌心向左侧。）

③右手向上伸展，呼气时身体缓慢地向左侧弯曲。保持正常呼吸。这是最后的体位，尽量长时间地舒服地保持。（左手完全放松，手心轻触左腿，手肘和膝盖伸直。）

（2）返回。具体如下：

①吸气，还原身体。右手保持向上伸展。

②呼气，缓慢地将右手放回水平 90°的位置。翻转掌心向下。

③将右臂慢慢回落。正常呼吸，放松。从左侧重复做一次。

（2）禁忌。心脏病患者，请不要做此体位。

（3）益处。增强肝功能；减少腰腹部脂肪，拉伸身体侧腰部；增强肾功能，对缓解便秘有帮助。增加坐骨神经、腿部肌腱和韧带的灵活性；加强大小腿的力量，平衡腿部和头部区域的血液循环、气息循环和能量。

8. 三角伸展式

（1）动作。具体如下：

①站立，右脚向右迈出，双腿分开略宽于肩。

②吸气，双手侧平举 90°与肩同高。（掌心向下，双臂与地面平行。）

③呼气，身体向右侧弯曲（右手掌心轻触右膝，然后移到脚踝处）。左手上举过头，手肘伸直，眼睛看左手掌心。这是最后的体位，尽量长时间地舒服地保持。

（2）返回。具体如下：

①吸气，上身还原并伸直，双手平举与肩同高，掌心向下。

②呼气，双手放回体侧。

③右脚靠近左腿，采取山式放松，然后换另一侧练习。

（2）禁忌。有严重脊椎问题者，近期腹部动过手术者，心脏病和高血压患者，请不要做此体位。

（3）益处。此体位可以加强腿部、膝盖和脚踝的力量，减少腰、臀部多余脂肪，塑造腰部、大腿和肩膀的完美线条，对于平衡下半身的气息和能量非常好。如果你在这个体位上放松地保持，那么整个身体都会越来越轻。

9. 三角侧伸展式

（1）动作。具体如下：

①迈出右腿，双腿分开略宽于肩。

②吸气，双手侧平举与肩膀同高，掌心向下。

③缓慢地将右脚向右侧转动 90°，保持膝盖伸直。

④ 呼气，弯曲右膝，上身贴住右大腿（右大腿与地面平行）。

⑤ 右手放在右脚外侧地面上。吸气，左手臂举过头顶（手臂内侧贴住耳朵）。眼睛看向前方；或者转头向上，眼睛看左手指尖。保持正常的呼吸，这是最后的体位，尽量长时间舒服地保持。

（2）返回。

① 吸气，慢慢伸直右膝，双手平举与肩膀同高。

② 右脚转回。

③ 呼气，双手放落。双脚并拢。

④ 保持正常的呼吸，采取山式放松。

（3）禁忌。心脏病人、严重的膝盖疼痛者，请不要做此体位。

（4）益处。此式有助于扩展胸部，减少腰臀部脂肪；加强大腿和肩膀的力量；滋养脚踝、膝盖、大腿和肩膀，平衡下半身的气息循环和能量。

二、基本练习

瑜伽的呼吸方法有很多种，根据不同的呼吸部位划分，可分为胸式呼吸法、腹式呼吸法、完全呼吸法和喉呼吸法四种。

（一）胸式呼吸法

1. 定义

胸式呼吸法，又称肋式呼吸法，是通过肋间肌的收缩或舒张，使肋骨随之提升或下移，胸部亦随之扩张或平复的一种调养呼吸的方法。

2. 练习方法

选择任一舒适坐姿（亦可仰卧），两手放在胸部两侧的肋骨上，以帮助自己感受呼吸时胸部的隆起和收缩。

深深吸气，胸部扩张，腹部平坦，以便把空气直接吸入胸腔。延长吸气时，腹部向内朝脊柱方法收缩，促使胸肋继续向外、向上扩张。

呼气，放松身体，肋骨向下并向内收，腹部放松。

（二）腹式呼吸法

1. 定义

腹式呼吸法，又称膈式呼吸法，是通过膈肌的收缩下降或舒张上升，使腹腔器官随之下移或提升，腹部亦随之鼓起或平复的一种调养呼吸的方法。

2. 练习方法

选择任一舒适坐姿（亦可仰卧），腰背挺直，脊柱向上挺拔，双手轻轻放在肚脐上方，感受腹部的起伏，感受气体的交换。

吸气，膈肌收缩下降，使腹部隆起，吸气越深，腹部隆起就越高。

呼气，膈肌舒张回升，使腹部平复，并继续向内朝脊柱方法收缩，腹部的收缩促使肌膜进一步升起，促使废气从腹部呼出。

（三）完全呼吸法

1. 定义

完全呼吸法，又称胸腹式呼吸法，是将胸式呼吸和腹式呼吸结合在一起完成的呼吸方法。

2. 练习方法

（1）选择任一舒适坐姿（亦可仰卧、站立），脊柱和头颈保持在同一平面内，右手放于胸前，左手放于肚脐上方，全身放松。

（2）轻轻吸气，从小腹区域慢慢向整个腹部区域延伸，当腹部区域隆起的时候，气体上移开始充满胸部区域的下半部分，接着充满胸部区域的上半部分，尽量将胸部扩张到最大程度，此时双肩会略微升起，腹部也将向外隆起，直至吸气吸到双肺的最大容量。

（3）吸气吸到最大限度时，开始按相反的顺序呼气，首先放松胸部，然后放松腹部，最后用收缩腹部肌肉的方法结束呼气，这将确保从肺部呼出最大量的空气。

（4）再次轻轻吸气，从小腹开始充满腹部区域……如前所述，循环下去。

（四）喉呼吸法

1. 定义

喉式呼吸法，又称为胜利呼吸法、成功呼吸法、征服呼吸法等。喉式呼吸其实是通过两个鼻孔来呼吸，只不过做起来时感觉是在用喉呼吸。正确的喉式呼吸，每次吸气时喉头会发出"sa"的声音，每次呼气时喉头会发出"ha"的声音。这种声音与婴儿睡眠时的呼吸声或轻微的鼾声较为相似。

2. 练习方法

选择任意一种使身体感到舒适的姿势坐下，保持后背挺直，头部向躯干放低，收颌，把下巴放在锁骨之间的凹陷处，然后锁定下巴。

双臂伸展，双手腕背部分别放在两膝上，拇指和食指指尖相触，其他手指保持伸展，闭目内视。

双唇闭合，通过鼻子呼吸，呼吸时感觉大量空气通过气管进出，同时轻微控制咽喉后部的气管，吸气时发出"sa"的声音，呼气时发出"ha"的声音，然后留心咽喉后部空气流动的感觉。

呼吸时，还可以把舌头向上、向后折叠翻转，使舌头的底部顶住口腔上腭的后部，以增强喉部发出声音的效果。

喉式呼吸还可以在没有收颌的情况下练习，即使在走路或躺下时也可以练习。

三、套路练习

（一）太阳式A

山式：呼气，站在中间位置，看鼻尖。

吸气，伸手上举，仰头看拇指。

呼气，向前屈身，眼睛看鼻尖。

吸气，抬头，看眉心。

呼气，双脚跳向后方，看鼻尖。

吸气，滚动脚尖成上犬式，看鼻尖。

呼气，滚动到下犬式，看双脚（5 次呼吸）。

吸气，双脚跳回，看眉心。

呼气，身体前屈，看鼻尖。

吸气，伸手上举，看拇指。

山式：呼气，回到中间位置，看鼻尖。

（二）太阳式 B

山式：呼气，站在中间位置，看鼻尖。

吸气，伸手上举，仰头看拇指。

呼气，向前屈身，眼睛看鼻尖。

吸气，抬头，看眉心处。

呼气，双脚跳向后方，看鼻尖。

吸气，滚动脚尖成上犬式，看鼻尖。

呼气，滚动到下犬式，看双脚。然后左脚后跟后转，右脚前跨放在右手旁。

吸气，右膝弯屈 90°，髋部摆正，伸手上举，眼睛看拇指后边。

呼气，手分别放在右脚两边的垫子上，右脚往后跨。

吸气，滚动到上犬式，看眉心。

呼气，滚到下犬式，看双脚。然后右脚后跟左转，左脚前跨放在左手旁。

吸气，左膝弯屈 90°，髋部摆正，伸手上举，眼睛看拇指后边。

呼气，手分别放在右脚两边的垫子上，左脚往后跨。

吸气，滚动到上犬式，看眉心。

呼气，滚动到下犬式，看双脚（5 次呼吸）。

吸气，双脚向前跳回，看眉心。

呼气，身体前屈，看鼻尖。

吸气，屈膝下蹲，伸手上举，看拇指。

山式：呼气，回到中间位置，看鼻尖。

四、瑜伽练习注意事项

（一）练习时间

瑜伽体式的最佳时间是清晨或傍晚。清晨练习瑜伽体式，有助于练习者更好地开始一天的工作；而傍晚练习瑜伽体式则可以扫除一天的疲劳和紧张，使练习者感到振作和心态宁静平和。因此，那些较难的体式应该在人的意志和决心更强的清晨练习，而那些刺激的体式（比如头倒立式、肩倒立式、其他变体体式，以及背部前屈伸展坐式）则应该在傍晚练习。

（二）正确地呼吸

在练功过程中，呼吸起着相当重要的作用，故必须按要求进行吸气与呼气，同时需要加以停顿。一般来说，吸气或呼气时间多长，这个动作就多长，同步完成。至于停顿（屏息），则因人而异，时间越长越好，以未有难受的感觉为宜。呼吸是腹式呼吸法，都是鼻吸鼻呼。吸气时，气体通过鼻慢慢地吸入，腹部微微上胀；呼气时，气体通过鼻慢慢地呼出，腹部微微下落。有的初学者，开始时呼吸不够深长，有些动作不能按要求进行吸气和呼气，可以多呼吸一次，以后随着练习的进展，等到呼吸够深长且适应后，再按要求进行吸气和呼气。

（三）保持愉快的心情

练习时，将精神和意识集中于一点，心中要想着练功的目的和伸展的部位。心情要舒畅，神态要从容，轻松自然、容光焕发地进行练习。当心情浮躁的时候，可先练习几分钟"仰卧式"，让自己的心智安静下来。

（四）对症练习

如果要解决身体某方面的问题（如减肥、健美、便秘、颈椎病等），可参照每种功法的"功效"而选择。

（五）尽力而为

有的人开始练习时，觉得身体僵硬，难以按要求完成，便对练习失去信心。其实，练瑜伽，不能跟别人比，要自己跟自己比。每一姿势的练习，只要尽自己所能去练习，在完成这一动作后，保持一小段时间，即会收到理想的效果。千万不能因为一点点酸痛，就立即将身体放松、收回。瑜伽的观点认为，要想保持青春，健康长寿，一定要保持肌肉的弹性、关节的灵活性。人体的肌肉、关节或某个部位僵硬，是一种病症，就像皮革一样失掉了柔韧性，慢慢地原功能就会丧失。如果每天坚持结合正确呼吸进行练习，就好像扎紧的纽扣解开了一样，肌肉里面的废物会被排出来。"生了锈"的脊柱、关节会慢慢松动，身体变得生机勃勃。经过一段时间练习，当你的腰惊人地变细，腹部多余脂肪自然地消除，内脏功能日见好转，身体变得轻快、精力充沛，面色红润时，自然会增强练习的信心，并自觉坚持练习，甚至一天不练习，就会觉得不舒服。随着练功进展，每一个姿势将会越做越好。

（六）恒心和决心

练习后，绝大多数人很快会收到预期的练功效果。例如，多余的脂肪少了，腰围小了，身体轻松了，大便通畅了，身体的某些不适或疾病也不知不觉地消失了。但是，有个别人有时会有原有症状加重的感觉。原因是练功初步刺激了这些症状，产生了一些反应，这也是正常的现象，可继续坚持练功。可以动作减轻一些，组数减少一些或练功过了一段时间，这些症状即会消失。练功的奥秘在于恒心和决心，在于坚持和正确的指导。

（七）必要条件

没有坚实的根基，房屋就无法矗立。如果没有为塑造性格打下坚实基础的制戒和内制原则，就无法形成完整的人格。没有制戒和内制作为基础，体式练习无异于杂技表演。对于瑜伽修行者来说，需要的品质包括自律、信念、坚韧以及坚持不懈，即具有不间断地定期练习瑜伽的决心。

（八）洁净和食物

在开始练习瑜伽体式前，应该先排空膀胱、清空肠胃。一些倒立体式有助于膀胱活动。假如练习者患有便秘或无法在练习前排空膀胱，那么就从头倒立式和肩倒立式以及这两个体式的变体开始练习，在排空膀胱后再尝试练习其他体式。没有排空膀胱前，不要练习高级瑜伽体式。

（九）沐浴

沐浴后练习瑜伽体式更为容易。瑜伽体式的练习后，由于出汗身体会发黏，最好在 15 分钟后沐浴一次。在练习瑜伽体式前后沐浴可以使精神和身体都更为振奋。

（十）地点

尽可能选择一个有足够空间伸展身体，并且空气清新、流通，干净、舒适且不易受干扰的安静场地。不要在空地板上或不平的地方练习瑜伽体式。

（十一）特殊人群特别注意事项

假如你患有眩晕或高血压，那就不要从头倒立式和肩倒立式开始练习。可以在练习这些倒立体式前先练习背部前曲伸展坐式和下犬式，在练习完这些倒立体式后再按照顺序重复练习一遍背部前曲伸展坐式、下犬式和加强脊柱伸展式。女性在月经期应避免练习倒立体式，耳朵感染、化脓或视网膜脱落的患者也不要尝试练习倒立体式。

【思考题】

1.常见的瑜伽体位有哪些？

2.瑜伽的呼吸方式有几种？分别是什么？

3.练习太阳式 A 和太阳式 B。

第十四章　防身术

在我们劳动人民的国家内，需要千百万身体健壮、意志坚强、勇敢无畏、朝气蓬勃、坚忍不拔的人。

——列宁

防身术，是一种防卫技能和手段。其最终目的是在遭遇不法侵害时迅速摆脱或暂时制敌，以达到脱险和反制的效果。同时，防身术课程是一门格斗类课程，能够培养学生不畏艰险、勇于拼搏的精神。

【本章思政点】

孟子曰："舍生取义。""义"是指国家利益和民族利益，是中华民族传统美德。"义"，强调国家利益、集体利益高于个人利益。"义"是在一定社会文化中产生的，代表一个国家和民族的集体主义精神，它是一种群体精神，是中华文明数千年以来强调建立的一种和谐协调的人伦关系。见义勇为指公民为保护国家、集体利益和他人的人身、财产安全，同违法犯罪行为做斗争或者抢险、救灾、救人的行为。自古以来，路见不平、拔刀相助的见义勇为精神就是中华民族的优良传统。大力弘扬见义勇为精神就是弘扬社会正气，对于建设社会主义精神文明强国、构建和谐社会，推动我国社会发展有着重要意义，是社会主义核心价值观的深刻体现。

当代大学生应建立"见义敢为""见义勇为""见义智为"的正确价值观，不做冷眼旁观者和隔岸观火者。

第一节　防身术运动概述

一、防身术运动的起源与发展

（一）起源

防身术，属于中国传统武术，是将其应用于个人自我防卫的一种技术，是一项武术（实战），是在自己身体受到攻击时所能采取的高度自我防卫策略与技术手段，用于消停侵袭，维护个人人身与财物安全。

（二）发展

美国人对个人安全极为重视，对防身术研究较早，成果较多。早在1880年，美国就有关于"正当防卫"的法律出现，于是有人开始依据正当防卫理念对防身术进行研究。1905年出版了以拳击技术为基础进行自卫的书，1940年出现了以柔术、柔道为主要练习内容的女子防身术。20世纪六七十年代，防身术研究进入一个高潮阶段，多种格斗术开始被人熟知。在 80 年代防身术体系中，增加了防身意识教学和逃脱术训练，防身术课程开始在校园普及。到 90 年代，防身术的研究趋于多样化，针对妇女、老人等不同群体分别进行开发。防身术不仅仅在欧美等发达国家开展得非常普遍，在亚非拉等地，许多发展中国家也开始重视防身术课程的研究，大力普及和开展防身术课程，涉及的人群和范围非常广泛。近十几年来，在欧洲及北美，自卫防身课程在学校的设置已经比较普遍，对其的进一步改进也远未停止。

我国的防身术课程最早是在军警类院校中开设的，后来逐渐在普通高校开设。90 年代初期，防身术开始受到部分人的关注。由于这是我国防身术研究的起步阶段，这一期间的研究成果受传统武术影响极深，大多数成果仅仅是对传统武术中部分实战技术的罗列，而没有经过实战验证，没有考虑针对的人群，其概念未经严格界定，内容技术难度大，缺乏针对性。1990 年，王中才著有《传统武术实战法》，其与化仲励的著作较为类似，包含了丰富的传统武术实用格斗技术，对之后我国自卫防身术的发展有重要的借鉴作用。

进入 21 世纪，随着安全教育受到重视，防身术教育开始走入校园，对它的研究也逐渐多了起来。2003 年印发的《全国普通高等学校体育教育专业本科专业课程方案》中，防身术作为一门技术选修学科名列其中。

二、防身术的特点及原则

（一）防身术的特点

1. 临危不惧

面对歹徒与敌人，我们的精神状态是首要的。俗话说，做贼心虚，犯罪分子就是想速战速决达到犯罪的目的，这就要求我们在面对歹徒时，应沉着冷静、毫无惧色。利用智慧争取时间，或逃脱，或求得帮助，甚至给歹徒以重击。

2. 以巧取胜

对于女生来说，由于各方面身体素质均不如男子，平时很少参加体育锻炼的人身体素质更差，因此面对歹徒，不应做无谓的挣扎与力量上的拼斗，而要用缓兵之计，以巧取胜，如假意给歹徒拿东西，用沙土迷其双眼，或用开水泼其面部，然后趁机离开或攻击。

3. 击打要害

在与歹徒进行搏斗时，一定要牢记击打对手的要害部位，讲究一招制敌。如果击打得手，不但能使自己摆脱侵袭，还有可能使歹徒疼痛难忍，甚至休克而就擒。要一招制敌，当然要狠，但是仅仅狠是不够的，还必须攻击其要害部位。

（二）防身原则

防身实用技术的原则，就是在和敌人或刑事犯罪分子进行格斗时，应掌握和遵循的一般规律和常识。其中，不仅有踢、打、摔、拿等方法，而且也包括战略、战术、心理学等诸方面的问题。归纳起来有以下原则。

1. 缓

遇到突如其来的侵袭，首先别慌乱，要稳住阵脚，尽量拖延时间，找机会逃脱或寻求他人的帮助。

2. 快

与歹徒进行格斗时，如果力量差异较大，就不能硬碰硬。在稳住敌人后，应趁其不备快速出手，制服敌人或给敌人以重击，然后逃脱。

3. 准

与歹徒的格斗，出手一定要准，因为歹徒不可能给你很多的还手机会，所以出手就要瞄准对方要害，准确击打目标，不要做无谓的挣扎或乱抓乱打，要节省体力给歹徒以重击。

4. 狠

在与歹徒搏斗时要做到心狠、手狠。武术讲究心意在先，手上要下多大力量，先取决于心中下了多大的力量。

5. 喊

在与歹徒搏斗时，别忘了边打边喊，这样有可能被过路人听见而得到帮助。喊的同时，也是在给自己增加胆量和信心，这样歹徒就会更加慌张，我们就能得到解脱的机会。

【思考题】

1.防身术的特点是什么？
2.运用防身术时要遵循哪些原则？
3.人体主要的关节和要害部位有哪些？

第二节　防身术的练习方法

一、防身术的基本技术原理

防身的基本技术是运用手、脚、四肢和躯干等部位，单独或配合做出一些简单的招式以及技术动作。它包括手法、掌法、肘法、腿法、膝法、解脱与擒拿法等基本技术。

（一）手法、掌法

1. 二指手法

练习方法：两脚开立站，两手抱握拳，收于腰际。拳心朝上，然后以左右顺序进行交替练习。

用途：戳击对方的双眼，或者咽喉穴。

练习时应注意：中指和食指自然伸直，大拇指、小拇指、无名指要自然含空。

2. 插掌

练习方法：在直体站立的基础上，一手插掌前击，另一手抱拳，收于腰际。

用途：插击其双眼及其咽喉穴。

练习时应注意：肘臂及掌指要伸直，出手要突然，回收要快，五指要并拢。

3. 砍、切掌

砍掌(手刀砍)练习方法：两脚开立成准备姿势，两手握拳置于腹前，手心向内。左脚前迈一步成左弓步，同时右手臂提肘上举，经由右前方将右手由拳变掌提到右前与头同高，随即前伸右臂，右臂外旋由外向内用右手刀向左前平砍，掌心向上。砍掌动作左右手刀砍势相同，只是方向相反。

切掌练习方法：一手掌心朝下，以前臂发力，使掌外侧向前或前下方猛力切出。力达掌外侧。

砍掌的用途：侧砍对方颈侧动脉。

切掌的用途：切击对方的颈部和肋部。

练习砍、切掌时应注意：不管是练习砍掌还是切掌，掌指一定要并拢。力击点集中于掌外侧。

4. 前撩手法（又称前撩掌）

练习方法：在两脚开立站的基础上，半握拳收于腰际，以此顺序进行交替撩手练习。

用途：击打对方裆部。

练习时应注意：进行前下撩手练习时，手心朝前或向上，手为爪形状。

5. 后撩手法（又称后撩掌）

练习方法：在两脚开立半握拳的基础上，左手后撩时，右手抱拳收于腰际。右手后撩时，左手抱拳收于腰际。

用途：用于撩打对方裆部。

练习时应注意：目视侧后方，手形与前撩相同。

（二）肘法

1. 侧顶肘

练习方法：左脚向左侧横跨一步，左臂内收，随即盘肘向左侧顶肘。右侧顶肘练习时，方向相反。

用途：在接近对方时，侧顶其胸、腹部。

练习时应注意：顶肘时成马步，力贯肘肩部，目视顶肘方向。

2. 前顶肘

练习方法：在抱握拳收于腰际的基础上，左脚向前上一步的同时，左曲肘内收。随即向前盘肘推顶。右顶肘时，动作相同，方向相反。可相互交替练习。

用途：基本与侧顶肘相同，主要用于顶其胸、腹部。

练习时应注意：顶肘时成弓步，左顶肘时，要用右手助推左拳面，右顶肘时，要用左手助推右拳面，以此来加强顶肘的力量。

3. 后顶肘

练习方法：在开立步、半握拳于腰际的基础上，相继以右后顶肘和左后顶肘的练习顺序交替进行。

用途：在对方由后搂抱锁喉时，顶击对方的胸部、腹部。

练习时应注意：曲肘猛后顶，顶肘时，眼睛侧后看，力贯于肘、肩部。

4. 后扫肘（又称后上击肘或后摆肘）

练习方法：上体突然向左或向右翻转，随即屈肘向身后方向顶击。

用途：在对方由后搂抱腰部时，顶击对方头部、面部。

练习时应注意：扫肘后摆高于肩，上体翻转要突然。

（三）腿法

1. 提膝顶撞腿法

练习方法：两脚前后站立，或者两脚左右开立站。如左脚在前站立时，两手自然成前屈，然后以左腿支撑，右腿屈膝上顶。同时两手作抓肩、拉拽动作。

用途：在遇对方由前搂抱腰部或者与对方贴近时，用于顶撞其裆、腹部。

练习时应注意：提膝时，力量向上；撞击时，力量向前。

2. 前蹬腿（又称正蹬脚）

练习方法：两脚开立，两膝略屈。然后右腿提膝，随即向前蹬出。勾脚尖向前正蹬。

用途：对面蹬踢其胸、腹或裆部。

练习时应注意：蹬脚时的力量贯于全脚掌。前蹬练习时，蹬踢后应迅速收腿降落。

3. 箭弹腿（又称弹踢腿）

练习方法：两脚前后开立站。弹踢右腿时，左腿支撑。右腿由屈膝迅速变前伸。脚尖绷平向前踢。

用途：由前击踢其裆部。

练习时应注意：弹踢突然，回落要快。弹踢的力点达于脚尖或脚背，弹踢的高度与小腹同高。

4. 勾踢腿（又称下勾腿）

练习方法：在两脚开立站的基础上，如左腿支撑，用右脚下勾时，勾踢的路线是由侧经前，向内摆腿，两手前屈，并随同自然向下摆动。勾踢动作完成后，应迅速回到开始前的站立姿势上来，以便进行重复练习。

用途：在与对方接近时，下勾对方脚跟或小腿后侧，使其跌倒。

练习时应注意：支撑腿要屈膝，勾踢时的力量在勾脚三角区部位。

5. 侧下蹬踹

练习方法：一腿支撑，另一腿由侧勾脚内收。腿内旋，随即侧身向前踹，练习时既可原地做，又可以利用侧垫步进行侧踹练习。

用途：一般情况下可踹蹬对方膝关节，有时也可踹其腹肋部。

练习时应注意：在侧身踹蹬过程中，先屈膝、内收，随即再迅速将腿伸直侧下蹬。蹬踹的力点贯于全脚掌之外侧缘。

6. 后撩踢（又称后撩腿）

练习方法：上体需前倾，摆腿后撩时，脚要从后伸，后撩的路线是由下经后向上踢。

用途：在与对方由后抓肩时，踢其裆部。

练习时应注意：小腿由后上摆，撩踢力点达于后脚掌，撩踢勾脚时，力击点在脚跟。

7. 后蹬（又称后蹬腿）

练习方法：勾脚后伸，上体随前倾，以保持后蹬腿时的重心平衡。请注意，后蹬腿时的后伸腿与勾脚动作。

用途：后蹬对方两腿或腹部。

后蹬时应注意：后伸腿尽可能地蹬直，脚尖勾起，力达脚跟。+

二、基本练习

（一）专项身体素质练习

每一项运动要提高其运动水平，都有其特定的身体素质要求，如何发展防身术的专项素质，是在防身术体育教学过程中要解决的问题。鉴于防身术是武术运动发展到近现代的一个分支，所以，在此列举武术运动中通常采用的提高各项专项运动素质的训练方法。

1. 柔韧

在武术专项素质训练中，柔韧性练习占较大比例。柔韧性好，可保证练习者快速、准确、协调、连贯地完成一系列技术动作，表现出较高的运动技术水平，并能较好地避免伤害事故的发生，保证和延长运动寿命。柔韧性差，就会使运动技术动作的幅度受限，影响动作的协调和用力，易出现动作僵硬、劲力不顺和动作不协调等弊病，而且也是造成动作技术错误、肌肉韧带拉伤的原因之一。

柔韧素质与训练者的年龄有十分密切的关系。8～12岁是柔韧素质发展的"敏感期"，抓住这一时机进行训练可以获得事半功倍的效果。在武术的基础训练阶段要特别注意全面发展柔韧性。柔韧性的练习，按其解剖部位可以分为对腿、腰、肩、膝、髋的大关节和腕、踝小关节的练习，在促进大关节柔韧性、灵活性发展的同时，也要注意发展小关节的柔韧性，使关节的灵活性、肌肉的弹性得到提高。练习时要采用动静结合、上下结合、柔韧性练习与速度力量练习相结合的方式。通过全面的柔韧性练习，训练者的柔韧性达到柔而不软、韧而不僵的要求，符合武术专项技术的需要。做柔韧性练习时，要做好充分的准备活动，在做有外力帮助的压、扳、撕等柔韧性练习时，要逐渐加大力度和逐渐增加动作幅度，不可猛然用力，以免发生运动损伤。

训练实践中，柔韧素质训练可分为主动性练习、被动性练习和混合性练习。

（1）主动性练习。主动性练习，是指由训练者主动用力完成相应部位软组织拉长的练习，如在发展武术柔韧性时经常采用的压腿、压肩等固定支点的练习，在最大幅度时依靠自身的肌肉力量保持静止姿势的练习，原地或行进间的踢、摆练习和翻腰、涮腰练习等。因此，主动性练习也包括动力性练习和静力性练习两种形式。

（2）被动性练习。被动性练习是借助于外力，使训练者的软组织被动拉长，使之达到最大活动范围的练习，如在教练员或同伴的帮助下进行的扳腿、撕腿、甩腰、压叉及提高肩关节灵活性的练习，由外力来保持某种静止姿势，使相应部位的活动范围达到最大幅度的练习。被动柔韧性练习同样也包括动力性练习和静力性练习两种形式。

（3）混合性练习。混合性练习，混合性练习是主动柔韧性练习和被动柔韧性练习交替进行的一种练习，这是在基础训练阶段经常采用的练习方式，如压腿后再由教练员帮助扳腿、撕腿、甩腰、压叉等。随着训练水平的提高，可以适当增加负重的柔韧性练习，如下肢绑沙袋的踢腿，使之产生一种惯性，从而使被动柔韧性得到提高。

2. 速度

速度素质的发展水平高低直接决定或影响着运动技术水平的高低、竞技能力的强弱与比赛成绩的好坏。速度能力主要表现为动作速度，即完成单个动作和若干个连续动作（组合动作）的速度。发展动作速度，无疑对于提高速度能力有着重要意义。提高速度能力的途径和方法如下。

（1）单个动作系列重复法。武术技术根据动作速度的表现形式，一般可分为屈伸速度（如一拳一腿的动作速度）、摆动速度（如各种抡拍掌或绕环动作）、旋转速度（如围绕身体纵轴或横轴的旋转动作）等，各类动作速度，可分别通过专门的重复练习，达到最大，以建立专项速度储备。练习时，一般选择主要的、典型的、有代表性的，并被学生熟练掌握的动作，在不破坏正确技术的前提下进行。动作速度的练习，要求用极限或接近极限的速度来完成每一次动作（或重复动作），并力求动作发力快、力点准，尽量缩短完成动作的时间。如以最快速度完成若干次抡拍、拍脚、踢腿等，最大可能地刺激学生，使其动作速度得到提高。发展专项动作速度能力，就可进行"慢—快—最快—快—慢"的交替重复练习。对动作速度要求逐渐达到最快，并超过平时的习惯速度，就要求学生的中枢神经系统有较高的兴奋性。因此，速度的练习应安排在课的前半部分。为调动学生练习的积极性，可以采用比赛法等形式。

（2）条件刺激练习法。条件刺激，就是给学生一个已知的信号，让学生按信号来改变练习的速度或节奏。如教练员通常采用击掌、喊口令等给学生提示，使学生加快完成动作，直到动作速度达到最大，以巩固提高动作速度练习的效果。武术动作的速度，还表现在完成若干连贯动作的速度——组合动作速度。发展组合动作速度，要在熟练的基础上，从连贯能力入手，把动作紧凑和连贯的动作组合筛选出来进行速度练习，以逐步缩短完成动作的时间，加快动作转换速度或加快完成技术动作的节奏。为提高训练效果，教练员要在练习时给予信号刺激，使学生建立组合运动的表象和节奏感，以获得最佳速度练习效果。

（3）完善技术动作，提高动作速度。武术动作的速度，在很大程度上取决于完善的动作技术，学生只有掌握正确合理的技术要领，建立良好的相应肌肉运动感觉，使能量节省化，让肌肉紧张与放松交替，最大可能地减小肌肉工作的阻力，才能充分发挥已有的速度能力。因此，也可通过改进技术动作来提高学生的动作速度。

3. 协调

协调能力是多种能力的综合体现。提高学生的协调能力，可通过如下途径。

（1）培养肌肉合理用力的能力。技术动作的协调完整与学生完成动作过程中的适宜、合理用力是分不开的。这就要求在进行基本技术练习时，肌肉根据技术动作的具体要求进行收缩和放松，该紧张的紧张，该放松的放松，合理配合、交替灵活，动作才能流畅、协调而自然。

（2）掌握更多的技术动作。协调能力与学生所掌握的基础技术条件反射数量有关，所以，学生掌握的动作技术越多，协调性也就越高。

（3）增大练习难度，增加技术复杂程度。发展学生的协调能力，也可以通过变换速度、节奏的练习来实现，如改变已有组合的习惯节奏，变换练习的条件等。

4. 力量

发挥学生的爆发力、速度、力量，是专项力量练习的重要内容。

（1）腾空跳。武术跳跃动作的用力方式，多表现为爆发式弹跳。发展学生的弹跳力，是指在进行各种跳跃动作练习时，肌肉的工作方式、动作结构、用力方向及关节角度与腾空跳跃专项技术要求相一致。这种接近专项技术的弹跳力练习，是发展弹跳力常用的方法，它对跳跃技术动作的掌握和提高起着正诱导作用，如击步摸高、击步冲顶吊球、击步连续直体跳、拉腿跳、收腿跳及各种转体跳等。通过专门性练习，如连续腾空飞脚、双飞脚、旋风脚和腾空外摆莲等完整技术的重复练习，可以发展学生的弹跳力。

（2）负重练习。发展速度力量，可采用负重练习的方法，如穿沙背心进行组合、分段、整套的操练，在不改变完成动作的幅度、速度、动作规格要求的前提下，进行速度力量的练习。

（3）采用系列重复法。学生在完成各种动作时，所表现出来的劲力取决于速度力量的发展水平。由于速度力量具有速度和力量的综合特征，它的提高受速度和力量两种素质的制约，因此，可以通过改进技术、提高动作速度、发展相应肌群力量的重复练习来改善。练习时，应使学生体会最大用力和最大速度，并逐步提高最大用力和最大速度持续的时间、重复的次数。在进行不同结构的动作练习（组合动作）时，应要求动作连贯、衔接紧凑、协调自然，充分表现出完成动作的劲力，以利于速度力量的提高。

在力量练习中，静力性力量对完成某种静态姿势（如定势动作）和保持某种静态姿势（如平衡动作）作用较大。

5. 耐力

专项耐力是指学生在训练或比赛所要求的时间内，最大限度地发挥机能能力、克服专项负荷所产生的疲劳的能力。

专项耐力训练，可以提高学生抗疲劳的能力，建立专项耐力储备。训练时要避免简单机械的重复，练习选择的内容要搭配合理，要对训练不断提出新的、更高的要求。也可以采用阻氧训练法，如让学生带上口罩进行整套练习，以此来提高他们的无氧工作能力。按比赛的要求进行的专项练习，负荷是以极限强度完成练习为主。这样既能有效地发展专项耐力，合理分配体力，又能充分调动练习的积极性，培养良好的心理品质。

（二）日常用品用作武器的基本介绍

很多日常随身携带的物件都可以用作武器，如钢笔、睫毛膏、梳子、发卡、香水瓶等。一般是反对使用刀子之类的器械作为武器的，因为有可能导致防卫过当，招致法律风险。

1. 提包

提包是现代时尚女性的随身携带物，所以，应该掌握万一遭遇意外时使用提包自卫的方法。如提包有长带，可以左手抓握住或缠握住包带头，再以右手抓握住包带中间，两手挥举皮包，猛击歹徒面部。如对手持器械的歹徒，亦可用包猛击其手腕。如提包带子不够长，或只有把而无包带，则可直接单手提握用以打击对手。但是需要指出的是：对于非训练有素的女性来说，包括提包在内的日常用品，都不可能具有特别大的杀伤力，而只能用来摆脱一般的缠绕，对付歹徒恶棍，也只能一时急用。

提包内物品，使用方法如下：

（1）香水瓶的使用方法。

① 向袭击者面部喷洒；

② 曲臂，用香水瓶砸向袭击者；

③ 用香水瓶击打袭击者的太阳穴。

（2）各种钥匙的使用方法。

① 用钥匙捅袭击者的手背，迫使他放手；

② 用前臂按袭击者的咽喉，用钥匙划袭击者的面部，快速重复多次。

（3）梳子的使用方法。

用梳齿划袭击者的人中或者面颊。

（4）笔的使用方法。

刺向袭击者面颊、人中或下巴，动作近似于锤拳。

2. 雨伞

身边带雨伞的话，尤其是长柄雨伞，是自卫的利器。如果伞头尖，且又是钢质，用于戳击相当厉害，所以用伞应以戳击为主、点打为辅。

三、组合技术练习

防身首先要学会如何从对方手中快速挣脱。因为基本上所有的暴力性侵袭，侵犯者首先用的招数就是抓拿和搂抱。所以掌握抓拿、搂抱的一般规律，学会破解及挣脱，就等于掌握了防身术的基本技巧。

（一）抓腕撑撞挣脱法

当右手腕臂突然被对方的右手由前抓住时，左脚前上步，落在对方右手腕侧，身体右转，屈右臂，乘机抓握手，其目的是破坏对方大拇指抓握的力量。用左臂猛力顶撞对方右臂外侧。

动作要领是：上步转体与撑撞挣脱的动作要一致。

（二）抓腕挣压挣脱法

与上面抓拿擒方法相同。在被抓过程中，用挣撞方法未能奏效时，可迅速将被抓手曲腕上绕，撑压对方大拇指关节处。此时对方的抓握手就会被迫松开。

（三）抓腕挣顶挣脱法

抓腕挣顶挣脱法是左手腕被对方的右手抓住，或者右手腕被对方的左手抓住时采取的一种挣脱法。又称手的抓拿和挣脱。

被对方一手抓拿时，在上步屈臂的同时，身体闪到对方的外侧，屈臂内收，用前小臂或者肘部由外撑顶其手，破坏对方大拇指与四手指的抓握力量。这时，正手便可解脱。

（四）双手抓腕挣脱法一

当遇到对方左右手分别抓住自己的右外臂内侧和外侧时，挣脱的方法是：首先，用左手掌根推戳对方同侧手腕部内侧，随即再用左肘部向侧下砸另一抓握手的前小臂或者外关节的内侧。这时就会从对方的两手中巧妙挣脱。

（五）双手抓腕挣脱法二

当对方用同样的手法抓握自己的右臂时，可以先将左手由前下，拖拉对方右腕下侧。被抓住的手同时用力向前下方直臂前伸。用左手拖拉上提、右手前伸的合力，将其右手的抓握解开，然后迅速右曲臂，内收，便可以从对方手中完全挣脱开。

（六）双手手腕从正面抓住的解脱和还击方法

当袭击者抓住你的手腕，你可以后退一步，保持身体平衡，使袭击者的手臂伸直。手指注意保持伸直，不要握拳头；迅速举起双手，弯曲手臂，掌心向上，使袭击者的大拇指和四指产生距离；向内侧翻转手掌，向下砍袭击者的大拇指；继续伸直手臂，可以解脱双手手腕；并拢双手，掌心向上；抬手，刺向袭击者的咽喉；前进一步，从两个侧面刺向袭击者的喉管。

（七）从背后抓住手腕的解脱和还击方法

袭击者从背后抓住你的手腕；任意一腿向前跨一大步，拉开与袭击者手臂的距离；迅速退后一步。弯起手臂，伸直手指。迅速向外翻转手腕，向袭击者的大拇指施加压力，迫使他松手；用力向下压肘，压向袭击者的前臂，摆脱其对手腕的控制；迅速转身，预备用后肘法攻击，双手并用可增加攻击力量；根据袭击者的身高，决定攻击其下巴或者头侧，这样的攻击会破坏他的平衡，再立即用掌袭击其裆部。袭击者也许会向你回击，注意防范。

（八）被抓肩基本挣脱法

1. 单手抓肩挣脱方法

侵犯者在抓肩时，分前抓肩和后抓肩两种形式。遇到对方由前用单手抓肩时，耸肩，转体，同时左手由外侧猛力推击其外臂，即可挣脱。

2. 双手抓肩挣脱方法

当侵犯者由后两手抓肩时，挣脱的方法有两种。第一种方法：身体迅速向前，随即突然低头，向后摆头，右转，这时对方的两手就会翻旋呈交叉状。在这种情况下，贴着对方的体左侧，突然挺胸，仰头，上步，对方的两手抓肩就会自然松开。

由后抓肩的第二种挣脱方法是：当两肩由后面被抓住时，在身体向前、头向右摆的过程中，右臂由侧后向上绕，随即加压对方的两前臂，上体和头部同时再向左侧闪，便可达到挣脱的目的。

（九）被抓胸衣襟挣脱

当遇到对方由前用右手抓住自己的胸衣襟时，上体侧身右转，左手前侧曲，随即由外以掌跟用力向前推击对方右前臂。

（十）被抓住头发的解脱方法

1. 抓腕挣脱

当袭击者右手抓住你脑后的头发时，你右手迅速钳住对手的手，左手抓住他的手腕，然后向后侧方退步；面向袭击者，施力于其手腕上迫使他松开抓住你头发的手，继续将其手腕向他自己一侧弯曲；举起其手臂，举直，用左手锁其手腕；继续压住其手腕，使其完全被控制，此时也可以狠踩离你最近的脚面，或者猛击其腓骨或膝盖。

2. 踩脚锁腕

双手抓住袭击者抓你头发的手，用力压向头部，这样可以阻止他的拉力；略微侧身，确定他的位置，用力踩他的脚，当他松开抓住头发的手时，继续下一个锁手腕动作。

3. 踢膝

被袭击者从正面抓住你的头发，立即抬起双手以按住他的手，保护头部和面部，防止对手袭击。注意：如果头发全部被他从正面抓住，千万不要试图挣脱，按住他的手是最好的方法；用最大力气踢他的膝盖。这样可以很容易地使他松手，紧跟下一个攻击动作。

（十一）被压倒在地扼颈的解脱方法

将双手掏进袭击者扼颈的双手之间，伸直手臂，指尖压住对方的喉结，用力推其喉结。同时手臂向外用力，推开其手肘，摆脱其扼颈控制，此时袭击者会失去支持，扑向地面。这时用一只手托住他，另一只手抓住他的耳朵和头发，将其耳朵或头发拽向一边，趁他的身体移开的时机，用另一只手向上推他的脸；其倒地时，不要松开抓住其耳朵或者头发的手，使其滚到你的身体侧面，扼住对手咽喉，然后站起。

（十二）双手被两个袭击者同时抓住的解脱和还击方法

首先确定哪一个是对你威胁最大的袭击者，倒向威胁性相对较小的袭击者，利用其作为支柱，用另一条腿向外侧踢向另一个袭击者。被踢者会感到剧痛而松手。趁机抽回手臂，手肘在其手臂前成弧形划过，向下压，这样大的压力足以折断其手腕。抽出手以后，立即踢他一脚，使他不能继续袭击，同时放松抽出的手，准备下一个动作，掌根用力推另一攻击者的面颊，歹徒会立即松开手，紧接着踢他的腿，这时你已经成功摆脱了两名歹徒的控制，并且他们都失去了追赶你的能力。

（十三）被两名袭击者从前后两个方向控制的解脱和还击方法

一名袭击者从后面将你抱住，另一个从正面来袭击你；此时，你要迅速向前摆臂，与后面的歹徒拉开距离，使用掌袭击其裆部，如果距离过近，使用虎形爪；趁其感到剧痛之际，挣脱其控制，用手从正面或者侧面猛击第二个袭击者的膝盖；这时你的双手已经完全摆脱控制，准备用掌根猛击第二个袭击者的面部，并做好用另一只手的攻击准备。

【思考题】

1.常用的防身术组合技术有哪些？

2.列举一样日常物品作为武器如何防身。

第十五章　体育舞蹈

体育舞蹈（国际标准舞），简称体舞（国标），是由属于文艺范畴的舞蹈演变而来的体育项目。它既不是传统体育的体育，又不是传统舞蹈的舞蹈，而是体育与艺术完美结合的一项运动。它是舞蹈的运动化，又是运动化的舞蹈。体育舞蹈分标准舞和拉丁舞。由于它是一个按国际上规定的标准舞动作来进行锻炼和比赛的运动项目，国际上也把体育舞蹈称为国际标准交际舞，简称国标。

【本章思政点】

一年一度的英国黑池舞蹈节又被誉为"国标舞的奥运会"，是各国国标舞选手心中的圣殿，更是展现各国国标舞发展水平的重要舞台。2018年中国的选手张爱马迪和贾昊悦夺得黑池舞蹈节21岁组冠军。最美的舞蹈不仅是肢体的律动，而且是梦想少年强大的内心。

体育舞蹈是一项双人或多人配合的活动，需要舞伴之间的相互沟通，相互促进，共同进步。这项运动让人充分体会到成员之间相互协作、团结互助的情感，从而提升集体荣誉感，培养团结协作精神。

第一节　体育舞蹈概述

一、体育舞蹈运动的起源

各种舞蹈都起源于原始舞蹈，体育舞蹈也不例外。体育舞蹈的发展过程经历了原始舞蹈—公众舞—民间舞—宫廷舞—社交舞—新旧国际标准交际舞等发展阶段。体育舞蹈的前身就近来说是社交舞（social dancing），也称交际舞、交谊舞、舞厅舞（ballroom dancing）、舞会舞（party dancing）。

二、世界体育舞蹈运动的发展

社交舞，早在14—15世纪已在意大利出现，16世纪末传入法国。1768年，巴黎开办了第一家交际舞厅，由此社交舞开始流行于欧美各国，成为一种普遍的社交方式。1924年，英国皇家舞蹈教师协会对当时社交舞的一部分进行整理，将7种舞的舞姿、舞步和跳法加以系统化、规范化，形成了"国际标准舞"。国标舞的诞生，改变了社交舞的自娱性质，引起了社会各阶层的极大兴趣，它的典雅风格和优美舞姿征服了世界舞坛，掀起了半个多世纪的世界国标舞热潮。第二次世界大战后，英国皇家舞蹈教师协会又整理了拉丁舞蹈，并将它纳入国标舞范畴，列入正式比赛项目。至此，国际标准舞分为包括10个舞种的标准舞系列和拉丁舞系列两大类。

国标舞比赛起始于英国。1929 年成立的"舞会舞蹈委员会"制定了比赛规则，每年举行全英锦标赛和国际锦标赛等比赛。1947 年在柏林举行了首届世界交际舞锦标赛。国标舞的普及推动了竞赛的开展。1950 年，"国际交际舞理事会"（也称"国际交际舞协会"）成立。1959 年，按国际委员会制定的规则，举行了第一届业余和职业舞蹈世界锦标赛，此后每年举行一次。1960 年，拉丁舞被正式列入世界锦标赛比赛项目。

1953 年，世界舞蹈总会（World Dance Council，WDC）成立，总部位于伦敦，现为联合国教科文组织成员机构，是代表职业舞蹈的世界性组织

1964 年，国标舞又增加新的表演和比赛项目——队列舞。标准舞、拉丁舞、队列舞，被称为"现代国际标准舞"。

国际标准舞的发展，促进了国际舞蹈组织的发展。职业舞协"世界国际标准舞竞技总会"（ICBD）已发展了 36 个会员国，总部设在英国；业余舞协"世界国际业余舞蹈总会"（ICAD）总部设在德国，已有 27 个会员国。近年来，随着体育舞蹈意识日益深入人心，上述两组织相继改名。"ICBD"改名为"WDDSC"，称为"世界舞蹈和体育舞蹈总会"，"ICAD"改名为"ICSF"，称为"国际体育舞蹈联合会"，两组织联合起来，为争取体育舞蹈进入奥运会而共同努力。1995 年 4 月，国际奥委会决定，给予体育舞蹈以准承认资格。1997 年 9 月 4 日，拥有 74 个会员国的"国际舞蹈运动总会"正式成为国际奥林匹克委员会委员。2011 年，"国际体育舞蹈联合会"再次更名为"世界体育舞蹈联合会（WDSF）"

实质上国际标准舞和体育舞蹈是同一回事，只不过"国际标准舞"是职业的称谓，"体育舞蹈"是业余的称谓。

三、中国体育舞蹈

我国体育舞蹈的开展受西方文化的影响，交谊舞率先进入上海市，20 世纪 30 年代后，交谊舞在天津、广州等大城市广泛流行。新中国成立后，国内盛行举办内部舞会，通常由各地的工会、共青团、妇联组织舞会，国家领导与群众同乐，大家一起跳交谊舞。1956 年以后，交谊舞陷入困境。1979 年之后交谊舞重新被人们所接受。80 年代初，随着改革开放的进一步深入，体育舞蹈在我国也进入了一个新的发展时期。1989 年，中国舞蹈家协会正式成立了"中国国际标准舞总会"，90 年代后改名为"中国国际标准舞学会"，并于1987 年举办了"第一届全国国际标准舞锦标赛"，以后每年举行一次。1991 年 5 月 3 日，以"国际体育舞蹈俱乐部"为前身的"中国体育舞蹈运动协会"宣告成立后。1993 年 12月，举办了"中国上海·北京世界杯体育舞蹈锦标赛"，这是我国首次举办世界体育舞蹈职业总会和世界体育舞蹈业余总会的世界性公开赛，也是中国最具规模的舞蹈大赛。

"世界杯国际标准舞公开赛"是首个在国内自主创办的国际性国标舞赛事，是深圳市最具历史性、持续性和影响力的大型国际舞蹈盛事，自 2003 年起广邀世界级选手相聚深圳，已成功举办 17 届。2019 年的公开赛云集了海内外 400 多个代表队，共 6000 多名选手，包括 30 多支国外代表队。赛事分世界杯国标舞公开赛与青少年世界公开赛两部分。

2020年12月，国际奥委会执委会召开会议，同意2024年巴黎奥运会增设breaking（霹雳舞）项目，breaking也隶属于体育舞蹈的范畴。

【思考题】

　　1.体育舞蹈的起源是什么？

　　2.世界有哪几个体育舞蹈的组织或协会？

　　3.中国首次举办世界性公开赛是哪一年？什么比赛？

第二节　体育舞蹈运动实践

一、场地、灯光、音响、服装

（一）场地

体育舞蹈场地为23米×15米的长方形。一般采用塑料地板拼接而成，应不反光，防滑，平整，四周有界线。

（二）灯光

各类灯光齐备，色彩、图案、追光等能及时变化，能满足比赛、表演等各种用途。

（三）音响

音响设备采用专业音响、CD舞曲唱盘，配备两名以上专业人员进行工作，并保持与主持人、选手的密切配合。决赛时每曲2分30秒，其他赛时每曲不少于1分30秒。

（四）比赛服装

比赛服装规定：摩登舞男子穿燕尾服，女子穿不过脚踝的长裙。拉丁舞服装应有拉美风格，男女选手服装必须协调，男选手穿紧身裤或萝卜裤，上身穿宽松式长袖衣，女士穿露背、腿的短裙。男女舞鞋应与服装颜色一致。摩登舞男子一般穿黑色舞鞋，女子穿5～8厘米的高跟船鞋，鞋面可加镶嵌亮饰。男子拉丁舞鞋同摩登舞鞋，女子穿高跟有襻凉鞋，鞋可加亮饰。男子发型可留分头，前不遮耳，后不过领，不能留长发长须；女士为短发或长发盘髻，可加头饰，不可披长发。服装的样式色彩随时代发展，在不断变化。专业选手背号为黑底白字，业余选手背号为白底黑字。

二、标准舞

标准舞是体育舞蹈的一个重要部分。标准舞的音乐时而激情昂扬，时而缠绵性感，动作细腻严谨，穿着十分讲究，体现欧洲国家男士的绅士风度和女士们的妩媚风情。男士需身着燕尾服，打领结；女士则以飘逸、艳丽的长裙表现出她们的华贵、高雅、闺秀之美态。

男士预备动作（闭式舞姿，见图15-1）：自然直立，双膝稍曲，腰部撑紧，肩膀自然放松。身体重量往前放在脚掌上，而双脚平放。男士左手握住女士右手大拇指和食指之间，其余的手指并拢，左手的高度与耳齐，男女之右腹稍靠近。男士之右手五指并拢，放在女士左边肩胛骨的下放，右臂除了保持固定，还应与女士的左臂完全接触。

图 15-1　男士预备动作

女士预备动作（闭式舞姿，见图 15-2）：基本上与男士姿势相同，女士在腰部以上，姿势须稍向后，但不可以太夸张。左臂应轻抹在男士右臂上方，并以大拇指扣住他的手臂内侧，女士的右手应置于男士左手虎口上。女士的左手是用来接收男士的引导，所以不应有任何推或拉的动作。

图 15-2　女士预备动作

（一）华尔兹

华尔兹舞简写为 W，是摩登舞中历史最悠久、生命力最强的舞蹈形式。"华尔兹"一词最初来自古德文 walzel，意思是滚动、旋转或滑动。3/4 拍子的圆舞早在 12 世纪的德国巴伐利亚和奥地利维也纳地区的农民中流行，17 世纪进入维也纳宫廷，18 世纪被誉为"欧洲宫廷舞之王"。19 世纪初传入美国波士顿，20 世纪重返欧洲，并以新的"慢华尔兹"的形式席卷欧洲大陆。音乐使华尔兹更为完美，莫扎特、肖邦、柴可夫斯基、施特劳斯等音乐大师都创作了不朽的华尔兹舞曲，尤其是施特劳斯，他使华尔兹成为"舞蹈之王"。

华尔兹的风格特点是庄重典雅，华丽多彩。其动作流畅起伏，婉转多变；舞姿飘逸优美，文静柔和。舞蹈时，男伴似王子气宇轩昂，女伴似公主温文尔雅、雍容大方。

华尔兹音乐为3/4节拍，节奏中等，每分钟28～30小节。

华尔兹铜牌组合动作如下。

1. 左脚并换步1小节

男士：

步数	节奏	要领	脚法	方位	升降[2]	转度[3]	反身动作	倾斜
1.	1	左脚前进	跟掌[1]	面向斜墙壁	结尾开始上升	不转	轻微[4]	无
2.	2	右脚经左脚横步稍前	掌	面向斜墙壁	继续上升	左	无	向左
3.	3	左脚并于右脚	掌	面向斜墙壁	继续上升结尾下降	左	无	向左

女士：

步数	节奏	要领	脚法	方位	升降	转度	反身动作	倾斜
1.	1	右脚后退	掌跟[1]	背向斜墙壁	结尾开始上升	不转	轻微	无
2.	2	左脚经右脚横步稍后	掌	背向斜墙壁	继续上升	右	无	向右
3.	3	右脚并于左脚	掌	背向斜墙壁	继续上升结尾下降	右	无	向右

2. 右转步2小节

男士：

步数	节奏	要领	脚法	方位	升降	转度	反身动作	倾斜
1.	1	右脚前进	跟掌	面向斜墙壁	结尾开始上升	开始右转	轻微	轻微向右
2.	2	左脚经右脚横步	掌	背向斜墙壁	继续上升	1-2转1/4	无	右
3.	3	左脚并于右脚	掌	背向舞程线	继续上升结尾下降	2-3转1/8	无	右
4.	1	左脚后退	跟掌	背向舞程线	结尾开始上升	3-4转1/8	轻微	轻微向左

---

① 跟掌和掌跟，指的是脚落地的顺序。

② 升降，指的是当时节奏那一拍身体的高低。

③ 转度，指的是双足之间的转度。

④ 轻微，指的是预备转。

续表

步数	节奏	要领	脚法	方位	升降	转度	反身动作	倾斜
5.	2	右脚经左脚横步稍后	掌	指向斜中央	继续上升	4-5 转 3/8 身体稍转	无	左
6.	3	左脚并于右脚	掌	面向斜中央	继续上升结尾下降	身体完成转动	无	左

女士：

步数	节奏	要领	脚法	方位	升降	转度	反身动作	倾斜
1.	1	左脚后退	掌跟	背向斜墙壁	结尾开始上升	开始右转	1（轻微）	轻微向左
2.	2	右脚经左脚横步	掌	指向舞程线	继续上升	1-2 转 3/8 身体稍转	无	左
3.	3	左脚并于右脚	掌	面向舞程线	继续上升结尾下降	身体完成转动	无	左
4.	1	右脚前进	跟掌	面向斜墙壁	结尾开始上升	继续右转	4（轻微）	轻微向右
5.	2	左脚经右脚横步稍前	掌	背向中央	继续上升	4-5 转 1/4	无	右
6.	3	右脚并于左脚	掌	背向斜中央	继续上升结尾下降	5-6 转 1/8	无	右

3. 右脚并换步1小节

男士：

步数	节奏	要领	脚法	方位	升降	转度	反身动作	倾斜
1.	1	右脚前进	跟掌	面向斜中央	结尾开始上升	不转	1（轻微）	无
2.	2	左脚经右脚横步稍前	掌	背向斜中央	继续上升	右	无	向右
3.	3	右脚并于左脚	掌跟	背向斜中央	继续上升结尾下降	右	无	向右

女士：

步数	节奏	要领	脚法	方位	升降	转度	反身动作	倾斜
1.	1	左脚后退	掌跟	背向斜中央	结尾开始上升	不转	1（轻微）	无
2.	2	右脚经左脚横步稍后	掌	背向斜中央	继续上升	左	无	向左
3.	3	左脚并于右脚	掌跟	背向斜中央	继续上升结尾下降	左	无	向左

4. 左转步2小节

男士：

步数	节奏	要领	脚法	方位	升降	转度	反身动作	倾斜
1.	1	左脚前进	跟掌	面向斜中央	结尾开始上升	开始左转	1（轻微）	无
2.	2	右脚经左脚横步	掌	背向斜墙壁	继续上升	1-2 转 1/4	无	左
3.	3	左脚并于右脚	掌跟	背向舞程线	继续上升结尾下降	2-3 转 1/8	无	左
4.	1	右脚后退	掌跟	背向舞程线	结尾开始上升，足不升	3-4 转 1/8	4（轻微）	无
5.	2	左脚经右脚横步	掌	指向斜墙壁	继续上升	4-5 转 3/8 身体稍转	无	右
6.	3	右脚并于左脚	掌跟	面向斜墙壁	继续上升结尾下降	身体完成转动	无	右

女士：

步数	节奏	要领	脚法	方位	升降	转度	反身动作	倾斜
1.	1	右脚后退	掌跟	背向斜中央	结尾开始上升，足不升	开始右转	1（轻微）	无
2.	2	左脚经右脚横步	掌	指向舞程线	继续上升	1-2 转 3/8 身体稍转	无	右
3.	3	右脚并于左脚	掌跟	面向舞程线	继续上升结尾下降	身体完成转动	无	右
4.	1	左脚前进	跟掌	面向斜墙壁	结尾开始上升	继续左转	4（轻微）	无
5.	2	右脚经左脚横步	掌	背向斜墙壁	继续上升	4-5 转 1/4	无	左
6.	3	左脚并于右脚	掌跟	背向斜墙壁	继续上升结尾下降	5-6 转 1/8	无	左

5. 吊形步1小节

男士：

步数	节奏	要领	脚法	方位	升降	转度	反身动作	倾斜
1.	1	左脚前进	跟掌	面向斜墙壁	结尾开始上升	不转	轻微	无
2.	2	右脚横步稍前	掌	面向斜墙壁	继续上升	无	无	左
3.	3	左脚在右脚后交叉	掌跟	面向斜墙壁	保持上升结尾下降	无	无	左

女士：

步数	节奏	要领	脚法	方位	升降	转度	反身动作	倾斜
1.	1	右脚后退	掌跟	背向斜墙壁	结尾开始上升，升不足	不转	轻微	无
2.	2	左脚斜后退	掌	指向斜中央	继续上升	1-2 右转 1/4 身体稍转	无	右
3.	3	右脚在左脚后交叉	掌跟	面向斜中央	保持上升结尾下降	身体完成转动	无	右

6. 侧行追步1小节

男士：

步数	节奏	要领	脚法	方位	升降	转度	反身动作	倾斜
1.	1	右脚前进并交叉于反身动作位置中	跟掌	面向斜中央沿着舞程线	结尾开始上升	无	无	无
2.	2 1/2	左脚横步稍前	掌	面向斜墙壁	继续上升	无	无	无
3.	& 1/2	右脚并于左脚	掌跟	面向斜墙壁	继续上升	无	无	无
4.	3	左脚横步稍前	掌跟	面向斜墙壁	保持上升结尾下降	无	无	无

注：&表示第2步和第3步各只有1/2拍。

女士：

步数	节奏	要领	脚法	方位	升降	转度	反身动作	倾斜
1.	1	左脚前进交叉于反身动作位置中	跟掌	面向斜中央沿着舞程线	结尾开始上升	开始左转	1（轻微）	无
2.	2 1/2	右脚横步	掌	背向墙壁	继续上升	1-2 转 1/8	无	无
3.	& 1/2	左脚并于右脚	掌	背向斜墙壁	继续上升	2-3 转 1/8 身体稍转	无	无
4.	3	右脚横步稍后	掌跟	背向斜墙壁	保持上升结尾下降	不转	无	无

7. 右旋转步2小节

男士：

步数	节奏	要领	脚法	方位	升降	转度	反身动作	倾斜
123		皆同右转步						
4.	1	左脚后退，右脚保持在反身动作位置中（轴转）	掌过渡到跟，掌转	沿着舞程线，结束时面向舞程线	无	右转 1/2	4（较强）	无
5.	2	右脚前进	跟掌	面向舞程线	结尾上升	继续右转	继续反身	无
6.	3	左脚横步稍后	掌跟	背向斜中央	保持上升结尾下降	5-6 转 3/8	无	无

女士：

步数	节奏	要领	脚法	方位	升降	转度	反身动作	倾斜
123		皆同右转步						
4.	1	右脚前进（轴转）	跟掌	面向舞程线，结束时背向舞程线	无	右转 1/2	4（较强）	无
5.	2	左脚后退并稍向左侧	掌	背向舞程线	结尾上升	继续右转	无	无
6.	3	右脚经左脚斜进	掌跟	面向斜中央	保持上升结尾下降	5-6 转 3/8	无	无

8. 左转退步1小节

男士：

步数	节奏	要领	脚法	方位	升降	转度	反身动作	倾斜
1.	1	右脚后退	掌跟	面向舞程线背向斜中央	结尾开始上升	开始左转	无	无
2.	2	左脚经右脚横步	掌	背向斜中央	继续上升	1-2 左转 1/8	无	右
3.	3	右脚并于左脚	掌跟	背向斜中央	保持上升结尾下降	无	无	无

女士：

步数	节奏	要领	脚法	方位	升降	转度	反身动作	倾斜
1.	1	左脚前进	跟掌	背向舞程线指向斜中央	结尾开始上升	开始左转	无	无
2.	2	右脚经左脚横步	掌	面向斜中央	继续上升	1-2 转 1/8	无	左
3.	3	左脚并于右脚	掌跟	面向斜中央	保持上升结尾下降	无	无	无

铜牌动作组合如图 15-3 至图 15-11 所示。

图 15-3　起步

图 15-4　左基本步

图 15-5　右转

图 15-6　右基本步

图 15-7　左转

图 15-8　拂步

图 15-9　侧行追步

图 15-10 右旋转

图 15-11 后退 1/4 转

（二）探戈

探戈舞简写T，起源于非洲中西部的民间舞蹈探戈诺舞。探戈舞步独树一帜，斜行横进，步步为营，俗称"蟹行猫步"。探戈动作刚劲锐利，欲进又退，欲退还前，动静快慢错落有致，沉稳中见奔放，闪烁中显顿挫。

1. 音乐

2/4拍节奏，每分钟30～34小节。每小节二拍，第一拍为重拍。舞步有快步和慢步，快步占半拍，用Q表示；慢步占一拍，用S表示。基本节奏是慢、慢、快、快、慢（S、S、Q、Q、S）。

2. 特色

探戈和一般摆荡的舞蹈有以下几个不同的特色。

（1）握持较紧密。

（2）膝盖较弯曲（因双脚膝盖稍微合并，右脚稍微内扣）。

（3）有很多强烈的反身动作。

（4）没有摆荡或倾斜，只有身体转。

（5）有很多迅速转头动作。

3. 探戈铜牌套路组合（8小节）

（1）Two Walks	2常步，SS
（2）Progressive Side Step	直行侧步，QQS
（3）Walks	常步，SS
（4）Open Reverse Turn（Lady Outside Closed Finish）	分式左转步（女士外侧并步结束），QQS QQS
（5）Two Walks	2常步，SS
（6）Natural Rock Turn	右摇转步，QQS QQS

（三）狐步舞

狐步舞起源于美国黑人舞蹈。1914年夏，美国演员哈利·福克斯模仿马在慢步行走时的动作，设计了一种舞蹈形式，并迅速在全美风行。人们因此称狐步为福克斯。现在国际上跳的狐步舞是英国的约瑟芬·宾莉改编的。

狐步舞的风格特点除具有华尔兹的典雅大方、舒展流畅和轻盈飘逸之外，更具有狐步舞独有的平稳大方、悠闲自在、从容恬适的韵味。

狐步舞的舞步轻柔、展滑、流畅、方位多变且不并步，在动作衔接中呈现出降中有升、升中有降的线形流动状。

狐步舞音乐4/4拍，速度中庸，每分钟30小节，节奏明快，情绪幽静而文雅，基本节奏是慢快快（SQQ）。

（四）快步舞

快步舞由美国民间舞"P、E、E、P BODY"改编而成，早期快步舞吸收了快狐步动作，后又引入芭蕾的小动作，使动作更显轻快灵巧。现在大家跳的是英国式的快步舞。

快步舞的风格特点是轻快活泼，富有激情。舞步洒脱自由，饱含动力感和表现力。

快步舞音乐 4/4 拍，每分钟 50 小节，基本节奏是慢慢快快（SSQQ），慢快快慢（SQQS）。

（五）维也纳华尔兹

维也纳华尔兹起源于奥地利北部山区农民舞，是历史最悠久的舞蹈。维也纳华尔兹舞的风格特点是动作舒展大方，连绵起伏，节奏清晰，旋律活泼，动作优美，舞步轻快流畅，旋转性强。

维也纳华尔兹舞的音乐是 3/4 拍，每分钟 60 小节。由于在比赛中它常作为最后一个舞种，要求选手有充沛的体力才能从容地完成。

三、拉丁舞

拉丁舞起源于非洲和拉丁美洲，具有热情、奔放、浪漫的风格特点。舞蹈动作充满激情，音乐节奏鲜明，尤为青年人所喜爱。

（一）伦巴

现代伦巴舞是由古巴舞蹈吸收 16 世纪非洲黑人舞蹈和西班牙"波莱罗"舞蹈而逐渐完善的舞种。舞蹈动作曾受雄鸡走路启发，20 世纪 20—50 年代又受美国爵士乐和舞蹈的影响。20 世纪 30 年代初，皮埃尔夫妇在英国表演和推广古巴伦巴舞，受到极大欢迎，便很快风行欧洲。

伦巴舞的音乐缠绵、浪漫，舞蹈风格柔媚、抒情，是表现爱情的舞蹈。与其他拉丁舞不同的是在舞步运行中，髋部富有魅力地扭摆，上身自由舒展。扭胯是伦巴中非常优美而又有特点的动作。在扭胯时，上身要有拉撑的感觉，不能"坐胯"。在每一次落脚后都有一个"出胯"的动作，为下次出步做准备。可以说从舞蹈开始到结束，扭胯动作始终连绵不断地进行着。脚步和胯部动作的配合要贯穿始终。扭胯动作要做得柔和，要从左前扭到左后，再从右前扭到右后。做胯部练习时，要由胯的摆动来带动脚的运动，再延伸到手臂的自然摆动，形成外柔内刚的舞姿。在抑扬的韵律节奏下，舞蹈具有文静、含蓄、柔媚的风格，更加展示了女性婀娜多姿的美态。伦巴舞因在拉丁舞中历史悠久、舞型成熟和它那异国情调的独特风格，被誉为"拉丁舞之魂"。伦巴舞音乐 4/4 拍。4 拍走 3 步，每分钟 27 小节。

1. 伦巴铜牌套路组合

（1）基本步 2 小节。

男士：闭式位开始，开立，重心放左脚。

步数	脚位	转度	拍数
		重心右移	1
1	左脚向前	—	2
2	重心回到右脚	—	3
3	左脚向侧	—	4、1
4	右脚向后	—	2
5	重心放回左脚	—	3
6	右脚向侧	—	4、1

女士：闭式位开始，开立，重心放右脚。

步数	脚位	转度	拍数
		重心左移	1
1	右脚向后	—	2
2	重心回到左脚	—	3
3	右脚向侧	—	4、1
4	左脚向前	—	2
5	重心放回右脚	—	3
6	左脚向侧	—	4、1

（2）扇形2小节。

男士：闭式位开始。

步数	脚位	转度	拍数
1-3	同基本动作1-3	—	2、3、4、1
4	右脚向后	—	2
5	重心回到左脚	—	3
6	右脚向横侧	—	4、1

注：第4步用右手引导女士向前，5时用左手引导她退到男士左侧。

女士：闭式位开始。

步数	脚位	转度	拍数
1-3	同基本动作1-3	4、1拍时向右转1/4	2、3、4、1
4	左脚向前	—	2
5	右脚向后稍右	2、3拍时左转1/2	3
6	左脚向后	4、1拍时向左转1/8	4、1

（3）曲棍步2小节。

男士：扇形位开始。

步数	脚位	转度	拍数
1	左脚向前	—	2
2	重心回到右脚	—	3
3	左脚靠近右脚	右转1/8	4、1
4	右脚向后	—	2
5	重心回到左脚	—	3
6	右脚向前	—	4、1

结束于开式位。

注：第1步男士引导女士靠近，2～3步逐渐抬高左臂。第5步时引导女士左转并逐渐放低左臂。

女士：扇形位开始。

步数	脚位	转度	拍数
1	右脚靠近左脚	先左转 1/8，再右转 1/4，扭臀	2
2	左脚向前	—	3
3	右脚向前	靠近男士	4、1
4	左脚向前	开始左转	2
5	右脚向后稍侧	完成左转 3/4	3
6	左脚后退	—	4、1

注：第 5 步时可向前并在半拍时迅速左转。

（4）进退步 3 小节。

男士：闭式位开始。

步数	脚位	转度	拍数
1	左脚向前	—	2
2	重心回到右脚	—	3
3	左脚向后	—	4、1
4	右脚向后	—	2
5	左脚向后	—	3
6	右脚向后	—	4、1
7	左脚向后	—	2
8	右脚向后	—	3
9	左脚向侧稍后	—	4、1

女士：闭式位开始。

步数	脚位	转度	拍数
1	右脚向后	—	2
2	重心回到左脚	—	3
3	右脚向前	—	4、1
4	左脚向前	—	2
5	右脚向前	—	3
6	左脚向前	—	4、1
7	右脚向前	—	2
8	左脚向前	—	3
9	右脚向侧稍前	—	4、1

（5）臂下转步 1 小节。

男士：面对开立。

步数	脚位	转度	拍数
1	左脚向前	右转 1/8	2
2	右脚向前	开始左转	3
3	左脚向侧	第 4 拍时左转 1/8	4、1

女士：面对开立。

步数	脚位	转度	拍数
1	右脚向前	左转 5/8	2
2	左脚向前	继续左转	3
3	右脚向侧	第 3、4 拍时左转 3/8	4、1

（6）手接手 3 小节。

男士：开始于面对双手环握。

步数	脚位	转度	拍数
1	左脚向后	左转 1/4	2
2	重心回到右脚	开始右转	3
3	左脚向侧	4、1 拍完成右转 1/4	4、1
4	右脚向后	右转 1/4	2
5	重心回左脚	开始左转	3
6	右脚向侧	4、1 拍完成左转 1/4	4、1
7-9	重复 1-3		2、3、4、1

注：男士引导女士转动，在 1 和 7 放开左手，3 和 6 恢复双手环握，4 时放开右手。

女士：开始于面对双手环握。

步数	脚位	转度	拍数
1	右脚向后	右转 1/4	2
2	重心回到左脚	开始左转	3
3	右脚向侧	4、1 拍完成左转 1/4	4、1
4	左脚向后	左转 1/4	2
5	重心回右脚	开始右转	3
6	左脚向侧	4、1 拍完成右转 1/4	4、1
7-9	重复 1-3		2、3、4、1

（7）定点转步 1 小节。

男士：面对开立。

步数	脚位	转度	拍数
1	左脚向前	左转 1/4	2
2	右脚向前	左转 1/2	3
3	左脚向侧	左转 1/4	4、1

女士：面对开立。

步数	脚位	转度	拍数
1	右脚向前	右转 1/4	2
2	左脚向前	右转 1/2	3
3	右脚向侧	右转 1/4	4、1

2. 伦巴星级套路组合

（1）男生向前走基本步 1 小节。

（2）库克拉恰 2 小节。

（3）定点转 3 小节。

（4）右陀螺转、闭式扭臀、扇形 3 小节。

（5）阿列曼娜 2 小节、分展步 3 小节、向右向左打开的慢螺旋转 2 小节。

（6）左陀螺转 2 小节、连接步 1 小节、切分节奏的古巴摇步 2 小节。

（7）开式扭臀到扇形 1 小节、曲棍球步 2 小节、纽约步 1 小节、向左定点转 1 小节。

（8）臂下转步 1 小节、螺旋转到扇形 1 小节。

（9）滑门步 5 小节。

（10）向前向后的延迟步 4 小节。

（11）结束动作 2 小节。

（二）恰恰舞

恰恰舞由非洲传入拉美后，在古巴获得很大发展，它是模仿企鹅姿态创编的舞蹈。在动作编排上一反男子领舞的习惯，男女动作不求统一整齐，且多半是男子随后。恰恰舞的音乐曲调欢快有趣，4/4 拍，每分钟 29 ～ 32 小节。4 拍跳 5 步 SSQQS（2、3、1 & 1）恰恰舞由于名称动听，节奏欢快易记，邦伐斯鼓和沙球的咚咚沙沙声与动作相吻合，舞蹈又有诙谐、花哨的风格，所以备受欢迎，是拉丁舞中最流行的舞蹈。

恰恰舞铜牌套路组合如下：

第一，基本步 2 小节。

第二，扇形步 2 小节。

第三，曲棍球步 2 小节。

第四，前进后退三个恰恰恰 3 小节。

第五，臂下转步 1 小节。

第六，手拉手 3 小节。

第七，定点转 1 小节。

（三）牛仔舞

牛仔舞原是美国西部 20 世纪二三十年代盛行的舞蹈，舞步带有踢踏动作。节奏快速兴奋，动作粗犷，带有举持舞伴和甩动的技巧，是表现牧人强健体魄和自由奔放情绪的舞蹈，具有独特的魅力。后经规范进入社交界和表演舞范畴。第二次世界大战期间传入英国，获得迅速推广。牛仔舞音乐 4/4 拍，每分钟 44 小节，舞曲欢快，有跃动感，舞步丰富多变，其强烈的扭摆和连续快速的旋转，常使人眼花缭乱，亢奋热烈。

（四）桑巴舞

桑巴舞是从巴西农村的摇摆桑巴舞传入城市演变而来的，后在里约热内卢狂欢节上公开表演后，以它微妙的节奏和强烈的感情倾倒了巴西人，逐步形成为巴西的民族舞，是巴西音乐和舞蹈的灵魂。20世纪20—30年代，桑巴舞传入欧美。桑巴舞的风格特点是动作粗犷，起伏强烈，舞步奔放、敏捷，富有强烈的感染力。由于它在移动时沿舞程线绕场进行，因此它是拉丁舞中行进性的舞蹈。桑巴舞音乐2/4拍，每分钟48～56小节。

（五）斗牛舞

斗牛舞（帕索多布累）起源于西班牙，是模仿西班牙斗牛士动作，由西班牙风格的进行曲伴舞的一种拉丁舞。在舞蹈中，男士象征斗牛士，女士象征斗牛士的斗篷，因此舞蹈表现出男子强壮英武和豪迈昂扬的气概。斗牛舞音乐2/4拍，每分钟60小节，一拍跳一步。斗牛舞特色鲜明，风格迷人。

四、队列舞

体育舞蹈集体舞是由16名（8男8女）运动员组成，以集体表演的形式，在23米×15米的场地上，通过队形丰富的变化、空间不同层次的合理运用、群体相互巧妙配合等形式，做到全体运动员整齐一致、依次有序，以相同或不同的动作前后响应等，形成具有独特艺术魅力的一种体育活动。在编排时，16名运动员要把协调配合及合作意识贯穿于成套动作的始终，并在集体所具有的能力范围内进行编排，进而充分体现集体舞编排的价值和意义。

五、体育舞蹈专项训练

（一）舞蹈基本功训练

主要任务是培养正确的身体姿势和线条，建立立颈、收腭、沉肩、挺胸、收腹、立腰、夹臀、直膝，绷脚、两眼平视的舞蹈基本姿态和形态，形成优美挺拔的舞蹈动作和高雅、奔放的气质，掌握基本的舞姿和丰富的动作素材。

1. 扶把站立

站立是各舞步的基础，没有稳定的站立就不可能完成舞步移动和稳定的旋转及优美的舞姿造型。体育舞蹈站立的基本姿势是脚尖向前立正。拉丁舞的脚尖稍向斜前打开站立。

2. 蹲立

蹲立是指支撑腿做屈伸动作，有半蹲和全蹲。蹲的练习能有效地增强腿部力量和平衡控制能力。

3. 小踢腿、大踢腿、弹踢腿

它主要是训练小腿快速的屈伸和绷直能力以及摆腿的速度，发展腿部的力量、柔韧、灵活和速度。

4. 腰

腰部既要柔软又要有力，因此，腰部的训练要柔韧与力量并举。

5. 连续旋转

连续旋转分为原地、行进连续旋转，向左、向右的连续旋转。旋转是舞蹈基本动作，要想提高体育舞蹈水平，旋转基本功特别重要。在个人练习的基础上，还应该练好与舞伴配合的旋转。

（二）专项素质训练

1. 力量训练

力量训练包括下肢力量训练、躯干力量训练、上肢肌群训练。

2. 柔韧素质的训练

柔韧素质是指人体各个关节的活动幅度以及肌肉、肌腱和韧带等软组织的伸展能力。舞蹈演员的肩、腰、髋、腿等部位均需要具备特殊的柔韧性，这样才能在舞蹈中表现出大幅度的活动范围。柔韧性差的人会影响动作掌握的技能，也会限制力量、速度，以及协调能力的发挥，还会造成肌肉、韧带损伤。

对柔韧的训练可分为主动柔韧性练习和被动柔韧性练习两种。

（1）主动柔韧性是指舞者依靠相应关节周围肌群的积极工作，完成大幅度动作的能力。主动柔韧性训练培养舞者的柔韧能力，也起到发展力量素质的作用。例如训练正、侧、后踢腿时，要求舞者的腿能踢得高、幅度大、速度快而有力，达到既有柔性又有韧性的效果。反过来，力量素质的发展又能促进主动柔韧性的提高。

（2）被动柔韧性是指舞者被动用力（或借助外力）时，关节所能达到的最大活动幅度，如压腿、扳腿等练习。被动柔韧性练习是发展主动柔韧性的基础。

3. 耐力训练

体育舞蹈的耐力训练方法很多，目的是提高成套表演时的稳定性。可以采用跳持续 30 分钟以上的有氧健身操、5 ～ 10 分钟的连续跳绳、进行长时间连续的游泳等多种辅助手段。同时不应忽略专项的练习，特别是基本舞步动作、组合动作和套路动作的多次反复的练习。这些对提高体育舞蹈的耐力水平的作用不可替代。

【思考题】
1. 常见的体育舞蹈练习套路有哪几种？
2. 阐述你最喜欢的一种体育舞蹈和练习方法。

第三节　体育舞蹈运动欣赏

一、体育舞蹈竞赛特点

详见最新《世界体育舞蹈联合会竞赛规则手册 2019.2（第一版）》。

二、国际著名体育舞蹈赛事

（一）UK公开赛

UK公开赛开始于 1977 年，当初叫 Super Crystalate UK 锦标赛。

（二）英国黑池舞蹈节

黑池舞蹈节创办于 1920 年。第一届黑池英国公开锦标赛是于 1931 年在黑池"冬园"

（Winter Graden）中的皇后舞厅（Empress Ballroom）中举行的。1950 年，英国世界舞蹈组织（ICBD）在黑池主办了首届世界性的大赛——黑池舞蹈节，把规范后的舞蹈命名为国际标准舞，并规定于每年 5 月底，在英国的黑池举办一届世界性的大赛。一年一度的英国黑池舞蹈节又被誉为"国标舞的奥运会"，是各国国标舞选手心中的圣殿，更是展现各国国标舞发展水平的重要舞台。

（三）世界体育舞蹈大赛

世界体育舞蹈大奖赛包括拉丁舞和标准舞两项。

三、国内赛事

（一）中国体育舞蹈公开系列赛

中国体育舞蹈公开赛创立于 2009 年，由 5 个分站赛和 1 个总决赛组成。分站赛接受全国体育舞蹈爱好者报名参赛，总决赛由在 5 站分站赛中获得积分最高的 24 对或 12 对选手参加。该赛从每年 4 月开始，贯穿全年，分为 5 个赛区。该赛事是我国体育舞蹈的重要品牌赛事，每年在不同地域举办，参与人数多达万人以上，间接参与人数更是多达数十万，对推动各地体育舞蹈的普及与提高，促进各地全民健身活动的深入开展发挥了独特的作用。

（二）全国体育舞蹈锦标赛

全国体育舞蹈锦标赛是我国规模最大、影响最广、水平最高、也最具权威性的体育舞蹈赛事，已连续举办 29 届，每年参与人数多达 7000 ～ 8000 人次。

（三）全国青少年体育舞蹈锦标赛

全国青少年体育舞蹈锦标赛主要面向青少年体育舞蹈爱好者，为规范青少年体育舞蹈教学，引导青少年形成积极、健康、向上的生活方式发挥了积极作用。全国青少年体育舞蹈锦标赛每年举办一届，迄今已连续举办了 17 届，成为我国具有广泛影响力的体育舞蹈重要品牌赛事之一。

【思考题】

1.国际著名的体育舞蹈赛事有哪些？

2.国内体育舞蹈赛事有哪些？

3.你有喜欢的体育舞蹈运动员吗？为什么？

第十六章　形体舞蹈

运动太多和太少，同样地损伤体力；饮食过多与过少，同样地损害健康；唯有适度，才可以产生、增进、保持体力和健康。

——歌德

人是自然世界的一部分，自然美是其基本特点之一。人类对于人体的审美，不仅停留在形体的外观上，更看重个人修养，如思想、道德、文化才艺等方面的"内秀"在日常行为中的流露；也不仅在于健壮的形体，更在于符合时代对人体审美取向的迎合。而形体舞蹈就是这样，是一种在增进健康的基础上通过舞蹈的锻炼方式进行形体修塑的方法。

【本章思政点】

我国著名舞蹈家杨丽萍，以"孔雀舞"闻名，被誉为继毛相、刀美兰之后的"中国第二代孔雀王"，是国内第一个举办个人舞蹈晚会的舞蹈家。杨丽萍式的舞蹈风格，成功之处在于，她将舞蹈中原本动态的艺术表现形式转化为静态的。在动与静的交替转换中，找到人和自然的平衡点。通过杨丽萍的舞蹈肢体语言表达出来的意境可以看出，大自然是最美、最真实、最深刻的体现，她用自己朴实的语言构建人类最美的梦想。她的每一次舞动，既是自然的再现，又是一次艺术的重生。

对杨丽萍而言，跳舞不是表演，不是职业，不是所谓的艺术，而是一种生活方式、一种与天地沟通的仪式。

第一节　形体舞蹈概述

一、形体舞蹈的起源和发展

（一）起源

很难确切地说形体舞蹈到底起源于什么时候，但形体舞蹈产生于人们对美的形体的追求过程却是不争的事实。根据历史唯物主义史观分析，通过身体的机体活动达到健康和健美的目的，是人们在长期的社会生活实践中总结出来的有效方法，考古成果也证实了这一点。

原始舞蹈产生于史前时期的宗教活动之中。青海大通县出土的新石器时代舞蹈纹陶盆上绘的就是三组各五人手牵手舞蹈的图案，画面中的人物动作协调优美、生机盎然，且舞蹈者头上及身上的饰物，是人们为象征某种动物而戴的。考古学家认为它记录的是当时的宗教活动场面。

（二）发展

人们在舞蹈的过程中，也逐渐认识到了舞蹈的健身作用，于是除了实践外还有了文字的记载。《路史·康阴氏》载："阴康氏之时，水聩（tuí 音颓，坠降）不疏，江不行其原，阴凝而易闷，人既郁于内，腠（còu 音凑，皮肤的纹理和皮下肌肉之间的空隙）理滞而多重追（zhuì 音缀，脚肿），得所以利其关节者，乃制为之舞，教人引舞以利导之，是为大舞。"这里明确地阐述了舞蹈"利其关节"的医疗保健作用。这大约也是我国，甚至世界上最早的关于利用舞蹈保健祛病的记载。同时也说明体育的强身健体功能在史前已为人们所认识和利用。

西周的国学中设有舞蹈课程，称"乐舞"。学校中的舞蹈是根据学习者不同的年龄特点设置的，《礼记·内则》中有"十三舞勺，成童舞象，二十舞大夏"的记载。"勺"是文舞，"象、夏"是武舞。又按难易与规模分大舞和小舞。小舞有 6 种，大舞有 7 种。

到了汉代，流行一种"折腰舞"，这是一种以腰部动作为主的舞蹈。大文学家枚乘的《七发》，通过主客问答的形式从理论上提出身体运动对增强体质、防病治病的意义。东汉医学家华佗所创的"五禽戏"，以模仿动物形象和动作的模式来达到强身健体的作用，从而将人体的形体训练提升到了一个新的高度。

二、形体舞蹈的特点、功能

形体舞蹈，就是指按照人体形态机能的特点，以有氧运动为基础，在音乐的伴奏下把舞蹈训练作为改善形体的主要手段，通过人体正确姿势的培养和身体各个部位肌肉的锻炼与脂肪的消耗，在娱乐中增进健康、塑造形体、提高气质，从而达到形体美的一项体育运动。它的目的是健康和健美，不像舞蹈那样具有表达社会性和思想性内容的目的。

（一）形体舞蹈的特点

高雅的气质是形体美的核心。有人说，法国巴黎女人的身上长有"雅骨"。此话虽然有点夸张，但巴黎女人的高雅气质却是举世闻名的。所谓的气质，是人的内在修养的综合反映。文化修养、艺术修养、善良、大度、睿智、自信心和适度的"傲骨"等，都是高雅气质形成的内在基础。高雅的气质和风度又影响着人体的姿态。气质，实际上是一个人的综合素质由内而外地显现。从这个意义上说，内在美是形成外在美的核心。

（二）形体舞蹈对异常体型的矫正功能

人的身体形态是由先天的生理条件和后天的多方面因素所形成的。生理条件是构成身体形态的基础，在正常情况下，基本决定了一个人的身体形态。但人在发育成长过程中，会因为各种原因发生变化，如意外事故、疾病等对人体生长的影响很大，不良的行为习惯也会损害人体的机能，通过科学的矫正，也能在一定程度上弥补不足。但重度骨畸形需要通过专业医院的手术治疗才能得到有效矫正。

1. 含胸弓背的矫正

弓背多数是由经常低头、窝胸等不良姿势造成的，不仅会对形体美造成很大的影响，而且还会影响乳房及心肺的正常发育，并进一步成为导致某些腰背部疾病的潜在因素。因此在日常生活中必须改变这些不正确的姿势。已经有这种不良姿势的人，要结合体育锻炼来进行矫正。这种矫正是持之以恒的长期行为，并且要尽可能地利用各种条件和机会，才能达到一定的改善效果。下面介绍几种简便的方法。

（1）半蹲挺胸。

预备姿势：直立，两手叉腰。

动作做法：膝微屈，两肘后展，挺胸抬头至最大限度，控制2秒钟，还原。

重复次数：练习25～30次为宜。

动作要求：胸部尽最大幅度向前顶，收腹。

（2）体前屈挺胸。

预备姿势：直立，两臂自然下垂。

动作做法：两臂后摆，上体稍前屈，挺胸抬头至最大限度，控制3～4秒钟，还原。

重复次数：5～20次为宜。

动作要求：体前屈的速度不要太快，两臂后摆不要用力过猛。

（3）坐立挺胸。

预备姿势：并腿坐，两手体后直臂撑地。

动作做法：尽量挺胸、抬头，两臂用力伸直撑地，胸挺至最大限度后停止3～5秒钟，还原。

重复次数：10～15次为宜。

动作要求：挺胸要充分。

（4）站立挺胸。

预备姿势：直立，两臂放于体后，两手互握。

动作做法：两手用力向下伸，使肩尽量下沉，两肩尽量后展，停止3～5秒钟后，两臂尽力抬高，挺胸抬头。

重复次数：10～15次为宜。

动作要求：挺胸要充分。

2．"O"形腿的矫正

"O"形腿的判断：正步站好，两脚和脚踝能并在一起，而两膝却不能接触，并且相距在1.5～2厘米以上的，称之为"O"形腿。

"O"形腿是两膝盖并不拢的现象，其形成有三种原因：一是在幼儿时期站立过早、行走过长；二是缺钙；三是长期行走姿势不正确。一旦形成"O"形腿，对一个人的站姿、走姿及形体都会有不同程度的影响，应及早发现，及时矫正。

矫正"O"形腿，力求缩小两膝之间的空隙，用力做与变形方向相反的运动。

（1）向内扣膝。

①双膝同时内扣。

预备姿势：两脚开立，两臂自然下垂。

动作做法：两腿屈膝下蹲，膝关节内扣，脚内八字，两手扶膝盖外侧，并用力向内侧推压膝关节，使两膝并拢，控制4～5秒钟，还原。

重复次数：15～20 次为宜。

动作要求：下蹲时掌握好重心；两手推压动作的用力要适度，不要太突然；双膝要尽量靠紧。

② 单膝内扣。

预备姿势：两脚开立，两手叉腰。

动作做法：左腿伸直，右腿屈膝内扣，膝盖朝向左侧，身体向左转，控制 4～5 秒钟，还原。左右腿交替进行。

重复次数：10～15 次为宜。

动作要求：膝盖内扣时，两脚尽量不动。

③ 单膝内扣，脚向外侧踢（模仿踢毽子）。

预备姿势：两腿并拢站立，两手叉腰。

动作做法：右脚向外侧用力上踢，小腿尽量踢平，膝盖用力内扣下压，左右交替进行。

重复次数：10～15 次为宜。

动作要求：踢腿同时膝盖要内扣，小腿要踢平。

（2）跪姿降臀。

预备姿势：两膝并拢，两小腿分开跪立，两手叉腰。

动作做法：臀部缓缓向下压、降臀，用上体的重量压迫两腿慢慢地向下扣膝至跪坐，控制 3～4 秒钟，还原。

重复次数：10～15 次为宜。

动作要求：臀部尽自己的能力下降；降臀时，要缓慢，不要用力过猛；并膝跪坐的时间可逐渐加长。

（3）利用松紧带进行纠正。

① 下蹲、起立。

预备姿势：双脚并拢站立，用松紧带将膝关节捆住（松紧度根据个人的承受能力为宜），两手叉腰。

动作做法：连续的屈膝下蹲动作。

重复次数：20～25 次为宜。

动作要求：膝关节的屈伸动作要充分到位。

（4）两膝夹物练习。

① 夹物下蹲。

预备姿势：站立，将软物放在两膝之间，两膝把物体夹紧，体前屈，两手扶膝关节。

动作做法：屈膝下蹲，两手在膝外侧适当用力向内挤压，使所夹物体不掉落，控制 2～4 秒后起立。

重复次数：12～20 次为宜。

动作要求：两膝尽力内夹，两腿内侧肌肉收紧。

② 坐姿夹物。

预备姿势：坐在椅子或凳子上，两腿屈膝，将软物放在两膝之间，两膝把物体夹紧。

动作做法：两腿屈膝向上提，靠近胸部，两膝尽力把物体夹紧，同时两脚向两侧摆，尽量分开，两手用力握撑住椅子，帮助两腿上提，还原。

重复次数：20～25 次为宜。

动作要求：所夹物体可先厚再薄，两膝用力夹紧物体，两脚尽力向外侧摆。

3. "X"形腿的矫正

"X"形腿是股骨内收、内旋，两膝能并拢而胫骨外展、外旋，两脚并不拢的一种骨关节异常和腿部形态异常的现象。形成这种畸形的主要原因是遗传，后天的行为习惯也有一定的影响。

"X"形腿的测量方法是：正步站立，两膝并拢，两脚并不拢的间隔距离为 1.5 厘米以上的均为"X"形腿。

（1）双膝同时外展。

① 坐姿双膝外展。

预备姿势：坐姿，两腿屈膝、两脚掌相对、两膝外展，两手分别放在同侧腿的膝关节内侧。

动作做法：上体稍前倾，同时两手掌用力向下压膝关节内侧，至最大限度后停止 2 秒钟左右，然后放开还原。

动作要求：下压膝关节时，要使大腿外侧尽量靠近地面，两手用力要均匀，不可太快、太猛。

② 跪撑双膝外展。

预备姿势：两腿屈膝分开成跪撑，两脚靠近，绷脚尖。

动作做法：身体适当用力下压，尽量使两膝慢慢分开，臀部下降并适当后坐，随着臀部的下降，上体也随着下降，屈肘成两前臂撑地，两膝分开至最大限度，控制 3～4 秒钟，还原。也可请他人帮忙，在髋后部适当用力下压，助其两膝尽量分开。

重复次数：10～15 次为宜。

动作要求：不能用力过猛，下压动作要缓慢，两膝分开的程度要量力而行。他人助力也要视练习者的素质情况量力而行。

③ 下蹲双膝外展。

预备姿势：小八字步站立，上体前屈，两手扶膝。

动作做法：屈膝下蹲，两膝外展，两手用力将两膝分开至最大限度，控制 4～5 秒钟，还原。

重复次数：20～25 次为宜。

动作要求：两膝尽量外展。

④ 俯卧双膝外展。

预备姿势：俯卧，两腿屈膝，两脚踝用松紧带捆住，稍松一些，两臂弯曲，用前臂在体前撑地。

动作做法：两脚掌贴紧，两脚用力向下压，使两膝尽量分开，两脚尽量贴近地面，至最大限度后，停止 2 秒钟，还原成预备姿势。

重复次数：10～15次为宜。

动作要求：两脚掌尽量贴紧，两膝尽量分开。

（2）单膝外展。

①按压膝盖。

预备姿势：坐在椅子或凳子上，右腿屈膝把小腿放在左大腿上，左手扶住右脚踝处，右手放在右膝盖上。

动作做法：右手用力将右膝向下按压，压至最大限度，控制3～5秒钟，然后慢慢两手放松还原。另一侧相同。

重复次数：15～20次为宜。

动作要求：按压时用力不要过猛，先轻后重；按压的速度要缓慢；控制的时间根据锻炼的水平逐渐增加。

②用脚夹物。

预备姿势：坐在椅子的前部，两腿屈膝，两脚踝夹紧软物。

动作做法：用足带动腿尽量前伸，停4～5秒钟还原。

重复次数：8～10次为宜。

动作要求：两脚尽量夹紧，所夹物体可先厚再薄。

③利用松紧带进行矫正。

预备姿势：坐在椅子的后部，两腿屈膝；两脚踝用松紧带捆住（松紧根据个人的承受能力为宜）。

动作做法：两膝提起，控制4～5秒钟后，慢慢向前伸直膝关节，绷脚尖，还原。

重复次数：8～10次为宜。

动作要求：提膝和伸膝时，两脚踝尽力夹紧。

4. "八字脚"的矫正

八字脚有内八字脚和外八字脚两种。外八字脚就是行走时两只脚尖向外分开，内八字脚则恰恰相反。八字脚是由遗传和后天不良的走姿等多方面因素造成的。它不仅影响身体姿态美，而且在一定程度上也影响了跑跳能力。

（1）有意识进行矫正。在日常生活中，要有意识地做到两脚并拢，脚尖和膝盖朝前。

（2）脚尖外展（纠正内八字）。

①练习一。

方法：站立，两脚并拢，脚跟对齐，脚尖向外展开再收回，反复进行。

②练习二。

利用芭蕾舞二位脚来纠正。

方法：手扶椅子或其他支撑物站立，两脚分开约一脚距离，脚尖尽力向两侧分开，最好能够达到二位芭蕾舞脚，控制4～5秒钟。控制时间慢慢增加。

③练习三。

利用芭蕾舞一位脚来纠正。

方法：手扶椅子或其他支撑物站立，两脚并拢，脚跟对齐，脚尖尽力向外分开，最好能够达到一位芭蕾舞脚，控制 4 ～ 5 秒钟。控制时间慢慢增加。

（3）脚跟外展（纠正外八字）。站立两脚并拢，脚尖对齐，脚跟向外展开再收回。反复进行。

总之，矫正不良姿势需要长期坚持，初练时练习的次数不必太多，动作的幅度不必太大，随着练习的深入可逐渐增加练习的数量和难度。只要持之以恒，定会有满意的成效。

【思考题】
1.什么是形体舞蹈？
2.形体舞蹈有什么功能？

第二节　形体舞蹈的练习方法

一、形体练习

形体舞蹈是一项比较优美、高雅的健身项目，主要通过舒展优美的舞蹈基础练习(以芭蕾为基础)，结合其他舞蹈进行综合训练，可塑造优美的体态，培养高雅的气质，纠正生活中不正确的姿态。形体舞蹈的练习方法如下。

（一）热身舞

1. 热身目的

在形体课正式训练之前，可适当地安排几分钟的热身动作，目的是加快脉搏跳动，舒展人体的肌肉，使其逐渐兴奋起来，积极地投入训练。如果舞蹈开始之前不做任何热身运动，"冷"的肌肉、"冷"的情绪会使人松散，不利于进一步训练。

2. 热身内容——时尚排舞

排舞，从字面上理解就知道，是一种排成一排一排跳的舞蹈。排舞的每一首舞曲，可由 32 拍、48 拍或 64 拍等不同的循环节奏所组成。所以每首曲子的舞步也随着特定的循环节奏而重复。另外，每支排舞的基本跳法规律还可分为 2 个朝向和 4 个朝向交替旋转。排舞还融合了很多社交舞的舞步，如恰恰、伦巴、曼波、牛仔和摇滚等舞步。在如此多重的舞蹈元素组合与变化之下，排舞有简单的，也有复杂、高难度的。作为热身内容，可以选择一首简单的排舞。

（二）人体姿态

仪态是指人们在交际活动中的举止所表现出的姿态和风度。训练体态是非常重要的。要求站有站姿，坐有坐相，举止端庄稳重，落落大方，自然优美。

1. 站姿

站姿基本要领：上身正直、挺胸收腹、腰直肩平、两臂自然下垂、两腿相靠站直、肌肉略有收缩。

站姿有四种：侧放式、前腹式、后背式和丁字步。

站立要端正，眼睛平视，嘴微闭，面带微笑，双肩自然下垂，手在体前交叉，右手放在左手上。

站姿禁忌：站立时，重心偏左或偏右；站立时，双手叉在腰间，或抱在胸前；站立时，身体东倒西歪。站累时，脚可以向后撒半步，但上体仍须保持正直，不可把脚向前或向后伸得过多或叉开很大。

2. 坐姿

入座时要轻、稳、缓。走到座位前，转身后轻稳地坐下。如果椅子位置不合适，需要挪动，应当先把椅子移至欲就座处，然后入座。而坐在椅子上移动位置，是有违社交礼仪的。

神态从容自如（嘴唇微闭，下颌微收，面容平和自然）。

双肩平正放松，两臂自然弯曲，手放在腿上，亦可放在椅子或是沙发扶手上，以自然得体为宜，掌心向下，立腰、挺胸、上体自然挺直。

双膝自然并拢，双腿正放或侧放，双脚并拢或交叠或成小"V"字形。坐在椅子上，应至少坐满椅子的 2/3，宽座沙发则至少坐 1/2。离座时要自然稳当，右脚向后收半步，而后站起。

需要侧坐时，应当将上身与腿同时转向同一侧，但头部保持向着前方。

3. 走姿

正确的走姿，能走出风度，走出优雅，走出美来，更能显示出一个人的活力与魅力。良好的走姿应当身体直立、收腹直腰、两眼平视前方，双臂放松在身体两侧自然摆动，脚尖微向外或向正前方伸出，跨步均匀，两脚之间相距约一只脚到一只半脚，步伐稳健，步履自然，要有节奏感。起步时，身体微向前倾，身体重心落于前脚掌，行走中身体的重心要随着移动的脚步不断向前过渡，而不要让重心停留在后脚，并注意在前脚着地和后脚离地时伸直膝部。

步幅的大小应根据身高、着装与场合的不同而有所调整。

走路时身体前俯、后仰，或两个脚尖同时向里侧或外侧呈八字形走步，步子太大或太小，这都给人一种不雅观的感觉。

走路时双手反背于背后，会给人以傲慢、呆板之感。

走路时身体乱晃乱摆，也会让人觉得轻佻，缺少教养。

（三）关节操

1. 活动操目的

芭蕾训练和古典舞训练方法，大多局限于四肢和腰腿的训练，而关节活动操开发了人体中段躯干，如颈、肩、胸、肋、胯几方面的运动，从而弥补了训练上的不足。

关节活动操让人体不易活动到的小关节、小肌肉群都能得到适当的活动。另外，对人体每个关节的反应、各部位的配合协调都有一定的帮助。

2. 基本动作

（1）头部运动。

教学提示：

①低头向下时尽量伸展下颌去贴近锁骨，但后背要挺直。

②抬头向上时，尽量伸展下颌，不塌腰、腆肚。

③ 转头向左时，左肩向前拧（右面动作要求一样）。

（2）肩部运动。

教学提示：

① 向上抬肩时，尽量让肩贴近耳朵，但头不能主动倒向肩。

② 向下压肩时，要感觉手指尖尽量贴近地面。

③ 肩部做弧线运动时，要先抬肩再向前推，然后保持向前推的力量向下压，再按原路返回。

（3）髋关节活动。

教学提示：

① 髋关节向前时要感觉尾椎向前，腹部向后。

② 髋关节向后时要感觉尾椎向后翘起，腰部微微下塌。

③ 向两旁动作时，尽量将髋关节伸向两旁。

④ 在整个髋关节运动中，要保持半蹲，固定两脚位置。

（4）膝部运动。

教学提示：膝关节运动时，屈伸动作幅度要小，且干脆利落，膝部要有力且有弹性。

（5）踝腕运动。

教学提示：踝关节、腕关节活动同时做。腕关节两手十指交叉转动手腕；踝关节一只脚站稳，另一只脚脚尖着地，脚跟抬起，以脚尖为中心，脚跟前、后活动或者脚跟绕环活动。四个八拍，二个八拍后交换脚。两脚并立，两腿微屈，两手扶膝，顺时针转动膝盖。

二、舞蹈练习

（一）芭蕾

芭蕾是一种起源于意大利的舞剧，用音乐、舞蹈和哑剧来表演戏剧情节，后盛行于法国和俄罗斯，至今已有 300 多年历史。古典芭蕾以女演员用足尖点地作舞为主要特征。芭蕾不仅在人的形体健美上、手脚灵巧敏捷上、步履轻盈上有着特殊的作用，同时在培养人的思想、品德、修养、情操、仪表、礼节以及艺术品位、鉴赏能力等方面都有不可忽略的作用。

1. 基本元素

芭蕾以它独特的舞蹈形式来展示人体优美的线条，其动作流畅，舞姿多变，造型流动，技巧精湛。几百年来，它形成了一套规范、严谨，科学的训练方法。芭蕾训练中常出现开、绷、直、立四个动词，这四个字始终贯穿在芭蕾训练之中，所有的动作必须在开、绷、直、立的基础上去完成，所以其被称为芭蕾的基本元素，也是芭蕾的审美特征之一。

（1）开。开是指髋关节向人体两侧外开，髋关节的打开，舒展了人体的线条，增加了人体下肢的表现能力。要在教师指导下正确理解"开"字。芭蕾训练中的"开"有一定的难度，必须要从髋关节到膝关节、踝关节、脚趾尖全部打开，切忌容易打开的部位使劲打开，不容易打开的部位不打开，这样容易造成上下扭曲，使肌肉或韧带拉伤。成年人学习芭蕾要根据个人条件，决定自己的开度大小，宁可站小八字、大八字、丁字步，不可强硬

"开"，以免造成不必要的损伤。

（2）绷。绷是指脚腕伸展，脚背上拱，脚心下窝，脚趾并拢向远向下无限伸展。绷脚增加了腿的长度、力度，可消耗腿部多余脂肪，使腿部肌肉拉长，线条优美、修长。

（3）直。直指人体重心的垂直。无论是两脚站立、单脚站立，甚至空中跳跃，都有一个重心垂直问题，如果重心出了偏差，动作过程中就很可能出现失误。

（4）立。立是指人体每一个关节、肌肉向上提，仿佛人体变得越来越轻，就要腾空而起。"立"需要一定的肌肉素质和能力的配合，是在训练过程中逐渐形成的一种向上提升的感觉。

2. 舞台方位

为了便于教学和练习，能够准确说明练习者在场地（舞台）上练习时的方向，习惯上把开始面对的方向（舞台的正前方）确定为1点，按顺时针方向，每45°为一基本方位点，将场地划分为8个方位点。场地的四个角右前方、右后方、左后方、左前方，分别是2、4、6、8点，场地的前方、右侧、后方、左侧分别是1、3、5、7点（见图16-1）。

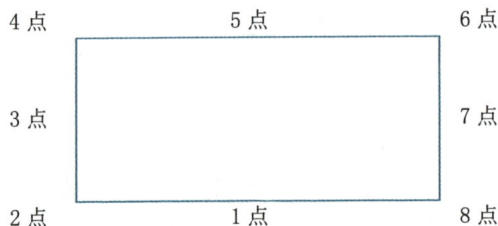

```
4点          5点          6点
    ┌──────────────────────┐
    │                      │
3点 │                      │ 7点
    │                      │
    └──────────────────────┘
2点          1点          8点
```

图 16-1　舞台方位

3. 基本手位（见图16-2）

手形：五指自然放松，并拢，大拇指与中指略靠近。

一位：从肩到手指尖在身体前呈椭圆形，手心朝上，两手相距约一只拳头，小指边离大腿约二寸距离，腋下微撑开。

二位：保持一位手状态，两手臂向上抬至手心与胃部平行部位。

三位：保持二位手状态，两手臂向上抬至头顶前上方。

四位：一只手臂保留在三位，另一只手臂从三位回至二位。

五位：一只手臂仍保持在三位，二位手臂向旁打开。

六位：打开到旁的手不动，三位手下到二位。

七位：打开到旁的手仍不动，二位手打开到旁呈七位。

图 16-2 基本手位

教学提示：

（1）手的位置从一位至七位，两手臂始终要保持椭圆形。

（2）注意不要让手腕和肘关节下塌。

（3）手的七个位置运动路线要规范。

（4）熟练手的七个位置之后，要头、手、身体各部位协调配合。

（5）要体会手位中的内在力量，尤其是后背肌群在动作中起到平衡、稳定的作用。

（6）要运用手的表现能力传情达意。

4. 基本脚位

一位：两脚脚后跟相靠，两脚脚尖向外打开呈一字形。

二位：在一位的基础上，两脚脚后跟分开，相距约一只脚的距离。

三位：保持在二位的基础上，一只脚的脚后跟向另一只脚的脚心靠拢。

四位：保持两脚尖外开状，一只脚在另一脚的正前方或正后方，形成两条平行线。

五位：在四位的基础上，两脚合拢并紧。

教学提示：

（1）脚位的开度要保持从大腿根、膝盖、脚腕到脚尖的上下一致。如果胯部不开，脚位可以站大八字或小八字，切忌某个局部开、某个局部关，造成上下扭曲而损伤。

（2）五位和三位站立要保持胯部正，不要因为某只脚在前，而一边的胯歪向前。

（3）胯不正的原因正是在前五位或前三位的腿没有伸直，所以五位和三位站立不但要伸直两膝，而且要夹紧大腿。

5. 基础训练（把杆部分）

（1）蹲（Pile），音译：普利也。蹲分半蹲和全蹲，蹲在脚的五个位置上皆可以做。

蹲主要是通过膝关节在不同的脚位上做各种不同节奏的快和慢的半蹲和全蹲，以锻炼膝关节的柔韧性和腿部的肌肉。蹲是训练中重要的一部分，蹲的训练能使人轻松地腾空而起，轻盈落地，腿部屈伸有力，富有弹性。蹲是各种舞蹈必须训练的项目之一。

①半蹲（Demi plie），音译：德米·普利也。一位站立，双腿转开，可以将手轻轻搭在扶手上保持平衡。两膝逐渐弯曲，蹲到脚腕与脚背有挤压感，跟腱略有一点紧张的位置为半蹲。

②全蹲（Grand plie），音译：格朗·普利也。在半蹲的基础上，继续往上蹲，脚跟可以略微抬起一点，蹲到底，臀部不能坐在脚后跟上，保持开度和后背挺直。起来时，先落下脚跟，再慢慢站起来。

教学提示：

①以一位为例，其他四个位置的全蹲、半蹲与一位做法相同。一位、三位、四位、五位全蹲下去都可以略抬脚跟，只有二位全蹲不容许抬起脚后跟。

②全蹲、半蹲特别要注意胯、膝盖、脚尖的开度一致，不要扭曲。

③下蹲时要有负重感，伸直时两脚有力地推地。

④蹲的音乐比较慢，拍子要平均分配，不能断断续续，半蹲时不能停顿，蹲和起始终要连贯。

（2）擦地（Battement tendu），音译：巴特芒·唐究。擦地绷脚可以在一位或五位脚的位置上向前、向旁、向后方向做。擦地主要通过擦地绷脚背，立脚趾，整条腿向远向下延伸，伸展整条腿的肌肉，然后收回。通过擦出、收回的不断运动来锻炼腿部力量，尤其是踝关节和脚趾的力量。

① 五位擦地。五位站立准备向前擦地。一条腿支撑并固定好重心，另一条腿保持与支撑腿平行状态，沿地面向前擦出，同时脚跟渐渐离地推起脚背，在动作腿不影响支撑腿重心的情况下，尽可能向远伸展，脚掌点地，将脚背推至最高点。然后再将脚趾向远伸展立起，用脚趾尖轻轻点地后，再依次收回原位。

② 向旁擦地。一条腿支撑并固定好重心，另一条腿向旁沿地面擦出，同时脚跟渐渐离地推起脚背，在不影响支撑腿重心的情况下，动作腿尽可能向远伸展，脚掌点地，将脚背推至最高点。然后再将脚趾向远伸展立起，用脚趾轻轻点地后再依次收回原位。

③ 向后擦地。一条腿支撑并固定好重心，另一条腿保持与支撑腿平行状态沿地面向后擦出，同时脚跟渐渐离地推起脚背，在不影响支撑腿重心的情况下，动作腿尽可能向远伸展，脚掌点地，将脚背推到最高点。然后再将脚趾向远伸展立起，用脚的大趾外侧点地，然后依次再收回原位。

教学提示：

① 向前擦地脚跟先行，收回时脚尖先收，保持开度。

② 向后擦地脚尖先行，收回时脚跟先收。

③ 固定好重心和胯部，不要跟动作腿晃动。

（3）小踢腿（Battement tendu jete），音译：巴特芒·唐究·瑞代。小踢腿是在擦地基础上向空中踢出25°稍作停留，小踢腿动作要有一定的爆发力，比擦地动作速度增快、力度增大，有很好的训练价值。五位向前擦地，脚尖离地25°。落地经脚尖点地收回前五位。小踢腿向旁和小踢腿向后与擦地动作相同，在不同方向点地的基础上，再向远延伸踢出，离地25°停住。

教学提示：

① 初学小踢腿动作可以先分解做，先擦地到位，再向空中踢出25°。然后经擦地直接向空中踢小踢腿，小踢腿一般在一拍或半拍完成动作。

② 小踢腿的高度不超过25°。

③ 小踢腿的力度大，速度加快，要注意支撑腿的力度同时加大，不能跟随动作腿摇晃重心。

（4）划圈（Rond de jambe），音译：隆·德·让。划圈在芭蕾训练中有几种，这里介绍两种。第一种为地面划圈。地面划圈通过腿部不停环动，锻炼胯部的肌肉灵活性，增长胯部能力。第二种为大划圈。就是以整条腿从身体侧旁45°弧线向旁环绕到最高点（正旁腿位置），然后向后弧线下落至后点地的位置。整个圈呈立圆路线。

教学提示：

① 划圈时节奏的快慢、动作幅度的大小，都不能影响支撑腿的重心，支撑腿的脚必须有力地抓住地板。

② 划圈动作对锻炼髋关节部位的灵活性，增强胯部和大臀肌的力量有很明显的作用。

③ 在划圈时要注意胯部在前、旁、后位置的打开。

（5）单腿蹲（Battement fondu），音译：巴特芒·丰究。单腿蹲是训练中的重要环节之一，它与半蹲、全蹲相似。单腿蹲的一只脚在缓慢不停地做屈伸运动，另一只腿做控制动作，其难度增大，也加强了训练价值。通过单腿蹲的训练能感受到动作内在的力量和柔韧性、稳定性。

单腿蹲训练，动作腿可以向前、向旁、向后方向伸出，高度一般为45°，支撑腿做半蹲屈伸动作。要强调单腿蹲的特点是动作腿和支撑腿必须同时弯曲、同时伸直。只有初学时才可以分解做。

教学提示：

① 单腿蹲要保持好上身正确姿态，有控制地下蹲，蹲到跟腱有点紧张感即可，但不能起脚后跟。

② 单腿蹲伸直的同时也是动作腿向前、旁、后任何一方向伸展开45°腿的时候，两腿要全部伸直后再蹲，切忌未直又接着蹲。

③ 单腿蹲的特点是同时蹲、同时直。

④ 初学时，双手扶把，动作分解做。然后再单手扶把，还可以逐渐加手与动作配合做。

6. 小吸腿和小掖腿可参考辅助动作

（1）控制（Adagio），音译：阿达啾。控制一般是由抒情慢板音乐与各种舞姿、造型组合变化而成。它展示了人体舞蹈静态造型以及动作与动作衔接之间的动态造型，整个组合流畅典雅，极富表现力，在舞剧中常以大段慢板舞蹈来倾吐人物的思想感情，是训练中必不可少的项目。控制中常用的舞姿有鹤立式、迎风展翅、攀峰式、俯望式、旁腿、变身、伸展等等，另外还要加上辅助和连接动作。做好控制需要有扎实的基本功和较高的音乐修养。

（2）鹤立式（Attituide），音译：阿体秋。鹤立式有两种：一种是在前腿基础上做的，叫前鹤立式；一种是在后腿基础上做的，叫后鹤立式。前鹤立式的造型是在腿向前抬90°基础上，膝盖略弯曲，将小腿端起比大腿的高度再高一点。后鹤立式的造型是在腿向后90°的基础上，膝盖略弯曲，将小腿抬起比大腿的高度再高一点。鹤立式的支撑腿可以在半蹲、直立、半脚尖、足尖上做鹤立式舞姿。

（3）迎风展翅（Arabesque），音译：阿拉贝斯克。迎风展翅是芭蕾中具有代表性的舞姿之一。它的舞姿柔和、舒展、大方，线条流畅，富于曲线美，有一种冉冉上升、腾空而起之感。舞姿造型并不复杂，但给人一种百看不厌的感觉。迎风展翅分为四种，由于分左右脚舞姿以及方位的变化，使这四种舞姿变化莫测。下面仅以右腿为支撑腿，身对2点分解以下4种不同迎风展翅的舞姿造型。

① 迎风展翅左。右腿支撑，左腿后抬90°，右手臂向前伸，左手臂向左旁伸。手心朝下方，两手指尖朝伸出方向延伸，眼看左手指尖方向（面向2点）。

② 迎风展翅左。右腿支撑，左腿后抬90°，左手臂向前延伸，右手臂向右旁后斜伸。手心朝下方，两手指尖朝伸出方向延伸，面向1点（面向2点）。

③ 迎风展翅右。右腿支撑，左腿后抬90°，左手臂向前伸，右手臂向旁伸。双手手心朝下，向伸出方向延伸，眼看左手指尖方向（面向8点）。

④ 迎风展翅右。右腿支撑，左腿后抬90°，右臂向前伸，左臂向左侧后伸，双手手心

朝下，向伸出方向延伸，面向 1 点（面向 8 点）。

教学提示：

① 迎风展翅后腿一定要直，上身要有向前、向上的感觉。

② 双肩不能因上身向前而耸肩、缩脖子。后背要收紧。

③ 两手要柔软、松弛，向远方延伸，但不等于伸直。舞姿造型的双肩始终在一个水平线上，不能一高一低。

7. 连接动作和辅助动作

（1）吸腿（Passe），音译：帕塞。吸腿在基本训练中用途很广，在控制组合中吸腿是从一个舞姿转换成另一个舞姿不可缺少的辅助动作之一。

五位开始，动作腿经小吸腿或小掖腿，沿支撑腿向上吸腿，一般吸到脚尖点在支撑腿膝盖高度，大腿 90° 端平。

教学提示：

① 吸腿的过程必须是一条腿贴着另一条腿向上吸起。

② 保持两条腿的开度。

③ 动作腿在吸腿过程时，支撑腿或直立，或立半脚尖，不可在半蹲上做吸腿动作。

（2）伸腿（Developpe），音译：代弗洛佩。伸腿是连接在吸腿后的延续动作。经过吸腿后向前、旁、后任何一方向伸腿。支撑腿可以直立，也可以半蹲。半蹲伸腿必须在吸腿后支撑腿渐渐半蹲，动作腿向一方伸出。

教学提示：

① 身体始终处于收紧状态，支持腿牢牢地固定在地板上。

② 脚背绷直。

8. 中间部分（跳跃、舞步）

把杆训练的最终目的是使舞蹈者脱离把杆在舞台中间训练，所以把杆部分的动作训练应逐步在舞台中间按照同样步骤进行训练。除此之外，中间训练还有跳转、各种舞步等训练。

芭蕾中的跳跃动作非常丰富，训练中一般分为大、中、小三类跳。小跳尽管离地不高，但每个动作必须在空中完成，脚腕要有力而灵活地推地，其动作变化莫测，在芭蕾中最具有特色。中跳要比小跳离地高一些，空中舞姿也更舒展一些。

（1）原地小跳（Saute），音译：索泰。一位站立，双手一位。原地半蹲，推地跳起，在空中两腿伸直，绷脚背，落地仍一位半蹲，伸直还原。

（2）五位换脚小跳（Changement de pied），音译：尚日芒·德·皮耶。五位换脚小跳是在正式跳跃训练之前的一种关节活动准备动作，也是在紧张的训练结束之后的一种放松动作。五位换脚小跳不要求跳得高，只需要脚尖刚刚离开地面，在空中伸直膝盖，绷脚，两腿经一位互换位置，寻找人体直上直下的垂直空间感。

（3）滑步（Glissade），音译：格利沙德。滑步在各种组合中用途很广，能单独训练，也能在组合中起到连接步子和助跑起跳作用。

做法：右脚后五位站立，手一位。五位半蹲，右脚向旁擦地，左脚推地向右旁，右脚向右跃一小步，两脚在空中伸直，同时移重心至右脚，右脚落地半蹲，左脚点地收回前五位。

教学提示：

① 滑步左、右脚配合要协调、连贯，当中不要断裂。

② 滑步不需要往高处跳，仅仅向旁跃出一步，有个小小的抛弧线即可，但在空中两条腿都要有离地的过程。

（4）并立转（Souteun en tounant），音译：苏特纽·昂·杜朗。并立转是辅助动作之一，常用在动作与动作的衔接和过渡动作中，起到一种承上启下的作用。

做法：右脚前五位站立，双手一位。右脚向旁擦地，同时支撑腿半蹲。动作腿收回五位，同时支撑腿立半脚尖，两脚在五位半脚尖上左转一圈。如果动作腿收后五位半脚尖就向右转圈。此动作动力腿可以向前、向旁、向后方向擦地做。向左、向右转决定动作腿收前五位，还是收后五位。收前往左转，收后往后转。

教学提示：

① 五位并立要两腿夹紧，主要是动作腿向支撑腿靠拢夹紧。

② 无论是转半圈，还是一圈，都要先留头，再甩头。

（二）中国古典舞（身韵）

1. 基本元素

中国古典舞具有"手、眼、身、法、步"完美结合的美学特色，讲究"圆、拧、倾、曲"的体态动势，讲求"心与意合、意与气合、气与力合、力与形合"，体现了传统艺术风格鲜明的审美特色。作为我国舞蹈艺术中的一个类别，中国古典舞是在民族民间传统舞蹈的基础上，经过长期的提炼、整理、加工、创造和艺术实践的检验流传下来的、具有一定典范意义的和古典风格特色的舞蹈。中国古典舞创立于20世纪50年代，曾有人称之为"戏曲舞蹈"。它本身就是戏曲与舞蹈的混合物，也就是说还未完全从戏曲中蜕变出来。虽然它已去掉了戏曲中最重要的唱与念，但还大量保持着戏曲的原态，体现了"形、神、劲、律"的高度融合。"形、神、劲、律"作为身韵的基本动作要素，高度概括了身韵的全部内涵。

2. 基本手位

（1）手位。

① 手的基本形态。

手掌：大拇指与中指指节微贴，中指与手掌之间的掌指关节要"腆、挺"，形成以中指为主要用力点，带动其余三指指尖上翘的形态，并且所有手指往中指靠拢，最终形成细长并有力的兰花掌。

手指：大拇指与中指松弛地相搭，形成O状，同时，食指伸出上翘，其余两指松弛地与中指并拢，形成秀丽的指形，是为兰花指。

② 手的几种位置。

a.单手动作。

撩掌：手心向下，以手腕带动手臂从体侧向上撩起至肩上方。

盖掌：手心向下，手臂弯曲，从头上方向下盖至胸前。

切掌：动作基本同盖掌，其区别是手心向里。

穿掌：双臂腹前交叉，掌心向里，上抬至额前上方，然后向左、右两侧分开，掌心向上，可静止在斜托掌位。其区别不是手腕带动，而是手指向上穿，再翻腕成手心向上。

b.双手动作。

双晃手：双手手心向下，以腕带动臂，经下、侧、上、侧、下做手臂的划动，随着手臂的划动，头和身体也随之轻微晃动，眼神随手。分小晃手和大晃手。小晃手以肘为轴，向上晃时要提腕，向下晃时要压腕；大晃手以肩为轴，但手臂不能伸直，向上时要提腕、提肘，向下时要压腕、压肘。

双山膀：双手旁伸与肩持平，胳膊架起，小臂略曲。

顺风旗：一手旁伸与肩持平，胳膊架起，小臂略曲；另一手在头前上方，小臂略曲。

托按掌：一手在胸前下方按掌，另一手在头前上方，小臂略曲。

双托掌：双手在头前上方，小臂略曲。

山膀按掌：一手旁伸与肩持平，胳膊架起，小臂略曲；另一手在胸前下方按掌。

双展翅：双手在头上方两外侧，手心向外，略压手腕。

3. 基本脚位

（1）脚位。

①脚的基本形态。

绷脚：五个脚趾并拢伸直，脚背绷起。

勾脚：五个脚趾并拢，脚腕用力向上勾。

拐脚：五个脚趾并拢，绷脚向内侧拐。

②脚的几种位置。

正步：两脚朝正前方并拢。

丁字步：两脚站立，一脚脚尖朝正前方，脚跟靠在另一脚的脚窝处，另一脚的脚尖对正旁。

八字步：两脚脚跟并拢，两脚尖指向斜前方，呈八字形，重心在两脚。

大八字步：在八字步位的基础上，一脚向横方向迈一步，与肩持平，两脚尖对斜前方。

踏步：一脚脚尖朝正前方，另一脚在后，脚掌旁点地，膝盖靠在前脚膝盖处略微弯曲。

弓箭步：一脚向旁迈出，膝弯曲成90°，另一条腿在旁绷直。

点步（又称交叉步）：可分前点步与后点步。

前：在丁字步的基础上，一脚虚点于身体前方，重心在另一脚上。

后：在丁字步的基础上，一脚虚点于身体后方，重心在另一脚上。

大掖步：一脚向斜前方迈出一大步，膝弯曲；另一脚在后斜方，腿绷直，脚尖点地。

大扑步：一脚向旁迈出一大步，膝弯曲；另一条腿在旁绷直，上身向前倾。

马步：在大八字位基础上，膝弯曲。

【思考题】

1.芭蕾在形体练习中的重要意义是？

2.中国古典舞的"手、眼、身、法、步"讲究的核心特点是什么？

第十七章　定向越野

身体的健康因静止不动而破坏，因运动练习而长期保持。

——泰戈尔

定向运动是一项智力与体力并重的非常健康的智慧型体育项目。它不仅能强健体魄，而且能培养人独立思考、独立解决困难的能力，以及在体力和智力受到压力下做出迅速反应、果断决定的能力，还有助于建立强大的社交网络。

考验：

● 地图阅读技巧 ● 路线选择 ● 冷静思考力 ● 观察能力
● 逻辑思维能力 ● 决策能力 ● 协作意识与团队精神 ● 体能

【本章思政点】

年度户外纪录创造奖授予在某单项户外运动中取得新纪录的运动员，他们突破了人类的极限，将该项目的水平推向新的高度。2019年定向越野世界杯赛中，产后复出仅仅4个月的郝双燕夺冠，改写了中国定向越野运动的历史，实现了中国运动员在定向越野世界大赛中零的突破，也刷新了她自己创造的中国定向越野女运动员国际大赛最好成绩的纪录。

定向越野可以提高学生的团队合作意识，培养自律品质、智慧思维、环保意识和目标意识，从而培养他们的全面素养，提升他们的综合能力和品德修养。

第一节　定向越野概述

一、定向越野运动起源

定向运动起源于瑞典，最初只是一项军事体育活动。19世纪末20世纪初，欧洲北部斯堪的纳维亚半岛广阔而崎岖不平的土地上覆盖着一望无际的森林，散布着无数的湖泊，但城镇、村庄稀疏散落，人们的交通主要是依靠那些弯弯曲曲的小路。在这样的地理环境中生活，理所当然地要比别的地方更需要地图和指北针，否则，要想穿越那莽莽林海是十分困难的。正因为如此，那些经常在斯堪的纳维亚半岛山林中行动的军人，便成了开展定向运动的先驱。他们深知，如果不具备在山林地辨别方向、选择道路和越野行进的能力，就不可能完成保卫国家的重任。

1918年，瑞典一位名叫吉兰特的童子军领袖组织了一次叫作"寻宝游戏"的活动，引起参加者的极大兴趣，这便是定向越野的雏形。

定向越野又称"定向运动"，是指运动员借助指北针和地图寻找指定区域内点标的位置，在最短时间内到达全部点标者即为胜利。

二、世界定向运动的发展历程

（一）世界上野外定向比赛

定向越野起源于 18 世纪的欧洲，距今已有百年历史，早期定向越野多以野外活动为主。1897 年 10 月 31 日，在挪威首都奥斯陆附近，第尔弗运动俱乐部举办了世界上第一次面对民众的公开野外定向比赛。当时只有 8 名参赛选手，比赛采取 1：3000 的地图，比赛线路总长 10.5 千米，设有 3 个检查点，冠军耗时 1 小时 41 分 07 秒。这次比赛被认为是定向运动历史上的一座里程碑。定向运动本身作为一种体育项目最初是在 20 世纪初的北欧开始的，到 20 世纪 30 年代，已在芬兰、挪威、瑞典、丹麦立足，后来被定义为国民运动。

（二）国际定向运动联合会成立

为使定向运动在全世界得到普及和发展，1961 年 5 月，十几个国家的定向运动积极分子在丹麦首都哥本哈根成立了国际定向运动联合会（缩写为"IOF"，简称"国际定联"），确定了正式的比赛项目，并制定了一系列的比赛规则与技术规范。国际定联成立时有成员国 10 个，现有 46 个协会会员。定向越野也是国际军体理事会的正式比赛项目之一，每次举办的比赛都能吸引十多个国家的军队运动队参加。1972—1983 年的资料统计，按每年参加国的数量，定向越野已成为与篮球并列的国际军体锦标赛七大比赛项目之一。自从 1919 年第一次正式的定向运动比赛在斯堪的纳维亚举行之后，这个项目在北欧得到了迅速的发展，并很快普及世界各地。定向运动也由初期单一的比赛形式逐步演变为包括各种各样的比赛或娱乐项目的综合性体育活动。

（三）短距离定向越野进入世界杯

1990 年，短距离定向越野被列入世界杯的比赛项目，瑞典是该年的承办国。1991 年，短距离定向越野成为在芬兰举行的世锦赛的正式比赛项目。

定向运动在世界各国开展得十分广泛，是国际交往的一种手段。不论男女老少、种族背景、文化阶层、社会地位，都可以围绕比赛相互交流，共享人生。因此，定向运动吸引了全世界各个阶层、各个年龄段的人们广泛参与。

三、中国定向运动

20 世纪 70 年代，定向运动传入中国香港。而后在体育报刊上陆续刊登了一些介绍国外定向运动情况的文章，定向运动特有的锻炼价值和实用性，逐渐地引起了国内的体育和军事部门的注意。1983 年，定向运动在中国按国际标准正式作为一项体育活动开展训练和比赛。在此之前，作为定向运动基本技术之一的利用地图按方位角行进的训练，只是中国人民解放军的常规军事训练科目之一。

1995 年中国定向运动协会成立，简称"中国定协"，英文缩写"OAC"，是由国家体育总局主管的国家级单项体育协会。20 世纪 90 年代，中国定向运动逐渐与国际赛事接轨，中国开始举办"全国定向锦标赛"。2004 年 8 月，第七届全国大学生运动会中第一次出现定向越野比赛项目。在国家大力发展科技体育的背景下，定向越野运动逐渐在全国各地落地生根。在国家体育总局批准下，中国定向越野运动赛事得到前所未有的发展，定向运动逐渐得到普及。中国定向运动协会于 2018 年 12 月 9 日注销登记，并与中国无线电运动协会合并，于 2018 年 12 月 9 日更名为中国无线电和定向运动协会。2019 年 10 月 18 日—27 日，第七届世界军人运动会在中国武汉举行，其中，定向越野比赛成为运动会的一部分。2023 年"中国杯"国际定向越野巡回赛在苏州太湖生态岛站成功举行。来自无锡、合肥、南京、杭州、上海、苏州等地的 1000 余名选手相聚苏州。比赛共设置定向越野、徒步定向、趣味定向以及实景剧游四大比赛项目，兼具竞赛性与趣味性。其中，定向越野项目又分为短距离和中距离赛。根据参赛选手的年龄和性别，分为儿童组、少年组、青少年组、青年组、成年组、精英组、中年组以及亲子趣味定向赛等 14 个组别。

【思考题】

1. 定向越野的定义是什么？
2. 阐述定向越野的起源和发展过程。

第二节　定向越野运动实践

一、定向越野运动的器材

一条标准的定向路线包括一个起点（用三角表示）、一个终点（用双圆圈表示）和一系列点标（用单圆圈表示）。在实际地形中，一个橘黄色和白色相间的点标旗标志着运动员应该找到的点的位置。为了证实这一到访，运动员必须在到达每一个点标时使用打卡器打卡，且不同的打卡器会打出不同的针孔。点标与点标之间的路线并不指定；相反，运动员应该自己做出选择。这种路线的选择能力以及借助于地图和指北针在森林和公园辨明方向，并以最快速度按顺序到达目的地的能力，便是定向运动的精髓所在。

（一）地图

地图（见图 17-1）是定向越野运动最重要的器材，其质量的好坏直接影响到运动员比赛的成绩好坏，关系到比赛是否公正。因此，国际定联专门为国际定向越野比赛制定了《国际定向运动图制图规范》。

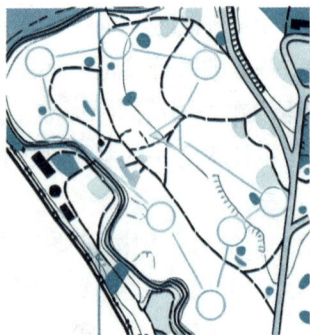

图 17-1　地图

对国际定向越野地图的最基本的要求包括以下几方面。

幅面的大小：根据比赛区域的大小确定，赛区以外的情况不必表示。

比例尺：通常为 1∶1.5 万或 1∶2 万，当需要时也可采用 1∶1 万或 1∶2.5 万。

等高距：通常为 5 米，当需要时也可采用 2～10 米，但在一幅图上不得使用两种等高距。

精度：至少要使以正常速度奔跑的运动员没有任何不准确的感觉。

内容表示的重点：详细表示与定向和越野跑直接相关的地物、地貌。要利用颜色、符号等，详细区分通行的难易程度。

黑色——人造景观（建筑物，道路，小径）和岩石（大石头，悬崖峭壁）。

棕色——不同的海拔/等高线，如高山、峡谷、山脊、凹地、小丘、深渊和主干道及坚硬的路面等。这类符号还包括小丘、小洼地、土崖、冲沟、陡坡、土垣等表示地面详细形态的专门符号。

蓝色——任何有水的地方（湖泊、溪流、泥沼）。

绿色——植被。浓密而难通过的地区（绿色越深，越难通过）。

白色——普通的林区，易通过。

黄色——空旷地，易奔跑。

紫色——路线。

（二）指北针

指北针多由组织者提供，如要求自备，则可能会对其性能、类型做出原则上的规定。当今世界上已出现的指北针类型主要有：简单式、液池式、透明式、照准式、电子式。国际定向越野比赛常使用由透明有机玻璃材料制作的指北针（见图 17-2）。

图 17-2　指北针

（三）点标旗（检查点标志）

检查点用于检验运动员是否按规定跑完全程，为此，应设置专门的标志。检查点应在地图上准确地表示出来。

检查点标志是由三面标志旗连接成的三棱体。每面正方形小旗，沿对角线分开，左上为白色、右下为红色，旗的尺寸为 30 厘米 × 30 厘米，可以用硬纸壳、胶合板、金属板、布等材料制作（见图 17-3）。标志旗通常要编上代号（国际上过去曾使用数字做代号，现已规定使用英文字母），以便选手在比赛时来判断自己是否找到了正确的检查点。

图 17-3　点标旗（检查点标志）

悬挂标志旗的方法有两种：有桩式和无桩式。悬挂高度一般从标志旗上端计算，距地面 80 ～ 120 厘米。

（四）打卡器（点签）

打卡器是与检查点配合而起作用的，它提供给运动员一个到达位置的凭据。打卡器的样式很多，最常见的有印章式、钳式和电子打卡器（见图 17-4）。各检查点印章上雕刻着不同的图案或代码，最好选用能自动上印油的印章，否则在比赛时，应另备印泥。检查钳用弹性材料制成，顶端装有钢针。钢针的不同排列，使检查钳可以印出不同的图案印痕。

图 17-4　打卡器

除了上述器材之外，国际定联还制定了一套《检查点说明符号》，帮助运动员在某些等级较高或规模较大的比赛中正确地寻找检查点。这些检查点说明符号是在比赛前以表格的形式提供给运动员使用的。

定向越野比赛对运动员的服装没有特殊的要求。根据经验，运动员对服装的选择原则应该是：衣裤——紧身而又不至于影响呼吸与运动，为防止树枝刮伤和害虫侵袭，最好穿上面料结实的长袖衣和长裤，甚至使用护腿。鞋——轻便、柔软而又结实，为便于走上下陡坡、踩光滑的树叶或走泥泞地，鞋底的花纹最好是高凸深凹的。

二、定向越野器材的使用方法

熟练地掌握使用国际定向地图与指北针的各种方法，在定向越野中具有特殊的重要意义。认识定向地图是为了正确的使用，因此，在学习定向越野技能的阶段，必须选择最合适的场地、用较多的时间去进行使用定向地图与指北针的训练。下述内容中，有的是属于最基本的和通过反复练习必须熟练掌握的，有的则可以根据具体情况，先选择一两种最适用的方法进行训练，以便收到触类旁通、由浅入深、循序渐进的学习效果。

（一）标定地图

标定地图就是为了使定向地图的方位与现地的方向相一致。这是使用定向地图的最重要的前提。

1. 概略标定

定向地图上的方位是：上北、下南、左西、右东。当在现地正确辨别了方向之后，只要将地图的上方对向现地的北方，地图即已标定。这种方法简便迅速，是定向越野比赛中最常用的方法。

2. 利用磁北线（MN线）标定

先使透明式指北针圆盒内的定向箭头"↑"朝向地图上方，并使箭头两侧的平行线与地图上的磁北线重合（或平行），然后转动地图，使磁针北端对正磁北方向，地图即已标定。

3. 利用直长地物标定

利用直长地物（如道路、土垠、沟渠、高压线等）标定地图，应先在图上找到这段直长地物，再对照两侧地形，使图与现地各地形点的关系位置概略相符，然后转动地图，使图上的直长地物与现地的直长地物方向一致，地图即已标定。

4. 利用明显地形点标定地图

当你位于明显地形点上，并已从图上找到该地形点的位置（即自己所在的站立点）时，可以利用明显地形点标定地图。方法是：先选择一个图上与现地都有的远方明显地形点（目标），然后转动地图，使图上的站立点至目标的连线与现地的站立点至目标的连线相重合，此时地图即已标定。

（二）对照地形

对照地形，就是要通过仔细的观察，使图上和现地的各种地物、地貌一一"对号入座"，即相互对应。对照地形在定向越野比赛中的作用主要有两个：一是在站立点尚未确定时——只有正确地对照地形，才能在图上找出正确的站立点位置；二是在站立点已经确定，需要变换行进方向时——只有通过对照地形，才能在现地找到已选定的最佳行进路线。对照地形一般应先标定地图，然后根据不同的需要采用不同的对照方法。

1. 在站立点尚未确定前

首先应概略地标定地图，然后迅速地观察一下周围，记清最大或最有特征的地物、地貌的大概方位与距离，并从图上找到它们，此时站立点的位置即可概略地确定。

2. 在站立点已经确定之后

同样首先应概略地标定地图，然后从图上查明自己选定的运动路线上近前方两侧的特征物，同时记清它们的大概方位与距离，并将它们在现地辨别出来，然后再前进。如果因为地形太复杂，如山丘重叠、形状相似等，不易进行对照，可以先采用较精确的方法标定地图，然后用带刻度尺的指北针的长边切站立点和特征物，并沿这条直长边向前瞄准，则特征物一定在此方向线上。如此方法还不能解决问题，应变换对照位置，或者登高观察和对照。在这里需要特别强调的是，无论在什么情况下进行现地对照地形，都必须特别注意观察和对照地形的顺序与步骤问题。现地对照地形的顺序一般是：先对照大而明显的地形，后对照一般地形；由近及远，由左至右；有点及线，由线及面；逐段分片，有规律地进行对照。在步骤方面，首要的、也是必不可少的是要保持地图方位与现地方位的一致，然后再根据不同需要进行下面的步骤。

（三）确定站立点

熟练地掌握在图上确定站立点的各种方法是学习使用地图的关键。对于这些方法，除了要记住它们各自的步骤、要领，尤其重要的是要学会根据不同情况，对它们进行选择使用和结合使用。

1. 直接确定

当自己所处位置是在明显的地形点上时，只要从图上找出该地形点，站立点即可确定。这是一种在行进中，特别是奔跑中最常用的方法。但是，采用直接确定法的困难在于：在紧张的进程中，怎样才能很快地发现可供利用的明显地形点？当同一种明显的地形点互相靠近的时候，怎样才能够正确地区别它们，防止"张冠李戴"？可以称得上是明显地形点的地物主要有：单个的地物；现状地物的拐弯点、交叉点（呈十字形）、交汇点（呈丁字形）和端点；面状地物的中心或者有特征的边缘。可以称得上是明显地形点的地貌主要有：山地、鞍部、洼地；特殊的地貌形态，如陡崖、冲沟等；谷地的拐弯、交叉和交汇点；山脊、山背线上的转折点、坡度变换点。

2. 利用位置关系确定

当站立点位于明显地形点附近时，可以采用位置关系法。利用位置关系法确定站立点主要依据两个要素：一是站立点至明显点的方向，二是站立点至明显点的距离。在地形起伏明显的地方，还可以结合高差情况进行判定。

3. 利用"交会法"确定

当站立点附近无明显地形点时，可以利用"交会法"确定站立点，利用90°法确定站立点。按不同情况，它又可以具体分为90°法、截线法、后方交会法和磁方位角交会法。这些方法的优点是：不需要判断或测量距离也能确定出较为准确的站立点位置，这对于初学者学习、巩固使用定向地图的训练是很有意义的。但是，它们中的一些方法，要么只能在某些特定的条件下才能运用，要么就是步骤烦琐，费时费力，因此在定向越野比赛中一般较少使用。

（1）90°法。当待测点位于线状地形（包括道路、沟渠、山背线、谷底线、坡度变换线等）上时，如果在与运动方向相垂直的方向上能够找出一个明显地形点，那么确定站立点就简单得多：线状地形符号与垂直方向线的交点即为站立点。

（2）截线法。当待测点位于线状地形上，但在其与运动方向相垂直的方向上没有明显地形点，可以采用此法。其步骤是：标定地图；在线状地形的侧方选择一个图上与现地都有的明显地形点；利用指北针的直长边缘（也可用三棱尺、铅笔等）切于图上明显地形点的定位点上（为便于操作可插一细针），然后转动指北针，使其直长边照准该地形点；沿指北针的直长边向后画方向线，该方向线与线状地形符号的交点，就是站立点在图上的位置。

（3）连线法。当待测点位于线状地形上，同时待测的位置恰好是在某两个明显地形点的连线上，可以利用这种方法确定站立点。

（4）后方交会法、磁方位角交会法。这两种方法只在下述情况下使用，即在待测点上无线状地形可利用，而且地图与现地相应地都有两个以上的明显地形点。后方交会法通常要求地形较开阔，通视良好。其工作步骤如下：在图上找到选定的方位物之后，标定地图；然后按照截线法的步骤分别向各个方位物瞄准并画方向线，图上方向线的交点就是站立点。磁方位角交会法既可以在地形开阔时使用，也可以在丛林中使用。但是，在丛林中使用时需要攀爬到便于向远方观察的树上或其他物体上进行。其步骤如下：选择图上和现地都有的两个明显地形点，并用指北针分别测出至该两地形点的磁方位角。标定地图，将所测磁方位角图解在地图上。图解磁方位角时，要先转动指北针的分度盘，让指标分别对正所测的方位角值，再将指北针的直长边分别切于图上被照准的两个地形点符号并转动指北针。待磁针与定向箭头重合后，分别沿直长边描画方向线。两方向线的交点，就是站立点在图上的位置。

（四）按图行进

利用地图行进是定向越野的基本运动方式，它有赖于运动员对前面所述各种专项技能的综合运用。换句话说就是，学习辨别方向，识别定向地图以及标定地图，对照地形确定站立点，都是为了能够熟练地利用地图行进。因此，在实践中要根据地形情况、个人特点，选择下述对自己最适合的一两种方法，反复练习，融会贯通，以便比赛时在不降低或少降低运动速度的情况下，始终正确地行进在自己选定的路线上，以便顺利到达目的地。

1. 记忆法

一般要按行进的顺序，分段记住路线的方向、距离、经过的地形点、两侧的辅助（参照）物。通过记忆，应该使自己具备这样一种能力：现地的情景能够不断地与记忆的内容"迭影"、印证，即"人在地上跑，心在图上移"。

2. 拇指辅行法

先明确自己的站立点和将要运动的路线，到达目标，然后转动地图（身体要随之转动），使地图与现地的方向一致，并用拇指压于站立点一侧，再开始行进。行进中要根据自己所到达的位置，不断移动拇指，转动地图，保持位置、方向的连贯性与正确性。

3. 借线法

当检查点位于线状地形或其附近时，可以采用此法。行进时，要先明确站立点，而后利用易于辨认的线状地形，如道路、围栏、高压线、山背线、坡度变换线等，作为行进的"引导"，使自己运动时更有信心。由于沿着线状地形前进犹如扶着楼梯的栏杆行走，因此国外称这种方法为"扶手法"（见图 17-5）。

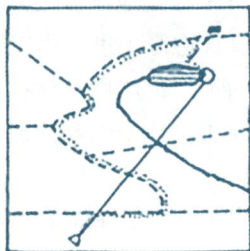

图 17-5　扶手法

4. 借点法

当检查点附近有高大、明显的地形点时，可用此法。行进前，要先将目标辨认清楚（亦可用其他物体佐证），然后用最快的速度前往检查点。

5. 导线法

当站立点距离检查点较远，途中地形又很复杂时，可以采用此法。行进过程中，要多次利用各个明显地形点，确保前进方向与路线的正确。但需注意：切勿将相似的地形点用错。

迷失方向怎么办？如果在现地找不到目标，同时又无法确定站立点，就是迷失了方向。下面介绍的是寻找正确方向的几种常用方法。

（1）沿道路行进时。标定地图，对照地形，判明是从哪里开始发生的错误以及偏差有多大，然后根据情况另选迂回的道路前进。如果错得不多，可返回原路再行进。

（2）越野行进时。应尽早停止行进，标定地图后选择最适用的方法确定站立点，然后尽量取捷径插到原来的正确路线上去，不得已时再返回原路。

（3）在山林地中行进时。根据错过的基本方向、大概距离，找出最近的那个开始发生偏差的地点，并以此为基础，确定站立点的概略位置。如果错得太远，确定不了站立点，又不能返回原路，就要在图上看一看，迷失地区附近是否有较大型或较突出的明显地形（最好是线状的）。如果有，就要果断地放弃原行进方向向它靠拢，并利用它确定站立点。如果没有这个条件，那么就继续按原定方向前进，待途中遇到能够确定站立点的机会后，再迅速取捷径插向目的地。在山林中行进，最忌讳在尚未查明差错程度或正确的行进方向都不清楚的情况下，匆忙而轻易地取"捷径"斜插，这样很可能会在原地兜圈子。如果在山林地中迷失了方向，甚至连"总的正确方向"都无法确定，那么就需要使用指北针。

三、定向越野的基本技术

（一）地图正置及拇指辅行法

先将地图正置，把拇指放在地图上自己的位置。这样你要前进的方向便在地图前面，你便能清楚观察四周的环境及地理特征。当前进时，拇指随着移动，当改变前进方向时，地图也要随着转动，即保持地图的北和实际的北一致。那样你在任何时候都能立即指出自己在图中的位置，可省去不少时间和精力。

（二）利用指南针

利用指南针准确地找出目标的方向。每次前往目标前，可先观察目标周围的地势，加深印象，务求快速及准确地到达目的地。

（三）扶手法

以易于辨认的线状地形作为行进的"引导"，前进时便能更具信心。如小径、围栅、小溪涧、山咀等，皆是有用的"扶手"。

（四）搜集途中所遇特征

辨别前往控制点途中所遇到的地理特征，确保前进方向及路线正确。切勿将相似的特征误认。

（五）攻击点

攻击点就是指在寻找A点时，选择一个比A点更易于寻找的点，从而帮助寻找A点的辅助点（见图17-6）。先找出控制点附近特别明显的特征，然后利用指南针，从攻击点准确及迅速地前往控制点。攻击点必须容易辨认，如电塔架、小路交点等。

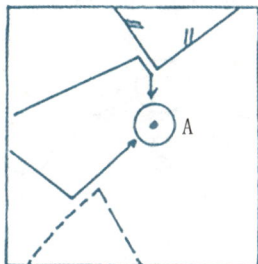

图 17-6　攻击点

（六）数步测距

先在地图上量度两点间的距离，然后利用我们的步幅准确地测量要走的路程。方法：先量度100米我们所需步行的步数（设120步），当在地图上发觉由A点到B点的距离是150米时便可推算出应走180步。为了减少数步的数目，我们利用"双步数"，只数右脚落地的一步，便可把步数减半。上面例子的双步数为90步。

（七）目标偏测

利用指南针前进，把目标偏移，当到达目标的上面或下面，才沿"扶手"进入目标。

比赛时除经常运用上述基本技术外，赛后检讨，找出常犯的错误和原因，也可以提高定向技术。初学者应多从基本技术上下功夫，切勿操之过急。

四、定向越野基本线路

（一）定向路线图

三角表示起点，其精确的位置是三角的中心。你所寻找的点标用单圆圈表示，终点则用双圆圈表示。点标之间用直线连接，然而这并不意味着你必须选择直线到达。你可以自己选择道路，但必须按照正确的顺序去找点标，每个点标处都有一个橘色和白色相间的定向点标旗以及定向打卡器。用在起点所获得的卡在此打卡，以证实你的到访。定向越野比赛有适合各个类型的定向者的等级，按性别、年龄和定向技巧来划分，通常一次比赛中有很多等级。

（二）永久路线

许多公园设置了永久性的路线。它们通常包括各处有"特征"的柱子，或者是装在树上的 10 ～ 20 平方厘米大小的标志物，或易或难。你可以从公园门口，或 PWT 网页得到地图包。在包里，你将找到所有 PWT 地图及抽奖信息。除了地图以外，你还能得到一些意见和各种不同难度的路线。这些路线构成了完美的训练场所，也提供了一种很好的方法来向初学者介绍定向运动。

（三）如何制定路线

在比赛中，你需要一张已标明比赛路线的地图。这条路线是由比赛组织者在比赛前制定的。一般来说，最好尽早地制定出比赛路线，以便提前检查那些点标的位置是否合适。

1. 路线中的各种标记

起点、点标、终点或起/终点（起点和终点可以重合），如图 17-7 所示。

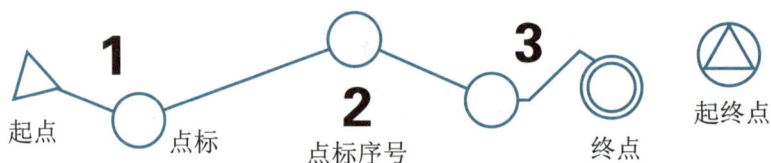

图 17-7 路线中的各种标记

在图中用紫色标出比赛路线（如用笔画线，用红色笔），这是为了与图上的其他颜色区分开来（见图 17-8）。起点在图中用三角形表示，并指向第一个点标。点标用圆圈标出，且点标的具体位置是圆圈的中心。这个圆圈的直径大约为 7 毫米。永远不要把点标设在空旷地带中心，而要放在有明显地物特征的地方。

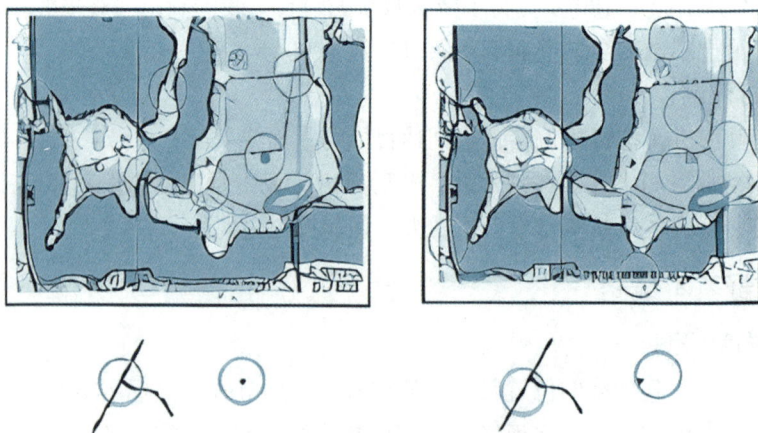

图 17-8 用紫色标出比赛路线

点标序号的阿拉伯数字要南北竖直标写，这样不用看地图的顶端也可以知道南北方向。

2. 制定路线的一般原则

点标的数量并不固定（见图 17-9），一般为 4～5 个，但要注意：点标之间的距离不要太远，如果超过 6 公里就过长了（这主要是由地域的大小和道路中的障碍物所决定的）。对于初学者，路线一般不要交叉，因为这样可能使他们产生混乱，以错误顺序找点。除非使用 Sportident 电子打卡系统，否则最好不要设交叉路线。因为机械打卡器不能识别你是否按顺序打卡，除非点标旁组织监察员监督。需要强调的是：路线是可以交叉的，只是由于某种实际的原因而尽可能不使之交叉。

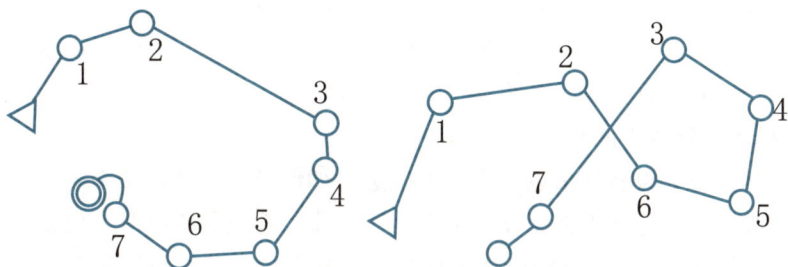

图 17-9 点标数量并不固定

点标连线的角度不要小于 90°（见图 17-10），以避免那些正在寻点标的人因看见刚从此点标方向跑出的人而得利。

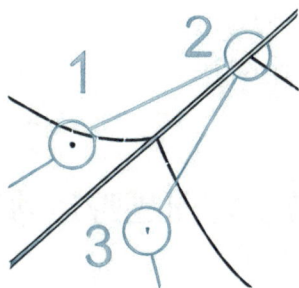

图 17-10 点标连线的角度小于 90° 会造成比赛不公平

路线的长度以直线距离为测量标准，所以必须知道图的比例，通过比例来测量路线的长度。如要求比赛路线是一个确定的长度，那么必须在图中根据比例尺相应调整路线长度。如果比例尺是 1:4000，那么图中一条 35 厘米长的路线实际上是多少？（1400 米）

出发点和终点由组织者决定，应根据比赛的类型选择尽可能方便的地点。大型比赛的路线设置原则是起终点最好有相对较大的空间（可容观众观看），且交通不太拥挤（人和车），并相应做出一条好路线。

（四）一条好路线的特征

对于初学者来说，一条好路线的特征是：点标明显易找；路线选择少；路线不太长

（1～2公里），点标与点标之间距离较短；路线不交叉；点标与点标之间的角度大于90°。

而对于较高水平者来说，一条好路线的特征是：点标不很明显，较难找；路线的选择性强；路线距离长（2～10公里），点标之间的距离长短不一；前进的方向和角度时常变化。

在比赛中需要制定出两条不同难度的路线。

第一，制定一条路线供两个级别共用，但这样再一个一个队员出发的话，花费时间太多。

第二，制定两条不同路线，可在同一时间派出两个队员。同时可让两个组别的选手共用某些点标，但不要太多，否则会出现跟跑现象。

有时，在一些大型的比赛中，如瑞典五日赛，在五天的比赛中每天有超过15000名参与者，这样就会根据年龄、性别和技能设有各种不同的级别。但不必为这些不同级别的选手分别组织比赛，只需为他们制定不同的路线，即以在同一时间、同一场地比赛。因而可选出许多冠军，但通常只有一组水平最高，称为精英组。

（五）点标（检查点）说明

如果在比赛场地上设有许多点标旗，那么选手如何分清找到的是不是他路线上应该找到的正确点标呢？每一位选手在出发前都会得到一张点标说明（有时，也会印在地图的下面或侧边）。这张说明给出了点标的详细信息，包括点标的确切位置和具体编号（当有多条路线时）。在一些大型的比赛中，如省级或国家级的比赛，应使用IOF的标准。

【思考题】
1.定向越野的基本器材包含哪些？
2.定向越野的基本技术有哪几种？
3.一条好的定向越野线路具有什么特点？
4.请制定定向越野线路图。

第三节　定向越野运动欣赏

一、定向越野竞赛规则

详见最新版《中国徒步定向运动竞赛规则》。

二、国际主要的定向越野赛事

（一）瑞典五日赛

这是世界最大规模的定向运动赛事/旅游节，每年7月吸引世界各国的定向运动员相聚瑞典。

（二）世界定向越野锦标赛

这是最权威的传统定向比赛，每隔一年举行一次。

（三）芬兰24小时接力定向赛

这是世界规模最大的定向接力赛。设有男子组（7棒）和女子组（4棒）。每年6月

2000 多个队在芬兰白昼地区持续比赛 24 小时。

（四）瑞典10公里夜间定向接力赛

这是世界上最刺激的夜间定向接力赛。每年 4 月末在瑞典举行。

（五）世界公园定向循环赛

这是每年在世界各地公园巡回举行的职业精英赛。设总奖金、总排名。只有世界排名前 25 的男、女运动员有资格参赛。

（六）定向世界杯

定向世界杯是通过国际定向联合会认可，符合国际级标准资格的世界公开性定向赛事，是定向运动的世界级赛事之一。

三、国内赛事

（一）全国定向锦标赛

全国定向锦标赛由国家体育总局航空无线电模型运动管理中心、中国定向运动协会主办，是全国定向运动的最高级别赛事。首届锦标赛于 1994 年在北京怀柔举行。

（二）全国学生定向越野锦标赛

全国学生定向越野锦标赛由教育部学生体育协会联合秘书处、中国测绘学会、中国定向运动协会共同主办，是我国最大规模、最为权威的学生定向赛事。第一届比赛于 2002 年在杭州举行。

（三）南粤古驿道定向大赛

该项赛事是由广东省体育局联合多家单位，利用广州、佛山、韶关、梅州、惠州、潮州、云浮等地的特色古村落资源，精心打造的国内较有影响力的区域性定向赛事。该项赛事自 2016 年开始后，每年举行，实现了体育资源与古驿道资源的深度融合，在推动定向运动开展的同时，也成为我国实施乡村体育旅游战略的经典案例。

（四）陕西省大学生定向锦标赛

作为较有影响力的省级定向赛事，陕西省大学生定向越野锦标赛创造了国内大学生定向赛事的多个第一。2015 年比赛中，首次设立了百米混合定向赛；2017 年比赛中，第一次设立了室内迷宫定向赛；2019 年比赛中，首次设立了户外"大树迷宫定向赛"。这些创新赛制的设立，为我国定向运动赛事的高质量发展提供了有益借鉴。

【思考题】

1.国际著名定向越野赛事有哪几个？
2.国内最著名的定向越野赛事有哪些？

第十八章 体育保健课

体操和音乐两个方面并重，才能够成为完全的人格。因为体操能锻炼身体，音乐可以陶冶精神。

——柏拉图

体育保健课是为特殊身体状况的学生（如有残障或通过医生诊断有各种不适于剧烈运动的疾病）开设的一门适应性体育教育课程。

这门课通过传授理论知识和培养实践操作动手能力，使处于特殊身体状况的学生了解自身机体的生理特点而选择适合的体育锻炼方式和日常保健方法，从而达到康复和保健的目的。

课程以体育理论、运动生理学、运动医学、康复医学等运动人体科学知识为基础，使学生通过参加适宜的体育活动改善健康状况，治疗疾病，恢复健康，增强体质，并且能根据自身的健康状况制订科学的运动处方。

【本章思政点】

2020年初，一场突如其来的新冠疫情，让人们意识到了自身免疫力的重要性。

在全面抗击新冠疫情中，传统中医发挥着越来越重要的作用。"八段锦"作为传统中医文化的一部分，已经有800多年的历史，能柔筋健骨、养气壮力，具有疏通经络、行气活血、协调五脏六腑的作用。它融合了气功与健身操的功效，是一种适合全民健身强体，提高自身免疫力的养生方式。现代医学也已证实，"八段锦"能改善神经–体液调节功能，加强血液循环，对腹腔脏器有柔和的按摩作用，对心血管系统、消化系统、呼吸系统及运动器官都有良好的调节作用。

第一节 体育保健课概述

一、课程内容

体育保健课是研究体质与健康教育及体育运动中的保健规律和措施的一门应用学科，是运动医学的一个分支。课程的主要内容包括：体育卫生、保健按摩、体育疗法、体育伤病的预防和处理。

二、学科发展

追溯体育保健学的发展历程要从运动医学开始。运动医学（sports medicine）是医学与体育科学相互交叉渗透而形成的一门边缘性学科，它研究运动对机体的影响，探讨与体育运动有关的一切医学问题。它以医学的知识和手段指导体育运动，以体育锻炼的方法健身和防治疾病。它属于一门综合性的应用科学，与基础医学、预防医学、医疗医学和康复医学都密切相关，是随着体育事业发展的需要与科学的分工逐渐形成的。运动医学的背景可以追溯到公元 3000 年以前，当时，在我国和其他文明古国已有了早期的医疗体操和按摩术。

几个里程碑事件：1906 年德国奥运会选手必须参加运动医学的体格检查；1911 年，德国首次完整地展出了运动医学实验室；1924 年，德国首次成立了运动医学联盟；1928 年，成立了国际运动医学联合会；1951 年，国际运动医学联合会得到了国际奥委会的承认；1980 年 9 月 22 日，我国正式加入运动医学联合会。

三、体育保健课常见问题

（一）体育保健课与体育选项课

体育保健课是根据教育部《全国普通高等学校体育课程教学指导纲要》的要求结合实际而开设的，本课程同其他体育课程一样都属于体育必修课程，相互没有先修关系。

本课程与其他体育必修课程不同的是，本课程面向的是身体有特殊状况的学生，比如残障学生，患有先天性心脏病、严重哮喘等不能参加剧烈运动的学生。另外，身体健康的同学因意外骨折、严重扭伤等情况，较长一段时间不能进行剧烈体育运动，既可申请体育选项课缓考，也可申请修习体育保健课。如果因此类原因申请修习体育保健课，待身体恢复健康后可申请退选体育保健课，参加体育选项课考核。

体育保健课与体育选项课的评价体系有所不同。体育保健课成绩评价为两级制：合格和不合格。体育选项课评价体系为百分制。具体对比如表 18-1 所示。

表 18-1 体育保健课与体育选项课对比

异同	内容	体育保健课	体育选项课
不同	面向对象	身体有特殊状况的学生	身体健康的学生
	授课内容	传授理论知识和培养实践操作能力	根据选项内容
	考核要求	平时成绩、学习过程评价、实践考核、体育理论	平时成绩、专项成绩、身体素质、体育理论
	评分标准	两级制：合格、不合格	百分制
	绩点	考核通过记 1.0 绩点	根据成绩获得相应绩点
相同	学时／学分	36/1	
	与其他课程关系	与其他课程之间没有先修关系	

（二）体育保健课与国家学生体质健康测试

因病或残疾学生，可向学校提交免予执行《国家学生体质健康标准（2014 年修订）》（以下简称《标准》）的申请，经医疗单位证明，体育教学部门核准后，可免予执行《标准》，并填写"免予执行《国家学生体质健康标准》申请表"，存入学生档案。确实丧失运动能力、免予执行《标准》的残疾学生，仍可参加三好学生、奖学金、奖学分评选，毕业时《标准》成绩可记为满分，但不评定等级。

这里需要明确一点：修体育保健课不等同于直接免予执行国家体质健康测试，这是两套独立的系统。体育保健课是教学课程体系中的一门课，选与不选要通过教务系统。而国家学生体质健康测试则是学校体育工作的独立体系。

【思考题】

1.体育保健课与体育选项课有哪些不同？

2.曾经修过体育保健课是否意味着国家体质健康测试免测？

第二节　体育保健课理论

一、亚健康

中华中医药学会发布的《亚健康中医临床指南》指出：亚健康是指人体处于健康和疾病之间的一种状态。处于亚健康状态者，不能达到健康的标准，表现为一定时间内的活力降低、功能和适应能力减退的症状，但不符合现代医学有关疾病的临床或亚临床诊断标准。

国内对亚健康的研究多限于横断面调查，使用的工具多为自评量表或调查问卷。这些调查涉及教师、公务员、企业人员、社区居民、医务人员等不同人群。由于各研究采用的亚健康定义不统一、应用的调查问卷或量表不统一，各研究报道的亚健康检出率差别也较大，大多在 20% ～ 80%。亚健康的检出率在不同性别、年龄、职业上有一定差异，与出生地、民族无关。一般女性的检出率高于男性，40 ～ 50 岁年龄段较其他年龄段高发，教师、公务员高发。

（一）导致亚健康的主要原因

导致亚健康的主要原因有饮食不合理、缺乏运动、作息不规律、睡眠不足等。

（二）亚健康的主要特征

第一，身心上不适应的感觉所反映出来的种种症状，如疲劳、虚弱、情绪改变等，其原因在相当长时间内难以明确。

第二，与年龄不相适应的组织结构或生理功能减退所致的各种虚弱表现。

第三，微生态失衡状态。

第四，某些疾病的病前生理改变。

（三）亚健康的表现

临床表现多种多样：躯体方面可表现为疲乏无力、肌肉及关节酸痛、头昏头痛、心悸胸闷、睡眠紊乱、食欲不振、脘腹不适、便溏便秘、性功能减退、怕冷怕热、易感冒、眼部干涩等；心理方面可表现有情绪低落、心烦意乱、焦躁不安、急躁易怒、恐惧胆怯、记忆力下降、注意力不能集中、精力不足、反应迟钝等；社会交往方面可表现为不能较好地承担相应的社会角色，工作、学习困难，不能正常地处理好人际关系、家庭关系，难以进行正常的社会交往等。

根据亚健康状态的临床表现，可分为以下几类：第一，以疲劳、睡眠紊乱、疼痛等躯体症状表现为主；第二，以郁郁寡欢，或焦躁不安、急躁易怒，或恐惧胆怯，或短期记忆力下降、注意力不能集中等精神心理症状表现为主；第三，以人际交往频率减低，或人际关系紧张等社会适应能力下降表现为主。上述三条中的任何一条持续发作三个月以上，并且经系统检查排除可能导致上述表现的疾病者，可分别被判断为处于躯体亚健康、心理亚健康、社会交往亚健康状态。临床上，上述三种亚健康表现常常相兼出现。

二、保健针灸按摩

（一）针灸

针灸学是中医学中的一个重要分科，针灸治病、针灸美容、针灸减肥在我国已有几千年历史，具有简、便、廉、验的优点。

在针灸疗法中，中医医生运用针刺穴位的技巧，以及配合适当的中成药，可以对多种疾病产生积极的治疗效果。除了治病功效外，针灸方法还可以激发精气，使人体新陈代谢旺盛，从而达到强壮身体、益寿延年的目的。

（二）推拿

推拿疗法越来越受到人民的欢迎，不仅是因为它对某些疾病疗效显著，更重要的是它满足了人在疾病的治疗中越来越趋向选择使用自然疗法，且首选非损害性疗法的愿望。

三、因时养生

中国传统文化讲究"天人合一"，即顺应天地四时的气候变化调养身体，摄取营养物质，安排与之相适应的活动，遵循"春生、夏长、秋收、冬藏"的规律。《素问·四气调神大论》中有这样一段养生方法："春夏养阳，秋冬养阴，以从其根，故与万物沉浮于生长之门，逆其极，则伐其本，坏其真矣。"由此可知，四季养生的原则是春夏养阳、秋冬养阴。

（一）春季养生

春季，是指从立春之日起，到立夏之日止，其间包括了立春、雨水、惊蛰、春分、清明、谷雨6个节气。春季来临，生机盎然，人体为适应自然界的变化也活跃起来。祖国医学认为春气通于肝，天人相应，故春季养生重在养肝，方能预防疾病保健康。

肝主升发阳气，喜条达疏泄，恶抑郁。要想肝气顺应自然，首要一条就是重视精神调养，注意心理卫生。如果思虑过度，日夜忧愁不解，则会影响肝脏的疏泄功能，进而影响其他脏腑的生理功能，导致疾病滋生。例如，春季精神病的发病率明显高于其他季节，原有肝病及高血压的患者在春季也易加重病情或复发。所以，春季尤应重视精神调摄，尽量保持心情舒畅，切忌愤然恼怒。按照中医理论，怒伤肝，故春季养生必须戒怒。

按五行归属，春为木，人体脏腑属肝胆，七情中的怒与肝胆相关。春天是肝气旺盛的季节。因此，宜多吃温补阳气的食物，葱、蒜、韭菜是益肝养阳的佳品，大枣性平味甘，养肝健脾，春天可常吃。春季除保肝外，还要注意补充微量元素硒，多吃富含硒的动植物，如海鱼、海虾、牛肉、鹌鹑蛋、芝麻、杏仁、枸杞子、豇豆、黄花菜等，以提高人体的免疫功能。

春天风和日丽，树林、河边的负氧离子较多，对人体很有利，人们应早睡早起，尽量多到这些地方去活动，以适应阳气初升的特点。在睡眠充足的情况下，还要坚持体育锻炼，或参加适量的体力劳动，以舒展筋骨，畅通气血，增强免疫力。春天里，人们常会出现"春困"，表现为精神不振、困乏嗜睡，可以通过运动来缓解，绝不能贪睡，因为中医认为"久卧伤气"，久睡会造成新陈代谢迟缓，气血循环不畅，筋骨僵硬，脂肪积聚，吸收与运载氧的功能下降，毒素不能及时排出体外，遂致体质虚弱，病患滋生。

春季应避免过分劳累或不节制地食辛辣之物，若汗出太多的话，会损伤阳气。对于素来阳气虚弱的人而言，可在春夏季节服用人参、胎盘粉以及六君子汤等补气健脾的药物。久咳、哮喘、关节疼痛等阳气不足、秋冬易发病的人，则可在春夏阳气生长、蓬勃的季节，采用针刺、灸法、中药敷贴和中药内服等方法补养阳气，达到预防冬季疾病复发的目的。

（二）夏季养生

夏季是四季中的第二个季节，我国习惯将立夏作为夏天的开始，其间包括立夏、小满、芒种、夏至、小暑、大暑6个节气。夏季的气候特点是炎热，也即酷暑蒸人。从四时天气与五行相配来说，夏季属火；从四时气候与人体五脏的关联来说，心主火，与夏季相应；再从人体五脏生克制约关系来说，心是一身之主，其与肝、脾、肺、肾均有直接或间接的关系。

《黄帝内经·素问·四气调神大论篇》提出："夏三月，此谓蕃秀。天地气交，万物华实，夜卧早起，无厌于日，使志无怒，使华英成秀，使气得泄，若所爱在外。此夏气之应，养长之道也。逆之则伤心，秋为痎疟，奉收者少，冬至重病。"这段话分几点来论述夏季养生：首先，睡眠要随夏日昼长夜短而"夜卧早起"，以顺应自然，如晚上睡眠时间不足，最好睡午觉补足。其次，当夏天气温升高至一定程度时，人体会出现烦躁、易怒等症状。此时，要保持平和的心态，遇事不可激动，以防"情绪中暑"。最后，人的精神要像夏天的万物一样，郁郁葱葱，蓬勃向上。心情愉悦，才能使人体气机舒畅，这就是顺应夏天万物生长的养生之道。

《黄帝内经》还认为夏季的养生之道是"养心"，如违背此道，就是"逆心"。"逆心"的结果，是"秋为痎疟"，"冬至重病"，所以《黄帝内经》特别强调"冬病夏治"。而为了预防秋冬的疾病，夏日必须注意"养心"。夏天养心安神之品有茯苓、麦冬、小枣、莲子、百合、竹叶、柏子仁等，这些都能起到养心安神的作用。

夏日的膳食调养，应以低脂、低盐、多维生素、清淡为主。炎夏的饮食应清淡质软、易于消化，少吃高脂厚味及辛辣上火之物。清淡饮食能清热、防暑、敛汗、补液，还能增进食欲。

主食以稀为宜，如莲子粥等，还可适当饮些清凉饮料，如酸梅汤、菊花茶等。但冷饮要适度，不可偏嗜寒凉之品，否则会伤阳而损身。另外，吃些醋，既能生津开胃，又能抑制病菌，预防胃肠道疾病。夏季人们出汗多，食欲不好，可用各种营养保健粥来开胃，并调理身体。如早、晚进餐时食粥，午餐时喝汤，这样既能生津止渴、清凉解暑，又能补养身体。在煮粥时加些荷叶（称荷叶粥），味道清香，虽粥中略有苦味，但可醒脾开胃，有消解暑热、养胃清肠、生津止渴的作用。在煮粥时加些绿豆或单用绿豆煮汤，也有消暑止渴、清热解毒、生津利尿等作用。干扁豆浸透与大米同煮成粥，能清暑化湿、健脾止泻。此外，薄荷粥、银耳粥、葛根粥、苦瓜粥等都是夏季的好食品。

多吃新鲜蔬菜瓜果，既可满足所需营养，又可预防中暑。（1）补充充足维生素，多吃些如胡萝卜、西兰花、小白菜、猕猴桃、甜瓜等新鲜果蔬。（2）补充水和无机盐，特别是要注意钾的补充，豆类或豆制品、水果、蔬菜等都是钾的很好来源。（3）多吃些清热利湿的食物，如绿豆、黄瓜、苦瓜、西瓜、茶等都有较好的消暑作用。（4）适量地补充蛋白质，如鱼、瘦肉、蛋、奶和豆类等都是最佳的优质蛋白。

夏季运动量不宜过大，应以温和运动、少许出汗为宜。运动量过大、出汗过多会损伤心阴。夏季依然坚持锻炼身体的人可以选择练太极拳、自然养生操。太极拳动静相兼，刚柔相济，开合适度，起伏有致，身端形正不偏倚，正气存于内而风邪不可侵，与自然的阴阳消长相吻合，可谓夏季最佳的养心运动之一。自然养生操形神并修，养心聚神，对身心健康特别有利。

（三）秋季养生

秋季从立秋开始，经过初秋、中秋和深秋，到立冬结束，其间包括了立秋、处暑、白露、秋分、寒露、霜降 6 个节气。总体来讲，进入秋季，太阳高度角渐低，温度渐降，此时秋风送爽、炎暑顿消、硕果满枝、田野金黄。中医认为，秋季是夏冬两季的过渡时期，气温由热向寒转变，养生也应从"养阳"转向"养阴"。进入秋季后，天气干燥，容易出现阴虚肺燥的情况，因此秋季养生主要应从润肺、养肺、补肺入手。

秋季饮食宜清淡，遵循润燥、养阴、润肺原则，多补充水分，健康饮食。可多吃些补液生津、滋阴润肺的食物，以改善肺腑功能，增加抗病能力。如可多食芝麻、蜂蜜、核桃、银耳等甘润食物；也可以多吃一点莲子、山药、红枣，以及菠菜、黄花菜、无花果、雪梨、萝卜等，同样可以起到预防秋燥伤阴的作用。秋季饮食还有一些禁忌，具体如下：

1. 忌盲目控制饮食和暴饮暴食

为迎接冬季的到来，人体会提前储存御寒的脂肪，此时热量的摄取大于散发，因此不能盲目控制饮食，这样有违自然规律，应当摄取全面而均衡的营养物质，做好能量储备。经过炎炎夏日，终于秋高气爽，气候宜人，各种瓜果成熟，物产丰富，人们往往胃口大开，但如果毫无节制地暴饮暴食，摄入热量过剩，就会转化成脂肪堆积，使人发胖。

2. 忌辛辣生冷的食物

秋天还应当少吃刺激性强、辛辣、燥热的食品，如尖辣椒等。秋季也要避免各种湿热之气积蓄，凡是带有辛香气味的食物，都有散发功用，因此提倡吃辛香气味的食物，如芹菜。另外，由于秋季天气由热转凉，人体为了适应这种变化，生理代谢也会发生变化。饮食特别注意不要过于生冷，以免造成肠胃不适，消化不良，发生各种消化道疾患。

3. 忌吃过燥的食物

中医学认为，苦燥之品易伤津耗气。秋季燥邪当令，肺为娇脏，与秋季燥气相通，容易感受秋燥之邪。所以，秋令养生应忌食过燥的食物，比如一些煎炸类食物。

秋季气候适宜，是开展各种运动、进行身体锻炼的大好时机，若坚持适宜的体育锻炼，不仅可以调心养肺，改善内脏器官的功能，而且有利于增强各组织、器官的免疫功能和身体对外界寒冷刺激的抵御能力。但秋天又是一个人体的精气都处于收敛内养的阶段，所以运动量不宜过大，切勿搞得大汗淋漓，以防出汗过多造成阳气耗损，宜选择轻松平缓、活动量不大的项目，适时有度、循序渐进地进行。当周身微热、尚未出汗时就可以停止，以保证阴精的内敛，不使阳气外耗。如果锻炼后十分疲劳，休息后仍然身体不适，头痛、头昏、胸闷、心悸、食量减少，那么您的运动量可能过大了，下一次运动时一定要减少运动量。比较适宜的运动有慢跑、登山等。此外，秋天气候多变，天气渐冷，可逐步进行一些耐寒锻炼，如冷水洗脸、洗浴，以提高机体的抗寒能力。

（四）冬季养生

冬，即"终也，万物收藏也"，即立冬后万物开始闭藏。"立冬"作为二十四节气中冬季的开始，意味着风雨、湿度、光照、气温等处于转折点上，气候开始从秋季向冬季过渡。冬季包括立冬、小雪、大雪、冬至、小寒、大寒6个节气。冬季养生应遵循一个"藏"字，即养精蓄锐，为来年春季的"春生"做好充足的准备。

冬季不应该熬夜，要早睡晚起，保证充足的睡眠时间，以利阳气潜藏，阴精积蓄。冬气之应，养藏之道，在冬季应适当锻炼身体，微微出汗即可，适当减少洗澡的次数，更不能长时间泡热水澡、经常洗桑拿，以免耗散人体阳气。

冬季气候寒冷，应多食用具有温热性质的食物，而少食用寒凉生冷的食物。传统养生学将食物分为寒凉、温热、平性三大类。温热性质的食物包括糯米、高粱米、栗子、大枣、核桃仁、杏仁、韭菜、香菜、南瓜、生姜、葱、大蒜等。肉类，以猪肉、羊肉、牛肉为主，富含蛋白质、碳水化合物及脂肪，提供机体热量较多。需要注意的是，人体缺铁可能会使人怕冷，这时可多吃含铁丰富的食品，如肝脏、瘦肉、蛋黄、黑木耳、黑芝麻、香血糯、海参等。

可适当进补，但不可盲目。冬季是健康"储蓄"的最好季节。冬季闭藏，万物休整，神志深藏于内。人在这时只要顺应这一时令，遵循"冬藏"养生之道，做到多"储蓄"、少"透支"，就能健康长寿。冬季"食补"，应选用富含蛋白质、维生素和易于消化的食物，如糙米、玉米、小麦、黑豆、赤豆等杂粮，生姜、韭菜、大蒜、萝卜、花椰菜、木耳等蔬菜，羊肉、牛肉、鸡肉、猪腰子及鳝鱼、鲤鱼、鲢鱼、带鱼、虾等肉食，核桃、桂圆、栗子、芝麻等果品。

因为冬天气候寒冷，许多人不愿意参加体育运动，但正如俗话所说："冬天动一动，少闹一场病；冬天懒一懒，多喝药一碗。""夏练三伏，冬练三九。"这些都说明冬季坚持体育锻炼，非常有益于身体健康。

冬季气候寒冷，运动前的热身活动一定要充分。由于人体各器官系统保护性收缩，肌肉、肌腱和韧带的弹力和伸展性降低，肌肉的黏滞性增强，关节活动范围减小，再加上空气湿度较小，人易感到干渴烦躁，身体发僵，不易舒展。如果不做热身活动就锻炼，往往易造成肌肉拉伤、关节扭伤。所以在冬季进行健身锻炼，尤其是室外时，一定要做好充分的热身活动，通过慢跑、徒手操和轻器械的少量练习，使身体发热、微微出汗后，再投入健身运动。适合冬季的项目有冬泳、长跑、跳绳、滑雪、溜冰等。

　　如何改善亚健康状态？

第三节　中国传统健身功法

一、五禽戏

　　五禽戏是东汉名医华佗根据古代导引、吐纳之术，研究了虎、鹿、熊、猿、鸟五种动物的活动特点，并结合人体脏腑、经络和气血的功能编创的一套具有民族传统文化风格特色的导引术。五禽戏寓医理于动作之中，寓保健康复功效于生动形象的"戏"之中，这是其区别于其他导引术的显著特征。

（一）起源与发展

　　华佗在《庄子》"二禽戏"（"熊经鸟伸"）的基础上创编了"五禽戏"。其名称及功效据《后汉书·方术列传·华佗传》记载："吾有一术，名五禽之戏：一曰虎，二曰鹿，三曰熊，四曰猿，五曰鸟。亦以除疾，兼利蹄足，以当导引。体有不快，起作一禽之戏，怡而汗出，因以著粉，身体轻便而欲食。普施行之，年九十余，耳目聪明，齿牙完坚。"

　　南北朝时陶弘景在其《养性延命录》中有比较详细的记载："虎戏者，四肢距地，前三掷，却二掷，长引腰，侧脚仰天，即返距行，前、却各七过也。鹿戏者，四肢距地，引项反顾，左三右二，左右伸脚，伸缩亦三亦二也。熊戏者，正仰以两手抱膝下，举头，左擗地七，右亦七，蹲地，以手左右托地。猿戏者，攀物自悬，伸缩身体，上下一七，以脚拘物自悬，左右七，手钩却立，按头各七。鸟戏者，双立手，翘一足，伸两臂，扬眉鼓力，各二七，坐伸脚，手挽足距各七，缩伸二臂各七也。夫五禽戏法，任力为之，以汗出为度，有汗以粉涂身，消谷食，益气力，除百病，能存行之者，必得延年。"陶弘景在该书中，不但对五禽戏的具体操作步骤进行了描绘，而且提出了五禽戏的锻炼原则——"任力为之，以汗出为度"。

　　五禽戏发展至今，形成了不同的流派。在华佗故里——安徽亳州现在主要是董文焕和刘时荣所传的五禽戏。

　　2001年，国家体育总局健身气功管理中心成立后，委托上海体育学院迅速展开了对五禽戏的挖掘、整理与研究，并编写出版了《健身气功·五禽戏》，2003年由人民体育出版社出版发行。《健身气功·五禽戏》中，其动作编排按照《三国志》的虎、鹿、熊、猿、鸟的顺序，动作数量按照陶弘景《养性延命录》的描述，每戏两动，共十个动作，分别仿效虎之威猛、鹿之安舒、熊之沉稳、猿之灵巧、鸟之轻捷，力求蕴涵"五禽"的神韵。

　　2011年，华佗五禽戏被国务院命名为第三批国家级非物质文化遗产项目，编号为Ⅵ-63。

（二）基本手形

　　五禽戏的手形如图18-1、图18-2、图18-3、图18-4、图18-5、图18-6所示。

图 18-1　虎爪

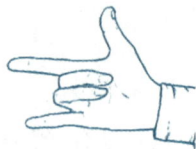

图 18-2　鹿角

图 18-3　熊掌

图 18-4　猿勾

图 18-5　鸟翅

图 18-6　握固

（三）动作要点

1. 虎戏

（1）虎举。

动作一：两手掌心向下，十指撑开，再弯曲呈虎爪状；目视两掌。

动作二：随后，两手外旋，由小指先弯曲，其余四指依次弯曲握拳，两拳沿体前缓慢上提。至肩前时，十指撑开，举至头上方再弯曲成虎爪状；目视两掌。

动作三：两掌外旋握拳，拳心相对；目视两拳。

动作四：两拳下拉至肩前时，变掌下按。沿体前下落至腹前，十指撑开，掌心向下；目视两掌。

重复以上动作三遍后，两手自然垂于体侧；目视前方。

这套动作中，两掌一升一降，疏通三焦气机，调理三焦功能；手成"虎爪"变拳，可增强握力，改善上肢远端功能。

（2）虎扑。

动作一：接上式。两手握空拳，沿身体两侧上提至肩前上方。

动作二：两手向上、向前划弧，十指弯曲成"虎爪"，掌心向下；同时上体前俯，挺胸塌腰；目视前方。

动作三：两腿屈膝下蹲，收腹含胸；同时，两手向下划弧至两膝侧，掌心向下；目视前下方。随后，两腿伸膝，送髋，挺腹，后仰；同时，两掌握空拳，沿体侧向上提至胸侧；目视前上方。

动作四：左腿屈膝提起，两手上举。左脚向前迈出一步，脚跟着地，右腿屈膝下蹲，成左虚步；同时上体前倾，两拳变"虎爪"向前、向下扑至膝前两侧，掌心向下；目视前下方。随后上体抬起，左脚收回，开步站立；两手自然下落于体侧；目视前方。

动作五至动作八：同动作一至四，但左右相反。

重复动作一至八一遍后，两掌向身体侧前方举起，与胸同高，掌心向上；目视前方。两臂屈肘，两掌内合下按，自然垂于体侧；目视前方。

虎扑动作形成了脊柱的前后伸展折叠运动，能增强腰部肌肉力量，对常见的腰部疾病，如腰肌劳损、习惯性腰扭伤等有防治作用。同时，脊柱的前后伸展折叠，牵动任、督两脉，起到调理阴阳、疏通经络、活跃气血的作用。

2. 鹿戏

（1）鹿抵。

动作一：两腿微屈，身体重心移至右腿，左脚经右脚内侧向左前方迈步，脚跟着地；同时，身体稍右转；两掌握空拳，向右侧摆起，拳心向下，高与肩平；目随手动，视右拳。

动作二：身体重心前移；左腿屈膝，脚尖外展踏实；右腿伸直蹬实。同时，身体左转，两掌成"鹿角"，向上、向左、向后画弧，掌心向外，指尖朝后，左臂弯曲外展平伸，肘抵靠左腰侧；右臂举至头前，向左后方伸抵，掌心向外，指尖朝后；目视右脚跟。

动作三：身体右转，还原至动作一的结束动作。

动作四：左脚收回，开步站立；同时两手向上、向右、向下画弧，两掌握空拳下落于体前；目视前下方。

动作五至动作八：同动作一至四，但方向相反。

重复动作一至八一遍。

中医认为，"腰为肾之府"。尾闾运转，可起到强腰补肾、强筋健骨的功效。另外，鹿抵能锻炼腰部，还能增强腰部的肌肉力量，预防腰部的脂肪沉积，防治腰椎小关节紊乱等症。

（2）鹿奔。

动作一：接上式。左脚向前跨一步，屈膝，右腿伸直成左弓步；同时，两手握空拳，向上、向前划弧至体前，屈腕，高与肩平，与肩同宽，拳心向下；目视前方。

动作二：身体重心后移；左膝伸直，全脚掌着地；右腿屈膝；低头，弓背，收腹；同时，两臂内旋，两掌前伸，掌背相对，拳变"鹿角"。

动作三：身体重心前移，上体抬起；右腿伸直，左腿屈膝，成左弓步；松肩沉肘，两臂外旋，"鹿角"变空拳，高与肩平，拳心向下；目视前方。

动作四：左脚收回，开步直立；两拳变掌，回落于体侧；目视前方。

动作五至动作八：同动作一至动作四，唯左右相反。

重复动作一至八一遍后，两掌向身体侧前方举起，与胸同高，掌心向上；目视前方。屈肘，两掌内合下按，自然垂于体侧；目视前方。

鹿奔动作中，两臂内旋前伸，肩、背部肌肉得到牵拉，对颈肩综合征、肩关节周围炎等症有防治作用；躯干弓背收腹，能矫正脊柱畸形，增强腰、背部的肌肉力量。

3. 熊戏

（1）熊运。

动作一：两掌握空拳成"熊掌"，拳眼相对，垂手下腹部；目视两拳。

动作二：以腰、腹为轴，上体做顺时针摇晃；同时，两拳随之沿右肋部、上腹部、左肋部、下腹部画圆；目随上体摇晃环视。

动作三、四：同动作一、二。

动作五至动作八：同动作一至动作四，唯左右相反，上体做逆时针摇晃，两拳随之画圆。

做完最后一动，两拳变掌下落，自然垂于体侧；目视前方。

活动腰部关节和肌肉，可防治腰肌劳损及软组织损伤。腰腹转动，两掌画圆，引导内气运行，可加强脾、胃的运化功能。运用腰、腹摇晃，对消化器官进行体内按摩，可防治消化不良、腹胀纳呆、便秘腹泻等症。

（2）熊晃。

动作一：接上式。身体重心右移；左髋上提，牵动左脚离地，再微屈左膝；两掌握空拳成"熊掌"；目视左前方。

动作二：身体重心前移；左脚向左前方落地，全脚掌踏实，脚尖朝前，右腿伸直；身体右转，左臂内旋前靠，左拳摆至左膝前上方，拳心朝左；右掌摆至体后，拳心朝后；目视左前方。

动作三：身体左转，重心后坐；右腿屈膝，左腿伸直；拧腰晃肩，带动两臂前后弧形摆动；右拳摆至左膝前上方，拳心朝右；左拳摆至体后，拳心朝后；目视左前方。

动作四：身体右转，重心前移；左腿屈膝，右腿伸直；同时，左臂内旋前靠，左拳摆至左膝前上方，拳心朝左；右掌摆至体后，拳心朝后；目视左前方。

动作五至动作八：同动作一至动作四，唯左右相反。

重复动作一至八一遍后，左脚上步，开步站立；同时，两手自然垂于体侧。两掌向身体侧前方举起，与胸同高，掌心向上；目视前方。屈肘，两掌内合下按，自然垂于体侧；目视前方。

身体左右晃动，意在两肋，调理肝脾。提髋行走，加上落步的微震，可增强髋关节周围肌肉的力量，提高平衡能力，有助于防治老年人下肢无力、髋关节损伤、膝痛等症。

4. 猿戏

（1）猿提。

动作一：接熊晃式。两掌在体前，手指伸直分开，再屈腕撮拢捏紧成"猿钩"。

动作二：两掌上提至胸，两肩上耸，收腹提肛；同时，脚跟提起，头向左转；目随头动，视身体左侧。

动作三：头转正，两肩下沉，松腹落肛，脚跟着地；"猿钩"变掌，掌心向下；目视前方。

动作四：两掌沿体前下按落于体侧；目视前方。

动作五至动作八：同动作一至动作四，唯头向右转。

重复动作一至八一遍。

习练"猿戏"时，"猿钩"的快速变化，意在增强神经—肌肉反应的灵敏性。两掌上提下按，扩大胸腔体积，可增强呼吸，按摩心脏，改善脑部供血。

（2）猿摘。

动作一：接上式。左脚向左后方退步，脚尖点地，右腿屈膝，重心落于右腿；同时，左臂屈肘，左掌成"猿钩"收至左腰侧；右掌向右前方自然摆起，掌心向下。

动作二：身体重心后移；左脚踏实，屈膝下蹲，右脚收至左脚内侧，脚尖点地，成右丁步；同时，右掌向下经腹前向左上方画弧至头左侧，掌心对太阳穴；目先随右掌动，再转头注视右前上方。

动作三：右掌内旋，掌心向下，沿体侧下按至左髋侧；目视右掌。右脚向右前方迈出一大步，左腿蹬伸，身体重心前移；右腿伸直，左脚脚尖点地；同时，右掌经体前向右上方画弧，举至右上侧变"猿钩"，稍高于肩；左掌向前、向上伸举，屈腕撮钩，成采摘势；目视左掌。

动作四：身体重心后移；左掌由"猿钩"变为"握固"；右手变掌，自然回落于体前，虎口朝前。随后，左腿屈膝下蹲，右脚收至左脚内侧，脚尖点地，成右丁步；同时，左臂屈肘收至左耳旁，掌指分开，掌心向上，呈托桃状；右掌经体前向左画弧至左肘下捧托；目视左掌。

动作五至动作八：同动作一至动作四，唯左右相反。

重复动作一至八一遍后，左脚向左横开一步，两腿直立；同时，两手自然垂于体侧。两掌向身体侧前方举起，与胸同高，掌心向上；目视前方。屈肘，两掌内合下按，自然垂于体侧；目视前方。

这套动作中，眼神的左顾右盼，有利于颈部运动，促进脑部的血液循环，同时可减轻大脑神经系统的紧张度，对神经紧张、精神忧郁等症有防治作用。

5. 鸟戏

（1）鸟伸。

动作一：接猿戏式。两腿微屈下蹲，两掌在腹前相叠。

动作二：两掌向上举至头前上方，掌心向下，指尖向前；身体微前倾，提肩，缩颈，挺胸，塌腰；目视前下方。

动作三：两腿微屈下蹲；同时，两掌相叠下按至腹前；目视两掌。

动作四：身体重心右移；右腿蹬直，左腿伸直向后抬起；同时，两掌左右分开，掌成"鸟翅"，向体侧后方摆起，掌心向上；抬头，伸颈，挺胸，塌腰；目视前方。

动作五至动作八：同动作一至动作四，唯左右相反。

重复动作一至八一遍后，左脚下落，两脚开步站立，两手自然垂于体侧；目视前方。

这套动作可加强肺的吐故纳新功能，增加肺活量。

（2）鸟飞。

接上式。两腿微屈；两掌成"鸟翅"合于腹前，掌心相对；目视前下方。

动作一：右腿伸直独立，左腿屈膝提起，小腿自然下垂，脚尖朝下；同时，两掌成展翅状，在体侧平举向上，稍高于肩，掌心向下；目视前方。

动作二：左脚下落在右脚旁，脚尖着地，两腿微屈；同时，两掌合于腹前，掌心相对；目视前下方。

动作三：右腿伸直独立，左腿屈膝提起，小腿自然下垂，脚尖朝下；同时，两掌经体侧，向上举至头顶上方，掌背相对，指尖向上；目视前方。

动作四：左脚下落在右脚旁，全脚掌着地，两腿微屈；同时，两掌合于腹前，掌心相对;目视前下方。

动作五至动作八:同动作一至动作四,唯左右相反。

重复动作一至八一遍后,两掌向身体侧前方举起,与胸同高,掌心向上;目视前方。屈肘,两掌内合下按,自然垂于体侧;目视前方。

两臂的上下运动可扩大胸腔容积,若配合呼吸运动可起到按摩心肺的作用,增强血氧交换能力;提膝独立,可提高人体平衡能力。

【拓展阅读】

帛画《导引图》

材质:丝帛。

年代:西汉。

来源:1973年长沙马王堆三号汉墓出土。

尺寸:长133厘米,宽51厘米。

图中是40多幅绘有各种运动姿势的帛画。我国劳动人民很早就认识到运动保健的重要性,并创造了一套以呼吸运动与躯体运动相结合的医疗保健方法。早在春秋战国时,以呼吸运动为主的"导引"方法已相当普遍。到了汉代,导引疗法又得到进一步发展。华佗吸收前人的成就,加上自己的研究成果,创造了一套"五禽之戏",即模仿虎、鹿、熊、猿、鸟5种动物动作姿态的保健体操。据说其弟子吴普每天做五禽戏,长年不断,"年九十余,耳目聪明,齿牙完坚"。

"导引图"其实就是反映了秦汉时期人们的养生保健思想。养生保健是一个永恒的话题,从秦始皇到汉武帝,达官显贵们求仙炼丹的闹剧持续不断。而在马王堆汉墓出土的帛书帛画中,就记载了2000多年前关于足疗推拿、导气的方法与内容。

资料来源:湖南省博物馆,61.187.53.122/collection.aspx?id=1334&lang=zh-CN

二、八段锦

"在我国古老的导引术中，八段锦是流传最广、对导引术发展影响最大的一种"。八段锦有坐八段锦、立八段锦之分，还有北八段锦与南八段锦、文八段锦与武八段锦、少林八段锦与太极八段锦之别，深受练习者的喜爱。

（一）起源与发展

八段锦功法是一套独立而完整的健身功法，起源于北宋，至今已有800多年的历史。古人把这套动作比喻为"锦"，意为五颜六色，美而华贵。其动作舒展优美，且"祛病健身，效果极好，编排精致，动作完美"。现代的八段锦在内容与名称上均有所改变，此功法分为八段，每段一个动作，故名为"八段锦"。

（二）坐势和立势

八段锦之名，最早出现在南宋洪迈所著《夷坚志》中："政和七年，李似矩为起居郎……尝以夜半时起坐，嘘吸按摩，行所谓八段锦者。"这说明八段锦在北宋时已流行，并有坐势和立势之分。

立势八段锦在养生文献中首见于南宋《道枢·众妙篇》："仰掌上举以治三焦者也；左肝右肺如射雕焉；东西独托，所以安其脾胃矣；返复而顾，所以理其伤劳矣；大小朝天，所以通其五脏矣；咽津补气，左右挑其手；摆鳝之尾，所以祛心之疾矣；左右手以攀其足，所以治其腰矣。"但这一时期的八段锦没有定名，其文字也尚未歌诀化。

（三）南北两派

八段锦被分为南北两派。习练时动作柔和，多采用站式动作的，被称为南派；动作多马步，以刚为主的，被称为北派。从文献和动作上考察，不论是南派还是北派，都同出一源。

八段锦究竟为何人、在何时所创，尚无定论。但从湖南长沙马王堆三号墓出土的《导引图》中可以看到，至少有4幅图势与八段锦图势中的"调理脾胃须单举""双手攀足固肾腰""左右开弓似射雕""背后七颠百病消"相似。

（四）八段锦功法基本共识

第一，传统八段锦流传年代应早于宋代，在明清时期有了较大发展；第二，传统八段锦的创编人尚无定论，可以说八段锦是历代养生家和习练者共同创造的知识财富；第三，清末以前的八段锦主要是一种以肢体运动为主的导引术；第四，八段锦无论是南派、北派或是文武各派，都同出一源，在流传中相互渗透，逐渐趋向一致。

（五）习练要领

1. 松静自然

松静自然，是练功的基本要领，也是最根本的法则。松，是指精神与形体两方面的放松。这里的"自然"绝不能理解为"听其自然""任其自然"，而是指"道法自然"。

2. 准确灵活

准确，主要是指练功时的姿势与方法要正确，合乎规格。灵活，是指习练时对动作幅度的大小、姿势的高低、用力的大小、习练的数量、意念的运用、呼吸的调整等，都要根据自身情况灵活掌握。

3. 练养相兼

练，是指形体运动、呼吸调整与心理调节有机结合的锻炼过程。养，是通过上述练习，身体出现的轻松舒适、呼吸柔和、意守绵绵的静养状态。

4. 循序渐进

只有经过一段时间和一定次数的习练，才能做到姿势逐渐工整，方法逐步准确，动作的连贯性与控制能力提高，对动作要领的体会不断加深。

（六）动作要点

1. 第一段——双手托天理三焦

（1）两脚平行开立，与肩同宽。两臂徐徐分别自左右身侧向上高举过头，十指交叉，翻转掌心极力向上托，使两臂充分伸展，不可紧张，恰似伸懒腰状。同时缓缓抬头上观，要有擎天柱地的神态，此时缓缓吸气。

（2）翻转掌心朝下，在身前正落至胸高时，随落随翻转掌心再朝上，微低头，眼随手运。同时配以缓缓呼气。

如此两掌上托下落，练习4～8次。另一种练习法，不同之处是每次上托时两臂徐徐自体侧上举，且同时抬起足跟，眼须平视，头极力上顶，亦不可紧张。然后两手分开，在身前俯掌下按，足跟随之下落，气随手按而缓缓下沉于丹田。如此托按4～8次。

这一式从动作上看，主要是四肢和躯干的伸展运动，但实际上是四肢、躯干和诸内脏器官的同时运动。

此式以调理三焦为主。有关三焦的部位尚无定论，但大多数人认为上焦为胸腔主纳，中焦为腹腔主化，下焦为盆腔主泄。即上焦主呼吸，中焦主消化，下焦主排泄。它概括了人体内脏的全部。《难经·六十六难》载："脐下肾间动气者，人之生命也，十二经之根本也，故名曰原。三焦者，原气之别使也，主通行三气，经历于五脏六腑。原者，三焦之尊号也，故所止辄为原。五脏六腑之有病者，皆取其原也。"原气即是人生之命，十二经之根，通过三焦激发于五脏六腑，无处不至，是人体活动的原动力。因此，此式对三焦的调理，能起到防治各内脏诸病的作用，特别是对肠胃虚弱的人效果尤佳。

2. 第二段——左右开弓似射雕

（1）两脚平行开立，略宽于肩，呈马步站式。上体正直，两臂平屈于胸前，左臂在上，右臂在下。

（2）右手握拳，左手食指与拇指呈八字形撑开，左手缓缓向左平推，左臂展直，同时右臂屈肘向右拉回，右拳停于右肋前，拳心朝上，如拉弓状。眼看左手。

（3）、（4）动作与（1）、（2）动作同，唯左右相反，如此左右各开弓4～8次。

这一动作的重点是改善胸椎、颈部的血液循环。同时，对上、中焦内的各脏器，如心肺给予节律性的按摩，增强了心肺功能。通过扩胸伸臂，使胸肋部和肩臂部的骨骼肌肉得到锻炼和增强，有助于矫正两肩内收圆背等不良姿势。

3. 第三段——调理脾胃臂单举

（1）左手在自身前成竖掌向上高举，继而翻掌上撑，指尖向右，同时右掌心向下按，指尖朝前。

（2）左手俯掌在身前下落，同时引气血下行，全身随之放松，恢复自然站立。

（3）、（4）动作与（1）、（2）动作同，唯左右相反。如此左右手交替上举各4～8次。

这一动作主要作用于中焦，肢体伸展宜柔宜缓。由于两手交替上举、下按，上下对拔拉长，两侧内脏和肌肉受到协调性的牵引，特别是使肝、胆、脾、胃等脏器受到牵拉，从而促进了胃肠蠕动，增强了消化功能，长期坚持练习，对上述脏器的疾病有防治作用。熟练后亦可配合呼吸，上举吸气，下落呼气。

4. 第四段——五劳七伤往后瞧

（1）两脚平行开立，与肩同宽。两臂自然下垂或叉腰。头颈带动脊柱缓缓向左拧转，眼看后方，同时配合吸气。

（2）头颈带动脊柱徐徐向右转，恢复前平视。同时配合呼气，全身放松。

（3）（4）动作与（1）、（2）动作同，唯左右相反。如此左右后瞧各4～8次。

五劳是指心、肝、脾、肺、肾因劳逸不当、活动失调而引起的受损。七伤指喜、怒、思、忧、悲、恐、惊等情绪对内脏的伤害。精神活动过度持久地紧张，会造成神经机能紊乱，气血失调，从而导致脏腑功能受损。该式动作实际上是一项全身性的运动，尤其是腰、头颈、眼球等的运动。由于头颈的反复拧转运动加强了颈部肌肉的伸缩能力，改善了头颈部的血液循环，有助于解除中枢神经系统的疲劳，增强和改善其功能。此式对防治颈椎病、高血压、眼病和增强眼肌有良好的效果。练习时要精神愉快，面带笑容，乐自心田生，笑自心内生，只有这样配合动作，才能起到对五劳七伤的防治作用。另外，此式不宜只做头颈部的拧转，要全脊柱甚至两大腿也参与拧转，只有这样才能让静脉血更好地回流，促进五脏的健壮。

5. 第五段——摇头摆尾去心火

（1）马步站立，两手叉腰，缓缓呼气后拧腰向左，屈身下俯，将余气缓缓呼出。动作不停，头自左下方经体前至右下方，像小勺舀水似的引颈前伸，自右侧慢慢将头抬起，同时配以吸气；拧腰向左，身体恢复马步桩，缓缓深长呼气。同时全身放松，呼气末尾，两手同时做节律性掐腰动作数次。

（2）动作与（1）动作同，唯左右相反。

如此（1）、（2）动作交替进行各做4～8次。

此式除强调松，以解除紧张并使头脑清醒外，还必须强调静。俗谓：静以制躁。"心火"为虚火上炎、烦躁不安的症状，此虚火宜在呼气时以两手拇指做掐腰动作，引气血下降。同时进行的俯身旋转动作，亦有降伏"心火"的作用。动作要保持逍遥自在，并延长呼气时间，消除交感神经的兴奋，以去"心火"。同时对腰颈关节、韧带和肌肉等亦能起到一定的作用，并有助于任、督、冲三脉的运行。

6. 第六段——两手攀足固肾腰

（1）两脚平行开立，与肩同宽，两掌分按脐旁。

（2）两掌沿带脉分向后腰。

（3）上体缓缓前倾，两膝保持挺直，同时两掌沿尾骨、大腿向下按摩至脚跟。沿脚外侧按摩至脚内侧。

（4）上体展直，同时两手沿两大腿内侧按摩至脐两旁。如此反复俯仰 4～8 次。

腰是全身运动的关键部位，此式主要运动腰部，也加强了腹部及各个内脏器官的活动，如肾、肾上腺、腹主动脉、下腔静脉等。中医认为："肾为先天之本""藏精之脏"。肾是调节体液平衡的重要脏器。肾上腺是内分泌器官。与全身代谢机能有密切关系。腰又是腹腔神经节"腹脑"所在地，因此腰的节律性运动（前后俯仰），也改善了脑的血液循环，增强神经系统的调节功能及各个组织脏器的生理功能。长期坚持锻炼，有疏通带脉及任、督二脉的作用，能强腰、壮肾、醒脑、明目，并使腰腹肌得到锻炼和加强。年老体弱者，俯身动作应逐渐加大，有较重的高血压和动脉硬化患者，俯身时头不宜过低。

7. 第七段——攒拳怒目增气力

预备姿势：两脚开立，呈马步桩，两手握拳分置腰间，拳心朝上，两眼睁大。

（1）左拳向前方缓缓击出，呈立拳或俯拳皆可。击拳时宜微微拧腰向右，左肩随之前顺，展拳变掌，臂外旋握拳抓回，呈仰拳置于腰间。

（2）与（1）动作同，唯左右相反。如此左右交替各击出 4～8 次。

此式动作要求两拳握紧，两脚拇趾用力抓地，舒胸直颈，聚精会神，瞪眼怒目。此式主要运动四肢、腰和眼肌。根据个人体质、年龄与目的不同，练习时用力的大小也不同。其作用是舒畅全身气机，增强肺气。同时使大脑皮质和自主神经兴奋，有利于气血运行，并有增强全身筋骨和肌肉的作用。

8. 第八段——背后七颠百病消

预备姿势：两脚平行开立，与肩同宽，或两脚相并。

两臂自身侧上举过头，脚跟提起，同时配合吸气。两臂自身前下落，脚跟亦随之下落，并配合呼气，全身放松。如此起落 4～8 次。

此式通过肢体导引，吸气时两臂自身侧上举过头，呼气下落，同时放松全身，并将"浊气"自头向涌泉引之，排出体外。"浊气"是指所有紧张、污浊之病气。古人谓之"排浊留清"或"去浊留清"。脚跟有节律地弹性运动，使椎骨之间及各个关节韧带得以锻炼。同时有利于脊髓液的循环和脊髓神经功能的增强，进而加强全身神经的调节作用。

三、八式太极拳

八式太极拳也叫一段拳，是中国武术段位制初段位技术规定教程的一段太极拳，即初段位中的一段考评套路。共有 10 式（含起势、收势），全部采用杨式大架太极拳，并吸取了其中最为主要和基础的 8 个动作。其内容精练，重点突出，易学易记，练起来轻松自如，均匀缓慢，若行云流水，连绵不断，可用于修身养性。

（一）习练要领

1. 动作要点

八式太极拳动作圆活连贯，由简至繁；练起来轻松自如，阴阳相合，刚柔相济，均匀缓慢，如行云流水，连绵不断；以连续弓步为主要步型变化，手法动作以中国传统太极拳的正手即掤、捋、挤、按为主线变化而成。整套八式太极拳基本上都是由原地左右对称的单个动作组成，简单易学、动作全面、突出重点、对称均衡，按中等速度练习用时两分钟左右，对于初学者是一套行之有效、体验杨式太极拳动作风格的拳术。

2. 动作要求

（1）动作阴阳，交合运变，体现势正、招圆、松静、柔绵之功；

（2）手眼身法步高度配合一致，做到手到、眼到、身到、步到；

（3）动静相间，刚柔并济，蓄气轻缓，发劲快打；

（4）稳定时无物无我，运动时得意忘形，轻松自在。

（二）分解动作

1. 起势

（1）左脚开步：重心先移至右腿，左脚轻轻向左分开半步，与肩同宽。

（2）双臂前举：两手慢慢前举至肩高，肘微垂，手心向下。

（3）屈膝按掌：上体保持正直，两腿缓慢屈膝半蹲，同时两掌轻轻下按落至腹前，手心向下，掌膝相对。

2. 卷肱式

（1）两手分举：上体右转，右臂外旋，右手向右后上方划弧斜举，臂微屈，手心斜向上，高与耳平；同时左臂外旋，左手翻掌，手心向上举于胸前，手指向前；眼看右手。

（2）卷肱前推：上体左转，右臂屈肘内旋，右手由耳侧向前推出，掌心向内向前，手指向上；同时左臂屈肘后撤，收至左肋外侧，手心向上；眼看右手方向。

（3）两手分举：上体左转，右臂外旋，右手翻掌，手心斜向上；同时左手随转体向左后划弧斜举，臂微屈，手心向上，高与耳平；眼看左手。

（4）卷肱前推：与（2）同，只是左右相反。

3. 搂膝拗步

（1）收脚举手：身体重心移至右腿，左脚收至右脚内侧，脚尖点地；同时右手向右上方划弧至右肩外侧，手与耳同高，手心斜向上；左臂屈肘，左手向内划弧至右胸前，手心斜向下；眼看右手。

（2）弓步推掌：上体微左转，左脚向左前方迈出一步，重心前移成左弓步；同时左掌向下经左膝前搂过，按于胯旁，指尖向前，手心向下；右手屈收经耳侧向前推出，掌心向前，手指向上，高与耳平；眼向前看。

（3）回身举手：右腿慢慢屈膝，上体后坐，身体重心移至右腿，左脚尖翘起，然后身体右转，左脚尖内扣，重心再移至左腿，右脚收至左脚内侧，脚尖点地；同时左手向外翻掌，自下向左上方划弧至左肩外侧，肘微屈，左手与耳同高，手心斜向上；右手向内划弧停于左胸前，手心向内；眼看左手。

（4）弓步推掌：与（2）同，只是左右相反。

4. 野马分鬃

（1）收脚抱球：左腿慢慢屈膝，上体后坐，身体重心移至左腿，右脚尖翘起，然后身体左转，右脚尖内扣，身体重心再移至右腿，左脚随上体左转收至右脚内侧，脚尖点地；同时右手向上、向左划弧，屈臂平举于胸前；左手向左、向下划弧于腹前，使两掌手心上下相对成抱球状；眼看右手。

（2）弓步分掌：上体左转，左脚向左前方迈出一步，重心前移成左弓步；同时左右手随转体慢慢分别向左上右下分开，左右高与眼平，手心斜向上，肘微屈；右手下按于右胯旁，肘微屈，手心向下，指尖向前；眼看左手。

（3）回身抱球：上体慢慢后坐，身体重心移至右腿，左脚尖翘起，然后上体右转，左脚尖内扣，身体重心再移至左腿，右脚随上体右转收至左脚内侧，脚尖点地；同时右臂外旋，右手向内划弧收于腹前；左臂内旋，左手向右上划弧屈臂平举于胸前，使两掌手心上下相对成抱球状；眼看左手。

（4）弓步分掌：与（2）同，只是左右方向相反。

5. 云手

（1）并步左云：腰胯松沉，右手向内翻掌，手心向下，左手向外翻掌，向前上伸于右臂内侧，手心向上；然后上体左转，左脚尖外摆，右脚尖随之内扣，重心移至左腿，右脚收至左脚内侧，成小开立步；同时左手随身体左转向上、向左经脸前立圆云转，至身体左侧时，向外翻掌成平举；右手向下、向左经腹前立圆云转至左肩前，手心斜向内；眼看左手。

（2）开步右云：上体右转，重心移至右腿，左脚向左侧横跨一步，脚尖向前；同时随身体右转，右手经脸前向右立圆云转，至身体右侧时，向外翻掌成平举；左手经腹前向右立圆云转至右肩前，手心斜向内；眼看右手。

（3）弓步左云：上体左转，重心移至左腿，两脚尖均向前，成左弓步；同时左手经脸前向左立圆云转至身体左侧时，向外翻掌成平举；右手经腹前向左立圆云转至左肩前，手心斜向内；眼看左手。

（4）并步右云：上体右转，重心移至右腿，左脚收至右脚内侧，成小开立步；同时右手经脸前向右立圆云转至身体右侧时，向外翻掌成平举；左手向下、向右经腹前立圆云转至右肩前，手心斜向内；眼看右手。

（5）开步左云：上体左转，重心移至左腿，右脚向右侧横跨一步，脚尖向前；同时随身体左转，左手经脸前向左立圆云转至身体左侧时，向外翻掌成平举；右手经腹前向左立圆云转至左肩前，手心斜向内；眼看左手。

（6）弓步右云：上体右转，重心移至右腿，两脚尖均向前，成右弓步；同时右手经脸前向右立圆云转至身体右侧时，向外翻掌成平举；左手经腹前向右立圆云转至右肩前，手心斜向内；眼看右手。

6. 金鸡独立

（1）转身下捋：上体左转，身体重心移至左腿；同时左手向内翻掌，随身体左转向下、向左划弧至体侧，手心向下，指尖向前；右手屈肘下落于右腿外侧，手心向下，指尖向前；眼向前看。

（2）左独立势：左脚独立，右腿屈膝提起，同时右掌向前上屈肘挑起，肘与膝相对，手心向左，指尖向上，高与鼻齐；左手向左下划弧按至左胯旁，手心向下，指尖向前；眼看右手。

（3）右独立势：右脚下落，左腿屈膝上提成右独立势；同时左掌向前上屈肘挑起，肘与膝相对，手心向右，指尖向上，高与鼻齐；右手下按于右胯旁，手心向下，指尖向前；眼看左手。

7. 蹬脚

（1）并步抱掌：左脚下落，上体微向左转，身体重心移至左腿，右脚收于左脚内侧，脚尖点地；同时左手向下、右手向上划弧经腹前交叉，上举合抱于胸前，右臂在外，两掌手心均向内；眼看左前方。

（2）撑掌蹬脚：左腿微屈站稳，右膝提起，右脚向右前上方慢慢蹬出，脚尖回勾，力点在脚跟；同时两掌分别向右前和左后方划弧撑开，两肘微屈，腕与肩平，右臂与右腿上下相合；眼看右掌。

（3）并步抱掌：右脚下落，上体微向右转，身体重心移至右腿，左脚收于右脚内侧，脚尖点地；同时两臂下落，两手经腹前交叉，上举合抱于胸前，左臂在外，两掌手心均向内；眼看右前方。

（4）撑掌蹬脚：与（2）相同，只是左右相反。

8. 揽雀尾

（1）收脚抱球：左脚下落，上体微右转，身体重心移至左腿，右脚收于左脚内侧，脚尖点地；同时左手向右弧形平摆，屈肘举于胸前；右手向下，向内划弧收于左肋前，使两掌心上下相对成抱球状；眼看左手。

（2）弓步前掤：上体右转，右脚向右前方迈出一步，左腿自然蹬直，右腿屈膝前弓，成右弓步；同时右臂向右前方掤出，臂平屈成弓形，高与肩平，手心向内；左手向左下按于左胯旁，手心向下，指尖向前；眼看右前臂。

（3）坐身下捋：身体微向右转，右手随即前伸翻掌向下；左手翻掌向上，经腹前向上、向前伸至右臂下方，然后上体左转，重心移至左腿；同时两手下捋，经腹前向左后上方划弧，直至左手手心斜向上，高与耳平，右臂平屈于胸前，手心向内；眼看左手。

（4）弓步前挤：上体微向右转，左臂屈肘折回，左手附于右手腕内侧；上体继续右转，左腿自然蹬直，右腿屈膝前弓，成右弓步；同时双手向前慢慢挤出，右手心向内，左手心向前，右前臂呈半圆形；眼看右手腕部。

（5）坐腿回按：右手翻掌，手心向下；左手经右腕上方向前、向左伸出，高与右手齐平，手心向下，随之两手左右分开，宽与肩同；然后左腿屈膝，上体慢慢后坐，身体重心移至左腿，右脚尖翘起；同时两手屈肘回按至胸前，手心均向前下方；眼向前平视。

（6）弓步前按：上势不停，身体重心慢慢前移，右腿前弓成右弓步；同时两手向下、经腹前向前、向上按出，掌心向前，指尖向上；眼平视前方。

（7）回身抱球：左腿屈膝，上体慢慢后坐，身体重心移至左腿，右脚尖翘起；然后身体左转，右脚尖内扣，身体重心再移至右腿，左脚随上体左转收至右脚内侧，脚尖点地；同时右手向左屈臂平举于胸前；左手向左划弧至左侧，再向右上划弧至右肋前，使两掌手心上下相对成抱球状。

（8）弓步前掤：同（2），只是左右相反。

（9）坐身下捋：同（3），只是左右相反。

（10）弓步前挤：同（4），只是左右相反。

（11）坐腿回按：同（5），只是左右相反。

（12）弓步前按：同（6），只是左右相反。

9. 十字手

（1）弓步分掌：右腿屈膝，上体后坐，身体重心移至右腿，左脚尖内扣，向右转体；右手随转体向右平摆划弧，与左手成两臂侧平举，掌心向前，肘部微屈；同时右脚尖随着转体动作稍向外摆，呈右侧弓步；眼看右手。

（2）十字抱拳：身体重心慢慢移至左腿，右脚尖内扣，随即向左收回两脚距离与肩同宽，两腿逐渐蹬直，成开立步；同时两手向下经腹前向上划弧交叉合抱于胸前，两臂撑圆，腕高与肩平，右手在外，成十字手，两手心均向内；眼看前方。

（3）并步收势：两手向内翻掌，手心向下，左手在上，右手在下，然后两臂再慢慢分开下落，停于身体两侧；然后重心移至右腿，左脚向右脚并拢，成并立步；眼看前方。

10. 收势

翻掌分手、垂臂落手、并步还原。

【拓展阅读】

中国健身气功再次走进联合国

应联合国太极文化学会的邀请，中国健身气功时隔6年再次走进联合国，并受到联合国工作人员以及各国外交官的热情欢迎。

交流与教学活动日前在联合国大楼健身房内举行。在河北师范大学武术学院院长助理马剑的指导下，在中国传统养生文化学者晁胜杰优雅的古琴伴奏下，参与者们或学习呼吸吐纳，或学习屈伸导引，在轻松愉悦的氛围中体验中国健身气功。

专程从纽约市赶来参加活动的诺拉说，她彻底被这种神奇而实用的气功所"征服"。经过几个"简单"动作的练习，她就立刻感到"精力倍增、神清气爽"。诺拉希望今后有机会对中国健身气功进行系统的学习。

国家体育总局健身气功管理中心主任郭洪峰表示，健身气功是中华传统文化宝库中的瑰宝，经过世界各国健身气功爱好者的共同努力，目前已传播至五大洲近60多个国家和地区。此次在联合国这个文化多元的舞台上展示健身气功，感觉意义尤其重大。"健身气功源于中国，属于世界，愿每一位参与者从亲身体验中去感受健身气功的魅力，进而通过习练健身气功而让身心受益。"

联合国太极文化学会会长曹国忠说："我们把健身气功请进联合国，就是希望能够在联合国这个文明与文化绚丽多彩的国际舞台上充分展示中华文化瑰宝的魅力，并希望它能够给世界人民带来实实在在的身心健康。"

联合国太极文化学会理事陈峰也表示，他们一直希望从众多的健身方式中，选择一项易学且有效的功法，帮助联合国工作人员和外交官强身健体、舒缓压力。中国健身气功此次在联合国受到热烈欢迎，相信今后会有更多的工作人员和外交官加入习练的队伍。

日前，中国健身气功代表团在纽约长岛地区与十余个太极团体的数百名爱好者就太极拳、八段锦、五禽戏等进行了切磋与交流，并举办了健身与养生等专题讲座。

资料来源：新华社.中国健身气功再次走进联合国，https://baijiahao.baidu.com/s?id=1636146985337151551&wfr=spider&for=pc.2019-06-12.

四、各类游戏

（一）球类

1. 翻饼接力

（1）两条20米的直道。

（2）把学生分成4队，各队于起点线后。

（3）发令后排头学生手持乒乓球拍，拍上托着乒乓球，迅速朝前跑出，依次绕过小红旗返回，传递给下一位，自己排在排尾，直到最后一位为止，先完成队为胜。

2. 打准靶子

（1）每4人为一个小组，场地为每组4平方米的正方形。

（2）学生自己设计一个移动靶子，并站在固定位置掷靶。

（3）投掷者距离靶子3.5米，以单手肩上挥臂用力将小纸球掷中靶心者为胜。

（4）练习时，3人打靶子，1人拿靶子进行左右平行慢慢移动，而后轮换进行。

（二）反应类

1. 照镜子

（1）学生前后（或左右）两人一组，相对而立（或坐）。

（2）一人在下肢不动的前提下，做单（双）手上举、前平举、侧平举、抓耳、摸鼻、指嘴等动作，另一同学像照镜子一样随之而做。

（3）如出错即为失败，两人互换角色，继续进行。

2. 雄鸡斗架

（1）在地上画个直径为2米的圆圈。

（2）两位同学蹲着进圈，用手互相对推。

（3）先使对方上体部位着地者算获胜。

（4）规则是不能跑、站、坐着，也不能踩线或躲出圈，否则判为失误。

（三）协作类

1. 交头接耳

（1）场地要求：空地一片，组织者准备一句绕口令。

（2）各组不少于 12 人，派一名代表上前默记绕口令。

（3）回比赛场地，在规定时间内通过"交头接耳"的方式，从第一个人传达至最后一个人。

（4）然后由最后一个人将他所听到的内容读出，最后再由组织者公布原话，差距最接近组为胜。

2. 齐心协力

（1）场地要求：空地一片。

（2）参赛队员成一路纵队，后边的人左手抬起前边的人的左腿，右手搭在前边的人的右肩形成小火车，最后一名同学也要单脚跳步前进，不能双脚着地。

（3）比赛开始，队员们单脚向前跳跃前进，以排尾跳过终点为比赛结束，时间少者为胜。

（4）队伍从哪里断开必须从哪里接好，再继续前进。

（四）跑跳类

1. 兔子跳

（1）10 米 × 20 米的长方形场地。

（2）每组成员分成两部分，一部分在起点，一部分在终点，给每组起点的成员发放一个大布袋。

（3）起点成员双脚套上布袋，双手抓住布袋边缘，防止脱落。

（4）运用双脚弹跳的方式跳至终点，将布袋交给终点队友。

（5）终点队友按同样方式跳至另一边，所有队员最先跳完的队伍获胜。

2. 丛林穿越

（1）利用教室内的物品（如桌子、椅子等）布置"丛林"，学生按照指定的路线采用各种动作穿越"丛林"。

（2）设计的穿越路线可多样（如S形、蛇形等），穿越动作也可多样（如走、跑、跳、爬、螃蟹步等），让学生通过自己的能力去挑战。

（3）完成用时最少的队伍获胜。

【思考题】

1.传统养生功法如何促进健康？

2.八式太极拳的特点是什么？

参考文献

[1] 蔡继玲，等.跟专家练乒乓球[M].北京：北京体育大学出版社，1999.

[2] 陈立国，王文成.大学体育（理论）[M].北京：高等教育出版社，2012.

[3] 陈中伟.运动医学[M].上海：上海科技教育出版社，1996.

[4] 董世彪.自卫防身术[M].北京：化学工业出版社，2014.

[5] 董晓虹，郭海英.实用运动处方[M].杭州：浙江大学出版社，2008.

[6] 董晓虹.运动健身学[M].杭州：浙江大学出版社，2006.

[7] E.保罗·勒特尔，马克·S.科瓦奇.网球运动系统训练[M].北京：人民邮电出版社，2015.

[8] 冯晓辉.健美操教程[M].沈阳：辽宁大学出版社，2006.

[9] 傅遐龄.大学体育教程[M].北京：人民邮电出版社，2012.

[10] 古宓臣，夏渝纯.当代流行拉丁舞指南[M].成都：四川人民出版社，2002.

[11] 国家体育总局《乒乓长盛考》研究课题组.乒乓长盛的训练学探索[M].北京：北京体育大学出版社，2002.

[12] 侯恩毅，彭美丽，李端生.羽毛球裁判必读[M].北京：北京体育大学出版社，1999.

[13] 黄宽柔，姜桂萍.健美操 体育舞蹈[M].北京：高等教育出版社，2006.

[14] 李洪滋.运动与健康[M].北京：北京化学工业出版社，2004.

[15] 李小芬.中国体育舞蹈联合会赛事运行管理手册[M].北京：北京体育大学出版社，2021.

[16] 廖成惠.瑜伽初级教程[M].北京：北京理工大学出版社，2012.

[17] 陆长青，陈富强，白光.大学体育与健康实用教程[M].天津：天津科学技术出版社，2020.

[18] 彭美丽.羽毛球技巧图解[M].北京：北京体育大学出版社，2008.

[19] 全国体育学院教材委员会足球教材小组.体育学院普修通用教材：足球[M].北京：人民体育出版社，1991.

[20] 苏丕仁.现代乒乓球运动教学与训练[M].北京：人民体育出版社，2003.

[21] 孙国荣，余美玉.大学生舞蹈教学指导[M].上海：上海音乐出版社，1998.

[22] 孙民治.球类运动：足球[M].北京：高等教育出版社，1988.

[23] 唐建军.乒乓球技巧图解[M].北京：北京体育大学出版社，2001.

[24] 体育舞蹈运动教程编写组.体育舞蹈运动教程[M].北京：北京体育大学出版社，2016.

[25] 田培培.舞蹈与形体训练[M].北京：人民音乐出版社，2015.

[26] 王锦芳.形体舞蹈[M].杭州：浙江大学出版社，2006.

[27] 王蒲，等.乒乓球 羽毛球 网球[M].桂林：广西师范大学出版社，2000.

[28] 王诗漪.舞蹈艺术素养：舞蹈形体训练基础[M].杭州：浙江大学出版社，2022.

[29] 王正伦.科学健身新概念[M].南京：江苏科学科技出版社，2003.

[30] 王智慧.实用防身制敌术[M].北京：人民体育出版社，2007.

[31] 吴兆祥，张勇，刘全.乒乓球·羽毛球·网球[M].合肥：安徽大学出版社，2005.

[32] 武冬.太极拳教学与训练英汉双语教程[M].北京：北京体育大学出版社，2009.

[33] 夏琼，刘英，贺越先.大学生时尚瑜伽[M].上海：同济大学出版社，2011.

[34] 徐寅生.我与乒乓球：徐寅生自传[M].北京：中国社会科学出版社，1995.

[35] 杨斌.形体训练论纲[M].北京：北京体育大学出版社，2002.

[36] 杨鸥，苏娅.舞蹈基本功训练教程[M].上海：上海音乐出版社，2004.

[37] 俞惠琳.普通高等学校公共体育课程系列教材：乒乓球[M].北京：高等教育出版社，2004.

[38] 虞力宏.网球[M].北京：高等教育出版社，2004.

[39] 张林.篮球[M].北京：高等教育出版社，2004.

[40] 张清澍，陈瑞章，伏宇军.体育舞蹈[M].北京：北京体育大学出版社，1997.

[41] 张雅云.体育与健康理论教程[M].北京：高等教育出版社，2001.

[42] 张瑛秋.现代乒乓球训练方法[M].北京：北京体育大学出版社，2008.

[43] 张勇，张锐.普通高校体育选项课教材：羽毛球[M].北京：北京体育大学出版社，2003.

[44] 赵栩博，等.健美操套路教与学[M].北京：北京体育大学出版社，2006.

[45] 郑先红.瑜伽教练[M].北京：高等教育出版社，2012.

[46] 中国大学生乒乓球协会.高等学校乒乓球教材教学与训练[M].北京：北京大学出版社，1994.

[47] 中国乒乓球协会.乒乓球竞赛规则（2022）[M].北京：北京体育大学出版社，2022.

[48] 中国学生体质与健康研究组.2005年中国学生体质与健康调研报告[M].北京：高等教育出版社，2007.

[49] 中国足球协会.足球竞赛规则2021/2022[M].北京：人民体育出版社，2001.

[50] 朱征宇，柳天杨，李志兰.网球 乒乓球 羽毛球[M].广州：广东高等教育出版社，2003.